DER ERSTE WELTKRIEG

BIG IDEAS

DAS ARCHITEKTUR-BUCH
DAS ASTRONOMIE-BUCH
DAS BIOLOGIE-BUCH
DAS BLACK-HISTORY-BUCH
DAS CHEMIE-BUCH
DAS DC BUCH
DER ERSTE WELTKRIEG
DAS FEMINISMUS-BUCH
DAS FILM-BUCH
DAS GESCHICHTS-BUCH
DAS ISLAM-BUCH
DAS KLASSISCHE-MUSIK-BUCH
DAS KUNST-BUCH
DAS LGBTQIA*-BUCH
DAS LITERATUR-BUCH
DAS MANAGEMENT-BUCH
DAS MARVEL BUCH
DAS MATHEMATIK-BUCH
DAS MEDIZIN-BUCH
DAS MYTHOLOGIE-BUCH
DAS ÖKOLOGIE-BUCH
DAS PHILOSOPHIE-BUCH
DAS PHYSIK-BUCH
DAS PSYCHOLOGIE-BUCH
DAS BUCH DER RECHTSGESCHICHTE
DAS RELIGIONEN-BUCH
DAS SOZIOLOGIE-BUCH
DAS *STAR WARS*-BUCH
DAS WIRTSCHAFTS-BUCH
DAS WISSENSCHAFTS-BUCH

EINFACH ERKLÄRT

DER ERSTE WELTKRIEG

DK

DK London / Delhi

Lektorat
Jonathan Metcalf, Liz Wheeler, Malavika Talukder, Sarah Mathew, John Andrews, Rob Dimery, Alethea Doran, Tim Harris, Abigail Mitchell, Dorothy Stannard, Rachel Warren Chadd, Ed Wilson, Victoria Heyworth-Dunne, Gareth Jones, Dharini Ganesh

Gestaltung und Bildredaktion
Karen Self, Philip Ormerod, Vaibhav Rastogi, Nicola Rodway, Debjyoti Mukherjee, Jaypal Singh Chauhan, Vikram Singh, Vishal Bhatia, Jagtar Singh, Sumedha Chopra, Shubhdeep Kaur, Taiyaba Khatoon, Lee Griffiths

Umschlaggestaltung
Vidushi Chaudhry, Sophia MTT, Rakesh Kumar, Priyanka Sharma-Saddi

Herstellung
Balwant Singh, Andy Hilliard, Rachel Ng, Pankaj Sharma

Illustrationen
James Graham

Sands Publishing Solutions
Lektorat
David und Silvia Tombesi-Walton
Gestaltung und Bildredaktion
Simon Murrell

Originalgestaltung
STUDIO8 DESIGN

Für die deutsche Ausgabe:
Verlagsleitung Monika Schlitzer
Programmleitung Heike Faßbender
Redaktionsleitung Dr. Kerstin Schlieker
Projektbetreuung Carola Wiese
Herstellungsleitung Dorothee Whittaker
Herstellungskoordination Bianca Isack
Herstellung Stefanie Staat

Titel der englischen Originalausgabe:
Big Ideas. The World War I Book

Übersetzung Brigitte Rüßmann, Wolfgang Beuchelt (Scriptorium – Köln), Burkhard Schäfer, Carmen Söntgerath
Lektorat Carsten Drecoll

ISBN 978-3-8310-4883-0

Druck und Bindung TBB, a.s., Slowakei

MIX
Papier | Fördert gute Waldnutzung
FSC® C018179
www.fsc.org

www.dk-verlag.de

AUTORINNEN UND AUTOREN

DR. LAWRENCE SONDHAUS – HERAUSGEBER

Lawrence Sondhaus lehrt Europäische Geschichte an der University of Indianapolis (USA). Er ist Autor von 13 Büchern, viele davon über den Ersten Weltkrieg.

DAVID L. ANDERSON

David Anderson ist Autor und emeritierter Professor für Geschichte an der California State University (USA).

JOANNE BOURNE

Joanne Bourne ist Autorin und Archäologin.

TIM COOKE

Tim Cooke hat sich als Autor auf Geschichte spezialisiert und vor allem über Krieg und Kriegsführung geschrieben.

HELEN DOUGLAS-COOPER

Helen Douglas-Cooper ist Lektorin und Autorin und schreibt über historische und andere Themen.

JACOB F. FIELD

Jacob Field hat als Assistent an der University of Cambridge (UK) gearbeitet und ist Schriftsteller und Historiker.

ADRIAN GILBERT

Adrian Gilbert hat Beiträge zu den Kriegen des 20. Jahrhunderts verfasst. Er ist Berater von *Big Ideas. Der Zweite Weltkrieg* (DK, 2025).

MARK COLLINS JENKINS

Mark Collins Jenkins hat Beiträge über die US-Marine-Geschichte und die frühen amerikanischen Kriege verfasst.

ANDREW KERR-JARRETT

Andrew Kerr-Jarrett ist Lektor und Autor zahlreicher Bücher und Beiträge zu historischen Themen.

MICHAEL KERRIGAN

Michael Kerrigan hat zahlreiche Geschichtsbücher geschrieben und Beiträge zu *Big Ideas. Der Zweite Weltkrieg* (DK, 2025) verfasst.

DR. JENNY MACLEOD

Jenny Macleod ist Dozentin zur Geschichte des 20. Jahrhunderts an der University of Hull (UK) und Autorin von *Gallipoli* (2015).

DR. SUSAN PATTIE

Susan Pattie ist Kulturanthropologin, Autorin und Expertin zur armenischen Diaspora.

DONALD SOMMERVILLE

Donald Sommerville absolvierte Abschlüsse in Geschichte und Kriegsstudien an der Oxford University und am King's College in London.

JOE YOGERST

Joe Yogerst ist ein amerikanischer Schriftsteller mit langjährigem Interesse an Welt- und Militärgeschichte.

INHALT

OUVERTÜRE ZUM KRIEG 1870–1914

DER KRIEG BRICHT AUS 1914

PATT
1915

TOTALER KRIEG
1916

REVOLUTION UND ERSCHÖPFUNG 1917

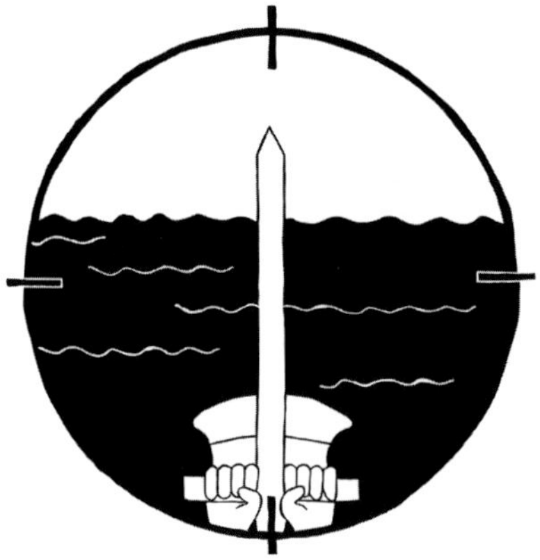

SIEG UND NIEDERLAGE 1918

DER KRIEG, UM ALLE KRIEGE ZU BEENDEN?

1919–1923 UND DANACH

EINLEITU

NG

Der Erste Weltkrieg bildet in der Geschichte einen tiefen Einschnitt. Er führte zum Zusammenbruch von vier großen Herrscherdynastien in Deutschland, Österreich-Ungarn, Russland und der Türkei. Er löste die Revolution der Bolschewiki in Russland aus und führte zum Entstehen neuer Staaten in Europa sowie im Nahen Osten. Die Kosten für diese enormen politischen Veränderungen waren gigantisch: Millionen verloren ihr Leben beim Zusammenprall von Massenheeren, ausgerüstet mit den tödlichsten Waffen ihrer Zeit.

Die Fronten entstehen

Als Auslöser für den Krieg gilt der Mord am österreichischen Thronfolger Erzherzog Franz Ferdinand und seiner Frau in Sarajevo. Doch das zwischen den europäischen Großmächten herrschende Misstrauen ließ daraus einen größeren Konflikt entstehen, in den die Verbündeten beider Seiten sowie im Verlauf des Kriegs weitere Staaten hineingezogen wurden.

Zum deutschen Kaiserreich und der österreichisch-ungarischen Doppelmonarchie, wegen ihrer zentralen Lage in Europa als »Mittelmächte« bezeichnet, traten das Osmanische Reich und Bulgarien hinzu. Großbritannien schloss sich den Alliierten Frankreich und Russland an, wie auch Japan und Italien sowie über 20 weitere Staaten, von denen die USA der wichtigste war.

Ende 1914 hatten die großen Eröffnungsschlachten zwei Fronten entstehen lassen. An der Westfront zog sich eine Linie von Schützengräben durch Frankreich und Belgien von der Schweizer Grenze bis an die Nordsee. Die Ostfront war fließender und verlief über eine noch weitere Strecke vom Schwarzen Meer bis an die Ostsee mit Kämpfen in vielen Ländern entlang der Front.

» Jemand rief: ›Die Kürassiere kommen!‹ … In ihren Felduniformen, … riesig in ihren langen Mänteln, nahmen sie die gesamte Breite der Chaussee ein. Ein formidables Geschrei erklang aus allen Mündern: ›Vive la France! Vive l'armée!‹ «

Raymond Recouly
Französischer Journalist
über Truppen,
die 1914 in den Krieg ziehen

Die erbärmlichen Zustände in den Schützengräben mit wiederholten Offensiven gegen gut befestigte Verteidigungsstellungen und mit immensen Verlusten bei geringen Geländegewinnen machten die Westfront zum Symbol dieses Kriegs. Zwar warf man den Generälen mangelnden militärischen Weitblick vor, doch waren es die enormen Fortschritte in der Militärtechnik, insbesondere bei der Artillerie, die die Kämpfe an der Westfront rasch zu einem bitteren Abnutzungskrieg werden ließen: Die Feuerkraft der einen Seite versuchte, die Stärke und Entschlossenheit der anderen Seite zu brechen.

Ein weltweiter Konflikt

Trotz des Schwerpunkts Westfront wurde der Erste Weltkrieg zu einem globalen Konflikt. Der Kriegseintritt des Osmanischen Reichs – eine Folge der Feindschaft gegenüber dem Nachbarn Russland sowie von Aufständen innerhalb des Reichs – eröffnete neue Schlachtfelder in Gallipoli, im Nahen Osten, in Palästina und Mesopotamien. Mit den schier unerschöpflichen Bevölkerungsreserven ihrer Überseegebiete konnten Großbritannien und Frankreich Millionen Männer aus Afrika, Asien und den britischen Dominions zu den Kämpfen rekrutieren.

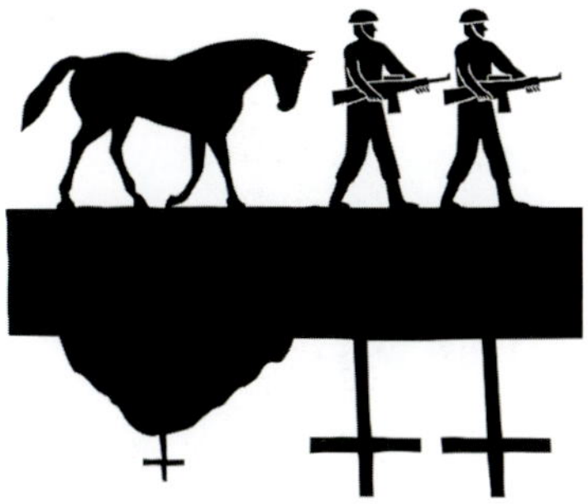

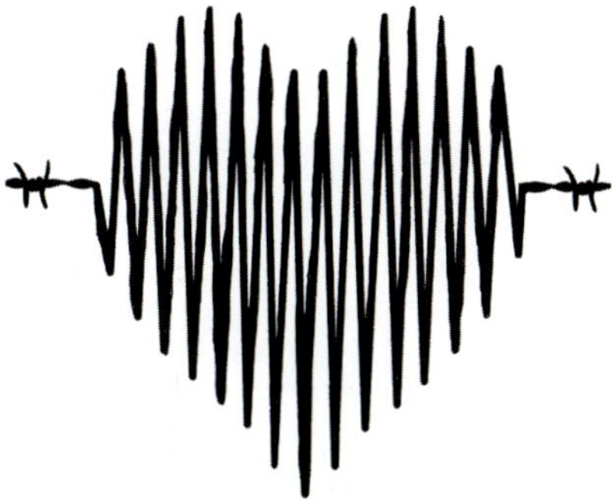

Ein weiterer großer Vorteil der Alliierten war die kampfstarke britische Marine, die Royal Navy. Trotz der ständigen Gefahr durch deutsche U-Boote blockierte sie die Nordsee sowie gemeinsam mit weiteren Alliierten die Adria und fügte den Mittelmächten enormen wirtschaftlichen Schaden zu. Mit japanischer Hilfe isolierte die Royal Navy die deutschen Kolonien im Pazifik und im Fernen Osten.

Fortschritte in der Waffentechnik

Der Erste Weltkrieg war ein Versuchsfeld für Neuerungen. In der Militärtechnik und in einigen weiteren Bereichen wie der Luftfahrt waren die Fortschritte bahnbrechend. Neue todbringende Waffen kamen auf, darunter Fernkampf- und Schnellfeuergeschütze, Flammenwerfer, Panzer und – eher kontrovers betrachtet – Giftgase. Entwicklungen in der Kommunikations- und Produktionstechnik waren ebenso weitreichend wie medizinische Fortschritte in der Versorgung der Verwundeten mit Prothesen sowie die immer bessere Behandlung von Traumatisierten.

Die Massenproduktion von Kriegswaffen erwies sich als entscheidend und stieg in allen Ländern stark an, wobei die Alliierten von der wirtschaftlichen Leistung der USA profitierten. Da es an Arbeitskräften mangelte, nahmen Frauen vielfach die Positionen der an die Front geschickten Männer ein – eine der vielen gesellschaftlichen Veränderungen, die auch nach 1918 Bestand haben sollten.

Zum Scheitern verurteilter Frieden

Nachdem die vereinte alliierte Macht den Sieg an der Westfront errungen hatte, sollte Deutschland für das Leid und die Kosten des Kriegs zahlen und genügend geschwächt werden, um einen erneuten Krieg auszuschließen. 1919 beschlossen die Alliierten strenge Bedingungen für die besiegten Mittelmächte. Der Versailler Vertrag wies Deutschland die »Kriegsschuld« zu. Angesichts der überwältigenden militärischen Überlegenheit der Sieger und der fortgesetzten Wirtschaftsblockade unterzeichnete die deutsche Delegation widerwillig den Vertrag.

Hatte der Erste Weltkrieg als Kampf um die Vorherrschaft in Europa begonnen, brachte der brüchige Frieden dafür keine Lösung. Die politische und wirtschaftliche Instabilität ermöglichte in Deutschland den Aufstieg Adolf Hitlers, dessen Propaganda auf den Vertrag von Versailles Bezug nahm. Der Zweite Weltkrieg wurde vom nationalsozialistischen Deutschland begonnen und führte zum Sieg der beiden Supermächte USA und UdSSR.

Das vorliegende Buch zeigt, wie der Erste Weltkrieg begann und zu einem globalen Konflikt wurde. Es stellt führende Persönlichkeiten vor und analysiert ihre Strategien und die Konsequenzen, die uns zum Teil noch heute betreffen. Es macht die großen Ideen deutlich, die diesen Krieg zu einem entscheidenden historischen Ereignis machten. ■

> »Um 11 Uhr vormittags erklang von den deutschen Linien her großer Jubel … Doch auf unserer Seite gab es nur wenige Rufe … Das Spiel war vorbei; es war ein verdammt schlechtes Spiel gewesen.«
>
> **Captain W. N. Nicholson**
> Suffolk Regiment, zur Verkündung des Waffenstillstands 1918

OUVERTÜ
ZUM KRIE
1870–1914

RE
G

1870
Die **preußische Armee reibt** die französischen Truppen bei Sedan **auf.** Napoleon III. geht ins Exil, und **Frankreich wird zur Republik.**

1871
Der preußische König **Wilhelm I.** wird im Palast von Versailles nahe Paris zum **Kaiser des neuen Deutschen Reichs** gekrönt.

1878
Auf dem Berliner Kongress ziehen die großen **europäischen Reiche die Grenzen auf dem Balkan** nach dem Russisch-Türkischen Krieg **neu.**

1882
Deutschland, Österreich-Ungarn und Italien schließen den **Dreibund,** ein Defensivbündnis, das bis zum Kriegsausbruch halten soll.

1884/85
Europäische Mächte planen in Berlin den **»Wettlauf um Afrika«** – die weitgehende Kolonialisierung des Kontinents.

1894/95
Im Ersten Japanisch-Chinesischen Krieg **besiegt Japan China** und festigt seine Dominanz in Ostasien.

1898
Die **USA schlagen Spanien** im Spanisch-Amerikanischen Krieg vernichtend und **kontrollieren** nun **Kuba, Puerto Rico und die Philippinen.**

1902
Der **Zweite Burenkrieg endet.** Großbritannien besiegt die Burenrepubliken, aber der Krieg legt viele **Schwächen der britischen Armee** offen.

Am 28. Juni 1914 schoss der bosnische Student Gavrilo Princip, der sich serbischen Nationalisten angeschlossen hatte, in Sarajevo auf den österreichisch-ungarischen Thronfolger Erzherzog Franz Ferdinand und tötete ihn. Wenige Wochen später führte die »Julikrise« in den Krieg.

Imperialer Wettbewerb

Der tiefere Grund für die Kriegserklärungen im Juli und August 1914 lag in der Rivalität der europäischen Nationen. Der Wirtschaftsboom des 19. Jahrhunderts beruhte auf der Erschließung immer neuer Märkte in Übersee und der Gewinnung und Sicherung von Rohstoffen. Zu diesem Zweck besetzten die europäischen Länder Territorien in Afrika und Asien, was zu Auseinandersetzungen um diese Kolonien führte.

Die zunehmende koloniale Rivalität wurde durch den Aufstieg Deutschlands verschärft. Das erst 1871 gegründete Deutsche Reich besaß noch keine eigenen Kolonien. Am stärksten profitierten Großbritannien und Frankreich vom Kolonialismus. Auch in Deutschland sowie im seit 1861 vereinten Italien wurde der Ruf nach Kolonien laut.

Außerhalb Europas verfolgte Japan als jüngste Industriemacht der Welt ehrgeizige Ziele. 1914 besaß das Kaiserreich Territorien sowohl in China als auch in Russland und entwickelte sich zur mächtigsten Nation Ostasiens.

Politische Instabilität

Deutschland stand zwar an der Spitze des militärischen, ökonomischen und wissenschaftlichen Fortschritts, wurde aber autoritär regiert. Der Reichstag hatte weniger Handlungsfreiheit als das französische und britische Parlament, während Politik und Gesellschaft von einer aristokratisch-militärischen Elite bestimmt wurden.

Deutschlands engster Verbündeter Österreich-Ungarn litt unter zunehmender Instabilität. Während die deutschen Länder ihren neuen Nationalstaat schnell annahmen, blieb die »Doppelmonarchie« eine Ansammlung vorwiegend slawischer Länder. Der leidenschaftliche Nationalismus nahm in dem Vielvölkerstaat überall zu. Viele seiner Minderheiten verlangten nach Selbstbestimmung.

Der allmähliche Niedergang des zweiten Großreichs auf dem Balkan, der Osmanen, begünstigte das Entstehen der unabhängigen Staaten Serbien, Bulgarien, Rumänien und

1904
Großbritannien und Frankreich schließen die **Entente Cordiale,** die Kolonialkonflikte lösen und **freundschaftlichere Beziehungen** zwischen Ländern fördern soll.

1904/05
Japan besiegt Russland im Russisch-Japanischen Krieg und ist damit die erste asiatische Macht der Neuzeit, die ein europäisches Land schlägt.

1905
Eine **Welle von Protesten und Streiks** führt in Russland zu **begrenzten politischen Reformen** und der Gründung der gesetzgebenden **Staatsduma.**

1908
Österreich-Ungarn annektiert Bosnien-Herzegowina, was zu Spannungen mit Russland sowie mit Serbien und anderen Balkanstaaten führt.

1909
Eine als **»Jungtürken«** bekannte Gruppe von Offizieren **stürzt Sultan Abdülhamid II.** mit dem Ziel, das Osmanische Reich zu modernisieren.

1911/12
Im **Italienisch-Türkischen Krieg** fallen Tripolitanien und die Kyrenaika an Italien. Das zeigt die Schwäche der Osmanen und Italiens koloniale Ambitionen.

1912/13
Im **Ersten Balkankrieg** kämpfen die **Balkanstaaten** mit dem **Osmanischen Reich** um Ländereien, das **das Gros seiner europäischen Besitzungen verliert.**

1913
Im **Zweiten Balkankrieg verliert Bulgarien Land** an Serbien, Griechenland und Rumänien, das es im Ersten Balkankrieg gewonnen hat.

Albanien. Ihre unerbittliche Feindschaft sowohl gegen Österreich-Ungarn als auch das Osmanische Reich destabilisierte die Region zusätzlich. Gleichzeitig konkurrierte die Doppelmonarchie mit Russland um die Dominanz in Osteuropa.

Die Animositäten zwischen Österreich-Ungarn und seinen slawischen Nachbarn drückten sich am destruktivsten in der zerfallenden Beziehung zwischen Österreich und Serbien aus, dem die Unterstützung des Terrorismus und eine Mitwisserschaft am Attentat vorgeworfen wurde. Bei der österreichischen Regierung brachte die Ermordung Franz Ferdinands das Fass zum Überlaufen. Für eine militärische Strafexpedition gegen Serbien sicherte Deutschland per Telegramm Österreich-Ungarn seine Unterstützung zu.

Europäische Allianzen

Der Umstand, dass ein lokaler Konflikt auf dem Balkan zu einem Weltkrieg führen konnte, hatte seine Wurzeln in einem Netzwerk von Allianzen, das Europa in zwei bewaffnete Lager spaltete. Im Nachgang des Deutsch-Französischen Kriegs (1870/71) hatte der deutsche Kanzler Otto von Bismarck den militärischen Sieg mit einer Reihe von Verträgen unterfüttert, die Deutschlands Aufstieg in Mitteleuropa sichern sollten. Nachdem Kaiser Wilhelm II. Bismarck 1890 aber aus dem Amt gedrängt hatte, begann dieses System auseinanderzufallen.

Russland, das zuvor durch den »Rückversicherungs-Vertrag« mit Deutschland verbunden war, näherte sich militärisch und diplomatisch Frankreich an, vor allem, als Deutschland sich mit Österreich-Ungarn verbündete. Wie dieses wollte auch Russland vom Niedergang des Osmanischen Reichs in Europa profitieren und sagte seinen slawischen Nachbarn, allen voran Serbien, seine Unterstützung zu.

Die in zwei rivalisierende Blöcke geteilten europäischen Staaten planten für die zunehmende Gefahr eines Kriegs. Die strategische Situation folgte den geografischen Gegebenheiten: Deutschland und Österreich-Ungarn hielten die Mitte, »umzingelt« von Frankreich und Russland; Großbritannien hielt sich am Rand, auch wenn die neue Rivalität auf See mit Deutschland das Land näher an Frankreich rücken ließ.

Das Attentat von Sarajevo war nur der Funke, der das Pulverfass der nationalen Rivalitäten letztendlich explodieren ließ. ■

EIN SICHERES UND WOHLHABENDES ZEITALTER

DIE LAGE IN EUROPA (1810–1914)

IM KONTEXT

SCHWERPUNKT
Europäische Politik

FRÜHER
1814/15 Auf dem Wiener Kongress legen Diplomaten im Nachgang zu den Koalitionskriegen die Nationalgrenzen in Europa fest.

1848 In ganz Europa brechen Revolutionen aus, die Verfassungen fordern.

1853–1856 Im Krimkrieg kämpft Russland gegen eine Allianz aus Großbritannien, Frankreich, Osmanischem Reich und Sardinien-Piemont.

SPÄTER
1919/20 Der Friedensvertrag von Versailles kostet Deutschland Reparationen und einen Teil seines Staatsgebiets.

1945 Nach dem Zweiten Weltkrieg ist Deutschland in vier von den Alliierten besetzte Zonen aufgeteilt.

Am 28. Januar 1871 endete die Belagerung von Paris im Deutsch-Französischen Krieg. Bereits am 18. Januar 1871 war König Wilhelm von Preußen zum Deutschen Kaiser ausgerufen und das Deutsche Reich gegründet worden. Abgesehen vom Russisch-Türkischen Krieg (1877/78) läutete dies einen 40-jährigen Frieden zwischen den europäischen Reichen ein, die *Belle Époque,* die später als »Goldenes Zeitalter« vor dem Ersten Weltkrieg gelten sollte.

Die vorherrschende politische Stabilität brachte Wohlstand und Expansion. Neue Technologien entstanden. Städte und Fabriken wurden zunehmend elektrifiziert, während Telegrafie und der Ausbau des Eisenbahnnetzes Kommunikation und Reisegewohnheiten revolutionierten. Die europäischen Großmächte beuteten ihre Kolonien aus und profitierten von ihrem privilegierten Zugang zu Rohstoffen wie Kautschuk, Öl und Gold und von ihren Marktmonopolen.

»Deutschland bedarf weder neuen Kriegsruhms noch irgend welcher Eroberungen, nachdem es sich die Berechtigung als einige und unabhängige Nation zu bestehen endgültig erkämpft hat.«

Kaiser Wilhelm II.
Thronrede vom 25. Juni 1888

Bruchlinien

In dieser Zeit des Friedens waren die innereuropäischen Beziehungen weitgehend stabil, auch wenn es Bruchlinien gab. Die konstitutionelle Monarchie Großbritannien blieb eine ökonomische Großmacht und beherrschte das größte Reich der Welt. Als Edward VII. aber seiner Mutter Victoria 1901 auf den Thron folgte, kam es zu Unruhen, etwa unter irischen Nationalisten. Und die Frauen forderten das Wahlrecht.

Auch in Frankreich, seit 1870 parlamentarische Republik, gab es interne Spannungen. In Paris gärte der Ärger über den Landverlust aus dem Deutsch-Französischen Krieg, während die Dreyfus-Affäre um einen fälschlich wegen Verrats inhaftierten jüdischen Armeeoffi-

Siehe auch: Der Aufstieg Deutschlands 20–23 ▪ Krise in Russland 24 ▪ Der Balkan 25 ▪ Niedergang des Osmanischen Reichs 26–27 ▪ Ein dauerhafter Frieden? 312–317

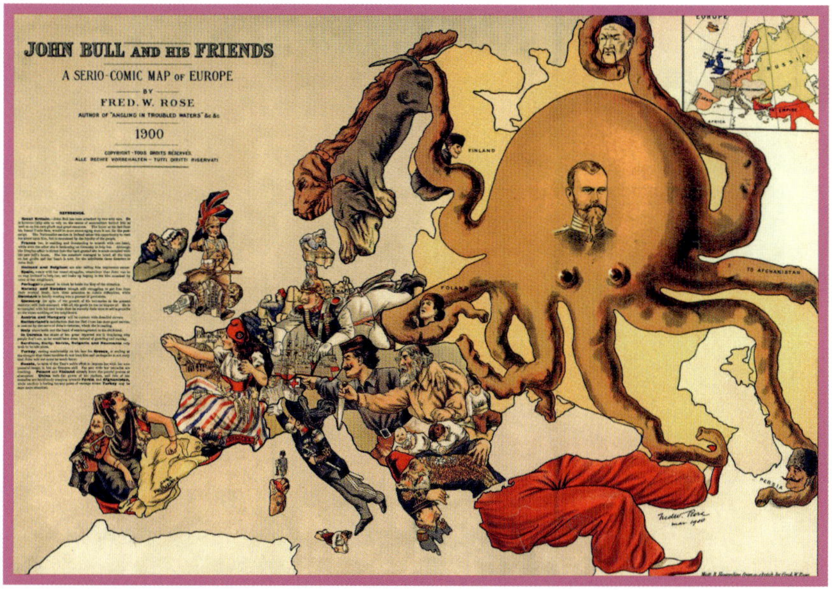

Eine satirische Landkarte von 1900 mit dem Titel »John Bull and his friends« karikiert die rivalisierenden europäischen Staaten. Russland wird als Krake dargestellt, dessen Arme nach Europa und Asien greifen.

zier den alltäglichen Antisemitismus offenbarte.

Die aufstrebende Macht war Deutschland, das militärische Stärke mit einer aufblühenden Industrie verband, die Großbritannien Konkurrenz machte. Der Kaiser besaß große Macht, auch wenn das gewählte Parlament, der Reichstag, gesetzgeberische Befugnisse besaß und die Arbeiterbewegung die linken Sozialdemokraten 1912 zur stärksten Partei machte. Die 1867 unter der Habsburger Dynastie gegründete Doppelmonarchie Österreich-Ungarn war ein bedeutender Warenproduzent, der aber Probleme mit seiner Vielfalt von Volksgruppen hatte. Nationalisten forderten Autonomie, wenn nicht Unabhängigkeit. Im Süden lag Italien, eine weitere konstitutionelle Monarchie. Das Land war unter Viktor Emanuel II., dem König von Sardinien, vereint worden, blieb aber wirtschaftlich zwischen Norden und Süden und politisch zwischen Radikalen und Konservativen gespalten.

Gärende Unruhe in Russland

Das Haus Romanow hatte lange die autokratische Herrschaft über das größte zusammenhängende Reich der Welt genossen, aber die Revolution von 1905 zwang Zar Nikolaus II., einen Teil seiner Macht an die Duma, das gewählte Parlament, abzugeben. Russland hinkte hinter seinen Rivalen her, modernisierte sich aber, und sein Wachstum überflügelte das des ehemals mächtigen Osmanischen Reichs. Nach Territorialverlusten auf dem Balkan und in Nordafrika rang das Reich nun um einen Weg zwischen imperialer Macht, konstitutioneller Monarchie und Militärdiktatur. ▪

Royale Bande

Königin Viktorias neun Kinder heirateten in Königsfamilien in ganz Europa ein. Um 1914 waren die britischen, deutschen und russischen Herrscher alle miteinander verwandt. Kaiser Friedrich III. war mit Viktoria, der ältesten Tochter der britischen Königin, verheiratet, während ihr Sohn und Thronfolger Edward VII. mit Alexandra von Dänemark verheiratet war, deren Schwester Dagmar später Zar Alexander III. von Russland heiratete.

Dadurch war George V. von Großbritannien ein Cousin sowohl Kaiser Wilhelms II. als auch Zar Nikolaus' II. Nikolaus' Frau Alix von Hessen-Darmstadt stammte über ihre Mutter Prinzessin Alice direkt von Königin Viktoria ab. Auch die russischen und deutschen Monarchen waren verwandt, da beide von Friedrich Wilhelm III. von Preußen und Zar Paul I. von Russland abstammten, womit sie gleichzeitig Cousins dritten und zweiten Grades waren. Diese Familienbande reichten allerdings nicht aus, einen Krieg zu verhindern.

Die Cousins und späteren Kriegsgegner Nikolaus II. von Russland (links) und Wilhelm II. von Deutschland teilen sich 1910 eine Kutsche.

WIR VERLANGEN AUCH UNSEREN PLATZ AN DER SONNE

DER AUFSTIEG DEUTSCHLANDS (1871–1914)

IM KONTEXT

SCHWERPUNKT
Reichsgründung

FRÜHER
1834 Der Zollverein, ein erster Schritt zur deutschen Vereinigung, tritt in Kraft.

1848/49 In ganz Deutschland kommt es zu Unruhen. Liberale Hoffnungen werden durchkreuzt, dafür entsteht eine nationale Identität.

1862 Otto von Bismarck wird inmitten einer Verfassungskrise preußischer Ministerpräsident und Außenminister.

SPÄTER
1914 Im Juli greifen Großbritannien und seine Verbündeten die deutschen Überseebesitzungen an.

1919 Der Versailler Vertrag nimmt Deutschland seine Kolonien. Sie werden zu Mandaten des Völkerbunds.

Am 18. Januar 1871 wurde der preußische König Wilhelm I. im Palast von Versailles bei Paris zum Kaiser des vereinten Deutschlands ausgerufen. Die 39 Einzelstaaten mit eigenem Wirtschaftssystem, Zollgrenzen und Streitkräften wurden zum Deutschen Reich, behielten aber ihre jeweiligen Herrscher.

Die treibende Kraft hinter der Vereinigung war der preußische Ministerpräsident und spätere Reichskanzler Otto von Bismarck. Bismarck erreichte sein Ziel durch den geschickten Einsatz militärischer Gewalt, indem er 1864 einen Krieg gegen Dänemark um die Provinzen Schleswig und Holstein

Siehe auch: Die Lage in Europa 18–19 ▪ Europas Kolonien und Reiche 28–29 ▪ Das Bündnis-System 30–31 ▪ Wettrüsten auf See 32–33 ▪ Planen für den Krieg 34–39 ▪ Die Kriegserklärung 42–43 ▪ Der Seekrieg beginnt 88–93

Otto von Bismarck diktiert nach dem Sieg der Preußen den französischen Ministern Jules Favre (Mitte) und Adolphe Thiers (rechts) im Februar 1871 in Versailles die Friedensbedingungen.

führte, 1866 gefolgt vom Krieg gegen Österreich. Preußens Sieg bei Königgrätz zwang Österreich, Preußens Führungsmacht in Deutschland anzuerkennen, und es erfand sich in der Folge 1867 als Doppelmonarchie Österreich-Ungarn neu.

Bismarcks Pläne kulminierten 1870 in einem geschickt orchestrierten Krieg gegen Frankreich. Preußen schlug die französische Armee in der Schlacht von Sedan vernichtend. Deutschland war nun die führende Militärmacht in Europa. Das besiegte und gedemütigte Frankreich musste große Reparationszahlungen leisten und die Gebiete Elsass und Lothringen abtreten.

Umstrittene Grenzen

Helmuth von Moltke, der Chef des preußischen Generalstabs, hatte die Annexion Elsass-Lothringens als Pufferzone für zukünftige Konflikte mit Frankreich gefordert, zudem hieß die deutsche Industrie die Einverleibung der wertvollen Eisenerz-Vorkommen und der blühenden Eisen- und Stahlindustrie willkommen. Die meisten Einwohner der beiden Provinzen sprachen zwar einen deutschen Dialekt (vor allem im Elsass), aber viele lehnten die deutsche De-facto-Okkupation ab.

1913 kam es zur Zabern-Affäre. Abfällige Bemerkungen eines deutschen Offiziers über die Einwohner der elsässischen Stadt Zabern führten zu Demonstrationen, auf die die preußische Armeegarnison mit willkürlicher Gewalt reagierte. Liberale und linke Parteien im Reichstag verurteilten das Militär und verwickelten Kaiser und Kanzler in eine Verfassungsdebatte über die Rolle der Armee. Die Affäre wurde im Ausland weithin als Beleg für den unangemessen starken Einfluss des Militärs im deutschen Alltagsleben dargestellt.

Preußen siegt über **Österreich** (1866) und **Frankreich** (1871).

↓

Der deutsche Generalstab, der den Einsatz der Streitkräfte plant und koordiniert, ist eine **mächtige Institution.**

↓

Man legt Wert auf **akribische Planung** und ein **Auge fürs Detail.**

↓

Das **deutsche Militär** dominiert die **Politik.**

↓

Die Bedingungen für eine Reichsgründung sind gegeben.

Industrie und Politik

Eine der treibenden Kräfte des deutschen Wachstums war die rapide Industrialisierung. Dank eines Überflusses an Rohstoffen und Arbeitskräften wurde das Land zu einem bedeutenden Produzenten von Kohle, Stahl und anderen Waren. Dieses Wachstum förderte die territorialen Ambitionen Deutschlands, brachte aber auch soziale und ökonomische Verwerfungen mit sich.

Politisch wurde das Land von konservativen Eliten beherrscht, ››

Nach der Niederlage des Habsburgerreichs 1866 werden weitere Staaten in das deutsche Bündnis gezwungen. Nach dem Deutsch-Französischen Krieg von 1870/71 treten auch Bayern und Baden bei. Die Beschlagnahme von Teilen der französischen Gebiete Elsass und Lothringen vollendet das neue Deutschland.

Legende
- Königreich Preußen
- 1866 von Preußen annektiert
- 1867 dem Norddeutschen Bund beigetreten
- 1871 dem Reich beigetreten
- 1871 von Deutschland annektiert
- Grenzen des deutschen Reichs 1914

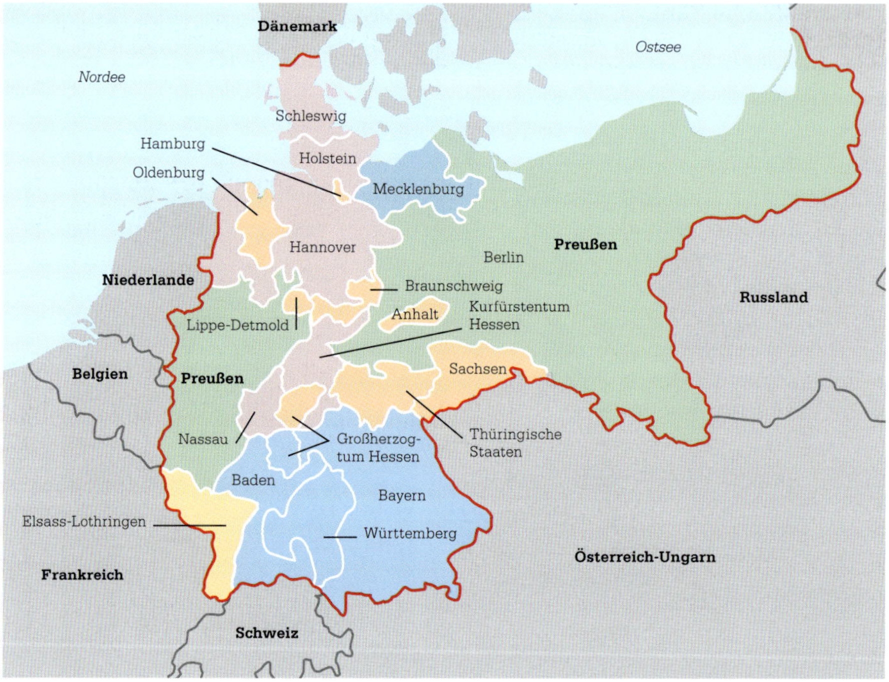

die demokratische Reformen ablehnten. Die Regierung unterstand einem »eisernen Kanzler«, der nicht gewählt war. Bismarck arbeitete daran, das neue Reich zu stärken und seine Macht zu festigen. Dazu schuf er eine starke Armee, die Deutschlands Dominanz in Europa sichern sollte.

Im Reichstag war eine Vielzahl von Klasseninteressen vertreten, er hatte aber kaum Einfluss und wurde oft von der autokratischen Regierung düpiert. Die Unzufriedenheit mit dem Status quo, die sich auf die Unruhen in der Arbeiterklasse und das Streben der Mittelschicht nach einem Mitspracherecht ausdrückte, wurde nicht ernst genommen. Stattdessen versuchte die Regierung, die Aufmerksamkeit von der Unruhe im eigenen Land hin zu einer expansionistischen Außenpolitik zu lenken, wobei sie teilweise von der Mittelschicht und der Arbeiterklasse unterstützt wurde.

> »Der preußische Leutnant ging als junger Gott … durch die Welt.«
>
> **Friedrich Meinecke**
> Deutscher Historiker, über den preußischen Militarismus

Nach dem Tod seines Vaters Friedrich III. 1888 wurde Wilhelm II. Kaiser und geriet schon bald mit Bismarck in Konflikt, den er 1890 entließ. Wilhelm und seine Regierung verfolgten eine zunehmend aggressive Außenpolitik, ohne dass der Kaiser über die Fähigkeit verfügte, sich der komplexen Feinheiten der Diplomatie zu bedienen.

Seine Regierungszeit war von einer Reihe streitbarer Aussagen und politischer Entscheidungen geprägt, die das diplomatische Gleichgewicht in Europa störten. Dies drückte sich in der Militarisierung des Konzepts von »Mitteleuropa« aus, das jahrhundertealte gemeinsame kulturelle Werte postulierte und eine von Deutschland und Österreich-Ungarn beherrschte Region umfasste. Ende des 19. Jahrhunderts erweiterten deutsche Denker und Politiker den Begriff um eine ökonomische und politische Einheit unter deutscher Herrschaft. Damit sollten später nach Kriegsausbruch 1914 Militäraktionen in Mittel- und Osteuropa rechtfertigt werden.

Ein Reich in Übersee

Das neue Konzept von Mitteleuropa spiegelte sich in einer anderen Expansionspolitik in Überseeterritorien. Bismarck hatte diese Idee zwar ursprünglich abgelehnt, änderte seine Meinung aber in den späten 1870er-Jahren und führte eine Politik der territorialen Aneignung ein.

Der preußische König Wilhelm I. wird am 18. Januar 1871 in Versailles im besetzten Frankreich zum ersten Deutschen Kaiser ausgerufen.

Die erst spät hinzugekommene europäische Kolonialmacht in Afrika musste sich mit kleineren Besitzungen bescheiden: Togoland, Kamerun, Deutsch-Südwestafrika und Deutsch-Ostafrika.

Das deutsche Vorgehen war selbst nach den brutalen Standards europäischer Kolonialisierung unmenschlich. Die Verwaltung setzte auf Zwangsarbeit, zerschlug brutal jeden Widerstand und führte Feldzüge, um ihr Territorium und die Kontrolle über ihre Untertanen auszuweiten.

Im Pazifik annektierte Deutschland weit verstreute Inseln, vor allem der Marianen, der Karolinen, der Marschall-Inseln und der Salomonen. Es beherrschte einen Großteil Nord-Neuguineas sowie die Region um Tsingtao auf dem chinesischen Festland.

Was Wilhelm aber ärgerte, war, dass er keine riesigen Überseereiche wie die Großbritanniens und Frankreichs besaß. Er drückte seine Wut in zunehmend feindseligen Ankündigungen aus, die die anderen Großmächte beunruhigten.

Entfremdung und Isolation

Ziel des kaiserlichen Zorns war Großbritannien. Im Januar 1896 sandte er ein Glückwunschtelegramm an Paulus Kruger, den Präsidenten von Transvaal, das mit den Briten im Krieg lag, und 1908 kritisierte er in einem Zeitungsinterview wiederholt die britische Außenpolitik. Er intervenierte auch bei der Ausweitung der französischen Kontrolle über Marokko, was zu den Marokkokrisen von 1905/06 und 1911 führte. Während Briten und Franzosen enger zusammenrückten, wurde Deutschland zunehmend isoliert.

Im Rückblick war das deutsche Überseereich eine überwältigende Niederlage. Seine Kolonien belasteten nur die wirtschaftlichen Ressourcen und besaßen keinen strategischen Wert. Nach der Kriegserklärung wurden sie zur militärischen Belastung und fielen mit Ausnahme von Deutsch-Ostafrika an die Alliierten. Wilhelms Traum vom »Platz an der Sonne« erwies sich als teure Fata Morgana. ■

Kaiser Wilhelm II.

Der 1859 in Berlin geborene Wilhelm war das älteste Kind von Kronprinz Friedrich und Prinzessin Viktoria, der Tochter der britische Königin Viktoria. Er wurde mit einem verkümmerten Arm geboren, den er ein Leben lang zu verbergen versuchte. Er wuchs in einem strengen militaristischen Haushalt auf, wo sein Vater (der spätere König Friedrich III.) ihn auf seine Rolle als zukünftigen Kaiser vorbereitete.

1888 folgte Wilhelm seinem Vater auf dem Thron, der nach nur 99 Tagen abgedankt hatte. Wilhelm war für sein erratisches und taktloses Benehmen und seine Neigung bekannt, sich in die Angelegenheiten fremder Staaten einzumischen. Das entfremdete ihn von seinen Amtskollegen. Nachdem er Otto von Bismarck als Kanzler entlassen hatte, führte er Deutschland auf einen imperialistischen Weg.

Wilhelm unterstützte Österreich-Ungarn 1914 im Konflikt mit Serbien, was mit zum Kriegsausbruch in Europa beitrug. Nach der deutschen Niederlage 1918 musste er abdanken und floh in die Niederlande, wo er bis zu seinem Tod 1941 lebte.

ES GIBT KEINEN GOTT MEHR. ES GIBT KEINEN ZAREN

KRISE IN RUSSLAND (1881–1905)

IM KONTEXT

SCHWERPUNKT
Russische Politik

FRÜHER
1861 Russland schafft die Leibeigenschaft weitgehend ab.

1878 Der Russisch-Osmanische Krieg endet mit der Niederlage des Osmanischen Reichs.

1881 Zar Alexander II. wird am 13. März von der revolutionären Organisation *Narodnaja Wolja* (»Volkswille«) ermordet.

SPÄTER
1914 Im September greifen russische Truppen das Judenviertel in Lemberg (heute Lwiw) an und töten etwa 40 Menschen.

1917 Die Russische Revolution beginnt und leitet das Ende des Zarentums ein.

1918 Am 17. Juli werden Zar Nikolaus II. und seine Familie in Jekaterinburg ermordet.

Als Alexander III. 1881 Russlands Thron bestieg, machte er die von seinem Vater Alexander II. eingeleiteten liberalen Reformen rückgängig und erließ antisemitische Gesetze. Nikolaus II., der 1894 auf Alexander folgte, lehnte Reformen ebenfalls ab und ging rigoros gegen Gegner vor.

Krieg und Revolution

Die Regentschaft Nikolaus' II. war von Beginn an von Unruhen geprägt. Nur vier Tage nach seiner Krönung 1896 starben bei einer Massenpanik bei Krönungsfeierlichkeiten in Moskau mehr als 1300 Menschen, was die Autorität des Zaren untergrub. Im Februar 1904 folgte militärischer Misserfolg, als Russland von Japan, seinem Hauptrivalen in Asien, angegriffen wurde. Eine Reihe von Niederlagen, wie die Zerstörung der Baltischen Flotte im Mai 1905 in der Seeschlacht bei Tsushima, zwang Nikolaus im September 1905, Frieden zu schließen.

Derweil kam seine Macht im eigenen Land ins Wanken. Einem Massaker an demonstrierenden Arbeitern im Januar 1905 folgte eine Welle von Streiks und Aufständen, und Nikolaus war gezwungen, Reformen, wie die Schaffung einer Verfassung und eines gewählten Parlaments, der Duma, zu akzeptieren. Nikolaus II. hatte seine Krone gerettet, aber seine Herrschaft stand auf tönernen Füßen. ■

Am 22. Januar 1905 erschießen Polizisten in St. Petersburg rund 200 friedliche Demonstranten, angeführt vom Priester Georgi Gapon. Der Tag wird Petersburger Blutsonntag genannt.

Siehe auch: Die Lage in Europa 18–19 ▪ Die Februarrevolution 192–193 ▪ Die Oktoberrevolution 240–241 ▪ Der deutsche Sieg in Osteuropa 258–259

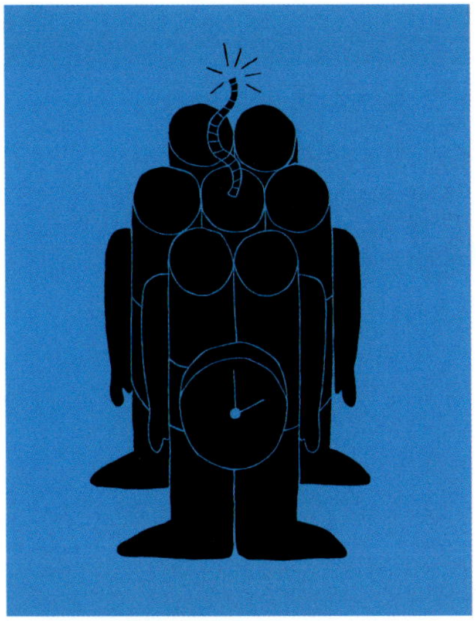

DAS PULVERFASS EUROPAS

DER BALKAN (1903–1914)

IM KONTEXT

SCHWERPUNKT
Balkanpolitik

FRÜHER

1830 Serbien wird als autonomes Fürstentum innerhalb des Osmanischen Reichs anerkannt.

1859 Die Fürstentümer Moldau und Walachei werden innerhalb des Osmanischen Reichs autonom.

1878 Der Berliner Vertrag erkennt die volle Unabhängigkeit Serbiens, Montenegros und Rumäniens an.

SPÄTER

1918 In Belgrad wird das Königreich der Serben, Kroaten und Slowenen ausgerufen.

1920 Nach dem Vertrag von Trianon verliert Ungarn einen Großteil seines Staatsgebiets an die Nachbarstaaten.

1922 Der Griechisch-Türkische Krieg endet mit der Vertreibung der Griechen aus Anatolien.

Im 19. Jahrhundert spalteten sich mit Griechenland, Serbien, Montenegro, Rumänien und Bulgarien, auch bekannt als die Balkanstaaten, diverse unabhängige Länder in den südosteuropäischen Territorien des zerfallenden Osmanischen Reichs ab. Das destabilisierte die Region unweigerlich. Untereinander bestanden Rivalitäten, und Österreich-Ungarn sowie Russland betrachteten den Balkan als wichtige Einflusssphäre.

Ende der alten Ordnung

1903 brachte ein Putsch in Serbien ein härteres Regime an die Macht. Auf dem Spiel standen die Territorien Bosnien und Herzegowina mit großen serbischen Bevölkerungsteilen, die nominell noch osmanisch, aber seit 1878 von Österreich-Ungarn verwaltet waren. Obwohl 1908 die Annexion durch Österreich-Ungarn folgte, schürten die Serben dort weiterhin nationalistische Gefühle. Zugleich drängte Russland Serbien, Montenegro, Bulgarien und Griechenland zu einem Bündnis gegen die Osmanen.

» Der Balkankrieg wird offenkundig in einer Katastrophe für Österreich münden. «

Peter I. von Jugoslawien
1912

1908 erklärte Bulgarien seine Unabhängigkeit vom Osmanischen Reich, gefolgt 1912 von Albanien. Es folgte der Erste Balkankrieg (Oktober 1912–Mai 1913), in dem Serbien, Montenegro, Bulgarien und Griechenland die Osmanen fast vollständig aus Europa vertrieben. Im Zweiten Balkankrieg (1913) fiel Bulgarien, unzufrieden mit den Ergebnissen des ersten Kriegs, in Serbien und Griechenland ein, wurde aber besiegt, nachdem Rumänien in den Krieg eintrat. Auch 1914 blieb der Balkan ein Pulverfass. ■

Siehe auch: Der Niedergang des Osmanischen Reichs 26–27 ▪ Die Ermordung Franz Ferdinands 40–41 ▪ Österreich-Ungarns Versagen 82

DER KRANKE MANN AM BOSPORUS

DER NIEDERGANG DES OSMANISCHEN REICHS (1876–1914)

IM KONTEXT

SCHWERPUNKT
Osmanische Politik

FRÜHER
1839 Sultan Abdülmecid I. stößt mit seinem Edikt von Gülhane die Modernisierung des Osmanischen Reichs an.

1856 Im Krimkrieg ist das Osmanische Reich Teil der siegreichen Allianz gegen Russland, hat jedoch hohe Schulden und geringe Geländegewinne.

SPÄTER
2. August 1914 Das Osmanische Reich stimmt im Geheimen dem Kriegseintritt an der Seite Deutschlands zu.

29. Oktober 1914 Osmanischer Kriegseintritt durch Angriff auf russische Häfen am Schwarzen Meer.

1923 Nach Aufhebung des von den Alliierten auferlegten Friedensvertrags wird Mustafa Kemal zum ersten Präsidenten der neuen Türkischen Republik.

Mitglieder der Jungtürken-Bewegung demonstrieren im Juli 1908. Ihr Aufstand stellte die verfassungsgemäße Regierung des Reichs wieder her, fünf Monate später wurde auch das Parlament wieder eröffnet.

Von Osman I. 1299 als kleines Fürstentum gegründet, erlangte das Osmanische Reich Ende des 17. Jahrhunderts seine größte Ausdehnung, als es sich weit in den Nahen Osten, nach Nordafrika und Europa hinein erstreckte. Mitte des 18. Jahrhunderts begann jedoch der Niedergang, bis es in den 1850er-Jahren als »der kranke Mann am Bosporus« bezeichnet wurde.

Zur Eindämmung der sozialen Unruhen im Reich verkündete Sultan Abdülhamid II. am 23. Dezember 1876 die erste osmanische Verfassung, um das politische System zu modernisieren. Kurzzeitig entstand ein Zweikammer-Parlament.

Krieg mit den Nachbarn

Montenegro, Rumänien und Serbien gehörten offiziell zum Osmanischen Reich, genossen jedoch eine gewisse Unabhängigkeit. Gemeinsam mit Russland erklärten sie im Frühjahr 1877 den Osmanen den Krieg und bedrohten sogar die Hauptstadt Konstantinopel (heute Istanbul).

Im März 1878 unterzeichneten die Osmanen einen Friedensvertrag, mit dem sie Gebiete im Kaukasus an Russland abtraten, die volle Unabhängigkeit Montenegros, Rumäniens und Serbiens anerkannten sowie Bulgarien und Bosnien-Herzegowina Autonomie gewährten. Abdülhamid löste das Parlament auf und setzte die Verfassung außer Kraft. Doch die Risse im Reich ließen sich nicht verdecken: 1882 ging die Kontrolle über

Siehe auch: Der Balkan 25 ▪ Kriegseintritt des Osmanischen Reichs 84–85 ▪ Der Gallipoli-Feldzug 122–129 ▪ Der Krieg im Kaukasus 130 ▪ Der Völkermord an den Armeniern 132–133 ▪ Der Aufstand der Araber 107–171 ▪ Die Schlacht von Megiddo 286–287

Ägypten an Großbritannien, der Einfluss nationalistischer Gruppen wuchs, die Wirtschaft stürzte ab.

Aufstieg der Jungtürken

Anfang des 20. Jahrhunderts kam die reformorientierte Bewegung der »Jungtürken« auf. Ihr einflussreiches Komitee für Einheit und Fortschritt (KEF) fand Unterstützer in der Regierung und im Militär. Im Juli 1908 erhoben sich KEF-Mitglieder gegen Abdülhamid und zwangen ihn zur Wiedereinsetzung der Verfassung und zu Wahlen. Nach einem Gegenputsch des Sultans im April 1909 ersetzte ihn das KEF durch seinen Halbbruder Mehmed als Strohmann auf dem Thron.

Die Niederlage im Italienisch-Türkischen Krieg (1911/12) kostete das Osmanische Reich seine letzten Stützpunkte im heutigen Libyen. Kurz vor Kriegsende griff ein Bündnis von Balkanstaaten das Osmanische Reich im Ersten Balkankrieg an und besiegte es im Mai 1913. Gleichzeit erhob sich Albanien gegen das Reich und erlangte seine Autonomie.

Osmanische Streitkräfte kämpfen im Oktober 1911 vor Tripolis in Nordafrika gegen italienische Soldaten. Der Sieg der Italiener im Italienisch-Türkischen Krieg beendete die osmanische Herrschaft in Nordafrika.

Angesichts der auch im Inneren instabilen osmanischen Politik übernahmen im Januar 1913 KEF-Mitglieder die Macht. Im Zweiten Balkankrieg (Juni–August 1913) erlangten die Osmanen einige der im Ersten Balkankrieg verlorenen Gebiete zurück, verloren aber fast ihr gesamtes verbliebenes Territorium in Europa.

Die »Drei Paschas«

1913 stiegen drei KEF-Mitglieder zu den führenden Persönlichkeiten im Osmanischen Reich auf. Sie wurden mit dem osmanischen Ehrentitel »Pascha« bezeichnet. Als Marine-, Kriegs- und Innenminister führten diese jungtürkischen Politiker das Osmanische Reich in eine engere Allianz mit dem Deutschen Reich und im Oktober 1914 in den Ersten Weltkrieg. ▪

Sultan Abdülhamid II.

Der 1842 in Konstantinopel (Istanbul) geborene Abdülhamid II. war der letzte osmanische Alleinherrscher. Der Sohn des von 1839 bis 1861 regierenden Abdülmecid I. gelangte im August 1876 nach der Absetzung seines kranken Halbbruders Murad V. auf den Thron.

Abdülhamid genehmigte die erste osmanische Verfassung, setzte sie aber nach einem Streit mit dem Parlament aus. Er leitete Reformen in der Bildung ein, baute Militärschulen, reorganisierte das Justizsystem und verbesserte die Infrastruktur, häufte dabei aber hohe Schulden an.

In seine Herrschaftszeit fielen Gräueltaten an Armeniern und Assyrern, seine Geheimpolizei verfolgte Dissidenten. Attentatsversuche waren die Folge.

Als 1909 der Versuch scheiterte, die im Jahr zuvor verlorene absolute Macht zurückzuerlangen, und die Verfassung wiederhergestellt wurde, setzte man Abdülhamid in Saloniki (Thessaloniki) gefangen. Vor der griechischen Einnahme von Saloniki 1912 schickte man ihn nach Konstantinopel, wo er bis zu seinem Tod 1918 im Beylerbeyi-Palast festgesetzt wurde.

MEINE KARTE VON AFRIKA LIEGT IN EUROPA

EUROPAS KOLONIEN UND REICHE (1884–1914)

IM KONTEXT

SCHWERPUNKT
Kolonialismus

FRÜHER
1494 Der Vertrag von Tordesillas teilt Amerika zwischen Spanien und Portugal auf – ein Vorbild für die künftige Kolonialisierung.

1814/15 Nach den Koalitionskriegen bestätigt der Wiener Kongress die britische Herrschaft über Ceylon, die Kapkolonie und andere Regionen.

SPÄTER
1919 Der Versailler Vertrag nimmt Deutschland alle Kolonien in China, dem Pazifik und Afrika.

1922 Ägypten wird als erste europäische Kolonie nach dem Krieg von Großbritannien unabhängig.

1962 Die Unabhängigkeit Algeriens markiert das Ende des französischen Imperialismus in Afrika.

In den 1880er-Jahren hatten die europäischen Mächte bereits den Großteil der Welt kolonialisiert und machten sich nun daran, Afrika aufzuteilen, wo die Kolonien bislang klein waren und an der Küste lagen. Neben den Veteranen Großbritannien, Frankreich, Portugal und Spanien bemühten sich nun auch Deutschland und Italien um afrikanische Besitzungen und Ressourcen. Dieser Imperialismus war eine Wurzel des Ersten Weltkriegs.

Der »Wettlauf um Afrika«

Um einen bewaffneten Konflikt zu vermeiden, wurde auf der Kongokonferenz 1884/85 in Berlin die Aufteilung Afrikas beschlossen, natürlich ohne die Afrikaner selbst zu befragen. Die rassistische europäische Vorstellung von der intellektuellen und moralischen Überlegenheit über die indigene Bevölkerung bestimmte den Diskurs.

Eine der Bestimmungen der »Kongoakte« lautete, dass ein Land zumindest einen Teil eines angestrebten Territoriums besetzen musste, um Rechte darauf anzumelden. Das führte zu einem hektischen Wettlauf, bei dem binnen vier Jahrzehnten 80 Prozent Afrikas kolonialisiert wurden.

Der Wettstreit führte unvermeidlich zu Konflikten zwischen den Reichen. Während der Faschoda-Krise von 1898 kam es wegen strittiger Ansprüche auf den Oberen Nil beinahe zum Krieg zwischen Briten und Franzosen, bevor Letztere nachgaben. Während der Ersten Marokkokrise von 1905/06 forderte Deutschland die französische Vorherrschaft in Nordafrika heraus. Die

Eine französische Karikatur zeigt Otto von Bismarck, wie er bei der Kongokonferenz einen für Afrika stehenden Kuchen aufschneidet. Bei dieser Konferenz wurde der Kontinent unter den europäischen Mächten aufgeteilt.

Siehe auch: Der Aufstieg Deutschlands 20–23 ▪ Das Bündnissystem 30–31 ▪ Der Krieg in Afrika 86–87 ▪ Der Krieg in Asien und Ozeanien 94–95 ▪ Der Krieg in Mesopotamien 131 ▪ Der Krieg in Ostafrika 244–245 ▪ Die Nachkriegszeit 320–321

Türkische und nordafrikanische Soldaten suchen im Italienisch-Türkischen Krieg von 1911/12 Deckung vor einem angreifenden Eindecker.

Flugzeugbomben in Libyen

Im September 1911 beanspruchte Italien die Kyrenaika und Tripolitanien für sich und erklärte dem Osmanischen Reich, das die Regionen beherrschte, den Krieg. Der Konflikt dauerte mehr als ein Jahr und brachte den ersten Luftangriff der Welt.

Am 1. November 1911 warf Leutnant Giulio Gavotti drei Granaten aus einer Etrich Taube (einem der neun Flugzeuge Italiens) auf die Tagiura-Oase und eine auf türkische Soldaten in Ain Zara am Rand von Tripolis ab. Sie richteten nur geringen Schaden an, aber der Angriff zeigte, dass Luftangriffe im Krieg eine vernichtende Wirkung entfalten konnten.

Die Italiener flogen auch die ersten Luftaufklärungsmissionen der Geschichte und fotografierten dabei Feindstellungen. Nur acht Jahre nach dem Jungfernflug der Gebrüder Orville und Wilbur Wright hatten italienische Piloten bewiesen, dass Flugzeuge verlässlich und stabil genug waren, um eine Rolle in zukünftigen Kriegen zu spielen.

daraus folgende Algeciras-Konferenz bremste 1906 Frankreichs Ambitionen, aber Deutschland stellte fest, dass nur Österreich-Ungarn seine Interessen bei den Verhandlungen unterstützte. Andere europäische Mächte und die USA schlugen sich auf die Seite Frankreichs – die späteren Allianzen zeigten sich bereits.

In der Zweiten Marokkokrise von 1911 standen sich Deutschland und Frankreich erneut gegenüber. Um einen Krieg abzuwenden, akzeptierte Deutschland die französische Herrschaft über Marokko und konnte im Gegenzug seine Kolonie Kamerun um Land des französischen Kongo erweitern. Auch hier hatten die Afrikaner erneut kein Mitspracherecht.

Ein bleibendes Vermächtnis

Der Wettlauf um Afrika schuf künstliche Grenzen, die sich weder um präkoloniale Stammes- noch Religionsgrenzen scherten. In vielen Fällen wurden ethnische Gruppe auf konkurrierende Kolonialgebiete verteilt. Die meisten der künstlichen Grenzen existieren bis heute. Wo immer sie sich niederließen, zwangen die Europäer den Einwohnern ihre Kultur auf. Die Sprache der jeweiligen Kolonialmacht wurde zur Lingua franca ihrer Besitzungen, deren Bewohner zudem die christliche Religion annehmen und in den Kolonialarmeen dienen mussten. Die Kolonialherrschaft hat auch einen bleibenden Einfluss auf Verwaltung, Wirtschaft und Infrastruktur afrikanischer und anderer Länder, der sich bis heute in Regierungen, Bildungssystemen, Handelsorganisationen, Streitkräften und Fluggesellschaften wiederfindet. ▪

Neulinge Deutschland, Italien und Belgien **konkurrieren mit den etablierten Imperialisten** Großbritannien, Portugal und Spanien **um Afrika.**

Jedes Land eignet sich Regionen Afrikas an, um sie **politisch und ökonomisch auszubeuten.**

Diese Rivalitäten und Allianzen **bereiten die Bühne** für den Ersten Weltkrieg.

Afrika wird zu einem Schauplatz des Kriegs, als die Europäer ihre Kolonien verteidigen.

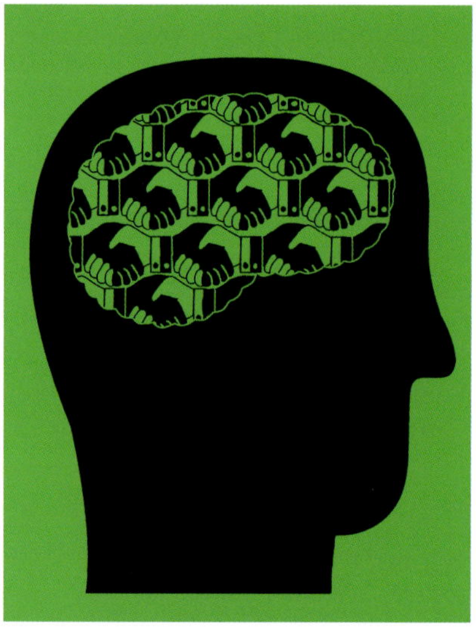

ALBTRAUM DER KOALITIONEN

DAS BÜNDNISSYSTEM (1879–1914)

IM KONTEXT

SCHWERPUNKT
Diplomatische Allianzen

FRÜHER
1815 Preußen, Österreich und Russland schließen die Heilige Allianz, um ihre Monarchien zu sichern.

1839 Im Vertrag von London erkennen die europäischen Großmächte die Unabhängigkeit und Neutralität Belgiens an und garantieren diese.

1873 Das Deutsche Reich, Österreich-Ungarn und Russland schließen das Dreikaiserabkommen.

SPÄTER
26. April 1915 Italien unterzeichnet in London einen Geheimvertrag mit der Triple Entente zum Kriegseintritt auf deren Seite.

3. März 1918 Im Vertrag von Brest-Litowsk beendet Sowjet-Russland seine Teilnahme am Krieg und ist kein Bündnispartner der Alliierten mehr.

Ende des 19. und Anfang des 20. Jahrhunderts gingen die europäischen Großmächte eine Reihe von Bündnissen ein, um ihre eigenen Interessen zu wahren und sich gegen die Ambitionen anderer Länder zu schützen. Das entstehende Netz aus Verträgen und Verpflichtungen zog den Kontinent schließlich in den Ersten Weltkrieg hinein.

Vom Zweibund zum Dreibund

Ursprung des Bündnissystems war die gegenseitige Unterstützung, die sich das Deutsche Reich und Österreich-Ungarn 1879 im Falle eines Angriffs durch Russland zusicherten. Den beiden späteren Mittelmächten bereitete das aufstrebende Zarenreich Sorge. Aus diesem Zweibund wurde 1882 der Dreibund durch Beitritt Italiens, das seine angestrebte Kolonie in Tunesien an Frankreich verloren hatte. Die drei Staaten sicherten sich den gegenseitigen Schutz bei einem Angriff Frankreichs zu, Italien verpflichtete sich zur Neutralität in einem Krieg zwischen Russland und Österreich-Ungarn. Die lange schwelenden Gebietsstreitigkeiten zwischen Italien und Österreich-Ungarn konnte das regelmäßig erneuerte Bündnis nicht lösen.

Russland, Frankreich und Großbritannien

Das durch den Dreibund potenziell isolierte Russland schloss 1887 den geheimen Rückversicherungsvertrag mit dem Deutschen Reich, in dem sich beide zur Neutralität bei

Ein russisches Plakat von 1914 stellt die Triple Entente dar. Mutter Russland stehen Marianne (links), das nationale Symbol der französischen Republik, und Britannia (rechts, mit Anker) zur Seite.

Siehe auch: Die Lage in Europa 18–19 ▪ Europas Kolonien und Reiche 28–29 ▪ Planen für den Krieg 34–39 ▪ Kriegserklärung 42–43 ▪ Der Einmarsch in Belgien 50–51 ▪ Kriegseintritt Italiens 120–121 ▪ Ein dauerhafter Frieden? 312–317

Die Bündnisse

Am Vorabend des Ersten Weltkriegs waren die Großmächte Europas in zwei Dreierbündnisse aufgeteilt. Beide waren mit dem Balkan und dem Osmanischen Reich verknüpft. Großbritannien und Japan hatten zudem Interessen in China und Korea.

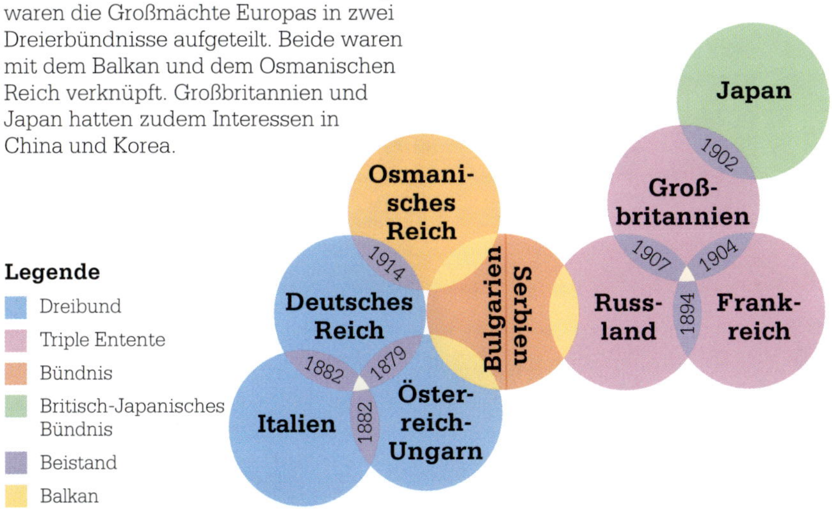

einem Angriff eines Drittstaats verpflichteten. Als Deutschland den Vertrag 1890 nicht verlängerte, wandte sich Russland an Frankreich, das Unterstützung gegen Deutschland suchte. 1891 begonnene Verhandlungen führten 1894 zur Französisch-Russischen Allianz mit der Zusicherung militärischer Unterstützung im Falle eines Angriffs durch den Dreibund. Durch das Abkommen gestärkt verfolgten Frankreich wie auch Russland imperialistische Ziele in Afrika und Asien jetzt aggressiver.

1902 gab Großbritannien seine »Splendid Isolation« durch ein Verteidigungsabkommen mit Japan auf. 1904 legten Frankreich und Großbritannien in der Entente Cordiale ihre kolonialen Streitigkeiten bei. War dies auch keine militärische Allianz, so stärkten sie doch die britisch-französischen Beziehungen; das Deutsche Reich fühlte sich zunehmend »eingekreist«.

Zwei Machtblöcke entstehen

Großbritannien und Russland, ständige Rivalen in Asien, drohten in den Russisch-Japanischen Krieg (1904/05) hineingezogen zu werden. 1904 hielten Schiffe der russischen Ostseeflotte vor der Doggerbank in der Nordsee britische Fischtrawler für japanische Fahrzeuge und beschossen sie. Einen drohenden Krieg konnte eine neutrale internationale Kommission abwenden. 1907 ordneten Russen und Briten schließlich auch ihre Interessen in Persien, Afghanistan und Tibet durch Verträge. Diese Entwicklung führte die drei Länder in die Triple Entente.

Das Osmanische Reich schloss am 2. August 1914 einen geheimen Bündnisvertrag mit dem Deutschen Reich. Es verpflichtete sich zur Allianz mit den Mittelmächten. Damit waren die europäischen Großmächte in zwei Blöcke gespalten. ▪

Konzessionen in Asien

Anfang des 19. Jahrhunderts war China der letzte große Markt, der vom Westen noch auszubeuten war. Chinesische Waren wie Tee und Seide waren gefragt, während man in der riesigen Bevölkerung Millionen Abnehmer für Industriegüter und zu bekehrende Seelen für christliche Missionare sah. Die herrschende Qing-Dynastie zeigte jedoch wenig Interesse an westlichen Produkten und schränkte ausländische Handelsunternehmen ein.

Unter militärischem und diplomatischem Druck gewährte China in der zweiten Hälfte des 19. Jahrhunderts westlichen Mächten (und Japan) gewisse Gebiete zur Stationierung von Truppen und Schiffen, wo ihre Bürger leben, handeln und missionieren konnten. 1914 gab es Dutzende dieser Konzessionsgebiete entlang der chinesischen Küste und im Inland wie in Peking (Beijing).

» Diese Truppen werden den Kampf rückhaltlos und mit aller Kraft aufnehmen, sodass Deutschland zugleich im Osten und im Westen zu kämpfen haben wird. «

Französisch-Russische Militärkonvention
18. August 1892

BRITANNIA, BEHERRSCHE DIE MEERE!

WETTRÜSTEN AUF SEE (1896–1914)

IM KONTEXT

SCHWERPUNKT
Seeherrschaft

FRÜHER
1805 Mit dem britischen Sieg über Franzosen und Spanier bei Trafalgar ist die britische Vorherrschaft auf See für die nächsten 100 Jahre sicher.

1871 Mit der Vereinigung Deutschlands entsteht auch die Kaiserliche Marine.

SPÄTER
31. Mai–1. Juni 1916
In der Skagerrakschlacht stoßen britische und deutsche Schlachtschiffe erstmals zusammen.

1922 Das Washingtoner Flottenabkommen stoppt das Wettrüsten auf See. Großbritannien, die USA, Frankreich, Italien und Japan begrenzen ihre Flotten.

1923 Die HMS *Dreadnought* wird in Schottland abgewrackt. Ihr Schrottwert beträgt 1/40 der Baukosten.

Im 19. Jahrhundert verfügte Großbritannien über die größte Kriegsmarine und die mit Abstand größte Handelsflotte der Welt. Die Politik folgte dem »Two Power Standard«: Die Royal Navy hatte immer stärker zu sein als die zweit- und drittstärkste Kriegsflotte zusammen (in diesem Fall Frankreich und Russland). Vor 1900 war die Kaiserliche Marine zu klein, um eine Gefahr darzustellen, aber das sollte sich in den Jahren bis 1914 ändern.

Eine neue Bedrohung

Kaiser Wilhelm II. wollte eine große Kriegsmarine, die Deutschlands Ambitionen als Weltmacht stützte, und fand in Alfred von Tirpitz einen Verbündeten, der 1897 Staatssekretär des Reichsmarineamts wurde. Tirpitz begann den Ausbau der Marine 1898 und 1900 mit zwei Marinegesetzen, die ehrgeizige Pläne festschrieben. Die Kaiserliche Marine wurde zur zweitgrößten Flotte der Welt.

Tirpitz entwickelte eine »Risikotheorie« und berechnete, dass

Die HMS *Dreadnought* revolutionierte den Schlachtschiffbau, kämpfte aber nur in einer bedeutenden Schlacht, in der sie im März 1915 das deutsche U-Boot U-29 rammte und versenkte.

Siehe auch: Der Seekrieg beginnt 88–93 ▪ Die Skagerrakschlacht 162–165 ▪ Die U-Boote greifen an 200–205 ▪ Seekrieg im Mittelmeer 242–243

Dreadnoughts

Ab 1906 rivalisierten Großbritannien und Deutschland darum, wer die größten Schlachtschiffe hatte. Anfangs baute Deutschland mehr Einheiten, aber ab 1914 hatte Großbritannien die Nase vorn.

Legende
Britische Schiffe (29)
Deutsche Schiffe (17)

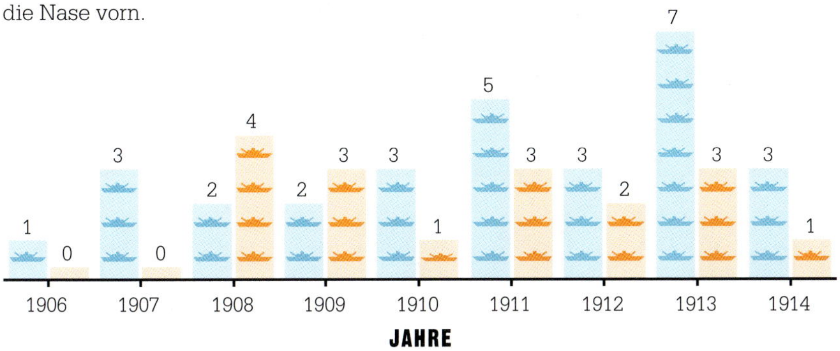

Großbritannien Deutschland auf See im Verhältnis 3:2 überlegen sein müsse, um seine Vorherrschaft zu wahren, und lieber verhandelte, als eine so große Flotte zu bauen. Die Briten rückten zwischen 1904 und 1907 stattdessen näher an Frankreich und Russland heran. Dadurch konnte die Royal Navy Schiffe aus den Kolonien und dem Mittelmeer in heimische Gewässer verlagern, wo sich allmählich alle modernen Schiffe sammelten.

Der Wettlauf beginnt

Sir John Fisher, der 1904 Erster Seelord wurde, überwachte die Modernisierung der Royal Navy mit dem Bau von U-Booten und der Umrüstung von Kohle auf Ölbrennstoffe. 1906 gab er den Bau des ersten Schlachtschiffs einer neuen Klasse, der HMS *Dreadnought*, in Auftrag, das besser bewaffnet und schneller war als jedes andere Schlachtschiff. Als Reaktion bauten Deutschland und andere, darunter Frankreich, Italien, Russland und Japan, ihre eigenen »Dreadnoughts«.

Der Bau des ersten deutschen Modells, der *Nassau*, begann 1907, und 1908 erließ Tirpitz eine neues Marinegesetz zum Bau von vier Schiffen pro Jahr bis 1911. Mit dieser Eskalation hatten die Briten nicht gerechnet, die 1908 nur zwei weitere Dreadnoughts geordert hatten, und die Öffentlichkeit verlangte nach mehr Schlachtschiffen. Die »Navalisten«, eine mächtige Lobby aus Industriellen, Journalisten und Angehörigen der Königsfamilie, forderte mindestens acht neue Schiffe. Die Regierung gab nach und orderte acht Dreadnoughts.

Der Rüstungswettlauf ging weiter, und als der Krieg im August 1914 ausbrach, besaß Großbritannien 29 Dreadnoughts gegenüber Deutschlands 17. Man war sich einig, dass große Schiffe, die sich in offener Schlacht begegneten, der beste Maßstab für die Seemacht eines Landes waren. In der Praxis dienten sie eher der Ablenkung, und die wirkliche Gefahr ging von Minen, Torpedos, U-Booten und Flugzeugen aus. ▪

Alfred von Tirpitz

Der 1849 geborene Sohn eines preußischen Anwalts war der Architekt der Entwicklung Deutschlands zur zweitgrößten Seemacht der Welt. Er trat 1865 in die preußische Marine ein und kommandierte ab 1877 Torpedoboote und entwickelte ihren taktischen Einsatz in der Kaiserlichen Marine. 1895 zum Konteradmiral befördert, befehligte er die deutsche Kreuzerflotte in Ostasien, bevor er 1897 Staatssekretär beim Reichsmarineamt wurde. Tirpitz' vier Marinegesetze erlaubten einen schnellen Ausbau der Kriegsmarine, und er erhielt 1911 den Rang eines Großadmirals.

Mit Ausbruch des Kriegs und angesichts der klaren zahlenmäßigen Überlegenheit der alliierten Flotten plädierte Tirpitz für den totalen U-Boot-Krieg. Angesichts zunehmender Widerstände trat er 1916 in den Ruhestand und war 1917 Mitgründer der nationalistischen Vaterlandspartei. Von 1924 bis 1928 saß er als Abgeordneter der Deutschnationalen Volkspartei im Reichstag, bevor er sich in Bayern zur Ruhe setzte, wo er 1930 starb.

ANGRIFF IST DIE BESTE VERTEIDIGUNG

PLANEN FÜR DEN KRIEG (1905–1914)

IM KONTEXT

SCHWERPUNKT
Militärstrategie

FRÜHER
1871 Preußens Sieg über Frankreich und die deutsche Reichsgründung bewegen die europäischen Mächte, für einen Krieg zu planen.

1874 Die Franzosen errichten die *Barrière de fer* – eine Reihe von Befestigungen entlang der Küsten und Grenzen und in einigen Kolonien –, die später im Ersten Weltkrieg Verwendung finden.

1899–1902 Taktische Fehler im Burenkrieg und die hohen Verluste an Menschenleben und Geld zwingen die Briten zur Reform ihrer militärischen Führung und Planung.

SPÄTER
2. August 1914 In ganz Frankreich werden einen Tag nach der deutschen Kriegserklärung an Russland Mobilmachungsbefehle öffentlich ausgehängt.

4. August 1914 Großbritannien verurteilt die deutsche Invasion Belgiens, dessen Neutralität im Vertrag von London von 1839 unter anderem auch durch Preußen garantiert wurde.

14. September 1914 Nachdem die Alliierten die deutsche Offensive in der Schlacht an der Marne abgewehrt haben, wird Helmuth von Moltke als Chef des Generalstabs entlassen.

Die französische Infanterie greift Feindstellungen im Deutsch-Französischen Krieg an. Die Attacke in großer Stärke wurde zum Standardmerkmal französischer Militärplanung.

Im Jahr 1914 standen sich in Europa zwei Lager unversöhnlich gegenüber, und das spiegelte sich auch in den Kriegsplänen der Großmächte wider. Das strategische Gleichgewicht beruhte auf den geografischen Gegebenheiten: Deutschland und Österreich-Ungarn hielten die Mitte des Kontinents, eingerahmt von Frankreich im Westen und Russland im Osten. Großbritannien stand vorläufig noch an der Peripherie.

Die Mittelmächte Deutschland und Österreich-Ungarn hatten den Vorteil, aus dem Herzen Europas heraus gegen Feinde operieren zu können, die von außen eindringen wollten, aber Deutschland stand vor einem Zweifrontenkrieg gegen zwei unterschiedliche Feinde.

> »Die gegnerische Front ist nicht das Ziel, es kommt darauf an, die Flanken des Feindes zu durchbrechen.«
>
> **Alfred von Schlieffen**
> *Cannae*

Seit dem Deutsch-Französischen Krieg 1870/71 war Frankreich sein potenzieller Hauptgegner, aber im Osten erwuchs eine neue Gefahr. Die Deutschen sahen den Aufstieg Russlands zur Wirtschaftsmacht als direkte und potenziell überwältigende Bedrohung. Der deutsche Generalstab fürchtete das russische militärische Potenzial so sehr, dass manche Stimmen für einen Präventivschlag plädierten.

Deutschlands Strategie

Der deutsche Generalstab entwickelte verschiedene Pläne gegen Frankreich und Russland, aber der bekannteste ist der von Alfred Graf von Schlieffen, von 1891 bis 1906 Chef des Generalstabs. Der Hauptpunkt des »Schlieffen-Plans« von 1905 war ein schneller und massiver Schlag gegen Frankreich, um sich dann nach Osten und gegen Russland zu wenden. Schlieffen war bewusst, dass Russland deutlich länger für eine Mobilisierung brauchen würde als Frankreich. Sein Plan wurde zwar mehrfach

Siehe auch: Die Lage in Europa 18–19 ▪ Der Aufstieg Deutschlands 20–23 ▪ Krise in Russland 24 ▪ Das Bündnissystem 30–31 ▪ Wettrüsten auf See 32–33

überarbeitet, aber seine Grundsätze bestanden auch 1914 noch fort.

Die deutsch-französische Grenze war kurz, und die Franzosen hatten nach ihrer Niederlage 1871 neue Verteidigungsanlagen entwickelt, die den Deutschen Sorgen bereiteten. Um sie zu umgehen, sah Schlieffens Plan einen Vorstoß durch das neutrale Belgien vor. Dessen Souveränität war zwar seit 1839 durch Großbritannien und Preußen garantiert, aber der deutsche Kanzler tat den Vertrag als »Fetzen Papier« ab. In ihrem engen Blickwinkel verkannten die Deutschen die internationalen Konsequenzen eines derart eklatanten Rechtsbruchs.

Ein unflexibler Plan

Der Chef des Generalstabs, Helmut von Moltke, wollte das Gros der deutschen Streitkräfte im Westen einsetzen. Nahezu 1,5 Millionen Männer in sieben Armeen sollten zu Beginn der Feindseligkeiten entlang der deutschen Westgrenze aufmarschieren. Die 6. und 7. Armee im Süden sollten eine defensive Rolle spielen, während die Hauptstreitmacht durch Luxemburg und Südbelgien vorstoßen und dann die französische Armee aufreiben sollte. »

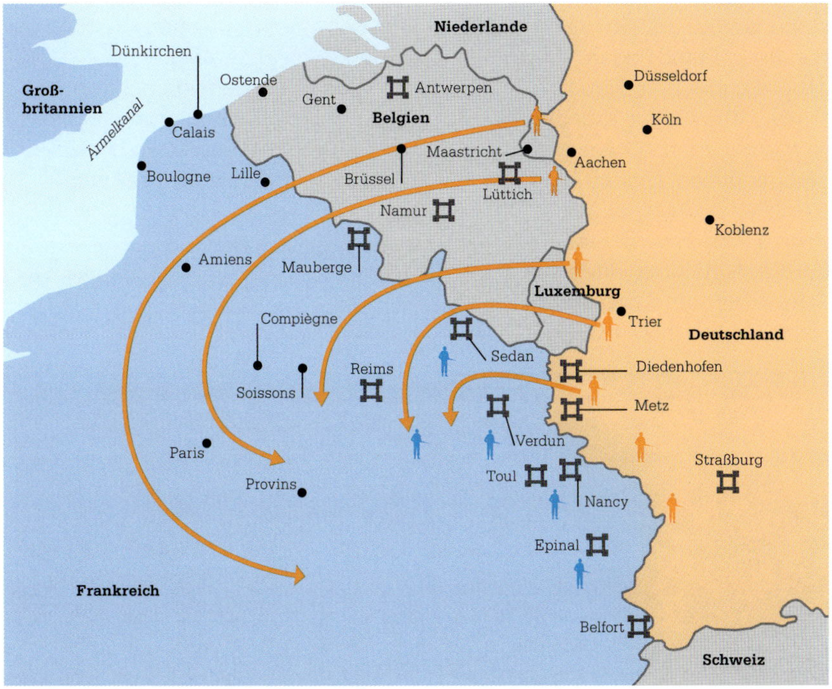

Der Schlieffen-Plan, die deutsche Strategie für den Krieg gegen Frankreich, beruhte auf einer Großoffensive durch die neutralen Länder Belgien, Niederlande und Luxemburg, um die französischen Truppen einzuschließen. Die Fassung des Plans von 1914 ließ die Niederlande aus.

Legende
- Befestigte Städte
- Deutsche
- Franzosen
- Geplante Wege der Deutschen
- Deutschland
- Alliierte
- Neutrale Länder

Alfred von Schlieffen

Der 1833 in Berlin geborene Sohn einer preußischen Adelsfamilie trat 1853 in die Militärakademie ein und kämpfte in den Kriegen gegen Österreich (1866) und Frankreich (1870/71). Er stieg unaufhaltsam in den deutschen Generalstab auf, der für die Entwicklung der deutschen Militärstrategie verantwortlich war, und wurde 1891 dessen Chef.

Von Schlieffen sah die Erfolgsaussichten Deutschlands in einem Krieg gegen Frankreich und Russland skeptisch, deren verbündete Streitkräfte den deutschen Truppen zahlenmäßig überlegen waren, und plädierte ohne großen Erfolg für einen Ausbau der Armee. Sein Memorandum von 1905, der später nach ihm benannte Schlieffen-Plan, war ein Versuch zu zeigen, was mit einer erweiterten Armee möglich wäre. Es kam aber nie dazu und sein Nachfolger Helmuth von Moltke musste den Plan anpassen, um diesem Mangel Rechnung zu tragen. Von Schlieffen trat am Neujahrstag 1906 in den Ruhestand und starb 1913.

Der deutsche Erfolg hing von der Schnelligkeit der Mobilisierung, dem vollständigen Sieg über Frankreich und der langsamen Reaktion Russlands ab. Der Schwachpunkt des Plans war seine mangelnde Flexibilität: Ungeachtet dessen, wo die Gefahr herkam, musste Deutschland zuerst in Frankreich einmarschieren, sobald der Krieg erklärt war.

Ende Juli 1914 verschärfte sich die diplomatische Krise, und die moderateren Stimmen in der deutschen Regierung meldeten Zweifel an einem Angriff auf Frankreich an, wenn die Quelle des Konflikts doch im Balkan und in Osteuropa lag. Der Generalstab schmetterte alle Bedenken ab und argumentierte, eine Änderung der Eisenbahnfahrpläne für eine schnelle Mobilisierung brächte die Planung der Armee durcheinander. Ranghohe deutsche Generäle lehnten eine Änderung des Plans rundweg ab.

Élan et cran

Frankreichs Strategie für einen Sieg über Deutschland trug den Namen Plan XVII und sah einen starken Vorstoß nach Lothringen vor, unterstützt durch eine zweite Offensive durch das Elsass. Frühere Pläne waren zurückhaltender und begannen mit einer Defensivphase, die auf den Grenzbefestigungen beruhte, an denen sich der deutsche Angriff brechen sollte. Darauf sollte dann der Gegenangriff auf einen hoffentlich planlosen Feind folgen.

Die aggressive Natur des Plans XVII war das Ergebnis zweier Erwägungen: des Wunschs, Russland möglichst schnell bei seiner Attacke im Osten zu helfen, und der irrigen Annahme der inhärenten Überlegenheit der Offensive. In den Jahren bis zum Krieg hatten französische Militärtheoretiker die Strategie praktisch auf den Transport der Armee zur Grenze reduziert. Einmal dort, würden französischer *élan* (»Schwung«) und *cran* (»Mumm«) schon den Sieg bringen. In der Realität versetzte jedoch die stark defensive Natur moderner Schlachten mit schnell feuernder Artillerie und Maschinengewehren der Armee in den ersten Gefechten des Kriegs einen vernichtenden Schlag.

» [Großbritannien] hatte die Vorbereitung von Armeen für einen Krieg auf dem Kontinent nie in Erwägung gezogen. «

Richard B. Haldane
Before the War, 1920

Britischer Perspektivwechsel

Großbritannien hatte sich traditionell aus den Konflikten des Kontinents herausgehalten, aber der zunehmende deutsche Militarismus ließ es die Nähe zu Frankreich suchen. Die Militärstrategen beider Länder hatten vereinbart, dass ein britisches Expeditionskorps (BEF) im Fall eines deutschen Überfalls auf Frankreich eingreifen würde.

Das britische Parlament und ein Großteil der Regierung erfuhren nichts von diesem Plan, aber er brauchte im Ernstfall ihre Unter-

Zar Nikolaus II. inspiziert 1907 russische Kadetten. Das russische Militär war nach der Niederlage gegen Japan 1904/05 umfassend reformiert worden.

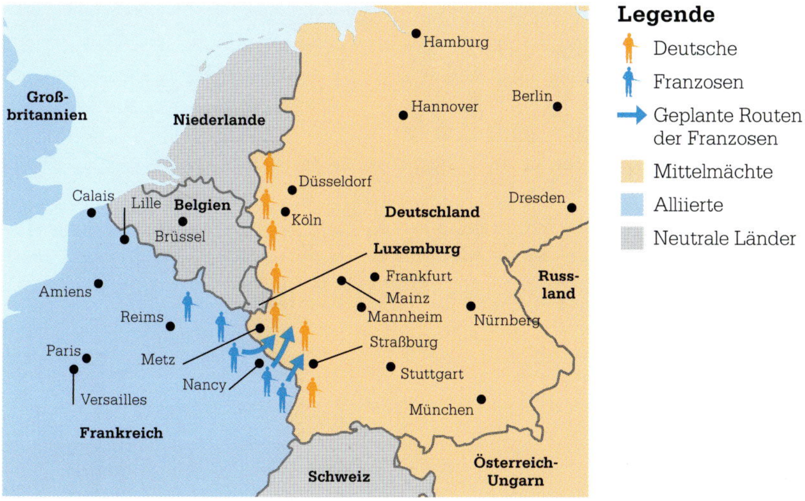

1914 hatte Frankreich den Plan XVII für einen Krieg in Europa entwickelt. Er sah einen massiven Vorstoß durch Elsass und Lothringen in die deutschen Industriegebiete vor. Er trug allerdings der deutschen Invasion Belgiens keine Rechnung.

stützung. Im Sommer 1914 war der Widerstand innerhalb der Regierung gegen eine Einmischung in europäische Angelegenheiten groß, und die Umsetzung des Plans stand infrage, bis der deutsche Einmarsch in Belgien die Stimmung zugunsten eines Engagements kippen ließ.

Die Ostfront

Österreich-Ungarn plante unter anderem einen Vorstoß von Galizien aus nach Norden, um russische Truppen im polnischen Frontvorsprung abzuschneiden. Dieser Plan war überambitioniert und überstieg die Fähigkeiten der unbeweglichen multinationalen Armee der Doppelmonarchie. Zudem beruhte die österreichische Planung auf der engen Kooperation mit Deutschland, zu der es aber nicht kam, weil der deutsche Plan für 1914 ein defensives Vorgehen vorsah, bis Truppen von der Westfront verfügbar wurden. Im Osten stand nur eine deutsche Armee, deren Aufgabe es war, Ostpreußen zu bewachen.

Russland hatte zwar den Vorteil der großen Reserven, aber die Größe des Reichs und die schlechten Eisenbahnverbindungen hemmten die Mobilmachung und bremsten den Transport an die Front aus. Verschärft wurden diese Probleme durch tief in der Militär- und Zivilverwaltung verankerte Inkompetenz, Korruption und interne Rivalitäten.

Russland war davon ausgegangen, dass das Hauptgewicht seiner Offensive 1914 gegen Österreich-Ungarn gerichtet sein würde, aber weil seine französischen Verbündeten dringend Entlastung an der Westfront benötigten, wurde der Plan um eine sofortige Invasion in Ostpreußen erweitert. Die Offensive gegen Deutschland unterstand General Jakow Schilinski, dessen 1. Armee Ostpreußen aus dem Osten angreifen sollte, während die 2. Armee die Südgrenze überschreiten sollte. Es war an sich ein simpler und vernünftiger Plan, aber konnte die marode russische Armee ihn auch ausführen?

Eine blutige Unausweichlichkeit

Der letzte große europäische Krieg hatte 1815 geendet, und ein Jahrhundert später debattierte man darüber, wie ein zukünftiger Krieg aussehen möge. Eine populäre Prognose war ein kurzer Konflikt mit wenigen großen Schlachten, die ähnlich wie im Deutsch-Französischen Krieg 1870/71 den Ausgang bestimmten. Eine Reihe von Ökonomen und politischen Kommentatoren vertrat diese Variante auf Basis der logischen Annahme, dass ein moderner Krieg derart zerstörerisch und kostspielig sein würde, dass die verfügbaren Ressourcen nur für wenige Monate ausreichen würden.

Andere militärische und zivile Experten sahen einen langen Zermürbungskrieg voraus, in dem ökonomische Stärke und Ausdauer von entscheidender Bedeutung sein würden. Der deutsche Generalstabschef von Moltke hoffte auf einen kurzen Krieg und einen deutschen Triumph über Frankreich binnen Wochen, plante aber auch für einen längeren Konflikt. Alle Kommentatoren erwarteten einen massiven, chaotischen und blutigen Krieg – sie sollten zumindest in dieser Hinsicht recht behalten. ■

»In dem kommenden Jahrhundert wird das deutsche Volk Hammer oder Ambos sein.«

Bernhard von Bülow
Deutscher Reichskanzler, Reichstagsrede vom 11. Dezember 1899

TOD DEM TYRANNEN!

DIE ERMORDUNG FRANZ FERDINANDS (28. JUNI 1914)

IM KONTEXT

SCHWERPUNKT
Instabiles Europa

FRÜHER
1867 Österreich-Ungarn entsteht durch die Realunion der souveränen Staaten Österreich und Ungarn.

1908 Im Oktober annektiert Österreich-Ungarn Bosnien-Herzegowina.

1911 Der Student Gavrilo Princip schließt sich der panslawischen Bewegung Junges Bosnien an.

SPÄTER
28.–29. Juni 1914 In Bosnien brechen antiserbische Aufstände aus.

28. Juli 1914 Österreich-Ungarn erklärt Serbien den Krieg.

28. Oktober 1914 Gavrilo Princip wird zu 20 Jahren Kerker verurteilt. Er stirbt 1918 an Tuberkulose infolge der Haftbedingungen.

Am 28. Juni 1914 traf Österreich-Ungarns Thronfolger Erzherzog Franz Ferdinand in der bosnischen Provinzhauptstadt Sarajevo ein, um Militärmanöver zu inspizieren. Österreich-Ungarn hatte sechs Jahre zuvor die frühere osmanische Region Bosnien-Herzegowina annektiert. Zur ethnisch gemischten Bevölkerung zählten serbische Nationalisten, die an einer politischen Union mit dem benachbarten Königreich Serbien arbeiteten.

Zusammen mit seiner Frau Sophie fuhr Franz Ferdinand in einem offenen Wagen zum Rathaus. In der großen Menge der Schaulustigen verbargen sich mehrere Angehörige der serbisch-nationalistischen Bewegung Junges Bosnien, um ihn zu ermorden. Sie waren hierfür von der serbischen Geheimgesellschaft Schwarze Hand unter Führung von Oberst Dragutin Dimitrijević, dem Chef des serbischen Militärgeheimdiensts, bewaffnet und trainiert worden. Die serbische Regierung an sich wollte sich nicht mit Österreich überwerfen, aber einzelne Elemente innerhalb der Administration standen mit dem Attentat in Verbindung.

Tödlich getroffen

Am Morgen des 28. Juni warf Nedeljko Čabrinović, einer der Terroristen, eine Bombe auf den

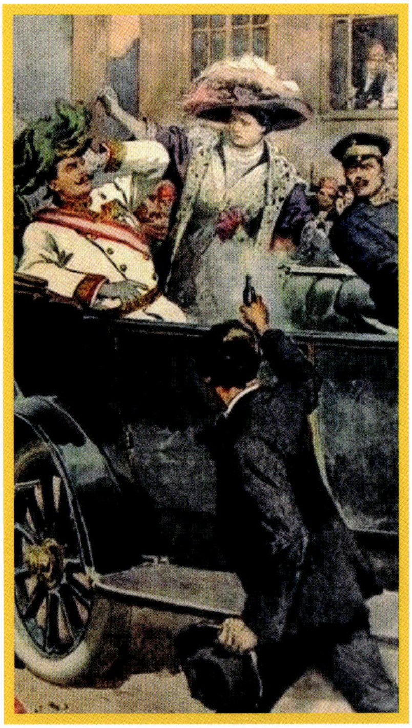

Der serbische Nationalist Gavrilo Princip schießt Franz Ferdinand in den Hals. Die Gemahlin des Erzherzogs trifft er am Unterleib. Innerhalb weniger Minuten ist das Paar tot.

Siehe auch: Die Lage in Europa 18–19 ▪ Der Balkan 25 ▪ Das Bündnissystem 30–31 ▪ Planen für den Krieg 34–39 ▪ Die Kriegserklärung 42–43 ▪ Österreich-Ungarns Versagen 82 ▪ Das Ende des Serbienfeldzugs 140–143 ▪ Ein dauerhafter Frieden? 312–317

Franz Ferdinand

Der 1863 in Graz geborene Franz Ferdinand war der Sohn Erzherzog Carl Ludwigs von Österreich, einem jüngeren Bruder Kaiser Franz Josephs. Er wurde erst nach dem Tod Kronprinz Rudolfs und dem seines Vaters Thronfolger. Durch seine Heirat mit Gräfin Sophie Chotek 1900 zog er sich den Zorn des Kaisers zu, da sie nicht aus einer Herrscherfamilie stammte und damit als nicht ebenbürtig galt.

Franz Ferdinands Verhältnis zu Kaiser Franz Joseph war angespannt, und er wurde besonders wegen seiner Bestrebungen, den starken ungarischen Einfluss innerhalb der Doppelmonarchie zu reduzieren und bessere Beziehungen zu den Minderheiten, wie den Slawen, aufzubauen, oft aus höheren Regierungskreisen ausgeschlossen. Seine proslawische Haltung gefährdete den großserbischen Traum, Kroatien, Slowenien und Bosnien unter serbische Herrschaft zu bringen, und machte ihn zum Anschlagsziel. Mit seiner Ermordung am 28. Juni 1914 verstummte eine mäßigende Stimme für Frieden in Zeiten des heraufziehenden Kriegs.

Wagen des Erzherzogs, die aber nicht das königliche Paar traf, sondern einen Teil der Insassen im Wagen hinter ihnen verletzte. Nach dem Empfang im Rathaus setzten sie ihren Weg fort, der auch einen Besuch der durch die Bombe Verletzten im Krankenhaus vorsah. Auf dem Weg bog der Fahrer aber versehentlich falsch ab. Als er dies bemerkte, hielt er an, um den Wagen zu wenden, würgte aber den Motor ab. Durch puren Zufall stand ein weiterer Terrorist, der 19-jährige Gavrilo Princip, ganz in der Nähe. Als er das Fahrzeug halten sah, zog er seine serbische Armeepistole und verwundete den Erzherzog und seine Frau tödlich.

Schon vor der Ermordung des Erzherzogs hatten der österreichisch-ungarische Außenminister Leopold Graf Berchtold mit Kollegen einen harten Kurs vertreten und nach Wegen gesucht, Serbien zu annektieren, dessen pro-slawische Propaganda das empfindliche ethnische Gleichgewicht Österreichisch-Ungarns bedrohte. Obwohl die direkte Reaktion auf den Tod Franz Ferdinands und seiner Frau gedämpft war – beide waren in den Regierungszirkeln Österreich-Ungarns unbeliebt –, lieferte das Attentat einen idealen Vorwand für eine Militäraktion.

Deutsche Unterstützung

Bevor Graf Berchtold handeln konnte, musste er sicherstellen, dass Russland nicht aufseiten Serbiens intervenieren würde. Russland pflegte enge Beziehungen zum slawischen Staat und wollte eine weitere Expansion Österreich-Ungarns auf dem Balkan verhindern. Daher suchte Graf Berchtold die Unterstützung Deutschlands, da er glaubte, dass die Gefahr eines deutschen Eingreifens Russland abschrecken würde. Am 6. Juli sicherte Deutschland Österreich-Ungarn seine volle Unterstützung für einen Angriff auf Serbien zu, was als »Blankoscheck von 1914« bekannt wurde. Deutschland war bewusst, dass dies Russland dazu bringen könnte, Serbien zu Hilfe zu eilen, glaubte aber, dass es, noch durch die Niederlage gegen Japan neun Jahre zuvor geschwächt, keinen Krieg in Europa riskieren würde. Um Österreich-Ungarn nicht als Aggressor erscheinen zu lassen, stellte Graf Berchtold in der »Julikrise« Serbien ein Ultimatum, eine Reihe diplomatischer Forderungen, die absichtlich unannehmbar waren. Sollte Serbien die Forderungen nicht erfüllen, hätte Österreich nach diesem Plan eine Rechtfertigung für den Krieg. ■

> »Mit den Serben muss aufgeräumt werden, und zwar bald.«
>
> **Kaiser Wilhelm II.**
> befürwortet einen Krieg Österreich-Ungarns gegen Serbien.

NUR EIN FETZEN PAPIER?

DIE KRIEGSERKLÄRUNG (JULI–AUGUST 1914)

IM KONTEXT

SCHWERPUNKT
Kriegserklärungen

FRÜHER
1908 Im Oktober annektiert Österreich-Ungarn Bosnien-Herzegowina, was Serbien erzürnt.

28. Juni 1914 Der Habsburger Thronerbe Erzherzog Franz Ferdinand wird in Sarajevo von einem bosnischen Serben ermordet.

6. Juli 1914 Deutschland gibt Österreich-Ungarn einen »Blankoscheck« im Umgang mit Serbien.

SPÄTER
23. Mai 1915 Italien erklärt Österreich-Ungarn den Krieg.

9. März 1916 Deutschland erklärt Portugal den Krieg.

6. April 1917 Die USA erklären Deutschland den Krieg.

14. August 1917 China erklärt Deutschland den Krieg.

Am 23. Juli 1914 stellte Österreich-Ungarn Serbien ein Ultimatum, in dem es die Untersuchung der Ermordung des Erzherzogs Franz Ferdinand und die Unterdrückung aller »terroristischen« Aktivitäten forderte. Es hatte mehr als drei Wochen für dieses Ultimatum benötigt, weil es Deutschlands Unterstützung erforderte und weil der Chef des Generalstabs, Franz Conrad von Hötzendorf, den 25. Juli, das Ende der Sommerernte, als frühestes Datum für eine Militäraktion sah.

Strafaktion

Deutsche Generäle und Politiker ermutigten Österreich-Ungarn insgeheim zu einer Strafaktion gegen Serbien in der Hoffnung, Russland in den Konflikt zu ziehen. Deutschland konnte so einen Krieg gegen Russland rechtfertigen, bevor dieses militärisch erstarkte.

Serbien erhielt nur 48 Stunden Zeit für eine Antwort, was aber ausreichte, um seine Truppen zu mobilisieren. Anfangs riet Russland den Serben zu einem versöhnlichen

Die Berliner feiern am 1. August 1914 Deutschlands Kriegserklärung an Russland. Kaiser Wilhelm II. ordnete am selben Tag die allgemeine Mobilmachung der deutschen Truppen an.

Siehe auch: Das Bündnissystem 30–31 ▪ Planen für den Krieg 34–39 ▪ Die Ermordung Franz Ferdinands 40–41 ▪ Fehler Österreich-Ungarns 82–83

Wer erklärte wem 1914 den Krieg?

Österreich-Ungarn ↓
Serbien 28. Juli
Russland 6.Aug.
Belgien 28. Aug.

Deutschland ↓
Russland 1. Aug.
Belgien 4. Aug.
Frankreich 3. Aug.

Großbritannien ↓
Deutschland 4. Aug.
Österr.-Ungarn 12. Aug.
Osman. Reich 5. Nov.

Montenegro ↓
Österreich-Ungarn 7. Aug.
Deutschland 11. Aug.
Osman. Reich 3. Dez.

Serbien ↓
Deutschland 6. Aug.
Osman. Reich 7. Nov.

Frankreich ↓
Österr.-Ungarn 13. Aug.
Osman. Reich 6. Nov.

Japan ↓
Deutschland 23. Aug.
Österr.-Ungarn 25. Aug.
Osman. Reich 5. Dez.

Russland ↓
Osman. Reich 2. Nov.

Osmanisches Reich ↓
Russland 11. Nov.
Großbritannien 11. Nov.
Japan 11. Nov.

Vorgehen, versetzte seine Armee aber in der Hoffnung, Österreich-Ungarn von einem Angriff abzuhalten, in Alarmbereitschaft.

Österreich-Ungarn zeigte sich unbeeindruckt. Als die Serben bis zum 25. Juli nicht auf das Ultimatum reagiert hatten, marschierte es am 28. Juli in Serbien ein. Es gab letzte verzweifelte Versuche, einen Krieg auf dem Balkan zu verhindern, aber die Dynamik des Kriegs erwies sich als unaufhaltsam.

Deutschland macht mobil

Als Deutschlands Generäle hörten, dass Russland begonnen hatte, seine Armee zu mobilisieren, drängten sie auf eine vollständige Mobilmachung. Zwischen den beiden Ländern herrschte diplomatische Verwirrung, wobei die Kriegsbefürworter auf beiden Seiten auf ein Signal zur Konfliktbereitschaft der Gegenseite warteten.

Am 30. Juli befahl Zar Nikolaus II. die Generalmobilmachung für den nächsten Tag, zog sie aber wieder zurück, bevor seine Generäle ihn dazu drängten, sie wieder anzuordnen – alles an einem Tag. Dies lieferte Deutschland die sehnlich erhoffte Rechtfertigung. Am 1. August erklärte das Deutsche Reich Russland den Krieg und begann seine Truppen aufzustellen. Am 3. August überfiel Deutschland Belgien und erklärte Frankreich den Krieg. Einen Tag später erklärte Großbritannien Deutschland den Krieg. Der Erste Weltkrieg hatte begonnen. ▪

Franz Conrad von Hötzendorf

1852 in einem Vorort von Wien geboren, stieg Franz Conrad von Hötzendorf in der österreichisch-ungarischen Armee auf und übernahm sowohl Stabs- als auch Feldkommandos, bis er 1906 zum Generalstabschef berufen wurde. Als früherer Lehrer an einer angesehenen Kriegsschule glaubte er fest an offensive Kriegsführung, was aber den Fähigkeiten seiner Armee nicht entsprach. Nach der Ermordung Franz Ferdinands sprach er sich für eine Strafaktion gegen Serbien und für den Krieg gegen Italien aus.

Von Hötzendorfs strategisches Talent reichte nicht an seine aggressive Haltung als Soldat und Staatsmann heran. Österreich-Ungarns Versagen gegen Serbien und Russland 1914 machten ihn beim deutschen Oberkommando im Osten immer mehr zur Randfigur. Im März 1917 wurde er von seinem Posten als Chef des Generalstabs entlassen und übernahm das Kommando an der Front in Tirol, das man ihm im Juli 1918 entzog. Im Dezember 1918 schied er aus dem Militär aus und starb 1925 in Deutschland.

WER IST DABEI?

ÖFFENTLICHE MEINUNG (JULI–AUGUST 1914)

IM KONTEXT

SCHWERPUNKT
Patriotismus u. Propaganda

FRÜHER
1848 Wachsende Nationalbewegungen führen in ganz Europa zu Aufständen.

1877/78 Russland unterstützt eine nationalistische Bewegung auf dem Balkan. Mit dem Berliner Vertrag gewinnen Montenegro, Serbien und Rumänien die Unabhängigkeit.

1898–1912 Der Ausbau der deutschen Marine bedroht die britische Vormachtstellung.

SPÄTER
April 1917 Nach deutschen Angriffen auf US-Handelsschiffe treten die USA in den Krieg ein.

November 1918 In den Städten der Alliierten feiert man den Waffenstillstand. Für die Soldaten an der Front bleiben nur Erschöpfung und Verwirrung.

Die europäischen Herrscher hatten den Kriegsausbruch herbeigeführt, in der Bevölkerung gab es sowohl Begeisterung als auch Entsetzen. Zum ersten Mal setzten alle beteiligten Regierungen auf die Massenmedien, um die öffentliche Meinung zu lenken. Zeitungen, Wochenschauen, Flugblätter und Plakate rechtfertigten den Krieg, förderten Patriotismus und forderten von Männern, Soldaten zu werden, und von Frauen, sich an der Heimatfront zu engagieren.

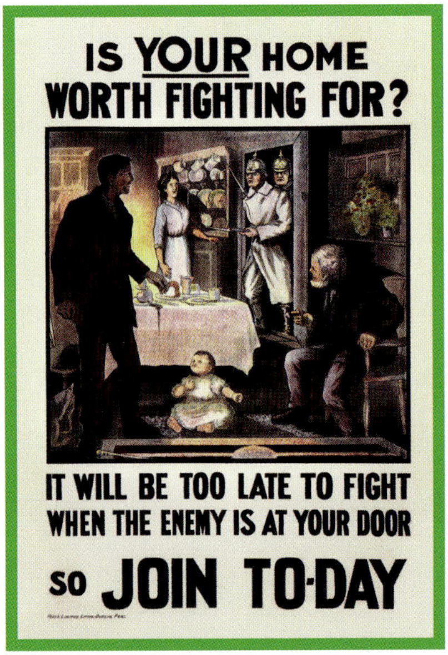

Deutschland

Die zunehmend einflussreiche sozialdemokratische Partei SPD kritisierte Kaiser Wilhelm II. hart. Im Juli 1914 demonstrierten Tausende Parteimitglieder gegen den Krieg. Als Zar Nikolaus II. aber am 30. Juli die russische Generalmobilmachung verkündete, erklärte die deutsche Regierung dem Nachbarn im Osten den Krieg als »Verteidigungsmaßnahme«, und am 4. August stimmten die Reichstagsabgeordneten der SPD für den Kriegseintritt.

Die deutsche Propaganda stellte Großbritannien als Tyrannen dar, der Deutschland behinderte. Tausende deutsche Männer verpflichteten sich freiwillig zum Kriegsdienst.

Österreich-Ungarn war im Gegensatz dazu schlecht auf einen Konflikt vorbereitet und verließ sich stark auf Deutschland. Nach einer anfänglichen Welle des Patriotismus, traten die Spannungen unter den Bürgern schnell wieder zutage, als die Lebensmittelvorräte schwanden.

Dieses alarmistische Plakat erschien 1915 in Irland. Die Propaganda betonte die Kriegsgefahr und ihre Auswirkungen auf die Familie, um Freiwillige für den Kriegsdienst zu werben.

Siehe auch: Der Aufstieg Deutschlands 20–23 ▪ Wettrüsten auf See 32–33 ▪ Planen für den Krieg 34–39 ▪ Der geheime Krieg 96–99 ▪ Gesellschaft unter Druck 184–187 ▪ Die Februarrevolution 192–193 ▪ Ersatz für die Gefallenen 198–199 ▪ Die Heimatfront 1918 250–253

Die Weiße Feder der Schande

Weiße Federn standen in England für Schande. Kein Mann wollte als Feigling diffamiert werden, und viele melden sich – zumindest anfangs – freiwillig.

Im August 1914 rekrutierte der britische Admiral Charles Penrose Fitzgerald in der Hafenstadt Folkstone eine Gruppe junger Frauen, um Männern, die keine Uniform trugen, eine weiße Feder zu überreichen. Dieses Symbol der Feigheit sollte sie dazu bewegen, sich zum Kriegsdienst zu melden. Die Initiative war ausgesprochen wirksam und weitete sich aufs ganze Land aus. Die Inspiration dafür war A. E. W. Masons Roman *The Four Feathers* von 1902, in dem ein Offizier aus der Armee austritt, woraufhin seine Kameraden und seine Verlobte ihm vier weiße Federn senden, um ihn als Feigling zu brandmarken.

Die Befürworter der Kampagne waren glühende Patrioten, die aber oft aggressiv und ungerechtfertigt handelten. Viele der diffamierten Männer waren zivile Militärangestellte und später auch Soldaten auf Heimaturlaub sowie Kriegsinvalide. Arbeiter und Angestellte trugen offizielle Abzeichen, um den Attacken zu entgehen. 1916 gab die Regierung silberne Abzeichen an Veteranen mit der Aufschrift »Für König und Reich« und »Gedient« aus.

Russland und Frankreich

Die russische Bevölkerung war alles andere als geeint. 1912 hatten Regierungssoldaten Hunderte demonstrierende Arbeiter erschossen, und im Juli 1914 kam es zu großflächigen Streiks. Bei Kriegsausbruch wurde der Großteil der russischen Arbeiterschaft zwangsverpflichtet, was zu weiteren Aufständen führte, die durch steigende Lebensmittelpreise noch befeuert wurden. Trotzdem flutete eine anfängliche Welle des Patriotismus durch alle Gesellschaftsschichten und übertönte vorübergehend die revolutionären Bestrebungen.

In Frankreich unterstützte die weitgehend pazifistisch eingestellte Stadtbevölkerung im Juli 1914 die großen Friedensdemonstrationen. In den ländlichen Regionen wusste man nichts vom anstehenden Krieg. Das alles änderte sich im August 1914, als Deutschland in Belgien und Luxemburg einmarschierte. Schnell wurde eine 2,9 Millionen Mann starke Armee aufgestellt, und Frankreich war bald im antideutschen Zorn vereint.

Großbritannien

Am 2. August 1914 nahmen noch rund 10 000 Bürger an einer Friedensdemonstration in London teil, aber schon zwei Tage später war die Nation patriotisch geeint, als Großbritannien Deutschland den Krieg erklärte. Die meisten Pazifisten wurden zum Schweigen gebracht. Das stehende britische Heer von rund 250 000 Berufssoldaten wurde durch 700 000 Reservisten verstärkt, konnte aber zahlenmäßig nicht mit den deutschen Streitkräften mithalten. Kriegsminister Kitchener warb im Radio, und mit einer massiven Plakataktion um Freiwillige, und binnen zwei Monaten meldeten sich mehr als 750 000 Männer zum Kriegsdienst. ▪

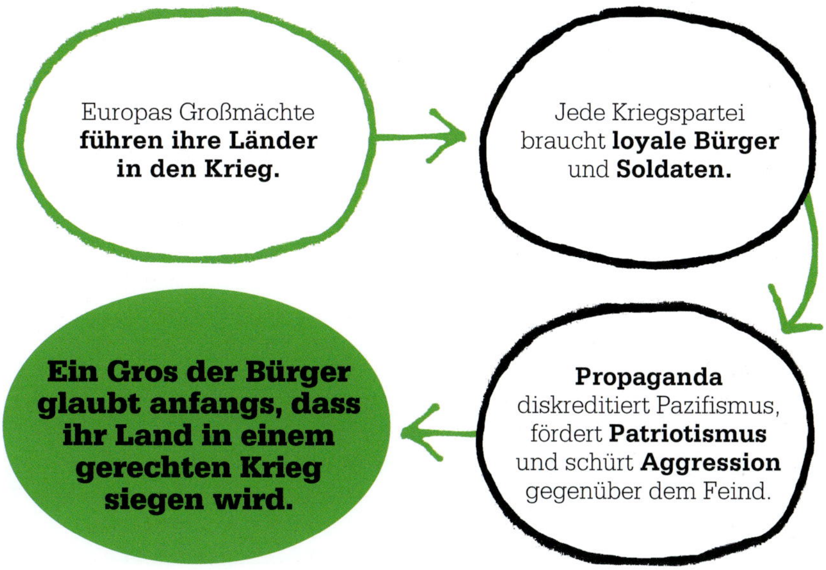

DER KRIE
BRICHT A
1914

G

US

28. JUNI 1914

Erzherzog Franz Ferdinand von Österreich-Ungarn wird in Sarajevo, Bosnien, von einem serbischen Nationalisten **ermordet.**

28. JULI 1914

Österreich-Ungarn lehnt eine internationale Vermittlung ab. Nach der Kriegserklärung an Serbien bereitet es als Strafaktion einen **Angriff** auf die serbische Hauptstadt **Belgrad** vor.

1. AUG. 1914

Deutschland erklärt Russland den Krieg. Im Gegenzug macht **Frankreich gegen Deutschland mobil.**

4. AUG. 1914

Deutschland überfällt Belgien. Großbritannien, Mitgarant der belgischen Neutralität, erklärt Deutschland den Krieg.

7. AUG. 1914

Britische Truppen marschieren in der deutschen Kolonie **Togoland** in Westafrika ein, die am 27. August übergeben wird.

21. AUG. 1914

Frankreichs 5. Armee erleidet an der Sambre eine schwere Niederlage, die den **französischen Rückzug** einleitet.

23. AUG. 1914

Japan, das einen Verteidigungspakt mit Großbritannien hat, **erklärt Deutschland den Krieg** und hilft, deutschen Besitz in Asien zu übernehmen.

26. AUG. 1914

An der Ostfront beginnt die **Schlacht bei Tannenberg,** in der die deutsche Armee eine große russische Streitmacht aufreibt.

Die letzten großen Konflikte in Europa vor dem Ersten Weltkrieg waren 1815 mit Napoleons Niederlage bei Waterloo zu Ende gegangen. In den folgenden 100 Jahren hatten sich zwei Faktoren entscheidend verändert.

Mit der Größe der Nationen Europas wuchsen im 19. Jahrhundert auch ihre Armeen. 1914 verfügte jeder der Staaten üblicherweise über eine recht kleine stehende Armee, die dann durch eine gut ausgebildete Reserve aufgestockt werden konnte. So zählten Deutschlands reguläre Streitkräfte etwa 800 000 Mann, die 1914 durch die Mobilmachung der Reserve auf 3,5 Millionen anwuchsen.

Zudem waren die Streitkräfte nun durch eine waffentechnische Revolution, die sich in den zwei Jahrzehnten vor 1914 vollzogen hatte, mit schlagkräftigen neuen Massenvernichtungswaffen ausgerüstet. Die dramatische Verbesserung der Arsenale der Landheere, gepaart mit neuen Methoden der Kriegsführung in der Luft und unter Wasser, sollten den Krieg prägen.

Feuerkraft und Erstschläge

Die Einführung von Maschinengewehren, Repetiergewehren und schnell feuernder Artillerie sorgten für eine defensive Feuerkraft, die offensiven Operationen deutlich überlegen war, was die Generäle und Kommandeure der großen Armeen noch nicht voll erkannten. Einige bestanden auf offensiven Taktiken und lehnten die Überlegenheit der Feuerkraft als gefährlichen Irrglauben ab.

Besonders die französische Armee setzte weiterhin auf das Primat der Offensive. Diese Kluft zwischen Dogma und Realität sollte brutale Konsequenzen haben. Am 22. August 1914 fielen an Frankreichs Ostgrenze 27 000 französische Soldaten – die höchste Fatalitätsrate für einen einzigen Tag im gesamten Krieg. Zu den Opfern zählten viele ausgezeichnete Soldaten. Ihr Verlust sollte sich in späteren Schlachten bemerkbar machen.

Bei den ersten Kampfhandlungen französischer und deutscher Truppen im August 1914 trafen fünf französische Armeen auf eine ähnlich große deutsche Streitmacht. Bei schweren Verlusten auf beiden Seiten konnten die deutschen Truppen die Angriffe der Franzosen wiederholt abwehren.

Durch die Einnahme großer Teile Belgiens und Nordostfrankreichs sicherte sich die deutsche Armee

5. SEPT. 1914

In Nordfrankreich beginnt die **Erste Marneschlacht,** die **Deutschlands Vormarsch** auf Paris **beendet.**

14. SEPT. 1914

Die **deutsche Armee zieht sich** geordnet hinter die Aisne als Verteidigungslinie **zurück,** der **Grabenkrieg beginnt.**

19. OKT. 1914

In der **Ersten Flandernschlacht verteidigen französische, britische und belgische Truppen** Ypern erfolgreich gegen die deutsche 4. Armee.

29. OKT. 1914

Das **Osmanische Reich** tritt mit einem **Überraschungsangriff** auf russische Häfen am Schwarzen Meer aufseiten Deutschlands und Österreich-Ungarns in den Krieg ein.

1. NOV. 1914

Im **Seegefecht bei Coronel** vor Chile schlagen deutsche Schiffe ein britisches Geschwader.

22. NOV. 1914

Als Teil des **britischen Plans, persische Ölfelder** zu schützen, nehmen **indische Truppen Basra** in Mesopotamien ein.

8. DEZ. 1914

Die **britische Marine** antwortet auf die Niederlage bei Coronel mit der **Zerstörung des deutschen Geschwaders** vor den Falklandinseln.

24./25. DEZ. 1914

Bei einem **spontanen Weihnachtsfrieden** an der **Westfront** tauschen britische und deutsche Soldaten Geschenke aus und singen Weihnachtslieder.

früh Vorteile. Während der Ersten Marneschlacht im September konnten die Franzosen die deutschen Truppen mit britischer Unterstützung zurückdrängen. Die Schlacht war ein Triumph für die französische Generalität, die sich auf höchster Ebene ihres Gegners mehr als ebenbürtig erwies.

In der Folge kam der Bewegungskrieg zum Stillstand. Der Konflikt entwickelte sich zu einem statischen Zermürbungskampf mit Frontgräben von der Schweiz bis an die Nordsee.

Die Ostfront

Eine weitere wichtige Kriegszone erstreckte sich über riesige Gebiete Ost- und Mitteleuropas. Hier war der Konflikt stärker in Bewegung als an der geografisch begrenzten Westfront. Grabenkämpfe waren selten und nur temporär, was strategische Manöver im offenen Gelände erlaubte. Die riesigen Distanzen, die die Armeen zurücklegen mussten, machten einen vollständigen Sieg aber schwer. Eine geschlagene Armee konnte sich jederzeit auf ihr eigenes Territorium zurückziehen und neu formieren. Wie im Westen kam es auch hier zum Zermürbungskrieg.

Nach einer katastrophalen Niederlage in der Schlacht bei Tannenberg 1914 erholte sich die russische Armee und konnte die Österreicher in die Karpaten zurückdrängen, während sie die deutschen Truppen auf Sizilien bedrängte. Das Kriegsglück schwang hin und her. Die Russen verloren durch Versorgungsmängel an Schwung, und im November drängte ein deutscher Angriff auf Łódź sie über die Weichsel zurück. Dann gab es vorerst keine größeren Offensiven mehr, da beide Seiten neue Operationen für 1915 vorbereiteten.

Ein wahrer »Weltkrieg«

Obwohl der Konflikt in Europa und zwischen europäischen Mächten begann, trugen ihre internationalen Interessen ihn 1914 auf andere Kontinente. Deutschland verlor seine Kolonien in West- und Südwestafrika an die Alliierten, konnte sie in Ostafrika aber halten. Deutsche Außenposten im Pazifik fielen an Neuseeland und Australien, während Japans Kriegseintritt die deutsche Präsenz in China beendete. In Mesopotamien kämpften indische Truppen zum Schutz britischer Ölressourcen gegen osmanische Streitkräfte, und Großbritannien war in Seeschlachten im Südpazifik und Atlantik verwickelt. ■

MORD, VERGEWALTIGUNG UND PLÜNDERUNG

DIE DEUTSCHE INVASION BELGIENS (AUGUST–OKTOBER 1914)

IM KONTEXT

SCHWERPUNKT
Verletzte Neutralität

FRÜHER
19. April 1839 Der von Großbritannien und Preußen mitunterzeichnete Vertrag von London garantierte Belgiens Unabhängigkeit und Neutralität.

1899 Zar Nikolaus II. regt in Den Haag ein Abkommen zur Regelung des Landkriegs an.

1905 Die erste Fassung des Schlieffen-Plans schlägt den Vorstoß durch Belgien nach Frankreich vor.

SPÄTER
Oktober 1914 In Le Havre wird eine belgische Exilregierung eingerichtet.

Mai 1915 Der Bryce-Report verurteilt die deutschen Handlungen von 1914 in Belgien.

1916–1918 Mindestens 2500 Belgier sterben in deutschen Arbeitslagern.

Am frühen Morgen des 4. August 1914 überschritt die deutsche Armee die Grenze zum neutralen Belgien. Obwohl man wenig Widerstand durch die 117 000 Frontsoldaten unter dem Kommando König Alberts erwartete, waren die mächtigen Festungen von Liège (Lüttich) und Namur potenzielle Hindernisse für einen raschen Vormarsch.

Für Liège, das mitten auf Deutschlands Hauptroute durch Belgien lag, hatte die deutsche Armee Vorkehrungen getroffen. Mit ihren 30,5-cm-Mörsern von Škoda und 42-cm-Mörsern von Krupp legte sie die Befestigungen der Stadt bis zum 16. August in Schutt und Asche. Am 20. August marschierten deutsche Soldaten in Brüssel ein, und nachdem Namur fünf Tage später fiel, zog sich der Rest der belgischen Armee nach Antwerpen im Norden zurück.

Dass die Deutschen so schnell vorrückten und die viel gerühmten Befestigungen mit Leichtigkeit zerstörten, übertünchte die vielen Probleme, die sich ihnen durch die Reparatur von Brücken und Eisenbahntunneln stellten, die die Belgier auf dem Rückzug zerstört hatten. Der Zusammenbruch des Kommunikationsnetzwerks in Belgien sollte später in kritischen Phasen der Schlacht an der Marne Verstärkung für die deutsche 1. und 2. Armee verhindern.

> »Wir werden es auslöschen, kein Stein soll auf dem anderen bleiben! Wir werden sie lehren, Deutschland zu respektieren.«
>
> **Deutscher Offizier**
> über die Zerstörung Leuvens

Völlige Zerstörung

Eine Lektion, die die Deutschen im Deutsch-Französischen Krieg (1870/71) schmerzlich gelernt hatten, war, dass sie auf zivile Scharfschützen oder *Franc-tireurs* (wörtlich »Freischützen«) achten mussten. Um von dieser Art Widerstand abzuschrecken, ging die Armee hart gegen die Zivilbevölkerung vor und zwang sie zur Unter-

Siehe auch: Planen für den Krieg 34–39 ▪ Die Grenzschlachten 52–55 ▪ Der Wettlauf zum Meer 70–71 ▪ Vom Krieg gezeichnet 310–311 ▪ Leipziger Prozesse 318–319

werfung. Von Kriegsbeginn an kam es in ganz Belgien zu Zerstörungen, Vergewaltigungen und der Ermordung von Zivilisten.

Die Gräuel kulminierten in der Zerstörung der Stadt Leuven (Löwen). Am 25. August setzten die deutschen Truppen die Universitätsbibliothek in Brand und verbrannten 230000 Bücher und fast 1000 Handschriften. Die Feuergefechte nahmen zu, und über sechs Tage hinweg wurde die Stadt niedergebrannt, und 10000 Bewohner mussten fliehen. Insgesamt wurden in weniger als einem Monat 5521 belgische Zivilisten getötet.

Internationaler Aufschrei

Die anhaltenden Gräueltaten der deutschen Armee halfen zwar, die Bevölkerung Belgiens zu unterwerfen, sorgten aber für einen internationalen Aufschrei, als die Verbrechen in aller Welt bekannt wurden. Die Deutschen versuchten zwar, ihre Handlungen zu vertuschen, aber Journalisten aus unabhängigen Ländern wie Schweden und den USA deckten das Ausmaß der Massaker bald auf. Die deutsche Führung versuchte, die Handlungen zu rechtfertigen, den nachfolgenden Propagandakrieg gewannen aber eindeutig die Alliierten. Der Kampf um die Köpfe und Herzen der neutralen Nationen sollte auch im weiteren Verlauf des Kriegs wichtig bleiben. ▪

Die Zerstörung Leuvens durch die deutschen Truppen hinterließ ein Trümmerfeld. Unter dem Vorwand, Angriffe von Zivilisten zu verhindern, zerstörten die Soldaten rund 2000 Gebäude.

Edith Cavell

Edith Cavell wurde 1865 im englischen Swardeston in Norfolk geboren, machte in London die Ausbildung zur Krankenschwester und arbeitete in verschiedenen Krankenhäusern. 1907 wurde sie Leiterin der Schwesternschule des Institut Chirurgical Berkendael in Brüssel.

Als das Institut nach dem Kriegsbeginn im August 1914 zum Rotkreuzkrankenhaus wurde, begann Edith Cavell, alliierten Soldaten zur Flucht in die neutralen Niederlande zu verhelfen. Nachdem sie bereits rund 200 Soldaten geholfen hatte, wurde sie im August 1915 entdeckt, festgenommen und zum Tod durch Erschießen verurteilt. Internationales Aufsehen und Gnadengesuche wurden abgelehnt, und sie wurde am 12. Oktober 1915 hingerichtet.

In der Nacht vor ihrer Hinrichtung sagte Edith Cavell: »Patriotismus ist nicht genug. Ich darf weder Hass noch Bitterkeit für irgendjemand in mir haben.« Ihr Tod wurde international verurteilt, und sie wurde zum Symbol der Tapferkeit alliierter Krankenschwestern und Instrument der antideutschen Propaganda.

DER PREIS WAR EINE GENERATION VON FRANZOSEN

DIE GRENZSCHLACHTEN (AUGUST–OKTOBER 1914)

IM KONTEXT

SCHWERPUNKT
Frankreich im Krieg

FRÜHER
1871 Der Friede von Frankfurt bestätigt die deutsche Annexion von Teilen des Elsass und Lothringens.

1911 General Joseph Joffre wird Befehlshaber der französischen Armee und ersetzt den defensiver eingestellten Victor-Constant Michel.

4. August 1914 Deutsche Truppen dringen in Belgien und Luxemburg ein. Der Krieg an der Westfront beginnt.

SPÄTER
26. August 1914 General Joseph Gallieni leitet die Verteidigung von Paris gegen die deutschen Angreifer.

2. September 1914 Die französische Regierung zieht von Paris nach Bordeaux um.

9. September 1914 Deutsche Truppen ziehen sich aus den Pariser Vororten zurück.

Während die deutsche Hauptstreitmacht im August 1914 die erste Phase des Schlieffen-Plans umsetzte und Ost- und Nordbelgien überrannte, setzte die französische Armee ihren Plan XVII um. Die 1913 entwickelte Strategie sah die Mobilmachung und Stationierung der französischen Hauptstreitmacht an der Ostgrenze zu Deutschland vor.

Die französischen Befehlshaber glaubten, ihrem Gegner zahlenmäßig überlegen zu sein, der an zwei Fronten kämpfen musste, und planten, ihn mit einem Angriff zu über-

Siehe auch: Planen für den Krieg 34–39 ▪ Die Invasion Belgiens 50–51 ▪ Rückzug und Verfolgung 60–63 ▪ Die erste Schlacht an derMarne 64–69 ▪ Artillerie 228–229

Die französische Infanterieuniform von 1914 – dunkle Jacke, rote Hose und rote Mütze – trug wenig zur Tarnung im Feld bei. Ab 1915 waren die Uniformen blau-grau.

rennen. Manche Soldaten schrieben mit Kreide »À Berlin« (»nach Berlin«) auf ihre Eisenbahnwagen, aber das war nicht das Ziel ihrer Generäle. Diese hofften vielmehr, die 1871 an Deutschland verlorenen Teile von Elsass und Lothringen zurückzugewinnen und die deutschen Streitkräfte zu binden, bis Russlands riesige Streitkraft an der Ostfront ihre volle Stärke erreicht hatte.

Mangelnde Weitsicht

Auf dem Schlachtfeld sah die französische Taktik Sturmangriffe vor. Die Aufklärung deutscher Stellungen und Stärken oder die Vorbereitung und Unterstützung eigener Angriffe durch schwere Artillerie spielten hingegen keine Rolle. Man ging in den französischen Streitkräften irrigerweise davon aus, dass massierte Angriffe mit aufgepflanztem Bajonett nicht aufzuhalten seien.

Gräben und andere Befestigungen, geschützt durch Stacheldraht und Maschinengewehre, hatten in jüngerer Vergangenheit beispielsweise im Russisch-Japanischen Krieg (1904/05) bereits eine Rolle gespielt, aber die Franzosen ignorierten diese modernen Entwicklungen und verfügten kaum über die notwendige Ausrüstung, die Waffen oder die Ausbildung. Die Deutschen besaßen mehr als dreimal so viele Maschinengewehre und hatten gelernt, sich in einer neuen Stellung einzugraben. Dazu waren ihre Gewehre präziser und schneller nachzuladen.

Zudem waren die französischen Soldaten mit ihren bunten Uniformen wie vor hundert Jahren ein leichtes Ziel, während ihre Offiziere weiße Handschuhe anzogen und Säbel trugen. Im Gegensatz dazu waren die Uniformen der deutschen Soldaten in Feldgrau, einem gedeckten Grau-Grün, gehalten.

Attacke und Rückzug

Die französische Mobilmachung begann am 2. August 1914 und war schnell und effizient, wozu das hervorragende Eisenbahnnetz »

» Die französische Armee [kehrt zu ihren Traditionen zurück und] kennt hinfort kein Gesetz als das der Offensive. «

General Joseph Joffre

Elsass und Lothringen

1914 wollten viele Franzosen Vergeltung für die Niederlage im Deutsch-Französischen Krieg (1870/71), insbesondere für den Verlust von Teilen der historischen französischen Regionen Lothringen und Elsass. Beide waren lange Zeit ein Teil Frankreichs gewesen, auch wenn Deutsch für die meisten Einwohner die Muttersprache war.

Die einzige Region, in der Deutschland und Frankreich eine Grenze teilten, war im Fall eines Kriegs für Kampfhandlungen prädestiniert. Beide Seiten hatten hier schon vor 1914 Befestigungen gebaut. Für Deutschland war es die östliche Pufferzone, in der französische Angriffe aufgehalten werden sollten, während weiter im Westen der Schlieffen-Plan umgesetzt wurde. Frankreich wollte verlorenes Staatsgebiet zurückgewinnen und die »natürliche Grenze« wieder am Rhein ziehen. Außerdem wollte es die reichen Eisenerzvorkommen und die damit verbundene Schwerindustrie haben.

Französische Soldaten gehen im August 1914 auf elsässischen Feldern in Stellung, die seit 1871 zu Deutschland gehörten.

Die *soixante-quinze*

Die meisten französischen Artilleriebatterien waren 1914 mit 75-mm-Kanonen ausgestattet, die für den Beschuss von feindlichen Einheiten im offenen Gelände gedacht waren, so wie die französischen Strategen sich den Krieg gegen Deutschland vorstellten.

Französische Soldaten nannten die Kanone *soixante-quinze* (»Fünfundsiebzig«). Deutsche Soldaten nannten sie »Schwarze Schlächter«, nach der Rauchwolke, die die Explosion von Schrapnellgranaten mit 290 Bleikugeln über ihren Köpfen begleitete.

Die Geschütze konnten 15 Schuss pro Minute feuern und waren in den ersten Kriegsmonaten sehr effizient gegen deutsche Attacken, hatten aber in anderen Situationen nur begrenzten Wert. Ihre kleinen Granaten besaßen eine nur geringe Sprengkraft gegen Gräben und andere Befestigungen, und ihre flache Flugbahn reichte in rauem Gelände nicht bis zur Rückseite der vom Feind gehaltenen Höhen.

Französische Kanoniere feuern 1914 ein 75-mm-Geschütz ab. Links steht eine Protze, ein einachsiger Karren, mit Schrapnellgranaten.

Deutsche Infanteristen rücken im August 1914 während der Grenzschlachten durch ein Blumenfeld auf französische Stellungen vor.

beitrug. Binnen Tagen transportierten Tausende Züge Hunderttausende Soldaten zur Grenze zum Elsass. Am 7. August stieß ein Teil der 1. Armee nahe der Schweizer Grenze ins Elsass vor. Sie erreichte am 8. August Mülhausen, wurde aber am nächsten Tag wieder zurückgedrängt und stand am 11. August wieder an ihrem Ausgangspunkt. Der Chef des französischen Generalstabs, General Joseph Joffre, entließ Divisionsgeneral Louis Bonneau, dessen Schicksal in den folgenden Wochen zahlreiche hochrangige Offiziere teilten, und konzentrierte sich jetzt auf eine für den 14. August geplante Generaloffensive in Lothringen und in den Ardennenwäldern im Süden Belgiens.

Kämpfe in Lothringen

In der ersten Phase von Joffres Großangriffen stießen Einheiten der 1. und 2. Armee über die lothringische Grenze auf die Städte Mörchingen und Saarburg vor. Sie marschierten vier Tage lang, ohne zu realisieren, dass die deutsche 6. und 7. Armee unter Kronprinz Rupprecht von Bayern sie in eine lange im Voraus geplante Falle lockten und dabei mit ihrer Artillerie schwächten. Der Hintergrund war der Gedanke, dass je mehr Truppen Frankreich in diesem Sektor einsetzte, desto weniger Einheiten sich dem deutschen Hauptangriff durch Belgien entgegenstellen konnten.

Hinter den Kulissen suchten deutsche Generäle dringend um Erlaubnis nach, den Plan zu ändern und ihrerseits anzugreifen, um den deutschen Vorstoß durch Belgien zu unterstützen. Nach mehrtägigen Diskussionen stimmte Generalstabschef Helmuth von Moltke einer Gegenoffensive zu.

Der deutsche Angriff stieß am 20. August auf die französischen Linien und verlief gut. General Ferdinand Foch, ein Korpskommandant der französischen 2. Armee und eifriger Befürworter aggressiver Taktiken, hatte seine Einheiten rücksichtslos weit nach vorne in eine exponierte Lage geschickt. Die nun desorganisierten Franzosen waren zum hastigen Rückzug gezwungen

Stellenweise wurde aus dem Rückzug eine kopflose Flucht, und die Franzosen wurden auf ihr Staatsgebiet zurückgedrängt. Am 23. August verteidigten sie eine neue Front entlang der Meurthe, vor allem in einem Bereich südlich von

Nancy, der Trouée de Charmes. Der Frontverlauf in diesem Sektor sollte sich zwar dank des erfolgreichen französischen Widerstands bis zu den letzten Kriegswochen nicht mehr groß verändern, aber die französischen Angriffspläne an der Ostgrenze waren definitiv gescheitert.

Die Ardennen

Während die Schlacht in Lothringen wütete, kam es weiter nördlich an den Grenzen zu Belgien, Luxemburg und Deutschland zu weiteren französischen Angriffen und ähnlich blutigen Niederlagen. Joffre hatte diesen Angriff für den 20. August befohlen. Beteiligt waren die französische 3. und 4. Armee mit insgesamt 350 000 Mann, die ihre Widersacher überraschen und überwältigen sollten. Allerdings hatte ein deutsches Aufklärungsflugzeug die herannahenden Franzosen entdeckt und die bereits nach Belgien vorrückenden deutschen 4. und 5. Armeen gewarnt. Das französische Armeehauptquartier, das sich auf Kavallerieaufklärung verließ, meldete, dass keine ernst zu nehmenden gegnerischen Kräfte zu erwarten seien.

Der Höhepunkt der Schlacht war der 22. August, der mit dichtem Nebel in den Ardennen begann, der die Gegner voreinander verbarg. Einige französische Einheiten griffen wiederholt eingegrabene deutsche Stellungen an und wurden im Feuer der deutschen Geschütze und Maschinengewehre abgeschlachtet. An diesem einen Tag sollen rund 27 000 französische Soldaten gefallen sein – es war der blutigste Tag in der französischen Militärgeschichte. Die Sieger waren die deutsche 4. und 5. Armee, Letztere unter dem Thronerben Kronprinz Wilhelm, die die Gefangennahme Tausender Franzosen meldeten.

Die letzte der Grenzschlachten fand weiter westlich in Belgien statt. Hier stießen die deutsche 2. und 3. Armee Richtung Süden über die Sambre auf Charleroi vor, wo sie auf die französische 5. Armee unter General Charles Lanrezac trafen. Die Schlachten folgten dem Muster der Kämpfe im Osten. Die Franzosen griffen am 22. August an, kamen aber kaum voran und wurden am nächsten Tag zurückgedrängt. Im Westen Charlerois wurde Lanrezacs Armee vom Britischen Expeditionskorps unterstützt, das ein Verzögerungsgefecht bei Mons führte, bevor es sich am 24. August zurückzog.

»Die deutsche Feuerkraft führte die herrschende Militärdoktrin ad absurdum … All die Illusionen der Menschen gingen in Rauch auf.«

Charles de Gaulle
Hauptmann des 33. Infanterieregiments und späterer Präsident Frankreichs, im August 1914

Das Ende der Offensive

Als alle französischen Armeen auf dem Rückzug waren, erkannte General Joffre das Offensichtliche: Plan XVII war gescheitert. Am 25. August befahl er den alliierten Armeen, sich im Süden neu zu formieren, und entsandte einige Einheiten nach Elsass und Lothringen, um die Front im Westen zu verstärken, wo die Bedrohung am stärksten war. Die deutschen Armeen waren jetzt an den Grenzen von Elsass und Lothringen gebunden, was die Truppen schwächte, die durch Belgien vorstoßen sollten. Die nächsten Phasen des Kriegs an der Westfront – Rückzug und Gegenangriff der Alliierten, gefolgt von einer zermürbenden Pattsituation – waren damit eingeläutet. ■

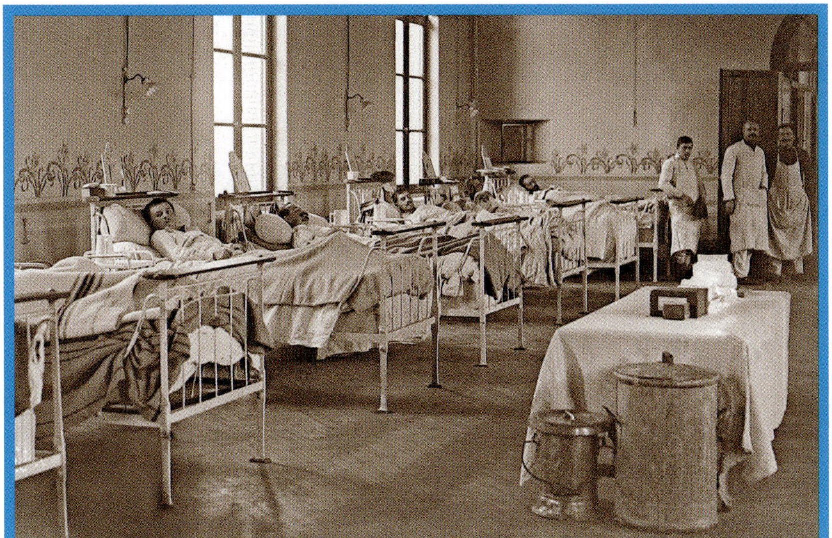

Verwundete im »deutschen Zimmer« des Lazaretts von Nancy, der historischen Hauptstadt Lothringens. Französische Einheiten hielten die Stadt im September 1914 gegen deutsche Angriffe.

IN GANZ EUROPA GEHEN DIE LICHTER AUS

BRITISCHER KRIEGSEINTRITT (AUGUST 1914)

IM KONTEXT

SCHWERPUNKT
Großbritannien im Krieg

FRÜHER
1905 Britische und französische Offiziere besprechen inoffiziell eine Zusammenarbeit.

1908 Im April gründen die Briten die neue Territorial Force, um die Zahl der Reservisten zu erhöhen.

29. Juli 1914 Die britische Armee wird in erhöhte Alarmbereitschaft versetzt.

SPÄTER
1920 Die Wehrpflicht in Großbritannien endet. Sie wird 1939 wieder eingeführt.

1941 Der britische National Service Act ruft ledige Frauen zwischen 20 und 30 auf, freie Arbeitsstellen zu besetzen.

1949 Großbritannien führt die Wehrpflicht für Männer zwischen 17 und 21 ein. Sie besteht bis 1960.

Am 4. August 1914 um 23 Uhr erklärte Großbritannien Deutschland den Krieg. Am nächsten Tag erging der Befehl an die Streitkräfte, für den Krieg mobil zu machen. Rund 250 000 reguläre Soldaten (Berufssoldaten) und 200 000 Reservisten (ausgebildete Zivilisten) wurden in die Kasernen beordert und ausgestattet. 120 000 Pferde wurden von ihren zivilen Besitzern requiriert und Eisenbahnlinien umgeleitet, um Einheiten in die Häfen am Ärmelkanal zu verlegen.

Als Erstes wurde das hervorragend ausgebildete Britische Expeditionskorps (BEF) unter Field Marshall Sir John D. French mobilisiert, das sich am 9. August unter dem Schutz der Royal Navy nach Frankreich einschiffte. Diese erste Einheit bestand aus einer Kavalleriedivision und vier der sechs Infanteriedivisionen des BEF (eine weitere wurde später

Die BEF-Kavalleriedivision bei Ankunft in Belgien vor der Schlacht von Mons. Sie war entscheidend zum Aufspüren der deutschen 1. Armee, damit das BEF in Stellung gehen konnte.

Siehe auch: Öffentliche Meinung 44–45 ▪ Rückzug und Verfolgung 60–63 ▪ Der Wettlauf zum Meer 70–71 ▪ Die Schlacht an der Somme 172–179 ▪ Ersatz für die Gefallenen 198–199

Truppen an der Westfront im August 1914

Im August mobilisierten Deutschland und Frankreich je über 1 Mio. Männer für den Kampf an der Westfront. Großbritannien schickte rund 90 000 Mann (die fünf BEF-Divisionen sofort, eine später), dazu kamen sieben belgische Divisionen mit insgesamt 120 000 Mann.

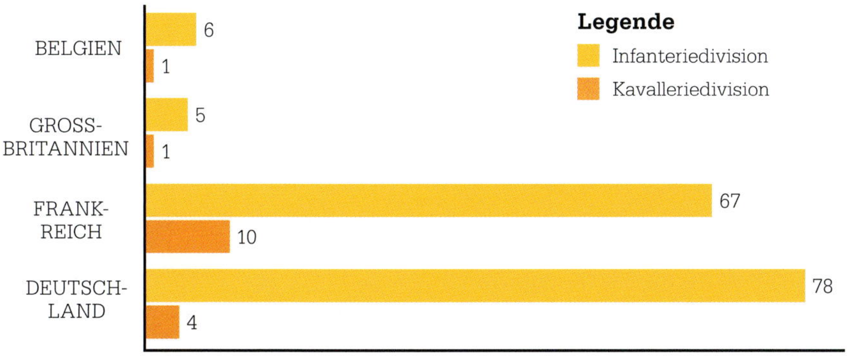

entsandt, eine blieb zur Heimatverteidigung zurück). Die Truppen wurden in zwei Korps geteilt – das I. Korps unter Lieutenant General Sir Douglas Haig und das II. Korps unter General Sir Horace Smith-Dorrien. Sie sammelten sich bei Maubeuge nahe der belgischen Grenze und stießen dann nach Belgien vor.

Erste Begegnung bei Mons

Das BEF ging zur Linken der französischen 5. Armee in Stellung, genau im Weg der deutschen 5. Armee, deren größere Stärke anfangs nicht bekannt war. Nachdem er benachrichtigt wurde, dass die französische 5. Armee unter schwerem Beschuss durch die deutsche 2. und 3. Armee lag, stimmte Field Marshall French zu, die Verteidigungslinie am Mons-Condé-Kanal zu halten, um die sonst ungeschützte Flanke der 5. Armee zu schützen.

Am Morgen des 23. August wurden die Briten von den Kanonen der 1. Armee unter Generaloberst Alexander von Kluck beschossen. Die Wucht des deutschen Angriffs richtete sich gegen die zwei Divisionen des II. Korps von General Smith-Dorrien. Eine erste deutsche Angriffswelle konnten die Briten abwehren (das BEF war berühmt für seine Treffgenauigkeit), eine Schleife des Kanals bei Mons machte die Briten jedoch für Artillerieangriffe und Maschinengewehrfeuer angreifbar. Als am Nachmittag weitere deutsche Einheiten eintrafen, erkannten die Briten, dass sie umgangen werden würden. Smith-Dorrien ordnete daher den Rückzug auf eine Position ein paar Meilen südlich an.

Der Rückzug beginnt

Die meisten britischen Einheiten zogen sich geordnet zurück und hatten sich bei Einbruch der Nacht erfolgreich der Schlacht entzogen. Nun stellte Field Marshall French fest, dass sich die französische 5. Armee zurückgezogen hatte, »

Sir John French

John French wurde 1852 als Sohn einer englisch-irischen Familie in Kent geboren und kam mit 22 Jahren zu den 19th Hussars. Er kämpfte in Ägypten, dem Sudan und Indien und zeichnete sich im Zweiten Burenkrieg als Kavalleriekommandant aus. Nach seiner Rückkehr nach Großbritannien machte er weiter Karriere: 1912 wurde er zum Chef des Imperialen Generalstabs ernannt und im Jahr darauf zum Feldmarschall befördert.

1914 erhielt French das Kommando über das Britische Expeditionskorps (BEF). Dessen Niederlage in der Schlacht von Mons, der folgende Rückzug und die heftigen Verluste entnervten ihn. Er überwarf sich unter anderem mit dem französischen Generalstabschef Joffre und dem britischen Kriegsminister Lord Kitchener.

French wurde im Dezember 1915 abgelöst und zum Kommandeur der Home Forces (1916–1918) ernannt. 1916 wurde er als Viscount in den Adelsstand erhoben, und 1921 erhielt er den Titel 1st Earl of Ypres. 1923 wurde er als Captain of Deal Castle eingesetzt, wo er 1925 verstarb.

sodass beide Flanken des BEF ungeschützt waren. Dem britischen Kommandeur blieb also nur der geordnete Rückzug.

Die Schlacht bei Mons war der erste Zusammenstoß mit britischen Truppen und Teil einer größeren Schlachtenserie entlang der französisch-belgischen Grenze. Das BEF erlitt später als mäßig beurteilte Verluste – nur 1600 Tote, Verwundete oder Vermisste, während die deutschen Verluste etwas höher lagen.

In den nächsten beiden Wochen zog das BEF durch Nordfrankreich und wurde dabei in einige Nachhutgefechte verwickelt, wie die Schlacht von Le Cateau am 26. August. Dort griffen die Deutschen Smith-Dorriens erschöpftes II. Korps an, das sich alleine verteidigen musste, da Haigs I. Korps schneller landeinwärts gezogen war. Schwerer Artilleriebeschuss aus versteckten deutschen Stellungen rieb die Flanken des II. Korps fast auf, bis französische Kavallerietruppen die Briten aus der Umklammerung befreiten. Das BEF zog sich weiter zurück, bis französische und verstärkte britische Truppen Anfang September für die Erste Schlacht an der Marne neu gruppiert wurden.

» Wir waren von den tatsächlichen … oder mutmaßlichen Gräueltaten entsetzt, als die Deutschen in Belgien und Frankreich einfielen. «

Private F. B. Vaughan
12. (Sheffield) Bataillon, York and Lancaster Regiment

Eine viel kleinere Armee

Großbritannien war 1914 die einzige europäische Großmacht ohne Wehrpflicht. Traditionell war der Wehrdienst freiwillig. Aber bereits vor dem Krieg war die Truppenstärke gesunken, sodass man mit intensiver Truppenwerbung versuchte, mehr Männer für die Armee zu rekrutieren. Viele glaubten, der Krieg sei in wenigen Monaten vorüber, aber Lord Herbert Kitchener, Kriegsminister und Veteran der Kolonialkriege in Südafrika und im Sudan, sagte voraus, der Krieg würde mindestens drei Jahre dauern und könne nur durch ein Massenaufgebot an Menschen gewonnen werden. Er veranlasste eine Massenrekrutierung und forderte zunächst 100 000, dann weitere

Zu Beginn des Ersten Weltkriegs stürmten Briten die Rekrutierungsbüros. Dabei kam es unter anderem in Whitehall in London zu langen Schlangen.

Frauen im Krieg

In den meisten Ländern war der Kampfeinsatz von Frauen untersagt. Dies frustrierte britische Frauen, die die Kriegsbemühungen aktiv unterstützen wollten. Einige, vor allem aus der Mittel- und Oberschicht, schlossen sich paramilitärischen Organisationen wie der First Aid Nursing Yeomanry (FANY) an, die 1907 gegründet wurde. Sie arbeiteten an der Front, fuhren Ambulanzen, evakuierten verwundete Soldaten und errichteten mobile Sanitätsstationen.

Andere Frauen traten dem Voluntary Aid Detachment bei, einer militärischen Organisation für Krankenschwestern. Bereits 1914 gründeten Frauen eigene paramilitärische Organisationen, wie das Home Service Corps. Die vermutlich bekannteste britische Organisation ist die Women's Volunteer Reserve, deren Mitglieder Kantinen für Soldaten betrieben, Verwundete transportierten, Erste Hilfe leisteten und Autos und Motorräder lenkten. Zum Ärger des Kriegsministeriums trugen sie kakifarbene Uniformen, exerzierten und bildeten lokale Bataillone.

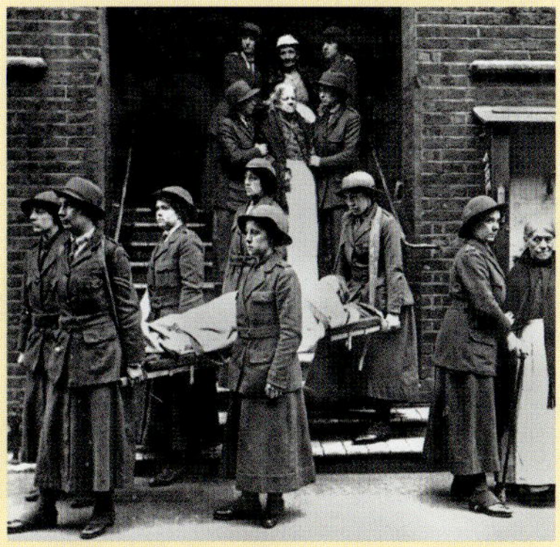

Die britische Women's Volunteer Reserve trainiert bei einer Feuerübung die Evakuierung eines Patienten aus dem Krankenhaus.

100 000 Mann für gut ausgebildete Einheiten. Sie wurden als »Kitcheners Armee« bekannt.

Begeisterte Rekruten

Tausende Männer folgten Kitcheners Aufruf, sei es aus Patriotismus, Pflichtgefühl, Begeisterung oder um der Armut zu entfliehen. Ende September 1914 hatten sich über 750 000 Männer gemeldet, im Januar 1915 waren es eine Million. Der Andrang war so überwältigend, dass das Kriegsministerium Probleme hatte, alle Rekruten auszurüsten, unterzubringen und auszubilden. Insgesamt sollten sich 2,5 Millionen Freiwillige melden.

Ein wichtiges Werbemittel waren Plakate. Auf einigen war Kitchener selbst abgebildet, andere zeigten Frauen und Kinder, die ihre Männer drängten, Großbritannien zu verteidigen. Bis April 1915 gab es 90 verschiedene Entwürfe.

Die Plakatkampagne und Music-Hall-Stars wie Vesta Tilley (auch »Großbritanniens bester Rekrutierungsoffizier« genannt) ermuntern die Briten, sich mit Freunden und Kollegen gemeinsam für *Pals' Battalions* (»Kumpel-Bataillone«) zu melden. Männer aus Kleinstädten und Dörfern verpflichteten sich gemeinsam, wie auch Fußballvereine, Künstler, Börsenhändler und Briefträger. Zum 23. Service-Bataillon zählte auch der Fußballer Walter Tull, der für Tottenham Hotspur spielte. Er gilt als erster schwarzer Offizier, der britische Soldaten in den Kampf führte, und fiel im März 1918. Die enormen Verluste der *Pals' Battalions*, wie etwa der Accrington Pals 1916 an der Somme, erschütterten viele Gemeinden so sehr, dass das Programm schließlich eingestellt wurde.

Lord Kitchener Wants You von Alfred Leete erschien erstmals im September 1914. Es ist eines der berühmtesten Plakate des Ersten Weltkriegs.

Zum Dienst gedrungen

Mit steigenden Gefallenenzahlen an der Westfront sank auch die Zahl der Freiwilligen dramatisch. Da mehr Soldaten gebraucht wurden, erwog man die Wehrpflicht, die aber im Parlament auf Widerstand traf. Im Oktober 1915 führte die Regierung das *Derby Scheme* ein, das jeden wehrtüchtigen Mann dazu aufrief, sich sofort zu melden oder für später zu verpflichten.

Das neue Programm brachte immer noch nicht genügend Freiwillige. Daher wurde am 27. Januar 1916 der Military Service Act erlassen, der alle ledigen Männer zwischen 18 und 41 zum Militärdienst verpflichtete. Im Mai wurde er auf verheiratete Männer ausgeweitet. Wehruntüchtige, wichtige Industriearbeiter, Lehrer, Bauern und Geistliche waren ausgenommen. Wer aus Gewissensgründen verweigerte, erhielt einen zivilen oder nicht kämpfenden Posten. ■

HOFFNUNGSLOSE RESIGNATION, VOLLKOMMENE ERSCHÖPFUNG

RÜCKZUG UND VERFOLGUNG (24. AUGUST – 5. SEPTEMBER 1914)

IM KONTEXT

SCHWERPUNKT
Taktischer Rückzug

FRÜHER
401 v. Chr. Nach der Schlacht bei Kunaxa ziehen sich 10 000 griechische Kämpfer durch mehr als 2500 km Feindesland zurück. Der Zug der Zehntausend wird das Urbild für Rückzugskämpfe.

14.–18. August 1914 Nach der Einnahme von Lüttich durch deutsche Truppen ziehen sich die belgischen Kräfte nach Antwerpen zurück.

SPÄTER
November 1915 Über 100 000 Soldaten und Zivilisten fliehen im Großen Serbischen Rückzug vor den Mittelmächten.

März 1917 Während sich die Alliierten an der Westfront auf die Nivelle-Offensive vorbereiten, ziehen sich die Deutschen in die Siegfriedstellung zurück.

Als Europa im August 1914 in den Krieg zog, wurde vielfach erwartet, dass Angriff und Rückzug – der Doppelrhythmus der Schlacht – die Feldzüge bestimmen würden. Nach einer Reihe von Rückschlägen an der belgisch-französischen Grenze zogen sich die Alliierten jedoch viel weiter zurück, mehr als 250 km. Man nahm an, dass der Krieg kurz werden und die Deutschen bald Paris besetzen würden.

Die Entscheidung zur Rücknahme der gesamten Front traf der alliierte Oberbefehlshaber Joseph Joffre am 24. August 1914. Zu diesem frühen Zeitpunkt des Kriegs blieb ihm keine andere Wahl:

Siehe auch: Planungen für den Krieg 34–39 ▪ Grenzschlachten 52–55 ▪ Ankunft der Briten 56–59 ▪ Erste Schlacht an der Marne 64–69 ▪ Wettlauf zum Meer 70–71 ▪ Russlands Rückzug 138–139 ▪ Zweite Schlacht an der Marne 270–273

Helmuth von Moltke

Obwohl er bei Kriegsbeginn 1914 bereits 66 Jahre alt war, hing dem deutschen Generalstabschef immer noch sein Spitzname »Moltke der Jüngere« an. Dieser diente der Unterscheidung zu seinem gleichnamigen Onkel »Moltke der Ältere«, einem brillanten preußischen Offizier und Strategen. 1848 im Großherzogtum Mecklenburg geboren, wurde »der Jüngere« im Preußisch-Französischen Krieg von 1870/71 für Tapferkeit ausgezeichnet und 1880 in den Großen Generalstab kommandiert. Bereits 1882 wurde er zum persönlichen Adjutanten seines Onkels ernannt. 1891 ernannte ihn Kaiser Wilhelm II. zum diensttuenden Flügeladjutanten, für Moltke ein idealer Ausgangspunkt für die Nachfolge von Alfred von Schlieffen als Generalstabschef, als dieser 1906 in den Ruhestand ging.

Moltkes Aufgabe war, den von Schlieffen erdachten Plan für einen siegreichen zukünftigen Zweifrontenkrieg gegen Russland und Frankreich anzupassen. Nach Fehleinschätzungen in den ersten Kriegswochen wurde er im September 1914 als Generalstabschef abberufen. Von Moltke starb 1916.

Nach der Niederlage in den Grenzschlachten drohte seinem linken Flügel die Umfassung. Um ihr zu entgehen, mussten sich die alliierten Armeen weit nach Frankreich hinein zurückziehen.

Der lange Marsch nach Süden

Zwei Wochen dauerte der »Große Rückzug« von drei französischen Armeen und der British Expeditionary Force (BEF) mit Hunderttausenden von Soldaten, dicht verfolgt von zwei deutschen Armeen. Auf einer Frontbreite von 190 km mussten die Männer in der sengenden Augusthitze bis zu 50 km am Tag nach Süden marschieren. Wollmäntel und schweres Marschgepäck wurden bald fallen gelassen und blockierten die bereits mit Wagen und Geschützen verstopften Straßen weiter. Auch Zivilisten flohen und nahmen alles an Möbeln und Habseligkeiten mit, was sie greifen konnten, hatten sie doch Gerüchte von deutschen Gräueltaten in Belgien gehört.

Überall fanden kleinere Rückzugsgefechte statt. Doch am 27. August hatte der deutsche Vormarsch einen Großteil von Belgien durchquert und Nordfrankreich erreicht. Der alliierte Rückzug verlief jedoch nicht planlos, wie der deutsche Generalstabschef Helmuth von Moltke bald erkannte. Trotz des Tempos und der Hitze, die Pferde in den Wagenspuren zusammenbrechen ließ, war der Rückzug bemerkenswert gut organisiert. Die Alliierten ließen nur wenige Kriegsgefangene und selten schwere Ausrüstung zurück. Auf deutscher Seite wurden dagegen die Nachschub- und Verbindungslinien jeden Tag länger. »

Britische Soldaten bei einem Nachhutgefecht gegen deutsche Truppen im französischen Städtchen Landrecies am 25. August 1914 auf dem Rückzug nach der Schlacht bei Mons.

Die französische 5. Armee unter General Charles Lanrezac ging am 29. und 30. August bei St. Quentin und Guise zu Gegenangriffen über, die zwar den deutschen Schwung mindern, aber den Vormarsch nicht stoppen konnten. Joffre war gezwungen, sich mit seinen Truppen auf einen weiteren Fluss zurückzuziehen, die Marne, einen nördlichen Nebenfluss der Seine in der Region östlich von Paris. Von hier aus, so sein Entschluss, sollten sich die Alliierten neu gruppieren und auf die Verteidigung der französischen Hauptstadt vorbereiten. Einige Bataillone hatten beim »Großen Rückzug« bereits fast 240 km zurückgelegt.

Streit der Generäle

Inzwischen kam es auch zu Spannungen zwischen den Befehlshabern. Anfang September entließ Joffre Lanrezac wegen übermäßiger Vorsicht, die an Insubordination grenzt. Einige Tage vor dem Großen Rückzug hatte Lanrezac, nicht gewillt, seine eingekesselten Truppen dem sicheren Tod auszuliefern, Joffres Angriffsbefehl verweigert. Zum neuen Befehlshaber der 5. Armee ernannte Joffre General Louis Franchet d'Espèrey, der bald eine wichtige Rolle in der großen Schlacht spielen sollte, die sich am Ufer der Marne abzeichnete.

Auch Lanrezacs schlechtes Verhältnis zum Befehlshaber des BEF, General Sir John French, hatte Joffre Sorgen bereitet, befürchtete er doch eine wachsende Kluft zwischen den britischen und französischen Kommandeuren. Trotz der bei einem gemeinsamen Rückzug in der Hitze über verstopfte Straßen unvermeidbaren Spannungen forderte Joffre die Einheit der Alliierten. Nach der Schlacht von Le Cateau, einem Nachhutgefecht des BEF am 26. August, hatte French Joffre wissen lassen, dass die dabei erlittenen britischen Verluste in der Heimat nur »Bitterkeit und Bedauern« verursachen würden.

Aus den Gegenangriffen der französischen 5. Armee bei St. Quentin und Guise wenige Tage später hielt French das BEF heraus. Er drängte seine Männer weiter nach Süden und lieferte sich nur Geplänkel mit der verfolgenden deutschen Kavallerie. French warnte Joffre, das BEF müsse sich von der Front lösen und südlich der Seine erholen und neu aufstellen oder sich sogar zu den Häfen an der Kanalküste zurückziehen. Die Folge war erregter Protest des alliierten Oberkommandierenden Joffre und des französischen Präsidenten Raymond Poincaré sowie eine Reise des britischen Kriegsministers Lord Kitchener nach Paris. Ihm gegenüber protestierte French, seine Aktionen entsprächen früheren Anweisungen, um übermäßige Verluste ohne ausdrückliche Zustimmung der Regierung zu vermeiden, und seine erschöpften Truppen

» … auf dieser jämmerlichen Flucht konnte man alles an Fahrzeugen sehen, was Räder hatte, voll beladen mit Möbeln, Wäsche, Kindern und Greisen; die Kräftigsten gingen zu Fuß hinterher … «

Madame Brunehant
Bewohnerin der französischen Region Aisne

Eine Illustration von 1914 in der britischen Zeitung *The Graphic* zeigt Pariser am Gare du Nord, die nach Großbritannien fliehen wollen.

Panik in Paris

Ende August/Anfang September 1914 begannen Zivilisten, in Panik Paris zu verlassen. Denn immer näher kroch die Front an Paris heran, ein deutsches Flugzeug hatte die ersten Bomben auf die Hauptstadt abgeworfen. Die zu Kriegsbeginn optimistische Stimmung war Furcht gewichen. Als am 2. September die französische Regierung ihren Sitz mitsamt den Goldreserven des Landes nach Bordeaux verlegt hatte, stiegen die Flüchtlingszahlen rapide. Sonderzüge sollten sie aus der Stadt bringen. Gründe für die Flucht gab es mehrere. Deutschland schien kurz vor dem Sieg zu stehen, und die Älteren hatten den Preußisch-Französischen Krieg von 1870/71 nicht vergessen: Paris war vier bittere Monate lang belagert und bombardiert worden; die Bewohner waren gezwungen gewesen, Ratten und Hunde zu essen. Neu eingetroffene belgische Flüchtlinge berichteten, dass die Deutschen als Vergeltung für Aktionen gegen ihre Truppen Unschuldige ebenso erschossen wie Schuldige. Wenigstens eine halbe Million Einwohner floh aus Paris.

Ausheben von Verteidigungsgräben im September 1914 in den Straßen von Paris, hier an der Porte Maillot im Westen der Stadt, gegen die vorrückenden deutschen Armeen.

seien zu schwach, um einen deutschen Angriff zurückzuschlagen. Kitchener beorderte das BEF zurück an die Front zum gemeinsamen Kampf mit Joffres Divisionen.

Allzu selbstsicher bezogen derweil Moltke, sein Generalstab und der Kaiser am 30. August ein neues Hauptquartier im besetzten Luxemburg. Dort war Moltke jedoch nicht nur zu weit von den Alliierten entfernt, um die Lage einzuschätzen und den Sieg zu erlangen – er erhielt seine Meldungen auch per Funktelegrafie, die durch einen starken Sender auf dem Eiffelturm in Paris leicht zu stören war.

Verteidigung und überdehnte Linien

Immer näher rückten die Armeen an Paris heran, das sich mit seinem Festungsring auf den Kampf vorbereitete. Während sich die Regierung für die Verlegung nach Bordeaux bereit machte, betraute sie mit der Verteidigung den 65-jährigen Joseph Gallieni, einen General im Ruhestand, der einmal Joffres Vorgesetzter gewesen war.

Als Militärgouverneur von Paris bereitete er die Stadt auf eine Belagerung vor, brachte fast 3000 Geschütze in Stellung, ließ Bäume fällen und den Abriss von Gebäuden planen, um seinen Kanonieren bessere Sicht zu ermöglichen. Selbst den Eiffelturm mit dem wichtigen Sender hätte er geopfert. Als Garnison überstellte ihm Joffre die um Amiens neu aufgestellte 6. Armee unter General Michel-Joseph Maunoury, die unter Gallienis direktem Befehl als »Armee von Paris« bezeichnet wurde.

Nach rund 150 km Marsch aus Amiens waren Maunourys Männer erschöpft, doch der »Große Rückzug« hatte auch den verfolgenden deutschen Truppen zugesetzt. Ende August war die marschierende Infanterie ihrem von Pferden gezogenen Nachschub zu weit enteilt, es mangelte ihr an Proviant und Munition. Zwischen dem 31. August und dem 2. September, einem sich als kritisch erweisenden Zeitraum, hatten Moltke und sein Generalstab in Luxemburg oft keine Verbindung zu den Frontdivisionen. Gerade jetzt wurde die deutsche 2. Armee unter General Karl von Bülow, die sich Paris von Norden näherte, durch Angriffe der britischen Nachhut unerwartet aufgehalten. In der Folge entschied sich General Alexander von Kluck, Befehlshaber der weit westlich von Bülow stehenden 1. Armee, statt wie im Schlieffen-Plan gefordert, Paris westlich zu umfassen, nach Süden zu schwenken und die 2. Armee östlich von Paris zu unterstützen. Am 2. September billigte Moltke diese Planänderung.

> »… die größte Belastung … schlimmer als alle körperlichen Beschwerden oder sogar Hunger war die fürchterliche Müdigkeit. Schmerz konnte man aushalten, Essen schnorren, aber das Verlangen nach Erholung war endlos.«
>
> **Ben Clouting**
> Kavallerist der 4th (Royal Irish) Dragoon Guards

Alliierte Flugzeuge erspähten die Richtungsänderung und die beträchtliche Lücke zwischen den beiden deutschen Armeen. Der Große Rückzug war kein Scheinrückzug gewesen, der den Gegner auf für die Alliierten vorteilhaften Boden hätten führen sollen; jedoch würde die Position der deutschen Armeen auf ihrem Marsch in das Tal der Marne Joffre die Gelegenheit bieten, mit seinen Armeen eine wirksame Gegenoffensive zu beginnen, die zur Ersten Schlacht an der Marne werden sollte. ■

UNSERE MÄNNER WERDEN TUN, WAS MENSCHEN-MÖGLICH IST

DIE ERSTE SCHLACHT AN DER MARNE (1914)

IM KONTEXT

SCHWERPUNKT
Entscheidende Schlacht

FRÜHER
1815 Vor Napoleons endgültiger Niederlage bei Waterloo legt der Wiener Kongress neue politische Grenzen fest, um die Macht in Europa neu zu verteilen.

1871 Nach dem Preußisch-Französischen Krieg muss Frankreich Elsass-Lothringen an Deutschland abtreten.

1905 Der Schlieffen-Plan sieht einen raschen deutschen Sieg in Belgien, Frankreich und Luxemburg vor, bevor Russland angegriffen wird.

SPÄTER
1918 In der Zweiten Schlacht an der Marne wehren die Alliierten die letzte deutsche Großoffensive ab.

1940 Nach der Niederlage im Blitzkrieg wird Frankreich von deutschen Truppen besetzt.

Deutsche Armeen verfolgen die sich zurückziehenden französischen und britischen Truppen und **rücken auf Paris vor.**

Der französische **General Joseph Joffre** ruft Truppen von der Offensive in Elsass-Lothringen zurück, um mit der neu aufgestellten 6. Armee **Paris zu verteidigen.**

Nach dem Abzug von elf Divisionen **gibt** General Helmuth von Moltke **den Schlieffen-Plan zur Umfassung der Stadt auf.**

Die **deutschen Positionen nördlich und östlich** von Paris machen sie **für Angriffe** französischer und anderer alliierter Truppen **verwundbar.**

Ein strategischer Sieg der Alliierten durchkreuzt die deutschen Hoffnungen auf einen raschen Sieg im Westen.

Graf Alfred von Schlieffen hatte 1905 seine Strategie für einen siegreichen Zweifrontenkrieg in Europa durch eine rasche Niederwerfung Frankreichs und anschließendes Vorgehen gegen Russland ersonnen. Die Erste Schlacht an der Marne im September 1914 war der Test für diese zentrale Idee des Plans. Das Scheitern der deutschen Armee bei dieser Aufgabe sollte den erbarmungslosen Verlauf des Kriegs bestimmen.

Änderung der Taktik

Ende August 1914 waren die deutschen Armeen erfolgreich durch Belgien und Nordfrankreich vorgestoßen und hatten ihre britischen und französischen Gegner zu einem zermürbenden Rückzug 240 km nach Süden gezwungen. Das deutsche Heer war auf dem besten Weg zu einem entscheidenden Sieg. Am 2. September änderte jedoch Helmuth von Moltke, Chef des deutschen Generalstabs, die Schlachtordnung.

Die neue Weisung wich vom Schlieffen-Plan ab, der eine weite Umfassung westlich von Paris vorsah. Nachdem er sieben Divisionen zur Verstärkung nach Belgien und vier weitere an die Ostfront hatte abgeben müssen, fehlten ihm die erforderlichen Truppen. Stattdessen sollten die 1. und 2. deutsche Armee östlich von Paris die an der Marne zusammengezogenen alliierten Kräfte angreifen. Dadurch öffnete sich jedoch eine Lücke zwischen den beiden deutschen Armeen, die der französische Oberkommandierende Joseph Joffre rasch ausnutzte.

» Die Marne war also kein ›Wunder‹ … sondern ein brillanter Vorteil, rasch ergriffen aus den Fehlern des Feindes. «

C. R. M. F. Cruttwell
A History of the Great War, 1934

Siehe auch: Die Grenzschlachten 52–55 ▪ Rückzug und Verfolgung 60–63 ▪ Der Wettlauf zum Meer 70–71 ▪ Die Erste Flandernschlacht 72–73 ▪ Der Stellungskrieg beginnt 74–77 ▪ Die Zweite Flandernschlacht 110–115 ▪ Die Zweite Schlacht an der Marne 270–273

Französische Soldaten laden in der Schlacht ihr 75-mm-Feldgeschütz. Diese Schnellfeuerkanone wurde mit verheerender Wirkung gegen die deutsche Infanterie eingesetzt.

Am selben 2. September war die französische Regierung nach Bordeaux evakuiert worden. Die Verteidigung der Hauptstadt lag in den Händen des aus dem Ruhestand geholten 65-jährigen Generals Joseph Gallieni. Als Garnison erhielt er die neu aufgestellte 6. Armee unter General Michel-Joseph Maunoury.

Alliierter Gegenangriff

Im überarbeiteten Plan der Deutschen sollte jetzt die von Norden anrückende 2. Armee unter Generaloberst Karl von Bülow die Hauptkraft werden. Allerdings war Generaloberst Alexander von Klucks 1. Armee, die weiter westlich und näher am Nordosten von Paris stand, an ihrer rechten Flanke durch einen möglichen Angriff der französischen 6. Armee gefährdet – wie das alliierte Oberkommando am 3. September bemerkte. Von Moltke ignorierte jedoch diese Gefahr. Nach der langen Verfolgung der Alliierten waren die deutschen Truppen erschöpft und ihre Armeen durch eine Lücke getrennt.

Die Schlacht sollte sich zwischen Paris und dem etwa 260 km östlich liegenden Verdun entwickeln. Joffres Divisionen standen südlich der Marne, die die Deutschen zu überqueren begannen. Nach längerer Diskussion einigten sich die alliierten Führer: Ihre Divisionen sollten die deutsche 1. und 2. Armee getrennt angreifen und schlagen, bevor sich die beiden vereinigen konnten. Weitere französische Kräfte sollten die östliche Grenze bei Verdun halten. »

Joseph Joffre

Der im südfranzösischen Rivesaltes 1852 geborene Joseph Jacques Césaire Joffre begann 1869 seine Ausbildung an der École polytechnique in Paris. Bereits im Preußisch-Französischen Krieg von 1870/71 nahm er an der Verteidigung von Paris teil, später war er als Pionier in den französischen Kolonien in Fernost und in Afrika stationiert. In Mali wurde er zum Major befördert, in Madagaskar unter Joseph Gallieni zum Brigadegeneral.

1911 wurde Joffre zum Stabschef der französischen Armee ernannt. Nach schweren französischen Verlusten im August 1914 war die Erste Schlacht an der Marne ein wichtiger Erfolg. Seit 1915 Oberbefehlshaber der französischen Armeen, gelang es ihm nicht, den Stillstand an der Westfront zu durchbrechen. Am 26. Dezember 1916 trat Joffre im Rang eines Marschalls zurück und erhielt eine beratende Rolle. 1917 wurde er als Militärberater in den USA begeistert empfangen und bereitete den Einsatz der US-Truppen an der Westfront vor. Vielfach ausgezeichnet, betraute man Joffre nach dem Krieg mit diplomatischen Missionen. Er starb 1931 in Paris.

» … Alle Anstrengung muss darauf gerichtet sein, den Feind anzugreifen und zurückzuwerfen. Eine Truppe, die nicht weiter vorgehen kann, hat das eroberte Gelände zu behaupten, koste es, was es wolle, und sich lieber auf dem Platze töten zu lassen als zurückzugehen. … «

General Joseph Joffre
Aus dem Tagesbefehl vom 6. September 1914

Unter Einsatz aller verfügbaren Transportwege und des dichten französischen Eisenbahnnetzes hatte Joffre über eine Million Mann zusammengezogen, während die Deutschen nur über 750000 verfügten. Die Erfolgsaussichten waren also gut. Allerdings musste Joffre den übervorsichtigen Befehlshaber der British Expeditionary Force (BEF), Sir John French, um Unterstützung anflehen. French hatte im August über 14000 Mann verloren, fast zehn Prozent seiner Truppen.

Die Schlacht beginnt

Am 5. September um 20.30 Uhr begann General Gallieni die Offensive. Mit Artillerievorbereitung rückte die in Paris stationierte 6. Armee von Maunoury etwa 60 km nordöstlich von Paris am Flüsschen Ourcq gegen Klucks 1. Armee vor. Bei Verdun am östlichen Ende der Frontlinie beschoss deutsche Artillerie aus Lothringen die französischen Truppen. Gegen 22.00 Uhr befahl Joffre eine alliierte Großoffensive für den nächsten Morgen.

Zu diesem Zeitpunkt hatte sich Kluck mit der 1. Armee bereits auf das Nordufer der Marne zurückgezogen und erwartete die französische 6. Armee dort. Damit vergrößerte sich die Lücke zwischen den deutschen Armeen auf bis zu 48 km. Am 8. September griff die französische 5. Armee, die jetzt unter dem Befehl von General Louis Franchet d'Espèrey stand, von Bülows 2. Armee an und zwang sie am nächsten Tag, sich auch über die Marne zurückzuziehen. Die 5. Armee besetzte die sich weiter öffnende Lücke, gefolgt vom BEF.

Derweil war die 6. Armee auf so starken Widerstand der deutschen 1. Armee getroffen, dass Maunoury von Gallieni in Paris Unterstützung anforderte. Der alte General requirierte daraufhin fast 1000 Fahrzeuge, darunter etwa 600 Taxis. Im Schutz der Dunkelheit, nur mit eingeschalteten Rückleuchten, beförderte der improvisierte Konvoi Verstärkung an die Front. Nach diesem ersten je durchgeführten Truppentransport mit Motorfahrzeugen konnte die 6. Armee allen weiteren deutschen Angriffen standhalten.

Eine weit gefächerte Schlacht

Die Schlacht an der Marne erstreckte sich, wie viele andere dieses Kriegs, weit über ein leicht hügeliges, von Wasserläufen durchzogenes offenes Gelände mit Bauernhöfen und Dörfern, die in der einwöchigen Schlacht überrannt wurden. Die Bewegungsschlacht war vom langsamen Zurückweichen der deutschen 1. und 2. Armee geprägt, die durch die weite Lücke nicht zusammenwirken konnten. Verstärkt wurde die Spaltung durch die nordwärts gerichteten Vorstöße des BEF und der von General d'Espèrey meisterhaft geführten französischen 5. Armee.

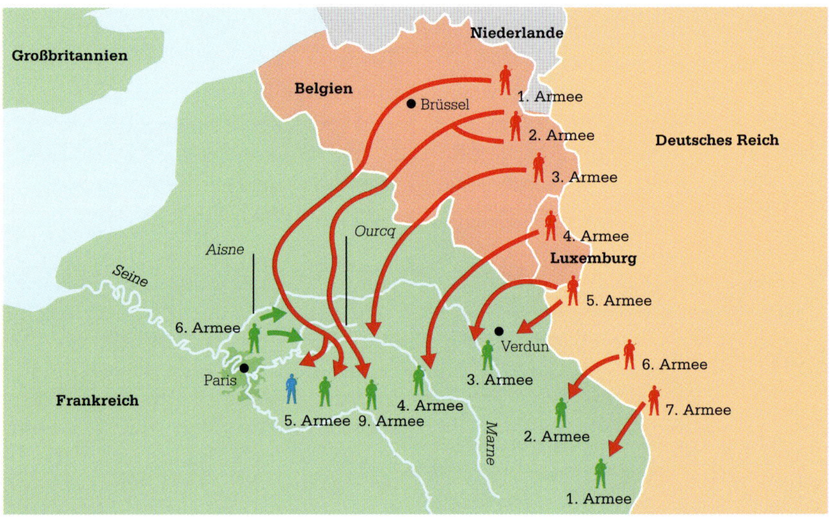

Die deutschen Armeen hatten die sich zurückziehenden alliierten Kräfte bis zur Marne verfolgt. Am 5. September schlug die französische 6. Armee zurück. In einer fünftägigen Schlacht drängten die aufgefrischten französischen Armeen und das BEF die Deutschen über die Aisne zurück, eine neue Front entstand.

Legende
- Alliierte
- Mittelmächte
- Deutsch besetztes Gebiet
- Neutrales Gebiet
- Deutscher Vormarsch
- Französischer Gegenangri
- Deutsche Truppen
- Französische Truppen
- British Expeditionary Force (BEF)

Erschöpfte französische Soldaten, deren Fahrzeuge und Ausrüstungen verstreut um sie herumliegen, ruhen sich während der Schlacht an der Marne in einer Gefechtspause aus.

Über weite Zeiträume hinweg hatte Moltke keinerlei Kontakt zu den deutschen Befehlshabern. Am 8. September, dem dritten Tag der Schlacht, entsandte Moltke schließlich seinen Nachrichtenoffizier Richard Hentsch, um Gerüchten über einen bevorstehenden Rückzug nachzugehen. Nach Treffen mit den Stabschefs von Kluck und Bülow zog Hentsch beide Armeen über mehr als 30 km hinter die Aisne zurück. Die Oberste Heeresleitung bestätigte den allgemeinen Rückzug am 10. September. Bald wichen alle deutschen Armeen zurück.

Die Folgen

Die alliierten Armeen setzten den geschlagenen Gegnern nach, griffen Nachzügler auf und sammelten zurückgelassene Ausrüstungen ein. Allein die Franzosen machten fast 12 000 Gefangene und erbeuteten 30 Feldgeschütze und 100 Maschinengewehre. Nördlich der Aisne begannen die deutschen Pioniere an beherrschenden Positionen mit dem Bau von Stellungen, die die Deutschen vier Jahre lang halten würden.

Moltke war unterdessen kränklich und niedergeschlagen. Am 14. September ernannte Kaiser Wilhelm II. Erich von Falkenhayn zu seinem Nachfolger als Chef des Generalstabs. Der begonnene Stellungs- und Abnutzungskrieg endete erst, wenige Monate nachdem die Alliierten im Juli 1918 eine letzte deutsche Großoffensive abgewiesen hatten – ebenfalls zwischen Marne und Aisne.

Die Erste Schlacht an der Marne war ein alliierter Triumph, der maßgeblich auf Joffres Führung zurückging. Sie führte aber auch zum Verlust von 480 000 Mann: Über 67 000 Deutsche, 80 000 Franzosen und etwa 7000 Briten sollen in der Schlacht gefallen sein; manche haben im Schlachtgewühl kein Grab gefunden. An der Marne erinnert ein großes Denkmal an 3740 Gefallene des BEF, deren Grabstelle nicht bekannt ist. ■

Eisenbahnen

Die europäischen Eisenbahnen waren 1914 unverzichtbar für den Transport der enormen Massen von Einberufenen. Über strategisch ausgerichtete Strecken wie z. B. die »Kanonenbahn« Berlin–Metz konnte Deutschland rasch 462 000 Soldaten an der französischen Grenze zusammenziehen, weit mehr als Frankreich mit 270 000 Mann. Vier von Ost nach West verlaufende Hauptstrecken ermöglichten das Verlegen von Truppen und Ausrüstung vom Rhein an die russische Grenze. Russland verfügte dagegen trotz seines riesigen Territoriums nur über ein dünnes Streckennetz und hatte ferner die Bahninfrastruktur an den Grenzen abgebaut, um eine deutsche Invasion zu hemmen. Tatsächlich behinderte es dadurch seine eigenen Offensiven.

Zur Versorgung der Westfront bauten die Deutschen Bahnstrecken bis in Frontnähe. Schmalspurige Feldbahnen fuhren teilweise bis zu den Schützengräben. Mit dem engmaschigen Streckennetz Frankreichs zog General Gallieni die 6. Armee zusammen, die erheblich zum Sieg an der Marne beitragen sollte.

Ein Feldbahnzug mit Munition an der Westfront. Bahnen transportierten und versorgten im Ersten Weltkrieg Millionen von Soldaten.

DER LETZTE ZIPFEL BELGIENS

DER WETTLAUF ZUM MEER (SEPTEMBER–OKTOBER 1914)

IM KONTEXT

SCHWERPUNKT
Flankierungsmanöver

FRÜHER
1905 Der deutsche Generalstabschef Alfred von Schlieffen stellt einen Plan vor, um Frankreich im Kriegsfall durch Überflügeln und Einkesseln seiner Kräfte rasch zu besiegen.

4. August 1914 Das deutsche Heer will die direkte Konfrontation mit der französischen Armee durch die Invasion Belgiens vermeiden, stößt jedoch auf unerwartet starken belgischen Widerstand.

5. September 1914 Die französische 6. Armee greift die Flanke der vorrückenden deutschen 1. Armee an: Die erste Marneschlacht beginnt.

SPÄTER
1. September 1939 Zu Beginn des Zweiten Weltkriegs überflügeln die deutschen Angreifer die polnischen Streitkräfte.

Nachdem die Alliierten Anfang September 1914 ihren »Großen Rückzug« gestoppt und den deutschen Vormarsch in der Ersten Schlacht an der Marne angehalten hatten, lieferten sich die alliierten und deutschen Armeen zwei Monate dauernde Bewegungsschlachten. Aus den gegenseitigen Umfassungsversuchen wurde ein regelrechter Wettlauf Richtung Kanalküste zu den Häfen in Nordfrankreich und Belgien. Am Ende kam es zum Patt: Weitere Flankierungsmanöver waren an der Westfront nicht möglich, die Truppen gruben sich ein.

Die Erste Schlacht an der Aisne

Unmittelbar nach dem Sieg an der Marne begannen die britischen und französischen Kräfte, ihre deutschen Gegner nach Norden auf ein neues Schlachtfeld an der Aisne zu verfolgen. Der alliierte Oberbefehlshaber Joseph Joffre trieb seine Armeen die Hügel hinauf gegen die deutschen Stellungen über dem Fluss.

Nach zwei erfolglosen Wochen kamen die erbitterten Kämpfe, die

Deutsche Soldaten in einem Schützengraben an der Aisne. Diese Stellungen sollten bis kurz vor Kriegsende umkämpft bleiben.

Siehe auch: Die Grenzschlachten 52–55 ▪ Rückzug und Verfolgung 60–63 ▪ Die Erste Schlacht an der Marne 64–69 ▪ Die Erste Flandernschlacht 72–73 ▪ Der Stellungskrieg beginnt 74–77 ▪ Die Somme 172–179 ▪ Die Schlacht bei Amiens 274–277

Belgische Soldaten in einem Panzerwagen, der aus einem belgischen Minerva-Auto umgebaut wurde, auf einer Straße in Westflandern 1914.

Panzerwagen

Bei der Verteidigung von Antwerpen und den Kanalhäfen setzte der British Royal Naval Air Service (RNAS) mehrere Panzerwagen für den Schutz von Kommunikationswegen und die Suche nach abgeschossenen Piloten ein. Der Erste Lord der Admiralität Winston Churchill ließ daraufhin die Royal Naval Armoured Car Division aufstellen. Automobile von Rolls-Royce und Lanchester erhielten einen gepanzerten Aufbau mit einem Turm und einem Maschinengewehr. Im Ersten Weltkrieg nutzten alle Krieg führenden Nationen Autos. Die Belgier setzten Minerva-Panzerwagen erstmals im August 1914 ein, die Kanadier stellten im September ihre Automobile Machine Gun Brigade auf. Die allgemein zur Aufklärung eingesetzten Fahrzeuge verließen selten befestigte Straßen, um nicht in Schlamm oder Wasserläufen stecken zu bleiben. Der Bedarf an Fahrzeugen für das von Granateinschlägen zerpflügte Gelände führte zu den ersten Panzerprototypen. Kampfpanzer setzten erstmals die Briten 1916 an der Somme ein.

erneut Tausende von Toten forderten, jedoch zum Erliegen. Es folgte eine Reihe von Umfassungsversuchen, bei denen die eine Seite die andere an der schwächsten Stelle an der Flanke anzugreifen versuchte. Joffre entschied sich, den rechten Flügel der Deutschen zu umfassen, und verlegte eine seiner Armeen südlich seiner Front geschickt über Straßen und per Bahn von Ost nach West. Der neue deutsche Generalstabschef Erich von Falkenhayn zog rasch mit den Franzosen gleich und drohte sie im Gegenzug zu überflügeln. So begannen die fieberhaften gegenseitigen Umfassungsversuche.

Nach Norden zum Meer

Die Umfassungsversuche verschoben die Front immer weiter nach Norden in Richtung der Kanalküste mit ihren Häfen. Falkenhayns Ziel war, die Küste und die Häfen zu besetzen und damit die britischen Expeditionstruppen (BEF) von ihrem Nachschub abzuschneiden. Die Briten und Franzosen waren daher ebenfalls bestrebt, die Küste zu verteidigen. Das BEF verlegte man von der Aisne in die Picardie, um die Deutschen zu umfassen. Doch wurde dort die eigene Flanke von deutscher Kavallerie angegriffen und beinahe zurückgeworfen.

Die Schlacht an der Yser

Am 10. Oktober fiel Antwerpen. Einen Teil der deutschen Belagerungstruppen schickte man daraufhin nach Nordwesten zu den Kanalhäfen, wo sie am 15. Oktober Ostende und Zeebrügge eroberten, nächstes Ziel sollte Dünkirchen sein. Die von König Albert I. geführte belgische Armee zog sich hinter die Yser auf eine 35 km lange Front von Nieuport an der Küste bis Zuidschote vor Ypern zurück.

Die gegen diese Front anrennenden deutschen Divisionen wurden in den Küstenorten von Schiffen der britischen Royal Navy beschossen und zurückgedrängt. Mit britischer Verstärkung konnten die Belgier ihre Front halten. Als ihre Munitionsvorräte zur Neige gingen, blockierten ihre Pioniere 22 Durchlässe unter einer auf einem Damm verlaufenden Bahnstrecke. In der Nacht vom 28. auf den 29. Oktober öffneten die Pioniere bei Hochwasser die Schleusen in Nieuport. Das einströmende Wasser der Nordsee bildete einen 16 km langen und 5 km breiten unpassierbaren See, der den deutschen Vormarsch zum Stehen brachte.

Die vom französischen General Ferdinand Foch geschickt geführten Alliierten hatten zwar die Kanalhäfen gerettet, mussten aber bald in der Ersten Flandernschlacht kämpfen. Dort endeten die gegenseitigen Flankenangriffe im Patt – der lange Stellungskrieg begann. ▪

» Keinen Rückzug. Jeder Mann zum Angriff! «

Ferdinand Foch
Französischer General

DER KINDERMORD VON LANGEMARCK

DIE ERSTE FLANDERNSCHLACHT (1914)

IM KONTEXT

SCHWERPUNKT
Britisch-französische Kooperation

FRÜHER
August 1914 Die British Expeditionary Force (BEF) wird nach Frankreich entsandt.

September 1914 Die Alliierten können den deutschen Vormarsch in der Ersten Schlacht an der Marne aufhalten.

4. Oktober 1914 Ferdinand Foch wird zum Befehlshaber der Armeegruppe Nord aus Franzosen, Briten und Belgiern ernannt.

SPÄTER
April–Mai 1915 Um den Stellungskrieg zu durchbrechen, setzen deutsche Truppen in der Zweiten Flandernschlacht erstmals Giftgas ein.

31. Juli–6. November 1917 In der Schlacht um Passchendaele bei Ypern, letztlich ein alliierter Sieg, kommen über 550 000 Soldaten um.

Als sich im Spätsommer 1914 die feindlichen Armeen gegenseitig zu umfassen versuchten, verlagerte sich der Konflikt an der Westfront immer weiter Richtung Nordsee. Nach dem Fall von Antwerpen am 10. Oktober zog sich die belgische Armee, gedeckt von britischen und französischen Kräften, nach Westen an die Yser zurück, 23 km nördlich der flandrischen Stadt Ypern. Verstärkt durch indische und Territorialdivisionen bezog die British Expeditionary Force (BEF) Stellungen um Ypern herum. Dort sollten in den nächsten Jahren einige der heftigsten Kämpfe stattfinden.

Angriffe und Gegenangriffe

Die vom 19. Oktober bis zum 22. November 1914 geführte Erste Flandernschlacht bestand aus einer Abfolge von Angriffen und Gegenangriffen. General Erich von Falkenhayn, der Chef der Obersten Heeresleitung, wollte mit einem sofortigen entscheidenden Angriff den Weg zur Kanalküste frei machen, bevor sich die britischen, französischen und belgischen Linien verfestigten. Gleichzeitig versuchten die gemein-

Ausgebildete französische, britische und belgische Soldaten **kämpfen erstmals gemeinsam** gegen die vorrückenden Deutschen.

In den v. a. auf offenem Gelände stattfindenden Kämpfen **fordert leistungsstarke Artillerie über 100 000 Opfer** auf beiden Seiten.

Das Niederschießen junger deutscher Freiwilliger wird später zum **»Massaker der Unschuldigen«** und **»Kindermord«** stilisiert.

Auf die »Unschuldigen« folgen weitere **Tausende junge Freiwillige,** die im Ersten Weltkrieg **fallen.**

Siehe auch: Britischer Kriegseintritt 56–59 ▪ Die Erste Schlacht an der Marne 64–69 ▪ Der Wettlauf zum Meer 70–71 ▪ Der Stellungskrieg beginnt 74–77 ▪ Die Zweite Flandernschlacht 110–115

Ein flacher provisorischer Schützengraben der Briten an der Straße nach Ypern im November 1914. Starke Artillerie forderte auf beiden Seiten viele Opfer und machte bald tiefere Schützengräben erforderlich.

sam unter dem Befehl des französischen Generals Ferdinand Foch kämpfenden Briten und Franzosen, die Deutschen mit einer Offensive zu überflügeln. Die an Stückzahlen und Kaliber erheblich überlegene deutsche Artillerie ließ die alliierte Offensive jedoch zum Stehen kommen.

Ab dem 20. Oktober wehrten sich die Alliierten verzweifelt gegen die deutsche 4. und 6. Armee. Das Eintreffen des französischen 9. Korps als Entlastung für das bedrängte britische 1. Korps konnte einen deutschen Durchbruch westlich von Ypern gerade noch verhindern.

Die Front hält

Der entschlossene britische Widerstand und die rechtzeitig herangeführte französische Verstärkung ließen die unvermindert heftigen deutschen Angriffe scheitern. Auch ein letzter Durchbruchsversuch ab dem 11. November mit über einem Dutzend ihrer fähigsten Divisionen, darunter Teile des preußischen Gardekorps, konnte die verbliebene alliierte Linie nicht überwinden. Mit Einbrechen des Winters ließen die verlustreichen Kämpfe nach.

In einem frühen Stadium der Schlacht hatten die Deutschen einen vermeintlichen Schwachpunkt der alliierten Linie bei dem Dorf Langemarck nördlich von Ypern ausgemacht. Bei dem Versuch, dort durchzubrechen, setzten sie Reservedivisionen mit zahlreichen jungen Freiwilligen ohne gründliche Ausbildung oder Kampferfahrung ein. Sie wurden leichte Ziele für die alliierten Berufssoldaten. Die Deutschen sprachen später vom »Kindermord« und kreierten den »Mythos von Langemarck«. Am Ende der Schlacht hatten die Deutschen über 130 000 Mann verloren. Das BEF verlor mindestens 50 000 Mann und wurde dadurch erheblich geschwächt, die französischen Verluste lagen ähnlich hoch, die der Belgier bei 20 000 Mann.

Stillstand – eine neue Phase

Mit der Flandernschlacht endete der Feldzug von 1914 an der Westfront. Dass die Deutschen die alliierten Linien nicht durchbrechen konnten, unterstrich eine größere strategische Niederlage – die fehlgeschlagene rasche Niederwerfung Frankreichs. Der Obersten Heeresleitung wurde nun klar, dass Deutschland ein langer Zweifrontenkrieg bevorstand. Jede Seite baute nun ausgedehnte defensive Grabensysteme, die von der Schweiz bis an die Nordsee reichten. ■

Der Weihnachtsfrieden

Am Heiligen Abend 1914 begannen die deutschen Soldaten an der Westfront, Weihnachtslieder zu singen und in den Schützengräben Christbäume aufzustellen. Am Weihnachtstag wagten sich dann Soldaten von beiden Seiten spontan ins Niemandsland vor. Die Männer fanden sich zusammen und tauschten Lebensmittel, Alkohol und kleine Geschenke wie Knöpfe und Abzeichen aus. Auch an der Ostfront kam es zu derartigen Begegnungen, allerdings in geringerem Umfang.

An der Westfront fanden gemeinsame Gottesdienste mit Weihnachtsliedern statt. Mancherorts wurden Fußballspiele organisiert. Der Waffenstillstand ermöglichte es auch, die Gefallenen aus dem Niemandsland zu bergen und zu bestatten. An manchen Frontabschnitten hielt die Verbrüderung über mehrere Tage. Die höheren Offiziere fürchteten jedoch um die Auswirkungen auf den Kampfgeist und drängten bald auf die Wiederaufnahme der Kampfhandlungen.

Soldaten beider Seiten posieren im inoffiziellen Waffenstillstand zu Weihnachten 1914 für ein Foto. An der Westfront waren bis zu 100 000 Mann daran beteiligt.

EINE HÖLLE AUS SCHLAMM

DER STELLUNGSKRIEG BEGINNT (1914/15)

IM KONTEXT

SCHWERPUNKT
Stellungskrieg

FRÜHER
1861–1865 Im Amerikanischen Bürgerkrieg bauen Konföderierte und Unionssoldaten Schützengrabensysteme, v. a. bei den Belagerungen von Vicksburg und Petersburg.

1904/05 Bei der Belagerung von Port Arthur im Russisch-Japanischen Krieg heben beide Seiten Schützengräben aus und verteidigen sie mit Stacheldraht, MGs und Schnellfeuerartillerie.

SPÄTER
1929–1938 An der Grenze zu Deutschland bauen die Franzosen die Maginot-Linie mit ausgedehnten Bunkern aus Stahl und Beton.

2022/23 In der Ostukraine errichten ukrainische und russische Truppen Grabensysteme zur Abwehr feindlicher Angriffe.

Der im August 1914 in Europa entfesselte Krieg war anders als alle bisherigen Konflikte: Er wurde dominiert von der tödlichen Macht der Mehrladergewehre mit Patronenmagazinen, der Maschinengewehre und Schnellfeuerartillerie. Derartige Waffen hatte man zehn Jahre zuvor im Russisch-Japanischen Krieg ebenso erprobt wie Schützengräben zur Verteidigung, allerdings nie in dem gewaltigen Umfang wie an der Westfront. Die schiere Feuerkraft zwang die Soldaten, sich einzugraben, nur um zu überleben. Nach der ersten Marneschlacht im

Siehe auch: Der Wettlauf zum Meer 70–71 ▪ Die Erste Flandernschlacht 72–73 ▪ Der Gallipoli-Feldzug 122–129 ▪ Panzereinsatz 150–151 ▪ Die Schlacht von Messines 214–217 ▪ Artillerie 228–229 ▪ Der Grabenkrieg im Wandel 254–257

Ein britischer Scharfschütze an einem Fluss in den Ruinen eines Dorfs bei Verdun an der Westfront.

Scharfschützen

Der statische Grabenkrieg war ideal für Scharfschützen, die mit Gewehren aus verdeckten Stellungen heraus auf feindliche Soldaten zielten. Waren es anfangs noch Schüsse ins Blaue von gelangweilten Offizieren, kamen bald ausgebildete Schützen zum Einsatz. Im deutschen Heer waren dies besonders Jäger und Förster, die über entsprechende Gewehre mit Zielfernrohren verfügten. 1914/15 richteten deutsche Scharfschützen an der Westfront immensen Schaden an, besonders dort, wo im Schützengraben die nötige Disziplin fehlte und Köpfe über die Brustwehr ragten.

Die Westalliierten reagierten nur zögernd auf die Gefahr durch Scharfschützen, erst 1916 begannen gemeinsame Anstrengungen gegen die deutsche Überlegenheit in diesem Bereich. Die Briten bildeten Rekruten in Scharfschützenschulen im Schießen, in Feldkunde und im taktischen Bewusstsein aus. Fachleute sollten die Soldaten an der Front unterweisen.

September 1914 einwickelte sich mit dem Stellungskrieg eine neue Art der Kriegsführung.

Mehr oder weniger vorbereitet

Hinsichtlich des Materials und der Techniken für den Grabenkrieg war das deutsche Heer gut vorbereitet. Es verfügte über zahlreiche großkalibrige Haubitzen – Geschütze für indirektes Feuer, die Granaten auf einer hohen, bogenförmigen Flugbahn verschießen können. Dazu kamen Grabenmörser, Handgranaten, Gewehrgranaten, Leuchtkugeln, Scheinwerfer und verschiedene Werkzeuge für den Grabenbau.

Auch die Franzosen waren für den Grabenkrieg recht gut gerüstet, die Briten dagegen waren 1914 mit wenig mehr angetreten als mit Sandsäcken, einigen Rollen Stacheldraht und neu ausgegebenen Spaten und Hacken. Flache Schützengräben erwiesen sich rasch als nutzlos. Zum Schutz gegen Artillerie- und anderen Beschuss mussten die Gräben mindestens 2,5 m tief und 2 m breit sein.

Grabensysteme

Die Frontsoldaten wurden angewiesen, die Gräben nicht geradlinig, sondern im Zickzack oder U-förmig auszuheben, um die Wirkung des Explosionsdrucks und von Granatsplittern einzudämmen. Der abgewinkelte Verlauf verhinderte auch, dass eindringende feindliche Soldaten den Graben entlang schießen konnten. Vor dem Schützengraben sollte Stacheldraht einen feindlichen Angriff verzögern. Soldaten, die im Stacheldraht hängen blieben, waren einfache Ziele. »

Deutsche Soldaten bereiten sich in Flandern an der Yser im Herbst 1914 auf den Angriff vor. Sie stehen auf dem Schützenauftritt ihres Grabens und schauen über die Brustwehr aus Sandsäcken.

Schützengrabensystem an der Westfront

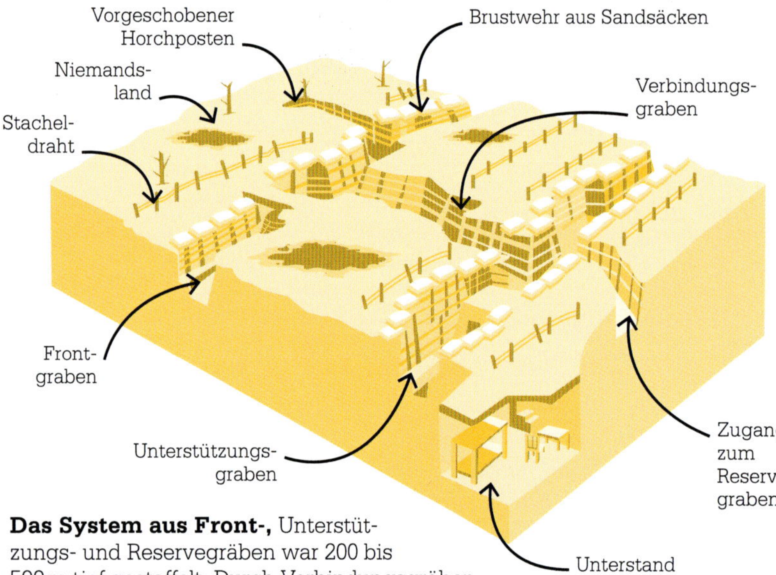

Das System aus Front-, Unterstützungs- und Reservegräben war 200 bis 500 m tief gestaffelt. Durch Verbindungsgräben gelangten Soldaten, Proviant, Ausrüstung und Munition nach vorn. Unterstände boten etwas Schutz zur Erholung und Gefechtsplanung.

Ende 1914 bildete sich ein grundlegendes System aus drei annähernd parallel verlaufenden Grabenlinien mit Verbindungsgräben heraus. Im vorderen Graben konnte man auf Schützenauftritten stehend geschützt durch Öffnungen in der Brustwehr feuern. Die meisten Soldaten hielten sich im dahinter verlaufenden Unterstützungsgraben auf und stürmten im Fall eines Angriffs in den Frontgraben. Aus dem noch weiter hinten liegenden Reservegraben, der als weitere Widerstandslinie fungierte, rückten ebenfalls Soldaten nach vorn nach. Die Truppen versuchten, die verschlammten und oft unter Wasser stehenden Gräben so gut es ging trocken zu halten; in die Grabenwände gegrabene Unterstände boten etwas Schutz und Erholung.

Die Landschaft spielte bei der Anlage der Gräben eine entscheidende Rolle. Die flachen Niederungen Flanderns waren anfällig für Überschwemmungen. Hatte Artilleriefeuer die Entwässerungsgräben zerstört, entstanden bei Regen regelrechte Sümpfe. Die Schützengräben füllten sich mit Wasser, sodass die Soldaten hohe Wälle aus Sandsäcken oberhalb des Geländeniveaus anlegen mussten.

Ganz anders war die Lage in den Vogesen in der Nähe der Schweizer Grenze, wo man die Schützengräben in das Gestein oder in dicht bewaldete Hänge hauen musste.

Niemandsland

Die Breite des Geländestreifens zwischen den feindlichen Frontgräben variierte von gut 10 m bis über 450 m, im Durchschnitt war das Niemandsland etwa 230 m breit. Anfangs fanden zwischen den Linien operierende Soldaten dort oft noch Deckung zwischen Heuhaufen, landwirtschaftlichen Gebäuden oder in Wäldchen. Durch das Niemandsland erfolgten meistens nachts sporadische Infanterieangriffe und regelmäßige Patrouillen und Überfälle auf feindliche Schützengräben, um Informationen zu gewinnen, etwa von Gefangenen. Aggressive Grabenüberfälle sollten den Gegner einschüchtern und den rücksichtslosen Kampfgeist der eigenen Kräfte stärken.

An der Aisnefront und im engen Frontbogen von Ypern in Flandern versuchten die Alliierten, mit Grabenüberfällen deutschen Scharfschützen die Einnahme vorgeschobener Stellungen zu verwehren, da ihr präzises Feuer die Mannschaftsstärke alliierter Verbände ebenso sinken ließ wie ihre Moral. Noch gefährlicher waren deutsche Artilleriebeobachter, die auf Posten im Niemandsland alliierte Vorstöße erspähten: Auf ihr Signal hin würde ein rasches und präzises deutsches Bombardement losbrechen.

Spezielle Waffen

Die Kämpfe bei zufälligen Begegnungen im Niemandsland oder bei organisierten Grabenüberfällen erforderten besondere Waffen. Gewehre mit aufgepflanzten Bajo-

» Das Niemandsland unter dem Schnee ist wie die Oberfläche des Mondes, chaotisch, voller Krater, unbewohnbar, schrecklich, die Wohnstätte des Wahnsinns. «

Leutnant Wilfred Owen
Britischer Soldat und Dichter

Französische Soldaten mit einem Grabenmörser. Wegen ihrer Form hatten die Mörser den Spitznamen *crapouillot* bzw. *crapouillaud* (»kleine Kröte«) von *crapaud* (»Kröte«).

netten waren für den Nahkampf im Graben zu unhandlich. Daher fertigten die Soldaten ihre eigenen Waffen an, darunter eiserne Streitkolben, hölzerne Keulen, Dolche, Äxte und Speere. Die Deutschen versahen ihre Feldspaten mit einer scharfen Kante zum Schneiden oder Stechen. Dazu kamen konventionellere Waffen wie Handgranaten oder Pistolen zum Einsatz.

Der Grabenkrieg führte auch zur Entwicklung von Geräten, die Handgranaten weiter werfen konnten als ein Mensch. Frühe Katapulte und Federmechanismen waren zu ungenau und wurden ab 1915 durch Gewehrgranaten ersetzt. Es entstanden verschiedene Wurfsysteme wie der oft kopierte französische Schießbecher VB, der eine Granate 180 m weit verschießen konnte.

Die vielleicht wichtigste Waffe im Grabenkrieg war der Mörser. Er bestand aus einem Metallrohr, das im hohen Winkel über Hindernisse hinweg kleine Granaten verschießen konnte, die den Feind ähnlich wie schwerere Artilleriegeschosse von oben trafen. Die Deutschen hatten vor dem Krieg die Entwicklung vorangetrieben und konnten daher 1914 die gefürchteten Minenwerfertypen einsetzen, deren größter 97 kg schwere Granaten 880 m weit verschießen konnte. Briten und Franzosen zogen nach, entwickelten jedoch leichtere, mobilere Geräte. Der Ende 1915 erstmals eingesetzte britische 81-mm-Stokes-Mörser verschoss 4,5 kg schwere Granaten 730 m weit. Trotz ihres geringen Gewichts erwiesen sich die Granaten als äußerst effektiv, sodass die anderen Aliierten den Stokes-Mörser übernahmen.

Dienst im Schützengraben

Die Befehlshaber beider Seiten erkannten bald die Belastungen, denen die Soldaten im Schützengraben ausgesetzt waren, und führten Rotationssysteme für den Dienst ein. Die Briten etwa verbrachten vier bis acht Tage im Frontgraben, anschließend jeweils vier Tage im Unterstützungs- und Reservegraben. Ab 1915 erhielt man nach rund 12 Monaten zehn Tage Heimaturlaub.

Offensive Operationen waren im Grabenkrieg eher selten, sodass das Leben dort durchaus friedlich und sogar langweilig sein konnte. Es entwickelte sich ein »Leben und leben lassen«, in dem Soldaten beider Seiten es vermieden, das Feuer zu eröffnen, um keine Vergeltungsmaßnahmen auszulösen. Allerdings tendierten die Befehlshaber dazu, die Kämpfe immer wieder voranzutreiben.

Eine unüberwindliche Linie

Das defensive Grabensystem, das sogar gegen die explosive Zerstörungskraft moderner Waffen bestehen konnte, erwies sich ab Ende 1914 als so effektiv, dass alle Hoffnung auf einen Bewegungskrieg an der Westfront verflog. Die Alliierten waren jedoch entschlossen, den Stillstand zu durchbrechen, und begannen ab 1915 immer neue, jedoch erfolglose Offensiven. Letztlich wendete die beständige Abnutzung den Krieg zugunsten der Alliierten. ■

Kommunikation

Verschiedene Kommunikationsmethoden ermöglichten es den Kommandeuren, Kontakt zu ihren Truppen zu halten. Auf der taktischen Ebene waren dies bewährte Verfahren wie Lampen und Signalflaggen oder auch Tiere wie Meldehunde und Brieftauben, die schriftliche Befehle übermittelten. Soldaten wurden als Meldeläufer eingesetzt.

Das bei Weitem wichtigste Kommunikationsmittel war das Telefon, das die direkte mündliche Verbindung über weite Strecken vom Hauptquartier zu den Offizieren in den Schützengräben ermöglichte. Die Telefonkabel waren allerdings sehr empfindlich, besonders bei Artilleriebeschuss. Bei einem Angriff konnten selbst tief im Boden verlegte Kabel durch schwere Artillerie durchtrennt werden. Mit den vorrückenden Truppen liefen Fernmelder mit kompakten Feldtelefonen in Rucksäcken mit. Die dabei verlegten Kabel waren noch anfälliger für Artilleriefeuer und mussten ständig geflickt werden – eine hoch spezialisierte und gefährliche Aufgabe.

MARSCH IN DIE FALLE

DIE SCHLACHT BEI TANNENBERG (AUGUST 1914)

IM KONTEXT

SCHWERPUNKT
Russische Militäraktionen

FRÜHER
1815 Der Wiener Kongress bestätigt die Teilung Polens und spricht Russland ein Gebiet zwischen Galizien und Ostpreußen zu.

1905 Der Schlieffen-Plan beschreibt, wie Deutschland gegen Frankreich und Russland gewinnen könnte.

SPÄTER
Februar 1915 Deutsche Truppen drängen die Russen aus Ostpreußen. Unterstützt von Österreich-Ungarn, marschiert Deutschland im Mai im russischen Teil Polens ein.

März 1918 Russland zieht sich mit dem Vertrag von Brest-Litowsk aus dem Ersten Weltkrieg zurück.

Als im August 1914 die ersten Schlachten des Ersten Weltkriegs ausgetragen wurden, forderte Frankreich seinen Verbündeten Russland auf, deutsche Streitkräfte nach Osten abzuziehen. Russland machte schnell mobil, war aber dank mangelnder Logistik und fehlender Waffen und Ausrüstung nicht auf eine Offensive vorbereitet. Es konnte aber die Truppen im polnischen Frontvorsprung einsetzen, der sich zwischen Ostpreußen und Galizien nach Westen vorwölbte.

Kompromisse

Die einzige deutsche Armee an der gesamten Ostfront war die 8. unter Generaloberst Maximilian von Prittwitz in Ostpreußen. Das russi-

Siehe auch: Krise in Russland 24 ▪ Der Kampf um Polen 83 ▪ Russischer Rückzug 138–139 ▪ Die Brussilow-Offensive 166–169 ▪ Der deutsche Sieg in Osteuropa 258–259

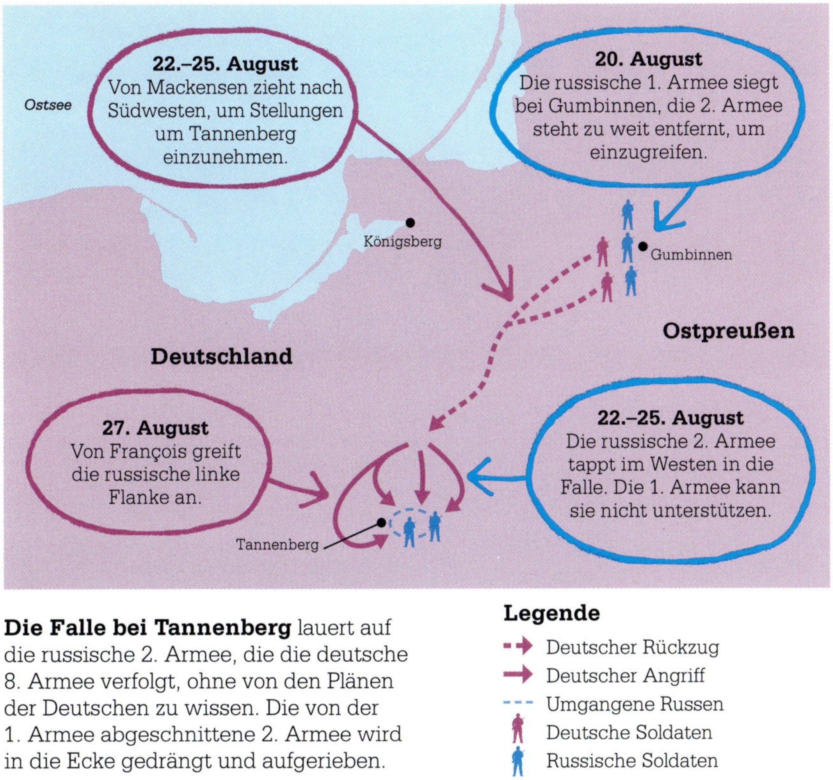

Die Falle bei Tannenberg lauert auf die russische 2. Armee, die die deutsche 8. Armee verfolgt, ohne von den Plänen der Deutschen zu wissen. Die von der 1. Armee abgeschnittene 2. Armee wird in die Ecke gedrängt und aufgerieben.

sche Oberkommando befahl seiner 1. und 2. Armee, die Deutschen aus Positionen im polnischen Frontvorsprung und weiter nordöstlich zu beschatten, und plante einen schnellen Angriff.

Die russischen Befehlshaber entwickelten eine scheinbar unschlagbare Strategie: Russlands 1. Armee unter General Paul von Rennenkampff sollte aus Osten nach Ostpreußen vorstoßen und die 8. Armee attackieren, während die 2. Armee unter General Alexander Samsonow aus Polen nach Norden vorrücken und von Prittwitz' Flanke angreifen sollte.

Zwischen den beiden russischen Armeen lag ein Labyrinth aus Wäldern und Seen, darunter die 80 km lange Masurische Seenplatte. Die Geografie und die schlechten Straßen verhinderten Zusammenhalt und Kommunikation zwischen den beiden Streitmächten. Zudem wurde Samsonow im polnischen Grenzgebiet aufgehalten, das Russland seiner Straßen und Eisenbahngleise beraubt hatte, um Feinde auszubremsen. Während von Rennenkampff am 17. August in Ostpreußen einfiel, traf Samsonow erst zwei Tage später im Süden der Region ein. Damit war seine 2. Armee zu weit entfernt, um die 1. zu unterstützen.

Die Eröffnungssalven

Am 19. und 20. August kam es nahe der ostpreußischen Stadt Gumbinnen zum ersten großen Zusammenstoß zwischen von »

Paul von Hindenburg

Der Sohn eines adligen preußischen Offiziers wurde 1847 in Posen (heute Poznán in Polen) geboren. Er wurde mit elf Jahren Militärkadett und kämpfte im Deutschen Krieg von 1866 und im Deutsch-Französischen Krieg von 1870/71. Er war 1906 der Wunschkandidat Generalfeldmarschall Alfred von Schlieffens als dessen Nachfolger als Chef des deutschen Generalstabs, aber der Posten ging letztlich an Helmuth von Moltke.

Von Hindenburg ging 1911 in den Ruhestand und lebte in Hannover, bis er 1914 reaktiviert und nach Ostpreußen entsandt wurde. Der Sieg bei Tannenberg trug ihm zu Hause großes Prestige ein. An seinem Ruf des »Siegers von Tannenberg« arbeitete er selbst mit. Binnen zweier Jahre war er Oberbefehlshaber der deutschen Landstreitkräfte. Nach dem Krieg unterstützte er die falsche Behauptung, die deutsche Armee sei »im Felde unbesiegt« geblieben, und wurde zwei Mal zum Reichspräsidenten gewählt. 1933 ernannte er Adolf Hitler zum Reichskanzler. Von Hindenburg starb 1934 und wurde im Tannenberg-Denkmal beigesetzt, das er selbst 1924 eingeweiht hatte.

Rennenkampffs 1. Armee und der deutschen 8. Armee. Die eintägige Schlacht entlang einer 48 km langen Front endete mit einem russischen Sieg. Allerdings kam es nie zum potenziell fatalen Flankenangriff durch Samsonows 2. Armee, da diese immer noch mehrere Tagesmärsche entfernt war.

Neue deutsche Führung

An diesem Punkt dachte von Prittwitz, der nichts von dem Aufenthalt wusste, immer noch, die russische 2. Armee würde ihn einkesseln, und geriet in Panik. Ohne seinen Stab zu informieren, teilte er der Obersten Heeresleitung in Koblenz telefonisch mit, er wolle sich bis zu den befestigten Städten entlang der Weichsel, mehr als 160 km westlich, zurückziehen. Der Erste Generalstabsoffizier Max Hoffmann überredete ihn, die Stellung zu halten, und riet ihm, eine strategische Position zu suchen, aus der er beide russische Armeen angreifen konnte.

Die Oberste Heeresleitung ahnte aber nichts von dieser Planänderung und entließ von Prittwitz am 22. August. Der neue Befehlshaber der 8. Armee, General Paul

Russische Soldaten fliehen in der Schlacht bei Tannenberg vor einem Kavallerieangriff. Deutsche Lithografie von 1916.

von Hindenburg, und sein Chef des Stabs, General Erich Ludendorff, entwickelten dann einen Plan, jede der russischen Armeen anzugreifen, bevor sie sich vereinigen konnten.

Überlegene Aufklärung

Die Funktechnologie steckte noch in den Kinderschuhen, und die Russen funkten ihre Nachrichten oft unverschlüsselt, sodass die Deutschen mithören konnten. Am 26. August erfuhren die Funker aus einer abgefangenen Nachricht, dass von Rennenkampff Königsberg belagern wollte, weil er glaubte, die 8. Armee ziehe sich gerade dorthin zurück. Die Deutschen erfuhren auch, dass das russische Oberkommando Samsonow befohlen hatte, mit der 2. Armee nach Westen zu schwenken und alle deutschen Einheiten aufzuhalten, die sich hinter die Weichsel zurückziehen wollten. Die beiden russischen Armeen strebten also auseinander, statt sich zu vereinen, und konnten sich nicht mehr gegenseitig unterstützen.

Russische Kriegsgefangene wurden nach der Schlacht bei Tannenberg zu Zehntausenden in Richtung Berlin transportiert.

Kriegsgefangene

In der Schlacht bei Tannenberg gerieten mehr als 90 000 Russen in Kriegsgefangenschaft. Zusammen mit Proviant, Ausrüstung und Waffen (die alleine 60 Güterzüge füllten) wurden sie nach Deutschland transportiert und anfangs in Stacheldrahtverhauen eingepfercht. Die deutschen Behörden waren nicht darauf vorbereitet, so viele Menschen zu ernähren, zu kleiden und unterzubringen. Minimalrationen, eine Matratze für vier Männer und ähnliche Strapazen waren an der Tagesordnung. Die Todesfälle durch Krankheiten (allen voran Typhus), Unterernährung und Unterkühlung schnellten in die Höhe, und man requirierte bald Schulen, Scheunen und Fabriken, um die Gefangenen unterzubringen.

1915 waren in ganz Deutschland 300 Gefangenenlager mit rudimentären Unterkünften und Toiletten fertiggestellt. Offiziere wurden in speziellen Lagern untergebracht, und man richtete Durchgangslager ein, um die Gefangenen zu verteilen. Bei Kriegsende 1918 hielt Deutschland nahezu 2,4 Mio. Gefangene.

> »Der Zar hat mir vertraut. Wie kann ich ihm je wieder gegenübertreten?«
>
> **General Alexander Samsonow zugeschrieben**

Hindenburg und Ludendorff sandten prompt das Gros der 8. Armee per Zug in den Südwesten, um Samsonows Armee zu stellen, die immer noch auf dem Weg durch Ostpreußen war. Die beiden Armeekorps unter den Generälen Hermann von François und Friedrich von Scholtz wurden westlich der 2. Armee positioniert, das Korps unter General August von Mackensen im Nordosten der Russen.

In der Falle

Über die nächsten drei Tage marschierte die 2. Armee in die Falle. Samsonow griff die beiden deutschen Korps in seinem Westen an, aber Front und Flanken seiner Armee lagen bald unter schwerem Beschuss, und der Kampf wurde schnell chaotisch und blutig. Die beiden noch 65 km voneinander entfernten Zangen begannen sich zu schließen. Von Mackensen sollte den Hauptangriff aus dem Nordosten führen. Die russischen Divisionen waren noch von Scholtz und François im Südwesten gebunden. Angesichts der drohenden Niederlage zogen sich einige Einheiten vor dem 29. August nach Polen zurück, als François die Russen im Süden umging und ihnen den Fluchtweg abschnitt.

Am 30. August trieb von Mackensen den Großteil der 2. Armee in einen 24 km breiten und 8 km tiefen Bereich. Von drei Seiten eingeschlossen und unter schwerem Artillerie-Sperrfeuer kapitulierten die meisten Russen. Samsonow ging mit seinem unmittelbaren Stab in den Wald und separierte sich zwischen den Bäumen, wo man einen einzelnen Schuss hörte. Deutsche Soldaten fanden später seinen Leichnam. Die Russen zählten 30 000 Gefallene und Verwundete, die Deutschen 13 000.

Der Ruhm von Tannenberg

Zwei Wochen nach Tannenberg wurde die 8. Armee um zwei Armeekorps von der Westfront verstärkt und schlug von Rennenkampffs 1. Armee. Im folgenden Jahr drängten deutsche Truppen alle russischen Einheiten aus Ostpreußen, und Russland griff im Ersten Weltkrieg kein deutsches Territorium mehr an.

Von Hindenburg und Ludendorff wurden zu Nationalhelden. Ihr Sieg von 1914 wurde im Gedenken an eine historische Niederlage der Ritter des Deutschen Ordens 1410 bei diesem Ort »Schlacht bei Tannenberg« getauft. ■

Das Tannenberg-Denkmal (hier um 1931 aus einem Zeppelin fotografiert) wurde Ende des Zweiten Weltkriegs 1945 gesprengt, um einer Zerstörung durch die Rote Armee zuvorzukommen.

DIESE MONSTRÖSE FRONT VERSCHLINGT UNS NOCH ALLE

ÖSTERREICH-UNGARNS VERSAGEN (1914)

IM KONTEXT

SCHWERPUNKT
Österreich-Ungarn

FRÜHER

1817 Nach zwei Aufständen wird das neue Fürstentum Serbien vom Osmanischen Reich unabhängig.

1867 Aus dem Habsburgerreich wird nach der Niederlage im Deutschen Krieg von 1866 Österreich-Ungarn.

1912/13 Nach zwei Balkankriegen etabliert sich Serbien als aggressiver Nachbar im Süden Österreich-Ungarns.

SPÄTER

1915 Österreich-Ungarn, Deutschland und Bulgarien greifen gemeinsam Serbien an und siegen. Kriegsverbrechen führen zu internationaler Kritik.

1918 Aus dem Zusammenbruch Österreich-Ungarns entstehen die Staaten Österreich, Ungarn, Jugoslawien und Tschechoslowakei.

Im Sommer 1914 stand der Chef des österreichisch-ungarischen Generalstabs, Franz Conrad von Hötzendorf, vor einem Zweifrontenkrieg gegen Serbien und Russland. Seine Armee war so bunt gemischt wie die Nation: Österreicher und Ungarn sprachen kaum miteinander, während Tschechen, Slowaken, Kroaten und Rumänen wenig Grund sahen, die Kämpfe der Monarchie zu führen. Die Armee sollte bald wie Österreich-Ungarn am Krieg zerbrechen.

Ein Jahr der Rückschläge

Die Pläne sahen vor, dass 13 der 16 Armeekorps im Fall eines Kriegs mit Russland nach Osten gingen, aber im August 1914 entsandte Conrad sieben Korps nach Serbien, obwohl eine russische Intervention drohte. Zwei der Korps wurden schließlich nach Osten umgelenkt, trafen aber dank der späten Entscheidung zu spät an beiden Fronten ein. In Serbien begingen Invasionseinheiten Kriegsverbrechen an der Zivilbevölkerung und trafen auf starken Widerstand, bevor sie schließlich Belgrad einnahmen. Die Russen gewannen im September eine Reihe von Schlachten bei Lemberg (Lwiw) in Galizien und stießen dann in die Karpaten vor. Die zurückweichenden österreichisch-ungarischen Truppen verloren rund 250 000 Mann, weitere 100 000 wurden gefangen genommen.

Im weiteren Verlauf des Kriegs griffen serbische Truppen im Dezember 1914 an und trieben die österreichisch-ungarischen Soldaten aus dem Land. ■

» Die Österreicher waren hereingestürmt und wurden hinausgeworfen. «

Winston Churchill
The World Crisis, 1923

Siehe auch: Der Balkan 25 ▪ Das Bündnissystem 30–31 ▪ Die Ermordung Franz Ferdinands 40–41 ▪ Das Ende des Serbienfeldzugs 140–143

TAGE DES VOR UND ZURÜCK

DER KAMPF UM POLEN (1914)

IM KONTEXT

SCHWERPUNKT
Schwerpunkt

FRÜHER
1795 In der dritten Teilung Polens erhält Preußen Gebiete im Westen, einschließlich Warschaus, Österreich erhält Galizien im Süden, und Russland nimmt einen großen Teil im Osten.

1812 Napoleon I. von Frankreich marschiert mit Unterstützung polnischer Truppen von polnischem Boden aus in Russland ein.

1815 Nach dem Sturz Napoleons spricht der Wiener Kongress den Großteil Polens einschließlich Warschaus Russland zu.

SPÄTER
1918/19 Polen wird nach über 100 Jahren der Fremdherrschaft unabhängig.

1939 Polen wird erneut angegriffen – von Deutschland und der UdSSR.

Während Franzosen, Briten und Deutsche sich im September 1914 an der Westfront eingruben, tobte an der Ostfront im russischen Teil Polens eine gewaltige Schlacht. Für Großfürst Nikolai Nikolajewitsch, den Oberbefehlshaber der russischen Streitkräfte, war der Zusammenbruch Österreich-Ungarns im September 1914 eine Chance, nach Westen vorzustoßen und dem deutschen Industriegebiet in Schlesien einen fatalen Schlag zu versetzen.

Angriffe und Rückzüge

Den Deutschen war die Lage Schlesiens bewusst, und so versammelten sie dort die neue 9. Armee unter Paul von Hindenburg. Ende September stieß die Armee bis nach Warschau vor, wurde aber von den Russen zurückgedrängt.

Großfürst Nikolai stieß erneut in Richtung Schlesien vor, wurde aber am 11. November unerwartet von der deutschen 9. Armee an der Flanke angegriffen und in Richtung Łódź gedrängt. Mehr als drei eiskalte Wochen lang kämpften mindestens 600 000 Mann in einer gigantischen und blutigen Schlacht, in der sie sich immer wieder gegenseitig ausmanövrierten.

Russische Soldaten im Dezember 1914 nahe Warschau. Erschöpft von der Schlacht um Łódź, hatten sie sich nach Osten zurückgezogen.

Am Ende zogen die Russen sich Richtung Warschau zurück. Die 9. Armee folgte, und beide Seiten gruben sich für den Winter ein. Zwischen Mai und September 1915 drängten deutsche Streitkräfte die Russen aus Polen heraus. ■

Siehe auch: Krise in Russland 24 ▪ Russlands Rückzug 138–139 ▪ Die Brussilow-Offensive 166–169 ▪ Die Kerenski-Offensive 224–225 ▪ Der deutsche Sieg in Osteuropa 258–259

EUER FELDZUG SEI GESEGNET

KRIEGSEINTRITT DES OSMANISCHEN REICHS (1914/15)

IM KONTEXT

SCHWERPUNKT
Kämpfe in der Türkei und in Arabien

FRÜHER
1908 Eine Revolte der »Jungtürken« setzt die Verfassung von 1876 wieder in Kraft.

1912 Nach dem Italienisch-Türkischen Krieg verliert das Osmanische Reich seine Territorien im heutigen Libyen.

1912/13 In den Balkankriegen gehen fast alle europäischen Gebiete der Osmanen verloren.

SPÄTER
1915 Die Osmanen siegen gegen die Alliierten bei Gallipoli und Kut.

1916 Im Sykes-Picot-Abkommen planen Briten und Franzosen im Geheimen die Aufteilung des Osmanischen Reichs.

30. Oktober 1918 Mit dem Waffenstillstand von Moudros enden die Kämpfe mit den Alliierten.

Zwischen 1911 und 1913 hatten militärische Verluste in Libyen und auf dem Balkan die Schwäche des ausgedehnten Osmanischen Reichs offengelegt. Im Norden war Russland darauf aus, den Bosporus und die Dardanellen als einzige Verbindung seiner Schwarzmeerhäfen zum Mittelmeer zu kontrollieren. Am Eingang dieser Meerenge lag die osmanische Hauptstadt Konstantinopel (heute Istanbul). Im Süden hatten es Briten und Franzosen auf die osmanischen Territorien im Nahen Osten abgesehen. Das jungtürkische Triumvirat aus Talât Pascha, Enver Pascha und Cemal Pascha, das die osmanische Politik seit dem Putsch 1913 bestimmte, war bemüht, die europäischen Großmächte gegeneinander auszuspielen. So bezog man Militärhilfe vom Deutschen Reich, Beratung zu Marinefragen und Kriegsschiffe aber aus Großbritannien.

» … der sein Leben opfert, um der Wahrheit zum Durchbruch zu verhelfen, [dem wird] in dieser Welt Ehre und in jener das Paradies zuteil. «

Sultan Mehmed V.
Proklamation des Heiligen Kriegs,
14. November 1914

Seitenwahl

Am 1. August 1914 befahl das osmanische Kriegsministerium die Einberufung von Männern im wehrfähigen Alter zwischen 20 und 45. Am folgenden Tag unterzeichnete die Regierung in Konstantinopel einen geheimen Defensivvertrag mit Deutschland, ohne jedoch in den Krieg einzutreten. Zur selben Zeit erzürnte die britische Regierung die osmanischen Herrscher mit der Beschlagnahmung von zwei auf britischen Werften gebauten – und bereits bezahlten – Dreadnought-Schlachtschiffen. Im September schlossen die Osmanen den Bosporus und die Dardanellen durch Minensperren an beiden Enden.

Dann veränderten zwei Kreuzer der deutschen Mittelmeerdivision

Siehe auch: Der Gallipoli-Feldzug 122–129 ▪ Der Völkermord an den Armeniern 132–133 ▪ Die Arabische Revolte 170–171 ▪ Die Schlacht bei Megiddo 286–287

Vor dem Kriegsministerium in Konstantinopel feiert die Menschenmenge im Dezember 1914 den Eintritt des Osmanischen Reichs in den Ersten Weltkrieg.

das Kräftegleichgewicht: Die *Goeben* und die *Breslau* wurden durch die Dardanellen geleitet und an die osmanische Marine übergeben. Im Oktober boten die Deutschen dem Osmanischen Reich erhebliche Mittel für ihre Unterstützung an.

Am 27. Oktober stieß eine von den beiden ehemals deutschen Schiffen angeführte Flottille ins Schwarze Meer vor und beschoss am 29. und 30. ohne vorherige Kriegserklärung Odessa, Sewastopol und andere russische Häfen und versenkte ein Kanonenboot und einen Minenleger. Russland erklärte dem Osmanischen Reich am 2. November den Krieg, Frankreich und Großbritannien folgten. Am 14. November rief Sultan Mehmed V. die Muslime zum *Dschihad* (Heiliger Krieg) auf.

Krieg an Land

Mit der offiziellen Kriegserklärung wurde auch die osmanische Armee involviert. Im Kaukasus hatten die Russen sofort eine Offensive begonnen, die Mitte November am osmanischen Widerstand scheiterte. In Mesopotamien eroberten britisch-indische Truppen Basra und sicherten sich damit die wichtigen Ölfördereinrichtungen.

Ende Dezember führte Kriegsminister Enver Pascha die osmanische 3. Armee in eine Offensive im Kaukasus, um die Russen bei Sarikamish zu überflügeln und einzukesseln. Zehntausende der über 100 000 Soldaten der 3. Armee fielen jedoch dem kalten Winterwetter zum Opfer, viele weitere einem Typhusausbruch.

Cemal Pascha führte mit der osmanischen 4. Armee einen Überraschungsangriff durch den Sinai auf den britisch kontrollierten Suezkanal durch. Seine Truppen überquerten den Kanal, konnten sich dort jedoch nicht halten. ▪

Der Suezkanal

Für die Briten war die Kontrolle über den Suezkanal entscheidend für den Schiffsverkehr mit Indien und Südostasien sowie mit Australien und Neuseeland. Jede Bedrohung des Kanals bedrohte auch die Kriegsanstrengungen. Sich dessen bewusst, hatten die osmanischen Befehlshaber und ihre deutschen Berater seit September 1914 einen Angriff auf den Kanal ins Auge gefasst. Selbst ein erfolgloser Angriff würde die Briten zwingen, Truppen in Ägypten zu stationieren, die dann nicht an der Westfront oder anderswo einzusetzen wären.

Mit dem Kriegseintritt des Osmanischen Reichs festigten die Briten ihren Griff auf Ägypten und die Kanalzone. Sie hatten das Gebiet seit den 1880er-Jahren kontrolliert, obwohl Ägypten offiziell noch zum Osmanischen Reich gehörte und der *Khedive* (ein erblicher Titel) Vasall des osmanischen Sultans war. Am 18. Dezember 1914 ersetzten die Briten den pro-osmanischen *Khediven* Abbas II. durch einen willfährigeren Verwandten. Ägypten wurde britisches Protektorat.

Britische Artilleristen befestigen am Suezkanal starke Stellungen, mit denen sie Anfang 1915 die osmanischen Angriffe abwehren können.

WIR WOLLEN NICHT FÜR NICHTS STERBEN

DER KRIEG IN AFRIKA (1914–1918)

IM KONTEXT

SCHWERPUNKT
Feldzüge in Afrika

FRÜHER

1884–1914 Europäische Mächte reißen die Kontrolle über weite Teile Afrikas an sich.

1905/06 Zwischen Frankreich und Deutschland kommt es zur Ersten Marokkokrise.

1911 Deutschland entsendet das Kanonenboot *Panther* nach Agadir gegen Frankreich.

SPÄTER

1918 Mit seiner Rede zu den »14 Punkten« regt US-Präsident Woodrow Wilson den afrikanischen Nationalismus an.

1919 Der Versailler Vertrag zwingt Deutschland, seine vier afrikanischen Kolonien an Großbritannien, Frankreich, Belgien und Portugal abzugeben. Die NS-Regierung lehnt den Vertrag später ab und fordert die Rückgabe der ehemaligen deutschen Kolonien.

Hatte Afrika in den Vorkriegsplänen der europäischen Mächte noch keine große Rolle gespielt, wurde es mit Kriegsbeginn rasch zum Schlachtfeld. Etwa 2,5 Millionen Afrikaner waren am Krieg beteiligt: über eine Million als Soldaten, die anderen als Arbeiter oder Träger für die Ausrüstung.

Aufstellung regionaler Kräfte

Ihre afrikanischen Armeen stellten die europäischen Mächte aus Freiwilligen, Wehrpflichtigen und zwangsweise Rekrutierten auf. In West- und Nordafrika warben die Franzosen häufig über lokale Anführer an, die statt ihrer Freunde und Verwandten ihre Bediensteten und Angehörige der unteren Klassen zum Kriegsdienst schickten. In Britisch-Ostafrika wurden ab 1915 alle Männer zwischen 18 und 45 wehrpflichtig. Widerstand gegen den Zwangsdienst war weitverbreitet und löste während des Kriegs größere Aufstände gegen Franzosen und Briten aus.

Die in eigenen Einheiten organisierten »Askari« wurden von europäischen Offizieren geführt und getrennt von Truppen eingesetzt, die aus Europäern oder in Afrika geborenen Weißen bestanden. Sie erhielten oft ältere oder minderwertigere Uniformen und Waffen, wurden aber als Erste ins Gefecht geschickt.

> »Der Krieg ist eine traurige Sache für die Eingeborenen. Die Truppen besetzen das Land eine Weile, nehmen alles Essbare mit und lassen den Eingeborenen nichts.«
>
> **Captain Alexander Wallace**
> Sanitätsoffizier,
> britisch-südafrikanische Polizei

Kämpfe in Westafrika

Wenige Tage nach den ersten Gefechten an der Westfront in Europa stießen im August 1914 britische Kräfte von der Goldküste (Ghana) und französische Kräfte aus Dahomey (Benin) nach Deutsch-Togo vor und trafen nur vereinzelt auf Widerstand. Einen ähnlich

Siehe auch: Europas Kolonien und Reiche 28–29 ▪ Kriegseintritt des Osmanischen Reichs 84–85 ▪ Ostafrika 244 ▪ Die Nachkriegszeit 320–321

Paul von Lettow-Vorbeck

Der 1870 in Saarlouis geborene Sohn eines Offiziers trat bereits 1881 in das Kadettenkorps in Potsdam ein. 1900/01 nahm er an der Niederwerfung des Boxeraufstands in China teil, von 1904 bis 1907 an der des Herero-Nama-Aufstands in Deutsch-Südwestafrika. Dort erlernte er die Fertigkeiten zum Überleben in der Wildnis, die ihm später in Deutsch-Ostafrika halfen, wo er während des gesamten Weltkriegs die Schutztruppe kommandierte.

Seine Taktik ermöglichte es Lettow-Vorbeck, gegen 20-fach überlegene feindliche Kräfte der Portugiesen, Briten und Belgier an mehreren Fronten zu bestehen. Mit seinen loyalen und entschlossenen Truppen, die größtenteils aus afrikanischen Askari bestanden, blieb er bis Kriegsende aktiv und wurde nie vollständig besiegt.

Nach seiner Rückkehr nach Deutschland 1919 wurde er als »Löwe von Afrika« gefeiert und zog für die DNVP in den Reichstag ein. Da er später die Kooperation mit der NS-Regierung ablehnte, spielte er im Zweiten Weltkrieg keine Rolle. Er starb 1964.

leichten Sieg erwarteten die Briten wenige Tage später in Deutsch-Kamerun. Sie wurden jedoch bei Garua und Nssanakang von der Schutztruppe aus deutschen Offizieren und afrikanischen Soldaten geschlagen und mussten sich unter schweren Verlusten nach Nigeria zurückziehen.

Ostafrika

In Ostafrika hatte der Krieg verschiedene Formen: britischen Beschuss von Daressalam in Deutsch-Ostafrika (Tansania) von See her, Vorstöße der Schutztruppe nach Britisch-Ostafrika (Kenia) und ein Gefecht zwischen Kanonenbooten auf dem Njassasee (Malawi und Tansania). Die Schutztruppe drang kurzzeitig nach Njassaland (Malawi) und Nordrhodesien (Sambia) vor. Der Guerillakrieg dauerte bis 1918 an, wobei sich die deutschen Kräfte unter General Paul von Lettow-Vorbeck mit ihren Askari den zahlenmäßig weit überlegenen alliierten Kräften als ebenbürtig zeigten.

Südwestafrika

Der alliierte Einmarsch nach Deutsch-Südwestafrika (Namibia) wurde von der hauptsächlich aus weißen Südafrikanern bestehenden Union Defence Force (UDF) angeführt. Unter dem Kommando von Jan Smuts und Louis Botha, den Helden des Burenkriegs, überquerte die UDF den Oranje, schlug die Schutztruppe, nahm 1915 Windhuk ein und zwang die Deutschen zur Aufgabe ihrer Kolonie.

Über 150 000 afrikanische Soldaten und Träger fielen oder wurden verwundet. Zehntausende Afrikaner gerieten zwischen die Fronten, hungerten oder wurden vertrieben. Nach 1945 wurden die Grenzen von den Europäern neu gezogen. ▪

Alliierte Kämpfer, darunter afrikanische Rekruten, 1914 in Togoland, Westafrika. Briten und Franzosen waren am 9. August in die deutsche Kolonie einmarschiert und hatten sie bis Ende des Monats besetzt.

IHR GRAB IST DIE KALTE SEE

DER SEEKRIEG BEGINNT (AUGUST–DEZEMBER 1914)

IM KONTEXT

SCHWERPUNKT
Seekrieg

FRÜHER
1889 Das britische Marinegesetz schreibt den »Two Power Standard« fest, nach dem die Royal Navy immer so stark sein muss wie die beiden nächstgrößeren Kriegsflotten.

1908 Deutschlands neues Marinegesetz beschleunigt das Tempo des Schlachtschiffbaus erheblich.

SPÄTER
1915 Deutschland verstärkt seine Angriffe auf alliierte Schiffe. Im Mai versenken U-Boote das Passagierschiff *Lusitania* mit 1200 Menschen an Bord, darunter 128 US-Amerikaner.

1916 Bei der Skagerrakschlacht zeigt der Verlust von drei Schlachtkreuzern die Konstruktionsschwächen britischer Schiffe auf.

1917 Nach der Versenkung von vier amerikanischen Handelsschiffen durch deutsche U-Boote im März und April fordert US-Präsident Wilson den Kongress auf, Deutschland den Krieg zu erklären.

Das deutsche U-Boot U-14 versenkte in seiner kurzen Karriere zwei Schiffe aus neutralen Ländern. Es wurde am 5. Juni 1915 vor Peterhead versenkt.

Bei Kriegsausbruch 1914 war mehr als ein Jahrhundert seit der letzten großen Seeschlacht zwischen europäischen Ländern vergangen. Großbritannien beherrschte die Weltmeere. Es hatte 1906 mit der HMS *Dreadnought* den Standard für moderne Kriegsschiffe gesetzt und eine neue Schiffsklasse geschaffen: die Dreadnought-Klasse mit weitreichenden Geschützen und immer zerstörerischeren Granaten, massiver Panzerung und Dampfturbinen. Die Anzahl der Schiffe einer Marine wurde zum simplen Maßstab für die Seemacht eines Landes. Im August 1914 verfügte Großbritannien über 29 Dreadnoughts gegenüber Deutschlands 17, und die Öffentlichkeit in beiden Ländern ging davon aus, dass diese gigantischen Kriegsschiffe, die sich in der Nordsee gegenüberstanden, in der größten Seeschlacht seit der Schlacht von Trafalgar 1805 aufeinandertreffen würden.

Wegweisende Technologie

In der Praxis waren die Marinebefehlshaber angesichts der atemberaubenden technologischen Fortschritte eher zurückhaltend. Die Geschütze moderner Schlachtschiffe, die ab 1914 über 16 km Distanz feuern konnten, machten den Nahkampf obsolet. Paradoxerweise wurde das immer schlagkräftigere Schiff verwundbarer durch U-Boote und kleinere Schiffe mit Torpedos, die dank Gyroskopsteuerung ab den 1890er-Jahren zielgenauer geworden waren.

Ein Torpedoboot war theoretisch in der Lage, ein 20 000-t-Schlachtschiff zu versenken. Um dem vorzubeugen, umgab man die Schlachtschiffe mit einem Geleitschutz aus Kreuzern (schwer bewaffnet, aber leichter und schneller als ein Dreadnought) und Zerstörern, die sich als

» Ich muss mich so durch die Weltmeere schlagen und so viel Unfug anrichten, als ich kann, bis … mich ein an Machtmitteln weit überlegener Feind zu packen kriegt. «

Vizeadmiral Maximilian von Spee

Siehe auch: Wettrüsten auf See 32–33 ▪ Die Versenkung der Lusitania 106–107 ▪ Die Skagerrakschlacht 162–165 ▪ Die U-Boote greifen an 200–205

schlagkräftig und flexibel erwiesen. Zerstörer konnten über 30 Knoten laufen und waren mit Geschützen und Torpedos bewaffnet, die Ziele aus mehr als 5 km Entfernung treffen konnten.

Das erstmals 1776 im Amerikanischen Unabhängigkeitskrieg eingesetzte Unterseeboot wurde im Ersten Weltkrieg endgültig zur Waffe, als alle großen Seemächte der Welt eigene Modelle bauten. Großbritannien war anfangs zögerlich, besaß aber im August 1914 doppelt so viele U-Boote wie Deutschland, das sich auf den Bau riesiger und teurer Schlachtschiffe konzentriert hatte. Allerdings bot die schiere Anzahl der britischen Schiffe den deutschen U-Booten leichte Ziele. Ihr erstes Opfer war die HMS *Pathfinder,* die am 5. September 1914 vor der Küste Schottlands von U-21 versenkt wurde, gefolgt am 22. September von drei britischen Kreuzern, die vor der niederländischen Küste mit 1500 Mann an Bord U-9 zum Opfer fielen.

Feind hört mit

Eine technische Innovation revolutionierte den Seekrieg zusätzlich: Die ab den 1890er-Jahren entwickelte Funktechnik ermöglichte es Flotten, über große Entfernungen hinweg zu kommunizieren. Sie erlaubte aber auch, den Gegner zu belauschen, weshalb man die Technik schnell weiterentwickelte. In einer der ersten großen Operationen des Kriegs kappten die Briten alle deutschen Überseekabel bis auf eines. Im Gegenzug griffen die Deutschen britische Telegrafenstationen und Kabel im Pazifik und im Indischen Ozean an.

Die deutschen Nachrichten waren verschlüsselt, aber im Oktober 1914 konnten die Briten drei Codebücher von deutschen Schiffen erbeuten, und im November richtete der britische Geheimdienst in London ein Dekodierungszentrum ein, den »Room 40«. Das verschaffte der Royal Navy einen unschätzbaren Vorteil: Die deutsche Kriegsmarine konnte praktisch keinen Schritt tun, ohne dass die Briten davon erfuhren.

> »Es gab einen ungeheuerlichen Aufprall ... Eine Sekunde später ein weiterer, dumpferer Schlag und eine große Rauchwolke, gefolgt von reißenden Wassermassen.«
>
> **Überlebender eines Torpedo-Angriffs auf die HMS *Hogue***

Eine globale Marine

Im August 1914 stand die britische Marine vor einem Berg von Aufgaben. Sie diente der Nation als Schutz vor Angriffen und Invasion, während sie gleichzeitig die weitverzweigten kommerziellen Interessen in aller Welt schützen musste. Kein anderes Land hing so stark vom Seehandel ab wie Großbritannien, und die Royal Navy war überlebenswichtig für das Land. Solange sie die Vorherrschaft hatte, konnte sie auch den Alliierten helfen und Deutschland und seine Verbündeten behindern. Eine deutsche Seeherrschaft war für die »

Coronel und die Falklandinseln

Die stärkste deutsche Kreuzerflotte war 1914 das Ostasiengeschwader im Pazifik unter Vizeadmiral Maximilian von Spee. Es bestand aus den beiden Großen Kreuzern *Scharnhorst* und *Gneisenau* sowie drei Kleinen Kreuzern. Spee standen allerdings die größeren australischen und japanischen Flotten gegenüber, weshalb er versuchte, um Kap Hoorn herum in den sichereren Atlantik zu entkommen. Er setzte Kurs durch den Pazifik, und am 1. November 1914 versenkten seine beiden Großen Kreuzer vor Coronel an der chilenischen Küste zwei veraltete britische Kreuzer ohne eigene Verluste.

Die Briten reagierten schnell und vernichtend. Die beiden Schlachtkreuzer *Invincible* und *Inflexible* unter Vizeadmiral Doveton Sturdee wurden zu den Falklandinseln entsandt, und die beiden Flotten trafen am 8. Dezember aufeinander. In einem langen Seegefecht wurden alle deutschen Schiffe bis auf einen Kleinen Kreuzer versenkt. Von Spee und seine beiden Söhne fielen zusammen mit nahezu 2000 deutschen Matrosen.

Das Ostasiengeschwader verlässt das chilenische Valparaiso nach seinem Sieg im Seegefecht bei Coronel, der ersten Niederlage der Royal Navy seit 1812.

Matrosen an Bord eines britischen Kriegsschiffs sehen zu, wie der deutsche Kreuzer SMS *Mainz* im August 1914 vor Helgoland sinkt.

Briten eine Katastrophe. Die Befehlshaber der deutschen Kriegsmarine wussten, dass sie mit der Größe der Royal Navy nicht mithalten konnten, und versuchten stattdessen, die Briten so weit zu zermürben, dass sie ihre Vormachtstellung auf See unwiederbringlich verloren.

Eine der ersten Prioritäten der Royal Navy war, Millionen von Männern aus dem ganzen Empire zu den diversen Kriegsschauplätzen zu transportieren. Die französische Marine hatte eine ganz ähnliche Aufgabe im Mittelmeer, wo sie Truppen nach Nordafrika brachte. Dann musste die Royal Navy deutsche Schiffe auf den Weltmeeren aufspüren, um den Seehandel zu schützen und Deutschland die Bewegungsfreiheit zu nehmen. Ebenso wichtig war, den deutschen Seehandel zu unterbrechen und das Land zu isolieren.

Eine küstennahe Seeblockade, wie die Briten sie ein Jahrhundert zuvor in den Koalitionskriegen gegen Frankreich eingesetzt hatten, war 1914 wegen deutscher Seeminen und Unterseeboote keine Option mehr. Die Alternative war eine Blockade aus der Distanz und die enge Überwachung in Ärmelkanal und Nordsee durch den Großteil der britischen Flotte, die nahezu 1000 km von der deutschen Küste entfernt in Schottland stationiert war. Diese Taktik war größtenteils erfolgreich und spielte eine bedeutende Rolle bei der Niederlage Deutschlands 1918.

Erste Seegefechte

Ungeachtet des Mangels an großen Seeschlachten zwischen deutschen und britischen Schiffen und der wachsenden Gefahr durch U-Boote und Seeminen kam es doch zu einigen Seegefechten. So vernahm die britische Öffentlichkeit mit großer Freude die Nachricht von einer erfolgreichen Operation der Royal Navy am 28. August 1914 in der Nordsee. Unterstützt von den Kreuzern Vizeadmiral David Beattys, stellte ein Verband aus Kreuzern und Zerstörern unter Commodore

Karl von Müller – der »Gentlemanpirat«

Der 1873 in Hannover geborene Karl von Müller trat 1891 in die Kaiserliche Marine ein und übernahm 1913 das Kommando über den Kleinen Kreuzer *Emden*. Nach Kriegsausbruch im August 1914 fügten von Müller und seine Mannschaft den Alliierten im Indischen Ozean beträchtlichen Schaden zu, zerstörten zwei Kriegsschiffe, versenkten oder enterten 16 Handelsschiffe, beschossen den Hafen von Madras und griffen Penang an. Von Müllers taktisches Geschick und Wagemut trugen ihm den Ruf eines beachtlichen Gegners ein, während er für seinen ritterlichen Umgang mit Kriegsgefangenen den Beinamen »Gentlemanpirat« erhielt.

Von Müllers Glück verließ ihn am 9. November 1914, als die *Emden* vor der Küste der Kokosinseln nahe der indonesischen Insel Sumatra vom australischen Kreuzer HMAS *Sydney* gestellt und schwer beschädigt wurde. Von Müller setzte sein Schiff auf einen Felsen, aber er und seine überlebende Mannschaft wurde gefangen genommen. Nach dem Krieg kehrte von Müller nach Deutschland zurück, wo er 1923 verstarb.

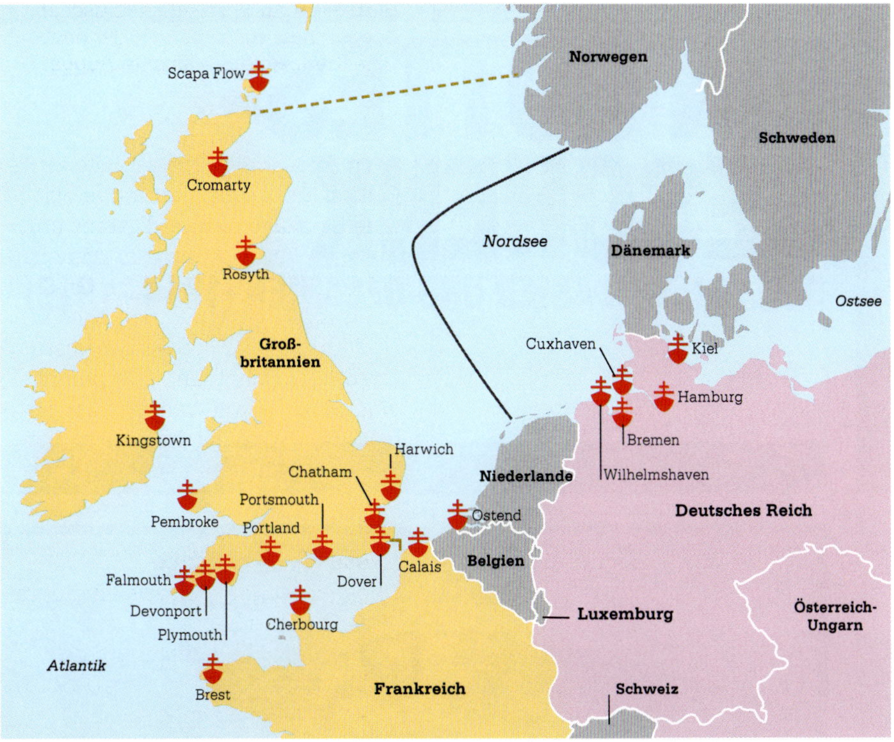

Ende 1914 sollten alliierte Seeblockaden Deutschland vom Seehandel über den Atlantik abschneiden. In der Nordsee patrouillierten Beobachterschiffe. Marinehäfen an der englischen Südküste schützten die Straße von Dover und Nordfrankreich. Die am weitesten außen liegende Blockadelinie überwachte die Route von Schottland nach Norwegen.

Reginald Tyrwhitt eine Flottille leichter deutscher Kreuzer in der Helgoländer Bucht. Drei deutsche leichte Kreuzer und ein Zerstörer wurden versenkt, und mehr als 1000 deutsche Seeleute kamen ums Leben oder wurden gefangen genommen. Die Briten verloren kein Schiff und nur 35 Mann. Der Sieg wirkte beeindruckend, war aber eine Nebensächlichkeit und kaschierte die alarmierenden Signal- und Kommandofehler der Briten. Dieses Unvermögen wurde in den Siegesfeiern überspielt, sollte sich aber später noch als großes Problem im Seekrieg herausstellen.

Die Kaiserliche Marine feierte ihren eigenen publikumswirksamen Sieg in der Nordsee am 16. Dezember 1914, als deutsche Kreuzer die Städte Hartlepool, Scarborough und Whitby an der Nordostküste Englands beschossen und ungestraft davonkamen. Mehr als 100 Menschen starben, 600 wurden verletzt. Dass deutsche Schiffe vor der eigenen Küste kreuzen und schutzlose Zivilisten beschießen konnten, machte den Briten deutlich, dass ihre Landesverteidigung große Lücken aufwies. Die Listen der Opfer und die Fotos in den Tageszeitungen führten zu einem öffentlichen Aufschrei. Zum ersten Mal betraf der moderne Krieg auch das öffentliche Bewusstsein.

Das größere Bild

Während die Royal Navy die Gewässer um Großbritannien und Nordeuropa dominierte, nutzten Flottillen deutscher leichter Kreuzer die größere Sicherheit auf fernen Meeren und griffen Handelsschiffe und Kommunikationsverbindungen an. Insbesondere die SMS *Emden* unter Kapitän Karl von Müller war ausgesprochen erfolgreich in der Bucht von Bengalen und dem Indischen Ozean, wo sie feindliche Schifffahrtslinien und Funkstationen an den Küsten attackierte. Die Versenkung der *Emden* im November 1914 war dann aber der Anfang vom Ende der Bedrohung durch deutsche Kreuzer. Britische Schiffe schalteten nach und nach die Kleinen Kreuzer des deutschen Ostasiengeschwaders aus, bis die *Dresden* als letztes Schiff im März 1915 von der eigenen Mannschaft versenkt wurde.

Ende 1914 lagen die beiden Hauptkampfflotten Großbritanniens und Deutschland hauptsächlich auf Reede. Deutsche Handels- und Kriegsschiffe waren nach und nach von den Meeren vertrieben worden, sodass die britische Handelsflotte scheinbar unbehelligt ihren Geschäften nachgehen konnte. Das sollte sich aber bald durch die stärkste Waffe der Deutschen, die U-Boote, ändern. ■

EIN GOTTES-GESCHENK

DER KRIEG IN ASIEN UND OZEANIEN (1914–1919)

IM KONTEXT

SCHWERPUNKT
Krieg im Pazifik

FRÜHER
1884 Deutschland erklärt den nordöstlichen Teil von Neuguinea als Kaiser-Wilhelms-Land zu seinem Protektorat.

1898 Deutschland pachtet von China für 99 Jahre rund 550 km² Fläche an der Kiautschou-Bucht mit Tsingtau als Hauptstadt.

1899 Deutschland, Großbritannien und die USA teilen mit dem Samoa-Vertrag die Inselgruppe zwischen dem Deutschen Reich und den USA auf.

SPÄTER
Juni 1919 Der Völkerbund teilt die Kontrolle über die früheren deutschen Gebiete im Pazifik als Mandate zwischen Australien, Neuseeland und Japan auf.

Soldaten der Kaiserlich-Japanischen Armee haben vor Tsingtau einen aufgegebenen deutschen Schützengraben besetzt. Japan war bestrebt, seine Einflusssphäre zu vergrößern.

Der Kriegsschauplatz in Asien und im Pazifik war zwar geografisch der größte des Ersten Weltkriegs, jedoch der am wenigsten blutige. Abgesehen von einigen Seegefechten fanden die meisten Kämpfe an der Küste oder auf den Inseln statt.

Der Südpazifik

Eines der ersten alliierten Ziele war die Einnahme der deutschen Kolonien im Südpazifik mit ihren Funktelegrafiestationen und Hafenanlagen. Darum bemüht, eine stärkere Rolle in der Region zu spielen, übernahmen Australien und Neuseeland diese Aufgabe. Am 29. und 30. August 1914 besetzten die Neuseeländer als erstes feindliches Gebiet ohne Blutvergießen Deutsch-Samoa.

Siehe auch: Europas Kolonien und Reiche 28–29 ▪ Wettrüsten auf See 32–33 ▪ Der Seekrieg beginnt 88–93 ▪ Seekrieg im Mittelmeer 242–43 ▪ Die Spanische Grippe 308–309 ▪ Ein dauerhafter Frieden? 312–317

» Im Lauf der letzten beiden Jahre hat sich Japan einen Platz an der Sonne gesichert und wurde eines der glücklichsten Länder der Welt. «

***Asahi Shimbun*, Zeitung in Osaka,** 1. Januar 1917

Besetzung von Samoa

Am Tag nach Kriegsbeginn entsandte Neuseeland auf Bitte Großbritanniens Expeditionstruppen, um Deutsch-Samoa einzunehmen. 1413 Mann unter Colonel Robert Logan landeten am 29. August und besetzten die Schlüsselpositionen auf den Inseln, ohne auf großen Widerstand zu treffen. Am nächsten Tag hisste Logan den Union Jack und erklärte die Inseln für besetzt. Die Regierung Neuseelands hatte langfristige Pläne für die Kolonie als Teil der britischen Einflusssphäre im Südpazifik. Logan wurde zum Militärverwalter ernannt und diente dort bis Kriegsende. Den deutschen Staatsangehörigen bot man an, zu bleiben oder nach Deutschland zurückzukehren; die meisten blieben.

Ende 1918 brach die Spanische Grippe aus, der ein Fünftel der Bevölkerung zum Opfer fiel. Die Folge war erhebliche Unzufriedenheit, jedoch verblieb Deutsch-Samoa unter neuseeländischer Herrschaft und erlangte erst 1962 als Westsamoa die Unabhängigkeit.

Australische Kräfte besetzten am 9. September die Insel Nauru, zerstörten die Funkeinrichtungen und setzten den deutschen Verwalter fest. Die Eroberung von Deutsch-Neuguinea dauerte dagegen länger. Die Australier landeten am 11. September und überwanden die zahlenmäßig unterlegenen Deutschen im Gefecht bei Bita Paka. Die deutschen Kräfte zogen sich nach Toma zurück, das die Australier schließlich einnehmen konnten.

Ende 1914 hatten sich die meisten in Neuguinea stationierten deutschen Truppen ergeben. Eine Ausnahme bildete eine kleine Gruppe unter dem Offizier und Vermesser Hermann Detzner, die sich in die Berge absetzte und erst im Januar 1919 aufgab.

Belagerung von Tsingtau

Japan hatte Deutschland am 23. August 1914 den Krieg erklärt und Österreich-Ungarn zwei Tage später. Im Oktober besetzten Kräfte der Kaiserlich-Japanischen Marine die verbliebenen deutschen Besitzungen im Südpazifik.

Viel früher, schon am 27. August, hatte Japan Schiffe mit über 20 000 Mann nach Tsingtau an der Ostküste Chinas geschickt, um den befestigten Hafen und strategisch wichtigsten deutschen Stützpunkt im Fernen Osten zu blockieren. Dort war auch das deutsche Ostasien-Geschwader zum Schutz der Pazifikkolonien stationiert. Bei Kriegsbeginn waren jedoch die meisten Kreuzer ausgelaufen, sodass die Garnison aus 4000 Mann weitgehend schutzlos war.

Neuseeländische Soldaten mit einer deutschen Kriegsflagge nach der Besetzung von Deutsch-Samoa, die bereits vor der Kriegserklärung im Geheimen geplant worden war.

Die Alliierten, darunter 1500 britische und indische Soldaten, landeten am 2. September und belagerten Tsingtau. Unter Führung der Japaner, die in zahlreichen Scharmützeln die meisten Verluste erlitten, erzwangen sie am 7. November die Kapitulation der Deutschen. Dazu trugen auch erstmals japanische Luftangriffe mit Wasserflugzeugen bei, die von dem Trägerschiff *Wakamiya* gestartet waren. Japan hielt das Gebiet bis 1922 besetzt.

Wendung der neutralen Mächte

China sollte seine Neutralität lange wahren. Doch als am 17. Februar 1917 ein deutsches U-Boot ein französisches Schiff versenkte und dabei Chinesen umkamen, nahmen die Spannungen zu. Am 14. August erklärte China den Mittelmächten den Krieg und besetzte die Gebiete Österreich-Ungarns auf seinem Territorium. In Europa kämpften keine Chinesen, aber in Frankreich dienten Tausende als Arbeiter. Das neutrale Siam trat am 22. Juli 1917 in den Krieg ein. ■

DER FEIND HAT ÜBERALL OHREN

DER GEHEIME KRIEG (1914–1915)

IM KONTEXT

SCHWERPUNKT
Nachrichtendienste

FRÜHER
1850 Österreich-Ungarns Evidenzbureau ist der erste militärische Nachrichtendienst.

1901 Der Deutsche Admiralstab gründet das Nachrichtenbüro (kurz »N«), um die Flotten anderer Länder zu überwachen.

SPÄTER
Januar 1917 Britische Kryptologen entziffern die Zimmermann-Depesche von Deutschland an Mexiko. Sie bot Mexiko die Rückführung von US-Territorium für militärische Unterstützung an.

Mai 1918 Der amerikanische Sedition Act droht jedem US-Bürger Strafen und Gefängnis an, der der Verschwörung gegen das eigene Land für schuldig befunden wird.

Die angespannte politische Lage in den Jahren vor 1914 sorgte für einen Boom an Spionagegeschichten. Mit Ausbruch des Kriegs befeuerten Literatur und Boulevardpresse eine wahre weltweite Spionage-Manie.

In Großbritannien hatte der erfolgreiche Autor William Le Queux starken Einfluss auf die öffentliche Meinung. Einige seiner Romane, wie *Spies of the Kaiser* (1909), der von einer angeblichen Invasion Großbritanniens handelte, lasen sich wie als Fiktion verpackte Tatsachenberichte. Le Queux deutete sogar an, er besitze offizielle Dokumente, die seine Behauptungen untermauerten. Die gab es zwar nicht, doch

Siehe auch: Die Kriegserklärung 42–43 ▪ Öffentliche Meinung 44–45 ▪ Die Schlacht bei Tannenberg 78–81 ▪ Der Seekrieg beginnt 88–93 ▪ Gesellschaft unter Druck 184–187 ▪ Kriegseintritt der USA 194–195 ▪ Leipziger Prozesse 318–319

Mata Hari

Margaretha Geertruida Zelle, berühmt unter dem Bühnennamen Mata Hari, war eine niederländische exotische Tänzerin und Kurtisane. Sie wurde 1876 in Leeuwarden in der niederländischen Provinz Friesland geboren. Als ihr Vater sein Geschäft verlor, verließ sie ihr Zuhause und wurde Lehrerin.

1895 heiratete sie den niederländischen Kolonialoffizier Rudolph MacLeod, mit dem sie nach Java und Sumatra ging. Sie wurden bald geschieden. Ihre Tochter musste sie aufgeben. Sie zog nach Paris und arbeitete unter dem Namen Mata Hari als Tänzerin und ging Beziehungen mit Militärangehörigen ein.

1915 zog Margaretha nach Den Haag, wo sie angeblich zustimmte, den Deutschen Informationen über Frankreich zu liefern. Gerüchteweise wurde sie aber auch französische Spionin.

Obwohl sie beide Seiten mit wenig mehr als Klatsch versorgte, wurde sie 1917 in Paris festgenommen, als deutsche Spionin angeklagt und zum Tod durch Erschießen verurteilt. Möglicherweise wurde sie als Sündenbock für Frankreichs militärisches Versagen geopfert.

seine Bücher sorgten für reichlich Briefe von Lesern, die Menschen mit Verbindungen nach Deutschland verdächtigten.

Le Queux leitete die Briefe an die Regierung weiter. Das Committee of Imperial Defence nahm die Aussagen ernst, und so entstand 1909 das Secret Service Bureau, ein Vorläufer von MI5 und MI6.

Geheimdienste

Andere Länder verfügten bereits über ähnliche Behörden aus früheren Konflikten. In Belgien war die Administration de la Sûreté Publique für Spionage zuständig, Russland besaß die Ochrana (Geheimpolizei) und Österreich-Ungarns Evidenzbureau kooperierte mit der Staatspolizei. In Deutschland befasste sich die 1889 gegründete Sektion III b mit Russland und Frankreich und der Marinenachrichtendienst mit Großbritannien. Frankreichs Militärgeheimdienst war das Deuxième Bureau, das nach der Niederlage von 1871 gegründet wurde.

Härte und Repressalien

Am 8. August 1914, vier Tage nach der Kriegserklärung an Deutschland, verabschiedete die britische Regierung den Defence of the Realm Act »zur Wahrung der öffentlichen Sicherheit«. Nun wurde alle Kommunikation zensiert, die Öffnungszeiten der Pubs eingeschränkt, und Belange des Militärs und der Marine durften nicht mehr besprochen werden. Lagerfeuer waren verboten, da sie als Leuchtfeuer für Feinde dienen konnten, ebenso wie der Pfiff nach dem Taxi aus Angst, er könne mit dem Fliegeralarm verwechselt werden.

Ähnliche Gesetze traten im gesamten britischen Weltreich »

Deutsche Soldaten führen im ersten Kriegsjahr einen russischen Spion ab, der beim Kappen von Telefonleitungen ertappt wurde.

Sabotage

Die Spionage im Ersten Weltkrieg nahm viele Formen an. Dazu zählte auch die Sabotage von Schiffen, Munitionslagern oder Fabriken, um den Nachschub für die Front zu stören. Sabotageakte zerstörten nicht nur Leben, Eigentum und Güter, sondern hatten auch eine zermürbende Wirkung auf die Moral der Bevölkerung.

Solche Akte konnten auch nicht am Krieg Beteiligte treffen, wie etwa die USA vor ihrem Kriegseintritt. Am 30. Juli 1916 zerstörte eine Explosion im Black-Tom-Eisenbahndepot in New Jersey bei Manhattan 910 000 kg Munition für die alliierten Truppen. Es entstand ein Schaden von damals 20 Mio. Dollar (heute umgerechnet 485 Mrd. Euro).

Die Behörden beschuldigten deutsche Agenten, darunter einen Wachmann des Depots. Die neutralen USA erließen sofort den Espionage Act und gründeten Nachrichtendienste, um Spionage im eigenen Land zu begegnen. Die Öffentlichkeit wandte sich gegen Deutschland und unterstützte den Kriegseintritt 1917.

Amerikanische Polizisten inspizieren im Juli 1916 gesprengte Schienen im Güterdepot auf Black Tom Island im New Yorker Hafen.

Das militärische Nachrichtenwesen der meisten Länder stützt sich auf drei Pfeiler.

Signalerfassende Aufklärung
Die Gewinnung von Erkenntnissen aus der Informationsübertragung.

Abbildende Aufklärung
Die Gewinnung und Auswertung von bildlichen Informationen inklusive Luftbildern.

Menschliche Aufklärung
Die Informationsgewinnung aus menschlichen Quellen, wie von Spionen, Gefangenen und Deserteuren.

in Kraft. Australiens War Precautions Act, Kanadas War Measures Act und Neuseelands War Regulations Act dienten ebenfalls der öffentlichen Sicherheit und der Verteidigung des Commonwealth.

Am 6. November 1914 wurde Carl Hans Lody als erster Spion des Kriegs in Großbritannien hingerichtet. Britische Agenten hatten entdeckt, dass der Deutschstämmige Militärgeheimnisse weitergeben wollte. Er wurde verhaftet, verurteilt und im Tower von London erschossen – die erste Hinrichtung seit 167 Jahren. Die britische Armee hoffte, der historische Ort würde abschreckende Wirkung haben. Stattdessen sorgte Lodys tapfere Haltung für eine Welle der Sympathie. Es sollten noch zehn weitere Spione im Tower sterben.

Die extremen Entbehrungen des Kriegs heizten die Jagd nach Spionen und Verrätern an. Oft reichte ein Verdacht für die Todesstrafe. Österreich-Ungarn richtete rund 80 000 Zivilisten hin, die sich auf der falschen Seite der sich verlagernden Front wiederfanden, allen voran galizische Ukrainer und bosnische Serben, die feindliche Truppen als Befreier empfingen.

Spionagenetzwerke

Alle Kriegsparteien setzten auf militärische Aufklärung. Netzwerke französischer, belgischer und britischer Agenten unterwanderten Frankreich und Belgien, oft unterstützt durch Zivilisten, denen die deutsche Besatzung verhasst war.

Der neutrale niederländische Hafen Rotterdam wurde zum Zentrum der Spionageaktivität deutscher und britischer Agenten. Hier war das europäische Hauptquartier des britischen Secret Service Bureau,

> »Morgen werde ich hier im Tower erschossen. Ich habe gerechte Richter gehabt, ich werde als Offizier und nicht als Spion sterben. Gott segne Euch.«
>
> **Carl Hans Lody**
> Deutscher Spion, aus dem letzten Brief an seine Familie, November 1914

das Niederländer rekrutierte, die frei nach Deutschland einreisen durften. Trotz mangelnder Ausbildung konnten die Agenten und belgische Widerstandsgruppen von jenseits der Westfront berichten. Auch die Deutschen, die während des Kriegs insgesamt 235 alliierte Spione fassten, rekrutierten Niederländer zur Ausspähung britischer Häfen.

Neue Technologien

Neben Menschen trugen auch neue Technologien zum Sammeln von Informationen bei. Vor allem Funkgeräte galten als Sicherheitsrisiko, weshalb die meisten Länder ihre private Nutzung verboten. Telegramme, die über das gerade erst vollendete weltweite Netzwerk aus Telegrafenkabeln geschickt wurden, wurden verschlüsselt. Alliierte wie Mittelmächte arbeiteten mit Hochdruck an der Entzifferung.

Frankreich, Deutschland und Italien verfügten über Einheiten zur Luftbildaufklärung. Ab 1914 nutzte dann auch Großbritannien Flugzeuge zur Aufklärung. Fortschritte bei der Auswertung solcher Bilder machten die Tarnung von Truppen und Ausrüstung immer wichtiger.

Ein großer britischer Erfolg war der Room 40, der im Oktober 1914 in London eingerichtet wurde. Nach der Erbeutung von drei deutschen Codebüchern konnten Funker und Kryptologen Funksprüche abfangen und der britischen Admiralität wichtige Informationen liefern.

Spionageabwehr

Alle Kriegsparteien betrieben auch Spionageabwehr. Im Herbst 1914 gründete die deutsche Sektion III b ihre Spionageabwehr-Abteilung. Sie besaß Büros in Dänemark, das durch seine geopolitische Lage, Neutralität und gute Kabelversorgung von den Geheimdiensten Deutschlands, Belgiens, Frankreichs und Russlands gerne genutzt wurde.

Während der vier Kriegsjahre wuchs der Inlandsgeheimdienst des britischen Security Service Bureau (ab September 1916 MI5 genannt) mit 844 Angestellten auf die fast fünffache Größe an. Die Sektion überwachte bedeutende Fortschritte in der Überwachungstechnik und Informationsbeschaffung, wie die Zensur von Telegrammen und Briefen und die Entwicklung (und Entzifferung) komplexer Codes. Nach den ersten Kriegsmonaten wurden weniger Spione aufgegriffen, da viele Aktivitäten schon im Keim erstickt wurden. ■

Von französischen Soldaten hingerichtet: Ein angeblicher Spion wird im Oktober 1914 nahe Reims in Frankreich als Verräter öffentlich zur Schau gestellt.

PATT

1915

4. FEB. 1915

Deutschland erklärt ab dem 18. Februar das **Seegebiet um Großbritannien** zum **Kriegsgebiet** mit **uneingeschränkten U-Boot-Angriffen.**

FEB.–MÄRZ 1915

Französische und britische Schiffe beschießen türkische Forts an den Dardanellen, um die Wasserstraße allein von See her einzunehmen; sie werden aber zum Rückzug gezwungen.

10. MÄRZ 1915

Zu Beginn der Schlacht bei Neuve-Chapelle **verschießen** die Briten **an einem Tag mehr Artilleriegranaten** als im gesamten Burenkrieg (1899–1902). **Munition droht knapp zu werden.**

22. APRIL 1915

Die deutsche Armee beginnt die **Zweite Flandernschlacht** und **setzt erstmals** an der Westfront **Giftgas ein.** Die Offensive hat nur geringe Erfolge.

25. APRIL 1915

Mit den ersten **Landungen auf Gallipoli** versuchen Franzosen, Briten, Australier und Neuseeländer, den Türken die **Dardanellen zu entreißen,** machen aber nur begrenzte Fortschritte.

26. APRIL 1915

Italien schließt einen Geheimvertrag mit Großbritannien, Frankreich und Russland zum Kriegseintritt auf **alliierter Seite für Gebietsgewinne** von Österreich-Ungarn und dem Osmanischen Reich.

7. MAI 1915

Ein **deutsches U-Boot versenkt** vor der irischen Küste ohne Vorwarnung das **britische Passagierschiff RMS *Lusitania.*** Unter den 1198 Toten sind 128 Amerikaner, die **Empörung in den USA** ist groß.

31. MAI 1915

Deutsche Zeppeline greifen erstmals **London an** und werfen Brand- und Sprengbomben ab. **Sieben Menschen werden getötet.**

Ende 1914 gab man die Hoffnungen auf, dass der Krieg kurz sein werde. Es wurde deutlich, dass der Sieg der Seite zufallen würde, die am längsten kämpfen könnte. Dies bedeutete, die Zivilbevölkerung, auch Frauen, für die Produktion von Waffen und Munition heranzuziehen.

Großbritannien litt im Frühjahr 1915 unter akuter Knappheit von Munition und anderen kriegswichtigen Erzeugnissen. Dies führte zu einer Abhängigkeit von den USA, die trotz ihrer Neutralität bereit waren, die Alliierten finanziell und mit Militärmaterial zu unterstützen. Die Transportschiffe auf dem Atlantik wurden rasch Ziele der deutschen U-Boote. In einer konzertierten U-Boot-Operation ab Februar 1915 wurden auch Passagierschiffe angegriffen. Je mehr Amerikaner bei diesen Angriffen getötet wurden, desto mehr gerieten Deutschland und die USA auf Kollisionskurs.

Zivilisten waren zunehmend vom Krieg betroffen: als Opfer von Besatzung, von Bombenangriffen oder durch die massenhafte Internierung »feindlicher Ausländer« in Konzentrationslagern.

Alliierte Strategie

An der Westfront lag die strategische Initiative bei den Deutschen: Ihre Armeen hielten Belgien (mit Ausnahme des schmalen Zipfels bei Ypern) und die Industriezentren im Nordosten Frankreichs besetzt. Die Strategie der äußerst patriotischen Franzosen und der mit ihnen eng verbündeten Briten sah vor, durch offensive Aktionen auf allen Ebenen das verloren gegangene französische Territorium wiederzuerlangen.

Der französische Großangriff im Mai 1915 – die Lorettoschlacht – verlief am Höhenzug von Vimy zunächst erfolgreich, bevor ihn wiederholte deutsche Gegenangriffe zum Stehen brachten. Britische Unterstützungsversuche scheiterten am Mangel an Geschützen, vor allem größerer Kaliber, und Munition. Noch größer war die französische Herbstoffensive in der Champagne mit 35 Divisionen, die jedoch kaum Erfolg zeigte. Bei Loos setzte die angreifende britische Armee erstmals Gas ein, allerdings erfolglos. Erneut mangelte es ihr an Artillerie und Munition.

Blick nach Osten

Noch vor diesen Fehlschlägen stritten die alliierten Planer und Strategen darüber, ob andere Kriegsschauplätze erfolgversprechender

23. JUNI 1915

Die **italienische Armee beginnt** die erste von zwölf Offensiven, um **österreichisch-ungarische** Truppen aus ihren Defensivstellungen **entlang des Isonzo zu vertreiben.**

5. SEPT. 1915

Angesichts schwerer Verluste an der Ostfront in der Schlacht bei Gorlice-Tarnów **übernimmt Zar Nikolaus II. persönlich den Oberbefehl über die russische Armee.**

25. SEPT. 1915

An der Westfront beginnen **alliierte Offensiven** in der **Champagne** und bei **Loos.** Beide Seiten erleiden **schwere Verluste,** die alliierten Geländegewinne sind gering.

28. SEPT. 1915

Amerikanische Banken verkünden einen **Kredit über 500 Millionen US-Dollar an Großbritannien und Frankreich,** eine von vielen finanziellen Zusagen, die die Westalliierten an die USA binden.

5. OKT. 1915

Trotz seiner **Neutralität erlaubt Griechenland britisch-französischen Truppen** die Landung in **Saloniki,** um der Bedrohung aus dem mit den Mittelmächten verbündeten **Bulgarien** zu begegnen.

24. OKT. 1915

Türkische Behörden beginnen mit Deportationen und **Massakern** an der **armenischen Bevölkerungsminderheit.** Zwischen 600 000 und 1,5 Millionen Armenier werden getötet.

3. DEZ. 1915

Britische Kräfte in Mesopotamien (Irak) werden aus Stellungen nahe Bagdad **nach Kut al-Amara zurückgedrängt** und dort von der türkischen Armee belagert.

28. DEZ. 1915

Das **britische Kabinett** führt anstelle der Rekrutierung von Freiwilligen die **Wehrpflicht** ein, die anfangs nur für Ledige gilt.

sein könnten. Die »Westler« sahen die entscheidende Front in Frankreich und Belgien; durchsetzen konnten sich jedoch die »Ostler«, die auf ein Vorgehen gegen Österreich und die Türkei drängten.

Angesichts des Patts an der Westfront erschien der Kriegseintritt des Osmanischen Reichs als Gelegenheit für die britisch-französische Seemacht, im Osten Boden zu gewinnen. Die Alliierten entschieden sich, die Durchfahrt durch die Dardanellen und den Bosporus von der Ägäis zum Schwarzen Meer zu erzwingen und den Fall der türkischen Hauptstadt Konstantinopel anzustreben.

Der Feldzug zur Einnahme der Dardanellen konzentrierte sich im April 1915 auf die Halbinsel Gallipoli, kam aber nie über einen schmalen Küstenstreifen hinaus. Die türkischen Verteidiger hielten ihre Stellungen und zwangen die alliierten Kräfte schließlich zum Rückzug. Auch ein unrealistischer Versuch der Briten, 1915/16 entlang des Tigris in das Osmanische Reich vorzudringen, scheiterte.

Im Kaukasus hatten russische Armeen im Winter 1914/15 die Osmanen geschlagen. Deren Zorn und ihre Furcht vor dem weiteren Vordringen der Russen richteten sich gegen die Armenier, deren frühere Heimat Gebiete in Russland und der Türkei umfasste; Hunderttausende Armenier wurden umgebracht.

Deutsche Siege

Im Frühjahr 1915 entschied die Oberste Heeresleitung, sich auf den Osten zu konzentrieren und im Westen weitgehend defensiv zu bleiben. Generalstabschef Erich von Falkenhayn plante eine Offensive zur Entlastung der stark bedrängten österreichisch-ungarischen Truppen. Die deutsche Offensive hatte Erfolg: Die Russen wichen ungeordnet zurück und gaben Warschau auf.

Enttäuschte Hoffnungen der Alliierten

Im Oktober begann Falkenhayn eine Offensive gegen Serbien und schlug es mit den vereinten Armeen der Mittelmächte.

Zum Jahresende konnte die Oberste Heeresleitung zufrieden sein. Im Westen hatte man alliierte Angriffe eingegrenzt, im Osten kontrollierte die deutsche Armee weite Teile Westrusslands. Aus alliierter Sicht war 1915 ein Jahr enttäuschter Hoffnungen und des Stillstands. ■

DIE MUNITIONS-KRISE

STEIGERUNG DER PRODUKTION (1915)

IM KONTEXT

SCHWERPUNKT
Mobilisierung der Heimatfront

FRÜHER
1909 Der deutsche Chemiker Fritz Haber synthetisiert Ammoniak, der zur Produktion von Sprengstoff dient.

August 1914 Ein Gesetz zur Landesverteidigung (DORA) ermöglicht der britischen Regierung die Übernahme heimischer Industriebetriebe.

5.–12. September 1914 Mit der Ersten Schlacht an der Marne enden deutsche Hoffnungen auf einen schnellen Sieg in Westeuropa.

SPÄTER
August 1916 In Deutschland soll mit dem Hindenburg-Programm die Rüstungsproduktion gesteigert werden.

Juli 1917 Das *US War Industries Board* soll die US-Industrie zur Versorgung der Alliierten koordinieren.

Frauen in einer deutschen staatlichen Waffenfabrik schneiden Züge in Geschützrohre. Fast 1,4 Millionen deutsche Frauen arbeiteten in Rüstungsbetrieben.

Anfang 1915 war der im August 1914 vorhergesagte kurze Krieg immer mehr zu einem Abnutzungskrieg geworden. Die Armeen benötigten immense Mengen Rohmaterial, aus denen in umfangreichen Produktionsprozessen Güter aller Art für die Front hergestellt wurden.

Strategien und Herausforderungen

Zu einem Sieg waren neben der Anzahl der Soldaten auch die industriellen und landwirtschaftlichen Kapazitäten wichtig. Die britische Seeblockade sollte ab August 1914 die deutsche Wirtschaft und Bevölkerung schwächen. Wichtige Industriegüter wie Metalle und Kohle wurden auf See abgefangen und beschlagnahmt; ebenso Düngemittel für die Landwirtschaft. 1915 waren die Importe nach Deutschland gegenüber der Vorkriegszeit um 55 Prozent gefallen. Große Städte führten Rationierungsverfahren ein.

Dennoch übertraf die Stärke der deutschen Industrie weiterhin die Großbritanniens oder Frankreichs. Sie produzierte doppelt so viel Stahl wie die britische und konnte mit fortschrittlichen chemischen Verfahren Ammoniak für die Explosivstoffproduktion synthetisieren.

Ausweitung der Ressourcen

Bereits im August 1914 war in Deutschland die Kriegsrohstoffabteilung unter Walter Rathenau eingerichtet worden. Großbritannien verabschiedete 1915 aufgrund der im Frühjahr herrschenden Munitionsknappheit den *Munitions of War Act* und errichtete bis Ende des Jahres über 70 neue Rüstungsfabriken. Der Chemiker Chaim Weizmann, der später erster Staatspräsident Israels werden sollte, hatte

Siehe auch: Öffentliche Meinung 44–45 ▪ Gesellschaft unter Druck 184–187 ▪ Die Heimatfront 1918 250–253 ▪ Deutsche Revolution 288–289

Explosivstoffproduktion in Großbritannien und Deutschland

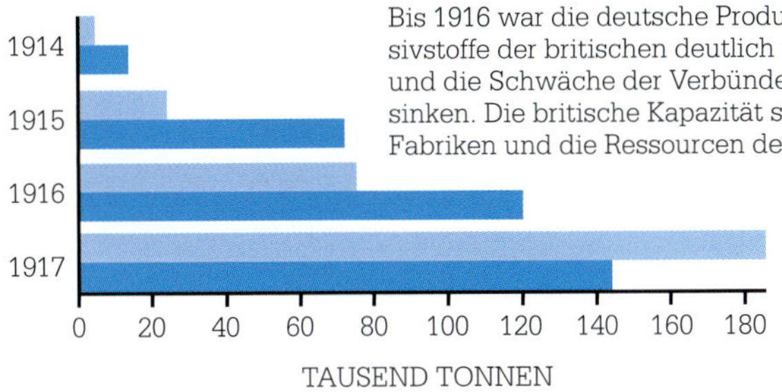

Bis 1916 war die deutsche Produktionskapazität für Explosivstoffe der britischen deutlich überlegen. Knappe Rohstoffe und die Schwäche der Verbündeten ließ sie jedoch später sinken. Die britische Kapazität stieg ab 1915 durch neue Fabriken und die Ressourcen des riesigen Empire stark an.

einen Fermentierungsprozess entdeckt, mit dem sich die Herstellung von Aceton beschleunigen ließ, einem wichtigen Bestandteil des Explosivstoffs Kordit. Die britische Granatenproduktion wurde von 500000 Stück 1914 auf 16,4 Millionen Ende 1915 gesteigert.

Wichtige Facharbeiter

Alle Krieg führenden Staaten betraf der Konflikt zwischen Streitkräften, Industrie und Landwirtschaft. Die Massenmobilisierung führte zum Arbeitskräftemangel in Fabriken und auf Bauernhöfen. Ab August 1915 versuchten die Briten, mit einem nationalen Register zu verhindern, dass Facharbeiter wie Bergleute und Schiffbauer eingezogen wurden. Frankreich zog Hunderttausende von Spezialisten von der Front ab und rekrutierte bis Kriegsende nahezu 200000 Arbeitskräfte aus seinen Kolonien.

Auch Frauen wurden überall zur Fabrik- und Feldarbeit herangezogen. Ende 1918 hatten rund zwei Millionen Britinnen die Arbeitsplätze von Männern eingenommen, in Deutschland stellten sie sogar die Hälfte aller Arbeitskräfte.

> »Der Munitionsverbrauch … ist so hoch gewesen, dass wir alle Mittel ausschöpfen und jede mögliche Quelle zur Munitionsproduktion heranziehen müssen.«
>
> **Vermerk des deutschen Kriegsministeriums,** 13. August 1914

Ungleichheit und Unfrieden

Die schweren finanziellen und sozialen Belastungen machten sich an allen Heimatfronten bemerkbar: Die Inflation stieg, die Löhne stagnierten. Großbritannien erließ nach Vorwürfen der Wucherei 1915 gesetzliche Regelungen zur Gewinnbeschränkung. In Russland kam es zu Streiks, über 300 allein 1915 in Petrograd; in deutschen Städten flammten im Herbst die ersten Hungerproteste auf. Unzufriedenheit bedrohte den gesellschaftlichen Zusammenhalt, während Bevölkerung und Armee zu ernähren und versorgen waren. ▪

Die Women's Land Army

Da immer mehr Landarbeiter an die Front geschickt wurden, ging die britische Lebensmittelproduktion 1915 zurück. Ab Februar 1916 versuchte das Landwirtschaftsministerium auf Bitte des Landfrauenverbands, Frauen für die Landarbeit zu gewinnen. Dem Aufruf folgten rasch 2000 Frauen.

Anfang 1917 entstand aus diesem *Women's National Land Service Corps* (WNLSC) die uniformierte *Women's Land Army,* die auch Auszeichnungen für den Dienst vergab. Neben dem Umgang mit landwirtschaftlichen Geräten gehörte zur Ausbildung das Melken, Vieh- und Pferdepflege, Heumachen, Bekämpfung von Maulwürfen und Traktorfahren. Im Juli 1917 standen 2000 Frauen im Dienst. Bis zur Auflösung der *Land Army* 1919 hatten 23000 Frauen ihren entscheidenden Beitrag geleistet – anfangs auch gegen männlichen Widerstand.

Ein Plakat von 1917 des britischen Künstlers Henry George Gawthorn ruft Frauen zum Dienst in der *Land Army* auf.

SIE WAR UNBEWAFFNET

DIE VERSENKUNG DER *LUSITANIA* (7. MAI 1915)

IM KONTEXT

SCHWERPUNKT
U-Boot-Krieg

FRÜHER
Oktober 1914 Deutsche U-Boote attackieren erstmals alliierte Handelsschiffe.

November 1914 Großbritannien erklärt die Nordsee zum Kriegsgebiet.

März 1915 U-Boot U-28 versenkt das Passagierschiff RMS *Falaba*. Unter den 104 Toten ist auch ein US-Amerikaner.

SPÄTER
Juni 1915 Die Royal Navy bewaffnet »Q-Ships« – Handelsschiffe, die U-Boote anlocken und zerstören sollen.

Februar 1917 Deutschland erklärt den uneingeschränkten U-Boot-Krieg.

April 1917 Die USA treten in den Krieg ein, nicht zuletzt aufgrund der Empörung über die Versenkung der *Lusitania*.

Großbritanniens Insellage und seine Abhängigkeit von Munition und Nachschub aus den USA und von anderen Handelspartnern machten es abhängig von den Seewegen. Die deutschen Marinekommandanten waren deshalb entschlossen, die Nachschubwege über den Atlantik zu unterbrechen, und so erklärte Deutschland am 4. Februar 1915, dass es das Meer um Großbritannien als Kriegsgebiet betrachte. Ab dem 18. Februar würde man alle militärischen und zivilen Fahrzeuge in diesem Gebiet ohne Vorwarnung versenken.

Am 22. April schaltete die deutsche Botschaft in Washington, D.C., eine Anzeige in einer amerikanischen Tageszeitung, die Reisende daran erinnerte, dass britische Gewässer ein Kampfgebiet waren. Sie erschien unter einer Anzeige mit dem Fahrplan des Luxusliners RMS *Lusitania*. Das Schiff lief am 1. Mai mit nahezu 2000 Menschen an Bord von New York mit Kurs auf Liverpool aus. Es transportierte zudem ohne Wissen der Passagiere eine kleine Menge an Gewehrmunition.

Ein tödlicher Angriff

Am Nachmittag des 7. Mai sichtete Kapitänleutnant Walther Schwieger, der Kommandeur des U-20, die *Lusitania* vor der irischen Küste. Das U-Boot war getaucht und wäre so zu langsam für einen Angriff gewesen, hätte die *Lusitania* nicht seinen Kurs gekreuzt. Schwieger

Die Versenkung der *Lusitania* fand als Schlachtruf schnell ihren Platz in der alliierten Propaganda, wie dieses Rekrutierungsplakat von 1915 zeigt.

Siehe auch: Wettrüsten auf See 32–33 ▪ Der Seekrieg beginnt 88–93 ▪ Der geheime Krieg 96–99 ▪ Die USA und der Erste Weltkrieg 134–135 ▪ Die deutsche Kriegsmaschine 182–183 ▪ Kriegseintritt der USA 194–195 ▪ U-Boote greifen an 200–205

Legende:
- Route ab New York
- Explosion
- Geplante Route bis Liverpool
- Deutsches U-Boot-Einsatzgebiet ab dem 18. Februar 1915

Das Passagierschiff *Lusitania* war am 7. Mai 1915 nur wenige Stunden von Liverpool entfernt, als es sank. Es wurde um 14.10 Uhr etwa 18 km vor der irischen Küste nahe Kinsale getroffen. Zwei Monate später wurde die SS *Arabic* 80 km südlich von Kinsale torpediert.

feuerte ohne Vorwarnung ein einzelnes Torpedo ab. Es traf mittschiffs, detonierte und löste eine zweite Explosion aus. Das Schiff sank binnen 18 Minuten, bevor die Rettungsboote zu Wasser gelassen werden konnten. 1198 Menschen starben, darunter 128 US-Bürger.

Ihr Tod löste weltweite Empörung aus. Deutschland erklärte die *Lusitania* zum legitimen Ziel, weil sie Munition an Bord hatte, was die Alliierten rundweg abstritten. Stattdessen ließen sie ihre Propaganda den Zwischenfall als kaltblütigen Mord darstellen, um antideutsche Ressentiments zu schüren. In Großbritannien plünderten daraufhin Demonstranten deutsche Geschäfte, und die freiwilligen Eintritte in die Armee nahmen spürbar zu.

Zurückhaltende Reaktion

In den USA wandten sich viele bislang neutrale Amerikaner gegen Deutschland. Rufe nach Vergeltung wurden laut, und die Öffentlichkeit erwartete, dass die USA Deutschland den Krieg erklärten. Stattdessen verurteilte Präsident Woodrow Wilson den Angriff als rechtswidrig und als Verstoß gegen die »Rechte der Menschheit«.

Im August 1915 versenkte ein anderes deutsches U-Boot das britische Passagierschiff SS *Arabic*. Deutschland berief sich auf Selbstverteidigung, weil das Schiff Zickzackkurs (ein übliches Ausweichmanöver gegen U-Boote) gelaufen sei und der U-Boot-Kommandant fürchtete, gerammt zu werden. Unter den Opfern befanden sich auch drei US-Amerikaner. Dieses Mal machte Wilson klar, dass die USA die diplomatischen Beziehungen abbrechen würden, sollte sich der Angriff als unprovoziert herausstellen.

Deutschland konnte keinen Zweifel haben, dass die USA bei weiteren Angriffen auf unbewaffnete Schiffe in den Krieg eintreten würden. Anfang September 1915 reduzierte die deutsche Regierung den U-Boot-Krieg bis zum 1. Februar 1917. ■

Seerecht

Zu Beginn des Kriegs hielt Deutschland sich an das international anerkannte Prisenrecht, das die Erbeutung von Handelsschiffen regelt. U-Boot-Kommandeure mussten auftauchen, bevor sie ein Schiff aufbrachten, und Passagiere und Besatzung warnen, damit diese in die Rettungsboote gehen konnten.

Der U-Boot-Krieg von 1915 ignorierte das Prisenrecht, und die U-Boote versenkten Feindschiffe ohne Vorwarnung. Britische Handelsschiffe fuhren unter neutralen Flaggen, da die U-Boote Anweisung hatten, neutrale Schiffe zu verschonen (hauptsächlich um die USA nicht weiter zu reizen). Schließlich bewaffneten die Briten – ihrerseits unter Missachtung des Prisenrechts – einzelne Handelsschiffe, um U-Boote anzulocken und zu zerstören.

» Ein U-Boot war aufgetaucht und beobachtete uns. Ich sah die Matrosen, die all die Körper der Menschen und die Trümmer im Wasser betrachteten. Die See war still wie ein Teich. «

Alice Drury
Englisches Kindermädchen, Passagierin der *Lusitania*

DIE GANZE WELT IST EIN KÄFIG

KONZENTRATIONS- UND INTERNIERUNGSLAGER (1915–1918)

IM KONTEXT

SCHWERPUNKT
Verletzung der Menschenrechte

FRÜHER
Ende des 19. Jh. Stacheldraht und automatische Waffen werden erfunden.

1896 Auf Kuba betreibt die spanische Armee *Campos de Reconcentración*.

1900 Im Burenkrieg sperrt die britische Armee Burenzivilisten und vertriebene Afrikaner in Konzentrationslager.

SPÄTER
1919 In Russland wird ein System von Zwangsarbeitslagern errichtet.

1933–1945 Die NS-Regierung baut über 1000 Konzentrationslager und sechs Vernichtungslager.

1942–1945 In den USA werden etwa 120000 japanischstämmige Amerikaner und japanische Bürger interniert.

Der britische Premierminister Herbert Asquith ließ 1915 Zehntausende deutsche und österreichisch-ungarische »Fremde« einsperren – laut Gesetz Menschen, die in einem Land lebten, aber nicht dort geboren worden waren. Bürger aus »feindlichen« Ländern paranoid als Gefahr für die nationale Sicherheit anzusehen war in Kriegszeiten nicht neu. Zu Beginn der Napoleonischen Kriege, des letzten großen Konflikts vor dem Ersten Weltkrieg, wurden alle in Frankreich lebenden Briten interniert.

Verbreitete Internierung

Der Spionage verdächtige Deutsche hatte man seit Kriegsbeginn verhaftet. Der zunehmende öffentliche Zorn und die Angriffe auf deutsche Familien und Geschäfte nach der Versenkung des Passagierschiffs RMS *Lusitania* im Mai 1915 veranlasste die Regierung Asquith jedoch zu weiteren Schritten. Die Werkzeuge für eine massenhafte Internierung – Stacheldraht und Wachen mit Schnellfeuergewehren – waren verfügbar, und so hatte man bis Ende 1915 über 30000 im Ausland geborene männliche Zivilisten zwischen 17 und 75 Jahren in Lagern in ganz Großbritannien interniert.

Internierte im Lager Knockaloe auf der Isle of Man pausieren einen Moment bei der Gartenarbeit. In diesem größten britischen Lager lebten fast 24000 Deutsche, Österreicher und Türken.

Siehe auch: Öffentliche Meinung 44–45 ▪ Der geheime Krieg 96–99 ▪ Die Versenkung der *Lusitania* 106–107 ▪ Der Völkermord an den Armeniern 132–133

Was macht eine Regierung mit »feindlichen Ausländern«?

Sie stellen eine **potenzielle Gefahr für die nationale Sicherheit in Kriegszeiten** dar.

Ihre Anwesenheit ruft **gesellschaftliche Unruhen** hervor.

Sie müssen **aus der Gesellschaft entfernt** werden.

Verhaftet die Fremden und interniert sie in »Konzentrationslagern«.

Asquiths Internierungspolitik breitete sich bald über das gesamte britische Empire nach Kanada, Südafrika, Australien und Neuseeland und in jede britische Kolonie aus, wo sich ein Deutscher oder Österreicher finden ließ. In Deutschland verfuhr man nicht anders: Jeder dort lebende, in Großbritannien oder im Empire geborene Ausländer wurde verhaftet und interniert.

Eine extreme Idee entsteht

Die Fremdenfeindlichkeit grassierte während des Kriegs: Jeder Ausländer aus einem feindlichen Land wurde als potenziell gefährlich angesehen und oftmals für die Dauer der Feindseligkeiten interniert. In den Lagern erfüllten sie tägliche Arbeitsauflagen unter je nach Land unterschiedlich harten Bedingungen. Manche Regierungen zogen auch den persönlichen Besitz der Internierten ein. So richtete die US-Regierung im Oktober 1917 eine Behörde ein, die den Besitz im Lande ansässiger Ausländer konfiszierte.

Die Internierung erwies sich als einfache Lösung für die relativ kleine Anzahl ausländischer Bürger innerhalb einer Bevölkerung. In Großbritannien wurden die Internierten in Hütten, aufgegebenen Fabriken, Schulen, Zelten, Ställen und Burgen untergebracht. Als 1915 der Raum für die Unterbringung knapp wurde, zog man dafür neun Passagierschiffe heran.

Bis Ende des Ersten Weltkriegs waren weltweit fast 800 000 Menschen interniert worden. Die Lager variierten von den relativ bequemen wie Berlin-Ruhleben bis zum entsetzlichen Lager Deir ez-Zor unter freiem Himmel in der syrischen Wüste, in dem osmanische Truppen den Armeniern Lebensmittel und Wasser verweigerten. Die »Todeslager« des NS-Regimes wurden zur vorsätzlichen Ermordung der Insassen betrieben. ▪

Internierungslager Ruhleben

Das Lager am westlichen Stadtrand von Berlin war anders als die meisten anderen. Auf der früheren Trabrennbahn beherbergte es in den überbelegten Stallgebäuden rund 5500 zumeist gebildete britische Zivilisten sowie die Mannschaften aufgebrachter Schiffe und Fischtrawler. Die Insassen verwalteten sich selbst und vertrieben sich die Zeit mit Sport. Daneben gab es Konzerte und Theatervorstellungen und eine selbst produzierte Lagerzeitung. Die Männer züchteten Pflanzen, richteten einen Postdienst mit eigenen Briefmarken ein und bildeten Vereine wie die Gartenbaugesellschaft und die Kunst- und Wissenschaftsunion.

Einige Internierte versuchten zu fliehen. Einer der bald wieder gefassten Flüchtigen war der britische Akademiker, Autor und Sportler Cecil Masterman. Er rächte sich fast 30 Jahre später, als er mit dem *Double Cross*-System NS-Spionageversuche vereitelte.

Zivile Gefangene stehen in Ruhleben 1917 für das Weihnachtsessen an. Gemälde des ehemaligen Internierten Nico Jungmann.

WIE IN EINEM GRÜNEN MEER, SAH ICH IHN ERTRINKEN

DIE ZWEITE FLANDERNSCHLACHT (APRIL–MAI 1915)

IM KONTEXT

SCHWERPUNKT
Chemische Kriegsführung

FRÜHER
August 1914 Französische Truppen setzen Bromessigester (Tränengas) ein.

Januar 1915 In Polen verschießen deutsche Truppen Gasgranaten mit Xylylbromid auf russische Stellungen. Wind und Kälte machen sie nutzlos.

SPÄTER
September 1915 Die Briten setzen bei Loos Giftgas ein, das der Wind aber zurück in die eigenen Linien bläst.

Juli 1917 Die Deutschen setzen das Schwefellost »Senfgas« ein, das nicht direkt tötet, aber Lungen und Haut schädigt.

November 1917 In der Schlacht von Cambrai setzen die Briten Senfgas ein.

Juni 1925 Das Genfer Protokoll verbietet biologische oder chemische Waffen im Krieg.

»Es geht nicht darum, nur hier und dort einen Graben einzunehmen. Ich beabsichtige, den Feind zu überraschen … Das Merkmal der ganzen Aktion liegt in dem Begriff ›Offensive‹.«

General Sir Douglas Haig

Eine Frau an einer Maschine in einer britischen Fabrik für Artilleriegranaten, um 1915. Statt der eingezogenen Männer mussten Frauen in den Munitionsfabriken arbeiten, um die Munitionsknappheit zu beheben.

Ende 1914 war der Stillstand an der Westfront für beide Seiten unbefriedigend. Ohne einen entscheidenden Durchbruch schienen sich die Kämpfe unbegrenzt hinzuziehen. Am 17. Dezember hatten die Alliierten versucht, das Patt zu beenden: Mit einem Angriff der französischen 10. Armee am Dorf Auchel begann die Erste Schlacht im Artois. Aus einem Vorstoß der französischen 4. Armee etwas weiter südlich entwickelte sich einige Tage später die Erste Schlacht in der Champagne. Die Artois-Offensive endete nach drei Wochen unentschieden. Anfang März 1915 dauerten die Kämpfe in der Champagne noch an, ohne dass sich ein Sieger abzeichnete. Zu diesem Zeitpunkt entschieden sich die Deutschen zum Einsatz einer neuen tödlichen Waffe: Chlorgas.

Taktische Neuerungen

Es war bereits seit einiger Zeit offensichtlich, dass ein neuer Ansatz erforderlich war. Auf beiden Seiten suchten die Befehlshaber nach etwas, das ihren Truppen einen Vorteil verschaffen würde. Seit Anfang 1915 arbeiteten General Sir Douglas Haig, Befehlshaber der neu aufgestellten britischen 1. Armee, und andere alliierte Generäle an detaillierten taktischen Plänen für einen Durchbruch bei Neuve-Chapelle nahe dem nordfranzösischen Lille, nicht weit von der Grenze zu Belgien entfernt. Dabei nutzten die Alliierten neue Technologien. Ein fortschrittliches Telefonnetz sollte zur besseren Koordinierung von Infanterie und Artillerie beitragen, das *Royal Flying Corps* (RFC) machte regelmäßig Beobachtungsflüge über dem Schlachtfeld. Aus Luftbildern ließen sich detaillierte Karten bis zu 1,4 km in das feindliche Gebiet hinein anfertigen. Am Boden wussten nun die Offiziere

Siehe auch: Die Erste Flandernschlacht 72–73 ▪ Steigerung der Produktion 104–105 ▪ Krieg in der Luft 116–119 ▪ Die Herbstschlacht bei La Bassée und Arras 144–145 ▪ Die Dritte Flandernschlacht 230–235 ▪ Die Schlacht von Cambrai 237 ▪ Taktische Luftangriffe 238–239

genau, wohin sie ihre Soldaten führen würden. Das RFC sollte während des Angriffs in der Luft sein und durch Funk und andere Signalmittel Infanterieoffizieren aktuelle Informationen liefern und der Artillerie zielgenaues Feuer ermöglichen.

Statt der bisher hauptsächlich verwendeten Schrapnellgranaten verschoss die Artillerie nun Sprenggranaten, mit Ausnahmen: Versuche hatten gezeigt, dass sich mit Schrapnell der Stacheldrahtverhau effektiv zerstören ließ, während die Druckwellen von Sprenggranaten ihn nur anhoben und auf den Boden zurückfallen ließen. Außerdem verlegten sich die Alliierten jetzt auf ein heftiges »Trommelfeuer« statt der bisher stunden- oder sogar tagelangen ununterbrochenen Artillerievorbereitung, um die deutsche Widerstandskraft zu schwächen.

Fehlschläge und Schuldzuweisungen

Am frühen Morgen des 10. März begann Haigs 1. Armee einen Überraschungsangriff westlich von Neuve-Chapelle mit massivem Artillerieeinsatz auf die deutschen Schützengräben. Haigs Truppen rückten vor, es fehlte ihnen aber bald an Munition. Da schweres deutsches Artilleriefeuer im Laufe der Schlacht das Telefonnetz der Alliierten lahmlegte, verloren die verschiedenen Truppenteile die Verbindung zueinander.

> Eine zynische und barbarische Missachtung der bekannten Gebräuche eines zivilisierten Kriegs.
>
> **Feldmarschall Sir John French**
> über den Einsatz von Chlorgas bei Ypern

Zwar gerieten die Deutschen durch den ersten Angriff ins Wanken, konnten aber verlorenen Boden zurückgewinnen. Der alliierte Plan sah einen raschen Sieg vor, gefolgt von einem Angriff auf die deutschen Stellungen etwa 5 km nordöstlich von Neuve-Chapelle auf den Hügeln von Aubers. Nachdem sie den anfänglichen Vorteil durch intensives Bombardement verloren hatten, konnten die Alliierten von ihrer Überraschungstaktik nicht mehr profitieren.

Der Mangel an Granaten behinderte weitere Frühjahrsoffensiven und führte zur von britischen Zeitungen befeuerten »Granatenkrise«. Schatzkanzler David Lloyd George nutzte den Aufschrei und setzte die britische Regierung unter Druck. Wenige Wochen später wurde er Minister für Rüstungsgüter.

Chemiewaffen bei Ypern

Die Suche nach einem besonderen Vorteil in dem Konflikt ging weiter, nicht nur auf alliierter Seite. Die deutschen Befehlshaber waren genauso verzweifelt auf einen Durchbruch aus. Im September 1914 hatte der Artilleriefachmann Major Max Bauer für Deutschland ein Chemiewaffenprogramm vorgeschlagen. »

David Lloyd George

Der 1863 in Manchester geborene Lloyd George stammte aus einer walisischen Familie und wurde entsprechend erzogen. 1890 wurde er liberaler Abgeordneter für Caernarfon und stieg in der Partei auf. Aufsehen erregte seine Ablehnung des Zweiten Burenkriegs (1899–1902). Seine Aufrufe zur Zurückhaltung im Rüstungswettlauf um die Dreadnought-Schiffe verpufften zwar, er wurde aber als Staatsmann anerkannt.

Bei Kriegsbeginn 1914 war Lloyd George bereits seit sechs Jahren Schatzkanzler. Er bemühte sich um eine bessere Zusammenarbeit von Regierung, Arbeitgebern und Gewerkschaften. 1915 wurde er Minister für Rüstungsgüter, 1916 Kriegsminister. Häufig anderer Ansicht als hohe Armee- und Marineoffiziere, sorgte er dennoch für einen starken Anstieg der Rüstungsproduktion.

Als die britische Öffentlichkeit mit Premierminister Herbert Asquith haderte, wurde Lloyd George im Dezember 1916 sein Nachfolger und nahm später bei der Pariser Friedenskonferenz eine führende Rolle ein. 1922 trat er zurück, blieb aber bis zu seinem Tod 1945 Abgeordneter.

Bis Frühjahr 1915 hatte eine Gruppe von Wissenschaftlern um den Chemiker Fritz Haber eine Möglichkeit gefunden, Chlorgas an der Westfront als Waffe einzusetzen.

Für beide Seiten gab es einen Punkt, an dem das Patt erfolgreich aufgebrochen werden musste: den Frontbogen bei Ypern in Flandern. Die Präsenz der britischen 2. Armee und zweier französischer Divisionen dort war für die Deutschen ein Anreiz wie auch eine Herausforderung. Von deutschen Kräften an drei Seiten umgeben, lagen die alliierten Stellungen gefährlich exponiert. Da sie jedoch höher lagen als die deutschen Linien, stellten sie eine andauernde Bedrohung dar. Dieses erhöhte Gelände wählten die Deutschen für ihre nächste Offensive.

Die Alliierten erwarteten keinerlei Angriff und waren auf das Chlorgas überhaupt nicht vorbereitet. Mit mäßiger Neugier beobachteten die Soldaten am Abend des 22. April die grünlich-gelbe Wolke, die sich die Hänge der Gravenstafel-Höhe zu ihnen heraufwälzte. Die Gleichgültigkeit war bald verflogen. Kaum waren sie mit dem Chlorgas in Kontakt gekommen, bildeten sich auf der Haut brennende Blasen; hatten sie es eingeatmet, so glaubten die Männer, dass ihre Luftröhren und Lungen verbrannten. Der traumatisierende Effekt des Gases überwand alle normalen Instinkte: Mutige, erfahrene Soldaten gerieten in heillose Panik. Die meisten vergaßen jegliche Disziplin und flüchteten. Innerhalb von zehn Minuten wurden 5000 alliierte Soldaten durch das eingeatmete Chlorgas getötet, weitere 5000 starben in den nächsten Stunden. 2000 wankten krank oder erblindet herum, bis sie gefangen genommen wurden. In der alliierten Front öffneten sich breite Lücken, durch die die vorrückenden Deutschen einfach hindurchschlenderten.

»Männer … erschöpft, nach Luft schnappend, schäumenden gelben Schleim vor den Mündern, ihre Gesichter blau und verstört.«

Lieutenant Colonel G.W.G. Hughes
Royal Army Medical Corps

Deutscher Gasangriff bei Ypern. Französische Soldaten kämpfen gegen die schockierende Wirkung von Chlorgas, als deutsche Truppen, ausgerüstet mit rudimentären Gasmasken, sie angreifen.

Geringe Erträge

Paradoxerweise übertraf die Wirkung ihrer neuen Waffe die Erwartungen der Deutschen so weit, dass sie den Vorteil nicht völlig ausnutzen konnten. Die Luft, in die ihre Soldaten vorrückten, war tödlich kontaminiert. Zwar boten mit Natriumthiosulfat oder Urin getränkte Baumwolltücher vor Mund und Nase einen gewissen Schutz – doch waren die Bedingungen nicht dazu dienlich, sich einzugraben oder die für das Halten der Stellung erforderliche Artillerie und Munition nach vorn zu bringen.

Obwohl die Initiative bei der deutschen Armee lag, erkannten die alliierten Soldaten in etwa die Wirkung der neuen Waffe und fanden bald eine Abhilfe in Form von nassen Tüchern. So fanden sie sich zusammen und widersetzten sich

Das französische Satiremagazin *Le Rire Rouge* nennt Deutschland im Mai 1915 *La Bête Puante* (»Die stinkende Bestie«) und verurteilt den Einsatz von Gas als chemische Waffe.

dem Angriff. Die Verluste waren auf beiden Seiten schrecklich. Das Gas beherrschte die Schlagzeilen, doch wurden in der Zweiten Flandernschlacht Zehntausende Männer durch konventionelle Waffen getötet und verwundet.

Trotz unermüdlichen Widerstands von Briten, Franzosen und Belgiern stießen die Deutschen weiter südwestlich auf Ypern vor und nahmen in der ersten Maiwoche St. Julien ein. Auf der nahen Frezenberg-Anhöhe setzte sich am 13. Mai kanadische leichte Infanterie erbittert zur Wehr. Der deutsche Angriff verlor an Schwung. Noch einmal wurde Gas gegen britische Stellungen bei Bellewaerde eingesetzt, doch konnten sich die Verteidiger halten. Am 25. Mai beendeten die Deutschen ihre Offensive.

Gegenmaßnahmen

Ende Mai hatte der britische Physiologe John Scott Haldane eine einigermaßen wirksame Gasmaske entwickelt, die Mund und Nase abdeckte. Diesem *Black Veil Respirator* (»Schwarzer Schleier«) folgte bald der Hypo Helmet, auch *Smoke Hood* (»Rauchhut«) genannt, der den ganzen Kopf bedeckte und sich unter den Jackenkragen stecken ließ. Über 2,5 Millionen Masken wurden im nächsten Vierteljahr produziert.

Diese Maßnahmen konnten die Gefahr durch Gas nicht völlig neutralisieren, boten aber einen gewissen Schutz. Auch das anfangs tödlich wirkende Chlorgas konnte den Verlauf des Konflikts nicht so ändern, wie die Deutschen gehofft hatten. Die britische Regierung verurteilte lautstark, was sie als empörend unmenschliche (und illegale) Waffe ansah – baute insgeheim aber eigene Fähigkeiten für den Gaskrieg auf. Bald waren britische und französische Truppen in der Lage, mit gleicher grausamer Münze zurückzuzahlen.

Unentschieden, aber bedeutsam

Die Zweite Flandernschlacht hatte zwar keinen Sieger, jedoch bedeutende Auswirkungen. Etwa 70 000 alliierte Soldaten waren getötet oder verwundet worden – nicht nur aus Großbritannien und Frankreich, sondern auch aus Belgien, Kanada, Indien, Algerien und Marokko. Die Deutschen hatten rund 35 000 Mann verloren.

Die belgische Stadt Ypern war durch schwere deutsche Artillerie nahezu zerstört. Am Ypernbogen hatte sich die Lage kaum geändert. Die Deutschen hatten einige kleinere Geländegewinne gemacht, die Alliierten beherrschten aber nach wie vor den entscheidenden Höhenzug. Die Einführung von Chlorgas als Waffe hatte die Bedingungen des Kriegs geändert und eine Debatte über die Moral in der Kriegsführung ausgelöst. ■

Chlorgas

Unter der Führung des Chemikers Fritz Haber hatten Wissenschaftler seit September 1914 den Einsatz von Chemiewaffen auf dem Schlachtfeld erforscht. Sie entwickelten mehrere nicht-tödliche Giftgase, bevor sie sich auf Chlorgas festlegten. Es wirkte reizend und ätzend und konnte Rachen und Lunge beim Einatmen stark genug schädigen, um zum Ersticken zu führen. Als Nebenprodukt der industriellen Herstellung von Farbstoffen war das Gas in großen Mengen verfügbar.

In Stahlflaschen unter Druck gelagert und über Ventile abgeblasen, verursachte Chlorgas in der Zweiten Flandernschlacht unter den unvorbereiteten alliierten Truppen Chaos, erzielte später aber nie wieder dieselbe Wirkung. Selbst provisorische Maßnahmen wie nasse Tücher senkten seine Wirksamkeit; Gasmasken boten bald guten Schutz. Gas blieb jedoch eine große Gefahr für unvorbereitete Truppen. Es flößte viel mehr Grauen ein als konventionelle Waffen.

Gasmasken aus Baumwollwatte, wie hier 1915 von schottischen Soldaten getragen, boten etwas Schutz gegen Gasangriffe.

DIE RITTER DER LÜFTE

KRIEG IN DER LUFT (1914/15)

IM KONTEXT

SCHWERPUNKT
Luftfahrttechnik

FRÜHER
17. Dezember 1903 In Kitty Hawk, North Carolina (USA), fliegen die Brüder Wright mit einem steuerbaren Schwerer-als-Luft-Motorflugzeug.

1911 Erstes Luftbombardement der Italiener auf ein osmanisches Lager in Libyen.

1912 Captain Charles deForest Chandler der *US Army* feuert erstmals erfolgreich ein MG von einem Flugzeug ab.

SPÄTER
13. Juni 1917 Bomber des Typs Gotha G.IV greifen London an, 162 Menschen kommen ums Leben.

September 1918 Mit ihrem durchgehenden Flugdeck wird die britische HMS *Argus* der erste echte Flugzeugträger.

In den Vorkriegsjahren hatten Streitkräfte in ganz Europa das militärische Potenzial von Flugzeugen erforscht, 1914 hatten alle Großmächte Luftfahrtabteilungen aufgestellt. Anfangs stand die Nützlichkeit und Leistung von Flugzeugen noch infrage. Je weiter der Krieg und die technische Entwicklung jedoch voranschritten, desto klarer wurde, dass Flugzeuge entscheidend zur Kriegsführung beitragen konnten.

Fliegende Riesen

Deutschland erforschte das Potenzial der 1900 von Graf Ferdinand von Zeppelin entwickelten Luftschiffe. Die über 150 m langen Flug-

Siehe auch: Europas Kolonien und Reiche 28–29 ▪ Beginn der deutschen Bombenangriffe 136–137 ▪ Die deutschen Bombenangriffe gehen weiter 222–223 ▪ Taktische Luftangriffe 238–239 ▪ Der Grabenkrieg im Wandel 254–257

Drei britische Avro 504 flogen am 21. November 1914 über 400 km den ersten strategischen Bombenangriff von Belfort aus auf die Zeppelinhallen in Friedrichshafen am Bodensee.

geräte hatten einen mit Stoff überzogenen Leichtmetallrahmen, in dem Heliumzellen befestigt waren. Von mindestens drei Motoren angetrieben, konnten sie etwa 135 km/h erreichen und eine große Bombenlast tragen.

Ein Zeppelin führte den ersten Luftangriff des Weltkriegs durch. Von *ZVI* am 6. August 1914 im Rahmen der Invasion Belgiens auf Lüttich abgeworfene Artilleriegranaten töteten neun Menschen. Nach überschaubaren Erfolgen an der Westfront gingen die deutschen Luftschiffe zu Angriffen auf Großbritannien über. Ab Januar 1915 flogen sie eine Reihe von Bombenangriffen gegen militärische und industrielle Ziele in London und an der englischen Ostküste, verfehlten aufgrund schlechten Wetters und ungenauer Navigation aber ihre Ziele. Bei insgesamt 52 Luftschiffangriffen auf Großbritannien wurden über 550 Menschen getötet und über 1300 verwundet. Von den eingesetzten 115 deutschen Luftschiffen gingen 77 durch feindliches Feuer oder Unfälle verloren. Letztlich waren sie für eine effektive Waffe zu empfindlich, zu unhandlich und zu schnell brennbar. Ab 1917 setzte man für Bombenangriffe bevorzugt Flugzeuge ein.

Blick von oben

Das deutsche Heer und die Marine nutzten Luftschiffe zur Luftaufklärung von feindlichen Stellungen und Bewegungen; der britische *Royal Naval Air Service* (RNAS) setzte sie gegen U-Boot-Angriffe ein, aber auch zur Beobachtung feindlicher Schiffe außer Sichtweite.

Ab 1914 setzte man auch die ersten Flugzeuge zur Aufklärung ein. Sie waren nicht viel schneller als Luftschiffe, aber viel besser zu steuern und billiger zu bauen. In der Schlacht von Tannenberg beobachteten deutsche Flugzeuge 1914 die russischen Bewegungen und ermöglichten damit entsprechende Gegenmaßnahmen. In der Ersten Schlacht an der Marne im September 1914 fanden das *Royal Flying Corps* (RFC) und französische Flieger Schwachpunkte im deutschen Vorstoß und halfen den Alliierten »

Bei Kriegsbeginn spielen Luftschiffe und frühe Flugzeuge **keine große Rolle bei den wichtigen Kampfhandlungen.**

→

Mit der **Entwicklung des Grabenkriegs** erkennen beide Seiten den **Wert** von Flugzeugen **für die Aufklärung** der gegnerischen Bewegungen.

↓

Bewaffnete Flugzeuge können **feindliche Flugzeuge angreifen, aufklären und kleine Bomben abwerfen.**

←

Beide Seiten bauen **größere Flugzeuge,** die **größere Bombenmengen** auf **strategische Ziele** abwerfen können.

↓

Flugzeuge werden eine immer leistungsfähigere Waffe.

dadurch, die feindlichen Kräfte zu umfassen und ihren raschen Vormarsch durch Frankreich zu beenden.

Das Jagdflugzeug entsteht

Nachdem Aufklärer nun regelmäßig über dem Schlachtfeld auftauchten, sann man auf Gegenmaßnahmen. Winkten sich gegnerische Flieger zunächst noch zu, führten sie bald Revolver und Gewehre im Cockpit mit. Aus diesen ersten primitiven Versuchen zur Bewaffnung entstand das Jagdflugzeug und das Konzept der Luftüberlegenheit.

Deutsche und französische Flugzeugkonstrukteure waren führend bei der Umwandlung der einfachen Beobachtungsplattform in eine fliegende Waffe. Die wirksamste Bewaffnung war ein beweglich angebrachtes, nach vorn feuerndes Maschinengewehr. Am einfachsten ließ sich diese Art der Bewaffnung in Flugzeuge mit Druckpropeller einbauen, bei denen Motor und Propeller hinten im Rumpf saßen.

Fokker-Maschinen wurden von britischen Piloten gefürchtet. An dieser im Westen intakt zur Landung gezwungenen E.III konnten die Alliierten die fortschrittliche Konstruktion untersuchen.

Die meisten Flugzeuge hatten jedoch einen vorn angebrachten Zugpropeller; dort machte der Propellerkreis das direkte Feuern nach vorn zunächst unmöglich.

Durchbruch

Das Problem des durch den vorderen Propeller schießenden MGs löste der französische Pilot Roland Garros mit dem Flugzeugkonstrukteur Raymond Saulnier. Im März 1915 hatten sie einen Mechanismus entwickelt, der das MG-Feuer mit der Propellerdrehung synchronisierte, sodass die Geschosse durch die Lücke zwischen den Propellerblättern flogen. Wegen der Unzuverlässigkeit des Systems versahen sie die hölzernen Propellerblätter mit Abweisern aus Stahlblech. Garros schoss mehrere deutsche Flugzeuge ab, bevor er im April 1915 selbst abgeschossen wurde und in Gefangenschaft geriet.

Den Propeller und das MG seiner Maschine schickte man nach Berlin. Dort untersuchte sie der aus den Niederlanden stammende 25-jährige Flugzeugkonstrukteur Anthony Fokker und entwickelte das System mit seinen Technikern innerhalb weniger Tage weiter: Ein Unterbrechergetriebe verhinderte, dass das MG schoss, während sich ein Propellerblatt vor der Mündung befand. Fokker baute das System in seinen Eindecker ein. Die ab Dezember 1915 eingesetzte Version E.III wurde damit wohl das erste richtige Jagdflugzeug der Welt.

Die Fokker-Eindecker stellten für die langsamen alliierten Flugzeuge eine ernste Gefahr dar und wurden zur »Fokker-Plage«, die vom Sommer 1915 bis Anfang 1916 andauerte. Die Alliierten brachten verbesserte Maschinen an die Front, besonders im September 1915 die britische F.E.2b mit Druckpropeller und nach vorne feuerndem MG.

Es folgten die Airco D.H.2 und die französische Nieuport 11, die

Ein britisches Plakat warnt 1915 die Bevölkerung vor den Flugzeugtypen, die angreifen könnten, und zeigt die Bandbreite der deutschen und britischen Luftfahrzeuge.

» Natürlich musste er [der Fokker-Eindecker] eine demoralisierende Wirkung auf uns haben … Mehrere Staffeln wurden derart zusammengeschossen, dass ihre ganze Moral bröckelte … «

Cyril Gordon Burge
No. 12 Squadron, Royal Flying Corps

Der Titel der britischen Jugendzeitschrift *Boy's Own* vom Mai 1915 mit dem Luftkampf zweier Flugzeuge zeigt, wie die Fliegerei die Fantasie von Kindern und Erwachsenen fesselte.

das Pendel der Luftherrschaft wieder zugunsten der Alliierten ausschlagen ließen. Im Herbst 1916 wurden dann die 175 km/h schnellen deutschen Albatros-Doppeldecker mit zwei MGs die vorherrschenden Jagdflugzeuge.

Asse und neue Taktik

Ein Jagdflieger mit fünf oder mehr Luftsiegen (»Abschüssen«) erhielt die Auszeichnung »Ass«. Ihr Wagemut und der nahezu unvermeidliche Tod der Asse fesselte die Öffentlichkeit in allen Ländern. Zur französischen *Cigognes*-Staffel (»Störche«) gehörte Georges Guynemer mit 53 Abschüssen bis zu seinem Tod 1917 sowie René Fonck, mit 75 Abschüssen das »Ass der Asse« Frankreichs, der als einer der wenigen Flieger den Krieg überlebte. Das berühmteste deutsche Jagdgeschwader 1 wurde im Juni 1917 unter Manfred Freiherr von Richthofen (der »Rote Baron«) aufgestellt. Er erzielte 80 Abschüsse, bevor er im April 1918 selbst abgeschossen und tödlich verletzt wurde.

Die Deutschen entwickelten neben dem ersten effektiven Jagdflugzeug auch die Taktiken für den Luftkampf. Dazu gehörte der Angriff aus Richtung der Sonne, um den Gegner zu blenden; das Fliegen zu zweit in Rotten zum gegenseitigen Schutz und zur Unterstützung; und schließlich der »Immelmann«: ein nach dem Ass Max Immelmann benannter halber Looping aufwärts, gefolgt von einer halben Rolle, um das eigene Flugzeug hinter dem gegnerischen wieder in die normale Fluglage zu bringen.

Die Briten und ihr Empire brachten die meisten Asse hervor, so den Kanadier Billy Bishop mit (umstrittenen) 72 und den Iren Mick Mannock mit 61 Abschüssen. Der im Mai 1917 mit nur 20 Jahren gefallene Engländer Albert Ball (44 Abschüsse) verkörperte mit gutem Aussehen, angeborener Kühnheit und fliegerischem Geschick das Fliegerass schlechthin. ■

Ein britischer Pilot bereitet 1915 eine seitlich an seinem Doppeldecker B.E.2c angebrachte Luftbildkamera Thornton Pickard Typ C vor.

Fliegende Augen

Luftbildfotografie wurde entscheidend für die Kartierung statischer Fronten im Grabenkrieg, für die Verfolgung von Truppenbewegungen und für die Feuerleitung der Artillerie.

Die von beiden Seiten eingesetzten Fesselballone bildeten eine stabile Plattform für die Beobachtung aus der Luft, konnten aber nicht weit genug in das Feindesland hineinsehen und waren außerdem leicht abzuschießen. Effektiver, weil in der Bewegung nicht eingeschränkt, waren zweisitzige Flugzeuge mit einer Plattenkamera. Der Pilot überflog das ausgewählte Zielgebiet mehrfach, während der Beobachter Fotos und Skizzen anfertigte, aus denen sich ein detailliertes Mosaik der feindlichen Stellungen erstellen ließ.

Anfangs wechselte man einzelne Fotoplatten von Hand, oft in der Kälte. Die 1915 eingeführte britische Kamera »Typ C« konnte dagegen bis zu 36 Platten mechanisch wechseln und erlaubte eine rasche Bildfolge. Innerhalb einer Stunde standen die Bilder zur Verfügung.

DER NEUE HEIMTÜCKISCHE FEIND

KRIEGSEINTRITT ITALIENS (MAI 1915)

IM KONTEXT

SCHWERPUNKT
Italiens Ambitionen

FRÜHER
1861 Nach der Vereinigung Italiens leben noch italienischsprachige Minderheiten in den Grenzen von Nachbarstaaten.

1911/12 Italien ist im Krieg gegen die Türkei siegreich, erhält weite Teile Libyens und die Inseln der Dodekanes, ist aber finanziell erschöpft und militärisch geschwächt.

SPÄTER
1918 Bei Kriegsende hat Italien dem Dichter Gabriele D'Annunzio zufolge einen »verstümmelten Sieg« errungen.

1919 Bei der Pariser Friedenskonferenz erhält Italien nicht alle 1915 im Londoner Vertrag zugesagten Gebiete.

1936 Mit der Eroberung Äthiopiens beginnt Benito Mussolini, seine Pläne von einem neuen Römischen Reich umzusetzen.

Italien **wird 1861 vereint,** doch manche Italiener halten die **neue Nation für unvollständig.**

Die nationalistische Bewegung ***Italia irredenta* (»unerlöstes Italien«)** entsteht.

Das **Bündnis mit Deutschland und Österreich-Ungarn hilft Italien nicht,** seine territorialen Ambitionen zu erfüllen.

Im Ersten Weltkrieg glaubt Italien, dass nur die **Niederlage Österreich-Ungarns** seinen expansionistischen Zielen hilft.

Italien tritt den Alliierten bei im Gegenzug für »unerlöste« Gebiete.

Irredentismus – die Ansicht, alle italienischsprachigen Gebiete in Nachbarstaaten sollten zu Italien gehören – wurde Ende des 19. Jahrhunderts eine nationale Angelegenheit. Viele dieser Gebiete lagen in Österreich-Ungarn, das zusammen mit Italien und dem Deutschen Reich seit 1882 den Dreibund bildete. Italien war dem Bündnis vor allem zum Schutz gegen Frankreich beigetreten, seinem Rivalen um Territorien in Nordafrika. 1914 allerdings entschloss sich Italien zur Neutralität, statt an der Seite der Bündnispartner in den Krieg zu ziehen.

Ministerpräsident Antonio Salandra sah Italien im defensiven Dreibund nicht zur Unterstützung seiner aggressiven Partner verpflichtet. Italien war auch nicht in der Lage, nach dem Krieg gegen die Türken schon wieder zu kämpfen. Seine

Siehe auch: Die Lage in Europa 18–19 ▪ Das Bündnissystem 30–31 ▪ Die letzten Isonzoschlachten 212–213 ▪ Das Kriegsende in Italien 284–285

Artillerie war veraltet, es mangelte an Mörsern und Granaten, seine kleine Berufsarmee hätte es durch die Masseneinberufung nicht ausgebildeter Bauern aufstocken müssen. Unter der liberaleren Führung von Salandras Vorgänger Giovanni Giolitti hatte Italien außerdem engere Beziehungen zur Triple Entente aus Großbritannien, Frankreich und Russland geknüpft. Im Frühjahr 1915 begann Salandra mit Blick auf die irredentistischen Forderungen Italiens abzuwägen, was die beiden gegnerischen Seiten zu bieten hätten.

Gelegenheitsbündnis

Am 26. April 1915 unterzeichnete Italien den Londoner Vertrag und verpflichtete sich, innerhalb eines Monats den Mittelmächten den Krieg zu erklären. Briten, Franzosen und Russen setzten auf die italienische Unterstützung, waren sich aber bewusst, dass der neue Verbündete weniger von Prinzipien getrieben wurde als von der Aussicht auf territoriale Zugewinne in Österreich-Ungarn, dem Trentino und Südtirol bis nach Triest und den Inseln in der Adria.

Aus dem Dreibund trat Italien offiziell am 3. Mai 1915 aus. Am 23. Mai erklärte es Österreich-Ungarn den Krieg, Deutschland jedoch erst am 28. August 1916.

Krieg in den Bergen

Geplant war ein Angriff auf Österreich-Ungarn über den Isonzo und das raue Karst-Plateau an der Nordostgrenze Italiens hinweg. Der Oberbefehlshaber Luigi Cadorna sah hier den schnellsten Weg nach Triest – und darüber hinaus.

Am 23. Juni griff seine Armee auf einem schwindelerregenden Schlachtfeld mit zerklüfteten Felsspalten und steilen Berghängen an. Zahlenmäßig waren seine Truppen den österreichisch-ungarischen überlegen. Diese beherrschten jedoch höher gelegene, vorteilhaftere Stellungen und waren besser ausgebildet und vorbereitet. Trotz einiger früher Erfolge wurden die Italiener am 7. Juli in der Ersten Schlacht am Isonzo geschlagen und verloren etwa 15000 Mann, die Österreicher rund 10000.

Elf Tage später begann Cadorna einen zweiten Angriff, der die Munitionsvorräte beider Seiten erschöpfte. Zwei weitere Offensiven 1915 führten zu einem Patt. ▪

Die *Alpini* genannten italienischen Gebirgstruppen hieven 1915 ein Artilleriegeschütz eine schneebedeckte Felswand hoch. In den Winterschlachten waren die Soldaten Wind, Eis, Schnee und der ständigen Lawinengefahr ausgesetzt.

Luigi Cadorna

Der 1850 als Sohn eines Offiziers im Piemont geborene Cadorna besuchte die Militärakademie in Turin. Mit 18 Jahren wurde er Unterleutnant der Artillerie, 1892 schließlich Oberst. Obwohl er 1914 kurz vor der Pensionierung stand, wurde Cadorna zum italienischen Generalstabschef ernannt.

Bei Kriegseintritt 1915 kommandierte er die Truppen an der österreichisch-italienischen Grenze in den Schlachten am Isonzo mit harter Disziplin und starrer Vorgehensweise. Er bevorzugte kompromisslose Frontalangriffe, die in den vereisten Bergen im MG-Feuer oft tödlich verliefen. Männer, die zusammenbrachen, wurden in Schauprozessen verurteilt und hingerichtet, wodurch die Moral weiter sank. Bodengewinne waren nur unter enormem Blutzoll möglich und selten von Dauer.

Nach Italiens Niederlage in der Zwölften Isonzoschlacht bei Caporetto 1917 wurde Cadorna seines Kommandos enthoben und als Vertreter Italiens in den Obersten Kriegsrat der Alliierten nach Versailles abkommandiert. 1924 von Mussolini zum Feldmarschall befördert, starb er 1928.

EIN NAME, DER NIE VERGEHEN WIRD

DER GALLIPOLI-FELDZUG (APRIL 1915 – JANUAR 1916)

IM KONTEXT

SCHWERPUNKT
Amphibische Landungen

FRÜHER
490 v. Chr. Ein persisches Eroberungsheer landet an der Küste Griechenlands, wird aber von den Griechen bei Marathon geschlagen.

11. September 1914 Australische Truppen landen auf Neubritannien (»Neupommern«) im Südpazifik.

SPÄTER
1923 Gemäß dem von der Türkei und den Alliierten unterzeichneten Vertrag von Lausanne stehen Dardanellen und Bosporus der gesamten zivilen Schifffahrt offen.

1944 Der Erfolg der alliierten Landung in der Normandie im Zweiten Weltkrieg – der größten Landungsoperation aller Zeiten – beruht zum Teil auf den Erfahrungen aus dem Gallipoli-Feldzug.

Als sich der Krieg an der Westfront Ende 1914 festgefahren hatte, suchten britische Politiker im Osten nach Wegen, Russland gegen das Osmanische Reich zu unterstützen, das sich mit den Mittelmächten (Deutschland und Österreich-Ungarn) verbündet und im November 1914 Großbritannien, Frankreich und Russland den Krieg erklärt hatte. Die Briten hofften, im Nordwesten der Türkei die Durchfahrt durch die Meerenge der Dardanellen und den Bosporus von der Ägäis durch das Marmarameer in das Schwarze Meer erzwingen zu können. Man wollte die Seefahrtstraße sichern, Konstantinopel einnehmen und gemeinsam mit den Russen das Osmanische Reich aus dem Krieg drängen.

Nach den erfolglosen Durchbruchsversuchen der Marine durch die Dardanellen im Februar und März 1915 begannen die Alliierten eine Offensive zur Einnahme der Halbinsel Gallipoli westlich der Meerenge. Von der anfänglichen Invasion am 25. April bis zur abschließenden Evakuierung vom 8. auf den 9. Januar 1916 dauerte der Feldzug fast neun Monate – und scheiterte vollständig.

Die britische Sichtweise

Angesichts der erstarrten Westfront war den Briten die Niederwerfung des Osmanischen Reichs, des schwächsten Teils der Mittelmächte, als logische Strategie erschienen. Der Erste Lord der Admiralität, Winston Churchill, hatte in einem Angriff auf die Dardanellen eine gute Gelegenheit gesehen, die *Royal Navy* in einer größeren Offensive einzusetzen. Ein Angriff auf die Meerenge würde die Aufmerksamkeit vom Suezkanal ablenken, einer wichtigen britischen Verbindung nach Indien. Der Durchbruch durch die Meerenge würde auch den militärischen und finanziellen Druck auf Russland mindern: Es könnte Rüstungsgüter aus Großbritannien einführen und die Getreideexporte wieder aufnehmen.

Als Teil des Zarenreichs produzierte die Ukraine rund ein Drittel

HMS *Irresistible,* Teil des britisch-französischen Flottenverbands an den Dardanellen, lief im März 1915 auf eine Mine und sank. 150 Besatzungsmitglieder kamen um.

» Eine gute Armee von 50 000 und Seemacht – das ist das Ende der türkischen Bedrohung. «

Winston Churchill
Erster Lord der Admiralität

Siehe auch: Der Balkan 25 ▪ Der Niedergang des Osmanischen Reichs 26–27 ▪ Kriegseintritt des Osmanischen Reichs 84–85 ▪ Der Krieg im Kaukasus 130 ▪ Der Krieg in Mesopotamien 131 ▪ Der Völkermord an den Armeniern 132–133 ▪ Die Schlacht bei Megiddo 286–287

des weltweit gehandelten Weizens. Mit der Sperrung der Seefahrtstraße hatten die Osmanen im September 1914 den Ausfuhrweg aus dem Schwarzen Meer blockiert und Russland die wichtigen Exporteinnahmen entzogen. Da Getreide im Empire immer knapper wurde und Lebensmittelpreise stiegen, war den Briten sehr daran gelegen, die Weizenmenge zu vergrößern, um soziale Unruhen zu vermeiden.

Ein Vielvölker-Feldzug

Die ersten beiden alliierten Angriffe auf die Dardanellen im Februar und März 1915 erfolgten nur von See her, da der britische Kriegsminister Feldmarschall Lord Kitchener keine Landstreitkräfte zur Verfügung stellte. Seiner Meinung nach lenkte der Feldzug von den entscheidenden Kämpfen an der Westfront ab.

Den von Minenfeldern bedrohten Kriegsschiffen gelang es nicht, die osmanischen Befestigungen zu zerstören, sodass Kitchener seine Haltung ändern musste. Unter dem Befehl von General Sir Ian Hamilton wurde die *Mediterranean Expeditionary Force* (MEF) aufgestellt. Zu den 75 000 Mann gehörten britische und irische Berufssoldaten der 29. Division sowie Marinereservisten und Freiwillige der *Royal Naval Division.* Dazu kamen Gurkha- und Sikh-Bataillone aus Indien, das französische *Corps Expéditionnaire d'Orient* (CEO) aus Franzosen, Kolonialtruppen aus Afrika und Fremdenlegionären sowie frisch rekrutierte Soldaten des *Australian and New Zealand Army Corps* (ANZAC). Die Transportschiffe wurden vor der griechischen Insel Lemnos zusammengezogen.

Als Hamilton seine Invasion vorbereitet hatte, waren auch die osmanischen Truppen unter dem deutschen General Otto Liman von Sanders bereit und an den Punkten entlang der Küste aufgestellt, an denen man Angriffe erwartete. Die meisten osmanischen Soldaten waren türkische Bauern, dazu kamen Syrer und Kurden; viele Offiziere waren Türken, aber auch Deutsche, Albaner sowie nordafrikanische und mesopotamische Araber.

Die ersten Landungen

Gemäß Hamiltons detailliertem Plan führten französische Kräfte am 25. April bei Kum Kale auf der asiatischen Seite der Einfahrt in die Meerenge einen Ablenkungsangriff durch, während die *Royal Naval Division* einen weiteren bei Bulair, nordöstlich der eigentlichen Landungszone vortrug. Der spätere neuseeländische General Bernard Freyberg bot sich an, zur Ablenkung der Türken an Land zu schwimmen und Leuchtsignale zu zünden. Hamilton setzte den »

» Sie haben das Schwierigste hinter sich, jetzt müssen Sie graben, graben, graben. «

General Sir Ian Hamilton
Oberbefehlshaber des MEF

MEF-Truppen drängen sich an Strand V, aufgenommen von der SS *River Clyde.* Um die Türken zu verwirren, baute man das Landungsschiff aus einem Kohlentransporter um. Es brachte rund 2000 Soldaten nach Gallipoli.

Mustafa Kemal Atatürk

Geboren 1881 in Thessaloniki (heute Griechenland, damals Teil des Osmanischen Reichs), besuchte er eine Kadettenschule. 1905 schloss er die Militärakademie in Konstantinopel als Hauptmann ab.

In den Balkankriegen (1912/13) trug Kemal auf Gallipoli und bei Edirne zur Rückeroberung von dem Reich verloren gegangenen Gebieten bei. Ab 1914 befehligte er die 19. Division, die 1915 entscheidend zur Vereitelung des alliierten Angriffs auf die Dardanellen beitrug.

Von 1919 bis 1922 beseitigten die Streitkräfte unter Kemals Führung die demütigenden Friedensbedingungen, die man dem Osmanischen Reich auferlegt hatte; sie vertrieben die alliierten Besatzungstruppen und schlugen den Widerstand der Armenier nieder.

1923 wurde Kemal Gründer und erster Präsident der Republik Türkei. Als *Atatürk* (»Vater der Türken«) setzte er moderne Reformen durch und blieb bis zu seinem Tod 1938 im Amt.

Schwerpunkt bei Kap Helles an der Spitze der Halbinsel mit den fünf Landungspunkten S, V, W, X und Y für seine erfahrensten Soldaten. V und W waren dabei die schwierigsten Strände. Um so nahe wie möglich an Abschnitt V heranzukommen, ließ man den Truppentransporter SS *River Clyde* im flachen Wasser auf Grund laufen und öffnete in den Rumpf eingesetzte Tore. Über eine provisorische Pontonbrücke sollten die Soldaten an Land gelangen. Der raffinierte Plan hatte jedoch einen tödlichen Fehler: Die Türken waren vorbereitet, zahlreiche MEF-Soldaten fielen in ihrem MG-Feuer. 600 der 1000 Angreifer wurden getötet oder verwundet, die anderen konnten sich in der Nacht am Strand festsetzen.

Ein ebenso blutiger Kampf fand am Strandabschnitt Z weiter im Norden der Halbinsel statt. Mit dem Ziel, die Osmanen von Nachschub und Verstärkung abzuschneiden, waren ANZAC-Truppen bei Ari Burnu in der später so genannten *ANZAC Cove* (»ANZAC-Bucht«) gelandet. Die Bucht erwies sich mit ihren steilen, zerklüfteten Felsen als tödliche Falle. Unter der geschickten Führung von Mustafa Kemal konnte das osmanische 57. Regiment die ANZAC-Truppen zum Stehen bringen und die höchsten Stellungen halten. Gegen Abend hatten die ANZAC-Kräfte von den 16 000 an den Küsten von Gallipoli gelandeten Männern 2000 verloren.

Stillstand und Krankheit

Der Gallipoli-Feldzug blieb im Patt stecken. Zum Ende der ersten Maiwoche hatten sich die Alliierten zwar auf der Halbinsel festgesetzt, konnten aber die Höhenzüge nicht erreichen und deshalb nicht weiter vorstoßen. Den Osmanen gelang es andererseits nicht, die Angreifer zurück ins Meer zu drängen. Beide Seiten begannen, Grabensysteme anzulegen.

Zwischen Ende April und Anfang Juni scheiterten mehrere alliierte Offensiven am Kap Helles katastrophal aufgrund übereilter Planung, erschöpfter Soldaten, unzureichender Artillerieunterstützung sowie einfallsloser und überambitionierter Taktiken. Auch die osmanischen Offensiven blieben erfolglos. Vom 18. auf den 19. Mai begannen Kemals Truppen einen Großangriff auf *ANZAC Cove*. Viele wurden vom Gewehr- und MG-Feuer der ANZAC-Soldaten niedergemäht, Tausende Tote blieben im Niemandsland liegen. In der Sommerhitze war der Gestank nicht zu ertragen, sodass man

Australische Soldaten stürmen in der *ANZAC Cove* an Land und erklimmen die Felsen in diesem Gemälde des in den USA geborenen britischen Malers Cyrus Cuneo (1879–1916).

einen Waffenstillstand vereinbarte, um die Gefallenen am 24. Mai vom Schlachtfeld zu bergen. Dies war die einzige offizielle Feuerpause des ganzen Kriegs.

Wo Leichen im Niemandsland nicht erreichbar waren, wimmelte es von Fliegen, die sich auf Latrinen und Verpflegung ausbreiteten. Der Mangel an sauberem Wasser und die beengten Zustände hinter den alliierten Linien machten Hygiene unmöglich; die Krankheitsfälle stiegen rapide an. Zwei kanadische Krankenschwestern starben an der Ruhr, 12 der verbleibenden 25 schickte man als dienstunfähig in die Heimat.

Ohne Platz für Feldlazarette mussten schwere Fälle evakuiert werden. Allerdings waren die drei den Feldzug begleitenden Lazarettschiffe und sieben umgebaute Transportschiffe überbelegt. Am zehnten Tag der Schlacht war jedes Krankenhausbett im über 1600 km entfernten Alexandria (Ägypten) belegt. Rund 150 000 Alliierte gingen während des Feldzugs durch die Lazarette in Ägypten und Malta. Für die osmanischen Truppen waren Krankheiten weniger problematisch, da sie über Feldlazarette und kürzere Versorgungslinien verfügten.

Neue Offensive

Einen Monat nach der Landung auf Gallipoli stürzte die britische Regierung und wurde durch eine Koalition ersetzt. Militärische Entscheidungen stockten, die auf Gallipoli benötigten Verstärkungen und Waffen wurden erst verspätet in Marsch gesetzt. Aufgrund des herrschenden Granatenmangels reichte die Munition nicht für die Westfront und erst recht nicht für Gallipoli. Sobald die Briten jedoch zwei neue Divisionen – Freiwillige, die Kitcheners Aufruf gefolgt waren – losgeschickt hatten, wurden auch neue »

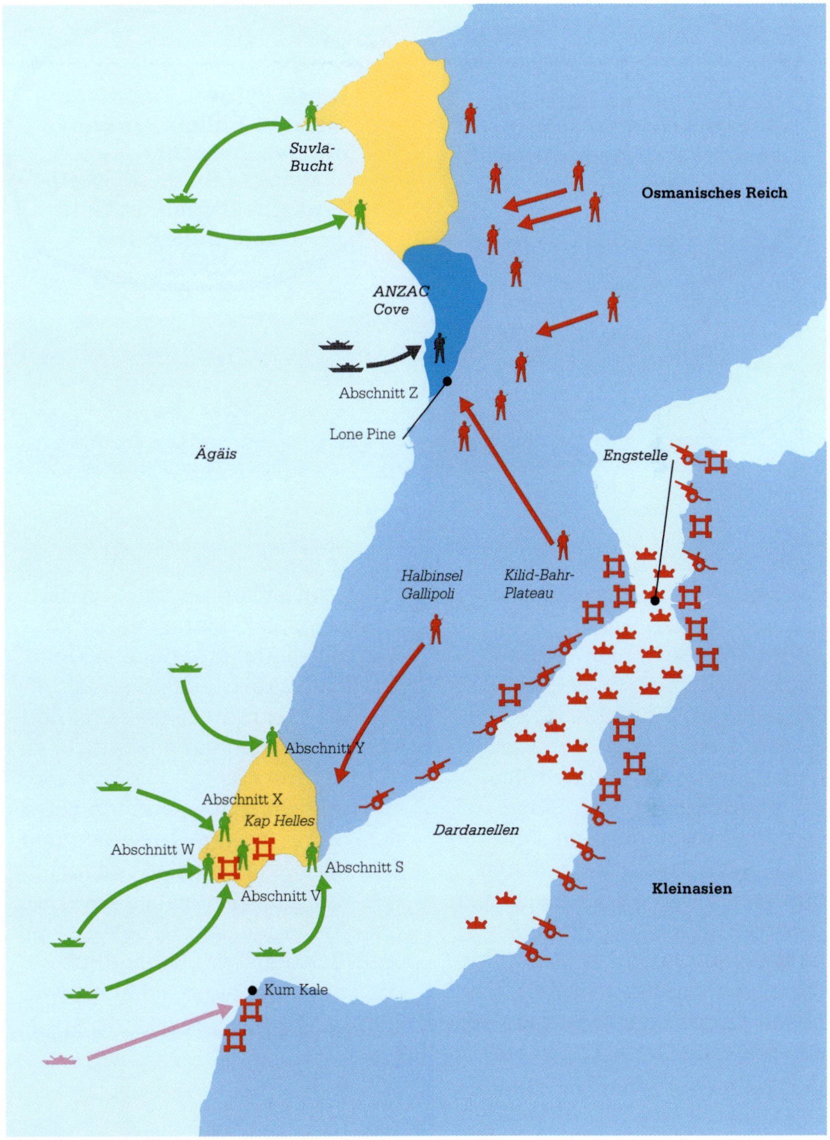

Die alliierte Hauptoffensive begann am 25. April mit dem Angriff auf Kap Helles und die später so bezeichnete *ANZAC Cove*. Die Franzosen griffen zum Schein Kum Kale an. Erbitterter Widerstand der Osmanen führte zu einem Patt, das auch eine neue alliierte Offensive an der Suvla-Bucht im August nicht brechen konnte. Bis 9. Januar 1916 wurden alle alliierten Truppen evakuiert.

Legende

- ANZAC-Landungen
- ANZAC-Truppen
- Von ANZAC-Truppen gehalten
- Französischer Ablenkungsangriff
- MEF-Landungen
- MEF-Truppen
- Von MEF-Truppen gehalten
- Türkische Truppen
- Bewegungen der türkischen Armee
- Türkische Artillerie
- Türkische Minenfelder
- Türkische Forts

Angesichts des **Patts an der Westfront** wollen die Briten **in Südosteuropa weiterkommen.**

Da sie das Osmanische Reich **nach seinen Verlusten in den Balkankriegen als geschwächt** ansehen, nehmen die Briten die **Halbinsel Gallipoli an den Dardanellen ins Visier.**

Ein schlecht vorbereiteter Feldzug, der Bereitschaft und Geschick der osmanischen Armee unterschätzt, **schlägt fehl** – mit **hohen Verlusten auf beiden Seiten.**

Der kostspielige Feldzug hat wenig Einfluss auf den Ersten Weltkrieg, aber der Mut der Soldaten erweist sich als inspirierend, besonders für türkische und ANZAC-Truppen.

Pläne für das Durchbrechen des Patts umgesetzt. Schwerpunkt der neuen Offensive waren drei Höhen im ANZAC-Sektor sowie neue Landungen in der nahe gelegenen Suvla-Bucht.

Für Anfang August wurden nächtliche Vorstöße über schwieriges Gelände und eine Reihe koordinierter Angriffe geplant. Die Osmanen hatten ihre Schützengräben mit improvisierten Dächern geschützt. Um sie zu erobern, mussten die Australier vorrücken, manche durch einen extra gegrabenen Tunnel, und dann zum Nahkampf in den Graben springen. Zwar konnten türkische Gräben erobert, eine Höhe kurze Zeit gehalten und weiteres Gelände besetzt werden, doch brachte die Offensive keinen entscheidenden Sieg.

Am 6. August wurde ein Ablenkungsangriff der australischen 1. Division bei *Lone Pine* am südlichen Ende der ANZAC-Stellungen zu einem der erbittertsten Gefechte auf Gallipoli. In fünf Tagen brutalen Nahkampfs verloren die Australier 2300 Mann, die Türken 6000. Für ihren Mut bei *Lone Pine* erhielten sieben Australier das *Victoria Cross,* die höchste militärische Auszeichnung des britischen Empire. Trotz derartig heroischer Aktionen der ANZAC-Kräfte hatte der Angriff geringe Auswirkungen. Den MEF-Kräften gelang es nicht, das Kilid-Bahr-Plateau zu besetzen, um die Dardanellen zu beherrschen. Am 10. August wurde deutlich, dass die Initiative gescheitert war.

Die Abrechnung

Im Oberkommando des MEF noch bestehende Zustimmung für weitere Angriffe wurde allmählich unterdrückt, Kritik aus Hamiltons Stab in London geteilt. Die stärkste Verurteilung des Feldzugs kam jedoch von dem australischen Journalisten Keith Murdoch (Vater des australisch-amerikanischen Unternehmers Rupert Murdoch). Er versuchte, einen kritischen Bericht des britischen Kriegskorrespondenten Ellis Ashmead-Bartlett herauszuschmuggeln. Als dieser von der

Geschütze und Mannschaften des MEF werden am Tage auf einem Floß aus der Suvla-Bucht evakuiert. Nach der Augustoffensive wird Sir Frederick Stopford als Befehlshaber abgelöst.

»Mit Gottes Hilfe haben wir die Halbinsel Gallipoli von Feinden gänzlich gesäubert.«

General Otto Liman von Sanders
Befehlshaber der osmanischen Truppen, 9. Januar 1916

Militärpolizei abgefangen wurde, schrieb er ihn neu und schickte seinen 8000 Wörter langen Bericht an den australischen Premierminister Andrew Fisher und an britische Regierungsmitglieder in London.

Am 14. Oktober wurde General Sir Ian Hamilton durch General Sir Charles Monro ersetzt. Monro empfahl die Evakuierung aller alliierten Kräfte, eine Ansicht, der Kitchener nach einem Besuch der Halbinsel im November zustimmte. Mit umfangreichen Täuschungsmanövern wurde die volle Truppenpräsenz vorgespiegelt, während man die Frontlinien allmählich ausdünnte. *ANZAC Cove* und die Suvla-Bucht wurden in der Nacht vom 19. auf den 20. Dezember 1915 vollständig geräumt, ähnlich ging man bei Kap Helles bis 9. Januar 1916 vor.

Verluste und Nachwirkungen

Rund 489 000 MEF-Soldaten kämpften auf Gallipoli. Ihnen standen etwa 550 000 osmanische Soldaten gegenüber, deren Gefechtsstärke zu keiner Zeit 315 000 überstieg. Die osmanischen Verluste werden auf mehr als 250 000 geschätzt, die Alliierten verzeichneten mindestens 132 000 Tote und Verwundete. Franzosen und Australier zählten jeweils knapp 8000 Gefallene, die Briten verloren über 27 000 Mann, die Neuseeländer etwa 2500, die Inder fast 1700.

Die Schlacht um Gallipoli war der einzige wichtige Sieg des Osmanischen Reichs im Ersten Weltkrieg. In der Türkei wird dabei besonders an das Hervortreten von Mustafa Kemal erinnert, den Staatsgründer und Führer der modernen Türkei. Das MEF wurde durch unschlüssige politische Führung, ungenügenden Nachschub an Soldaten und Waffen und lähmende Krankheiten gehemmt. In Großbritannien führte die politische Demütigung zu einer Untersuchungskommission, die die mangelhafte Planung und Durchführung des Feldzugs bestätigte. Der Fehlschlag begleitete die Karriere von Winston Churchill, bis er sich im Zweiten Weltkrieg davon lösen konnte.

ANZAC-Soldaten folgten dem Aufruf des australischen Kriegskorrespondenten Charles Bean und steuerten Gedichte, Geschichten und Bilder zu dem 1916 zur Erinnerung an die Kämpfe erschienenen *ANZAC Book* bei.

In Großbritannien wird an den Gallipoli-Feldzug nur an Orten erinnert, für die er eine besondere Bedeutung hat, z. B. in Bury, der Heimat der *Lancashire Fusiliers*. In Irland wurde der erste Jahrestag 1916 vom bewaffneten Osteraufstand überschattet. In Frankreich wird nur wenig an die erheblichen Opfer erinnert. In Australien und Neuseeland dagegen wird der Gefallenen jedes Jahr am 25. April, dem *ANZAC Day*, mit Ehrerbietung gedacht. ■

ANZAC-Truppen

Für die neuen Freiwilligen des *Australia and New Zealand Army Corps* (ANZAC), die für das britische Empire kämpften, war Gallipoli die Feuertaufe. Kurz vor Sonnenaufgang am 25. April 1915 griffen die Australier als Erste an. Kriegskorrespondent Ellis Ashmead-Bartlett beschrieb sie als »Athletenrasse«. Ihren Mut, die gegenseitige Loyalität und die Missachtung pingeliger Disziplin schrieben manche Zeugen ihren alltäglichen Erfahrungen im harten Leben im Busch und in den Städten zu. Neben Soldaten mit überwiegend britischer Abstammung kämpften auch Aborigines, Maori und Freiwillige chinesischer, indischer und sogar deutscher Herkunft.

Der erstmals am 25. April 1916 mit einer Parade durch London begangene *ANZAC Day* gedachte der Rolle der Soldaten auf Gallipoli. Die Menschen in Australien und Neuseeland trauerten, empfanden aber gleichzeitig großen Stolz. Bis heute ist der *ANZAC Day* in Australien und Neuseeland ein Feiertag.

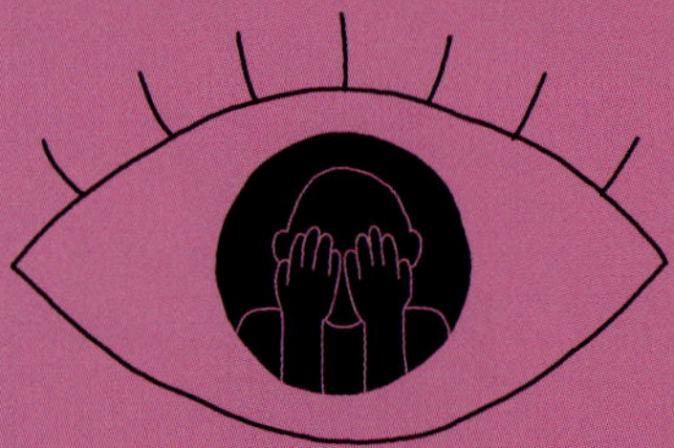

DIE DINGE, DIE ICH SEHE, VERFOLGEN MICH

DER KRIEG IM KAUKASUS (1915–1918)

IM KONTEXT

SCHWERPUNKT
Kaukasus

FRÜHER
1801 Russland annektiert das ostgeorgische Königreich Kartlien-Kachetien.

1813 Nach dem Russisch-Persischen Krieg muss Persien Baku und die meisten seiner Gebiete im Kaukasus an Russland abtreten.

1878 Das Osmanische Reich muss die drei Kaukasusprovinzen Kars, Ardahan und Batum an Russland abtreten.

SPÄTER
1920 Die Rote Armee besetzt Aserbaidschan. Armenien wird zur Sowjetrepublik.

1921 Die Rote Armee besetzt Georgien, das Teil der Sowjetunion wird.

1991 Mit dem Zusammenbruch der Sowjetunion werden Georgien, Armenien und Aserbaidschan unabhängig.

Nach Ende des schlecht geführten osmanischen Feldzugs gegen die Russen im Winter 1914/15 blieb die Kaukasusfront das Jahr 1915 über ruhig. Am 10. Januar 1916 begannen russische Truppen eine neue Offensive und eroberten am 16. Februar das befestigte türkische Erzurum, am 18. April den Schwarzmeerhafen Trabzon. Osmanische Gegenangriffe hatten im Spätsommer begrenzten Erfolg, den Winter über hielten die Russen aber einen Großteil Ostanatoliens. Die nach dem Sieg auf Gallipoli 1915 erwarteten Vorstöße waren den Osmanen nicht gelungen.

Wechselnde Erfolge

Durch die Revolution in Russland und die in Palästina und Mesopotamien gebundenen osmanischen Armeen entstand 1917 am Kaukasus ein Patt. Im Februar und März 1918 stießen osmanische Kräfte erneut in zuvor verlorene Gebiete vor. Diese Zugewinne bestätigte der im März 1918 zwischen Russland und den Mittelmächten geschlossene Vertrag von Brest-Litowsk. Im Mai 1918 erklärten sich die transkaukasischen Republiken Georgien, Armenien und Aserbaidschan als demokratische Republiken für unabhängig. Die Islamische Kaukasusarmee der Osmanen stürmte am 15. September 1915 Baku, das zu Aserbaidschan gehörte, aber noch von russischen Bolschewiki besetzt war, und brachte seine Ölfelder wieder unter Kontrolle der Aserbaidschaner. ■

Russische Truppen kämpfen gegen osmanische auf diesem Druck zum russischen Sieg bei Erzurum im Februar 1916. Mit solchen Drucken verbreitete man in Russland Nachrichten über den Krieg.

Siehe auch: Der Niedergang des Osmanischen Reichs 26–27 ■ Kriegseintritt des Osmanischen Reichs 84–85 ■ Der Gallipoli-Feldzug 122–129 ■ Der Völkermord an den Armeniern 132–133

UNSERE ARMEEN KOMMEN ALS BEFREIER

DER KRIEG IN MESOPOTAMIEN (1914–1918)

IM KONTEXT

SCHWERPUNKT
Mesopotamien und Öl

FRÜHER
1903 Die Osmanen erteilen deutschen Firmen die Konzession für den Bau einer Eisenbahnstrecke von Konya in Anatolien nach Basra am Persischen Golf als Teil einer Verbindung Berlin–Bagdad.

1911 Die osmanische 4. Armee errichtet ihr Hauptquartier in Bagdad.

Juli 1914 Großbritannien erwirbt eine Mehrheitsbeteiligung an der Anglo-Persian-Ölraffinerie in Südpersien.

SPÄTER
1921 Aus den drei britisch kontrollierten Provinzen in Mesopotamien (Mossul, Bagdad und Basra) entsteht das Königreich Irak.

1923 Gemäß dem Vertrag von Lausanne gibt die Türkei ihren Anspruch auf den Irak und andere Länder in Arabien auf.

Nach dem Kriegseintritt des Osmanischen Reichs im Oktober 1914 an der Seite der Mittelmächte entsandte Großbritannien Divisionen seiner fast 240 000 Mann starken indischen Armee zum Schutz britischer Ölinteressen in die osmanische Provinz Mesopotamien (Irak). Aus Bombay kommend ging die *Indian Expeditionary Force* »D« in der Nähe von Basra an Land und eroberte die Stadt am 21. November.

1915 rückte eine Division von Basra aus den Euphrat aufwärts vor und nahm im Juli die osmanische Nachschubbasis Nasiriya ein. Eine weitere Division unter Major-General Charles Townshend zog am Tigris aufwärts und nahm bis September Qurna, Amara und Kut al-Amara ein. Die Division stieß dann weiter Richtung Bagdad vor, wurde aber im November südöstlich ihres Ziels bei Ktesiphon geschlagen.

Belagerung von Kut

Townshend zog seine Truppen nach Kut al-Amara zurück, wo sie bald von osmanischen Kräften eingekesselt wurden. Nach 147 Tagen Belagerung kapitulierte Townshend. Von seinen rund 13 000 Mann kam mehr als ein Drittel im Kriegsgefangenenlager um.

Im Februar 1917 nahmen die Briten Kut al-Amara ein, im März auch Bagdad. Die osmanische 6. Armee wurde schließlich am 30. Oktober 1918 geschlagen und ein Waffenstillstand unterzeichnet.■

» Für das britische Empire kam Mesopotamien hinsichtlich Verlusten, Kosten und Fläche gleich nach der Westfront. «

Edwin Latter
Journal of the Society for Army Historical Research, 1994

Siehe auch: Der Niedergang des Osmanischen Reichs 26–27 ▪ Kriegseintritt des Osmanischen Reichs 84–85 ▪ Die Arabische Revolte 170–171 ▪ Die Schlacht bei Megiddo 286–287

DAS GRÖSSTE VERBRECHEN DES KRIEGS

DER VÖLKERMORD AN DEN ARMENIERN (1915–1917)

IM KONTEXT

SCHWERPUNKT
Unterdrückung der Armenier

FRÜHER
1880er-Jahre Mit dem Niedergang des Osmanischen Reichs werden die Armenier und ihre begrenzte Autonomie immer stärker bedroht.

1894–1896 Nach Steuerprotesten bringt die osmanische Staatsmacht Hunderttausende Armenier um.

1908 Für eine gerechtere Gesellschaft beteiligen sich Armenier an der Revolution der Jungtürken.

SPÄTER
1920 Nach Abzug der französischen Besatzungstruppen töten osmanische Truppen Tausende nach Anatolien zurückgekehrte Armenier.

1991 Nach dem Zusammenbruch der UdSSR erlangt Armenien seine Unabhängigkeit.

Armenische Flüchtlinge warten im September 1915 am Strand von Musa Dagh auf Rettung. Alliierte Schiffe brachten schließlich über 4000 nach Port Said (Ägypten).

Seit dem Bündnis des Osmanischen Reichs mit den Mittelmächten 1914 brachte die geografische Lage des alten armenischen Kernlands seine überwiegend christliche Bevölkerung in Gefahr. Von 1828 bis 1917 lebten die meisten Armenier in sechs Provinzen Ostanatoliens unter der Herrschaft muslimischer Osmane, andere weiter nordöstlich im christlichen Russischen Reich.

Ende des 19. Jahrhunderts stachelten russisch-armenische Nationalisten ihre anatolischen Nachbarn zum Protest gegen ihre steuerliche und rechtliche Ungleichbehandlung im Osmanischen Reich auf. Die osmanische Staatsmacht reagierte mit der massenweisen Ermordung ihrer armenischen Untertanen – ein dunkles Vorzeichen.

Die 1908 an die Macht gelangten Jungtürken versprachen allen Einwohnern des Osmanischen Reichs gleiche Rechte. Bald machte sich jedoch eine türkisch-nationalistische Haltung breit, besonders innerhalb des ab 1913 bestimmenden Komitees für Einheit und Fortschritt (KEF). Mit dem Kriegsbeginn 1914 nahm die anti-armenische Propaganda zu. Die Weigerung armenischer Führer, russische

Siehe auch: Der Niedergang des Osmanischen Reichs 26–27 ▪ Kriegseintritt des Osmanischen Reichs 84–85 ▪ Der Gallipoli-Feldzug 122–129 ▪ Der Krieg im Kaukasus 130 ▪ Die Schlacht bei Megiddo 286–287 ▪ Ein dauerhafter Frieden? 312–317

» Es ist eine gigantische Plünderung sowie der letzte Schlag, um die Rasse auszulöschen. «

Jesse B. Jackson
US-Konsul in Aleppo, 1915

Armenier im Krieg zur Unterstützung des Osmanischen Reichs zu bewegen, weckte Befürchtungen, anatolische Armenier könnten illoyal mit anderen Mächten paktieren.

Vertreibung oder Tod

Nach dem Sieg der Russen im Kaukasus im Winter 1914/15 wurden in der osmanischen Armee dienende Armenier von ihren Kameraden entwaffnet und vielfach getötet. Auf ihrem Rückzug zerstörten osmanische Kräfte armenische Dörfer und ermordeten die Bewohner.

Armenier wurden jetzt als Bedrohung der nationalen Sicherheit dargestellt. Am 8. April 1915 begannen die ersten organisierten Deportationen aus Zeytun (Süleymanli) in Südostanatolien. Die Opfer wurden – oft ohne Proviant – mit Zügen oder auf Zwangsmärschen nach Syrien oder in den Irak geschickt. Am 24. April wurden armenische Intellektuelle und Anführer in Konstantinopel (Istanbul) zusammengetrieben und ermordet oder inhaftiert.

Im Juni befahl die osmanische Regierung im ganzen Reich Massendeportationen und die Einziehung armenischen Eigentums. Verschiedene Gruppen, darunter osmanische Soldaten, lokale Milizen und kurdische Stämme, verübten Massaker. Viele Tausend kamen auf dem harten Treck nach Süden um. Manche überlebten dank ihrer osmanischen Nachbarn, die sie versteckten; andere wurden im Nordosten von russischen Truppen gerettet. 53 Tage lang widersetzten sich von Juli bis September 1915 über 4000 Armenier am Musa Dagh an der Mittelmeerküste osmanischen Truppen. Als ihnen bereits Munition und Verpflegung ausgingen, wurden sie von Alliierten nach Ägypten evakuiert.

Ein Plakat von 1917 des amerikanischen Künstlers W. B. King wirbt für Spenden für die Flüchtlinge aus Armenien und aus anderen Ländern wie Griechenland und Syrien.

Eine umstrittene Geschichte

1918 war der Großteil der armenischen Bevölkerung Anatoliens tot oder vertrieben. Überlebende oder Rückkehrer wurden weiter verfolgt. Zwischen 1914 und 1923 kamen geschätzt 1,5 Millionen Armenier um, die Überlebenden verstreuten sich in über 100 Länder.

Die Türkei erkennt den Tod vieler Armenier an, bestreitet aber, dass die Tötungen staatlich angeordnet waren, und hat die Bezeichnung unter Strafe gestellt. Mehr als 30 Länder haben jedoch die Vorgänge als Völkermord anerkannt. ▪

Hilfe für die Armenier

Die Not der Armenier löste die erste große von Bürgern getragene internationale Hilfsaktion aus. 1915 gründete der amerikanische Geschäftsmann und Philanthrop Cleveland Hoadley Dodge das *American Committee for Armenian and Syrian Relief* (ACASR). Dessen Aufgabe war, Überlebende der Minderheiten zu retten und ihnen bei der Erholung, beim Erlernen von Fertigkeiten und bei der Berufsausbildung zu helfen. Die ab 1919 als *Near East Relief* bezeichnete Organisation wurde durch eine intensive und sehr wirksame Werbekampagne begleitet, die etwa von US-Präsident Woodrow Wilson unterstützt wurde.

Bis 1930 hatte *Near East Relief* 110 Millionen US-Dollar (heute ca. 1,25 Milliarden US-Dollar) gesammelt, um Flüchtlingen in der inzwischen entstandenen Republik Türkei zu helfen. Die Mitarbeiter in der Türkei, in Syrien und im Libanon bauten Verteilzentren für Lebensmittel, Schulen und Waisenhäuser. Heute ist die Organisation als *Near East Foundation* tätig.

UNPARTEIISCH IM DENKEN UND HANDELN

DIE USA UND DER ERSTE WELTKRIEG (1915)

IM KONTEXT

SCHWERPUNKT
Auswirkung auf die USA

FRÜHER
1796 US-Präsident George Washington warnt vor »dauerhaften Allianzen«.

1907 Großbritannien, Frankreich und Russland unterzeichnen die Triple Entente als Gegengewicht zum Dreibund. Alle sechs Nationen nehmen mit den USA an der Haager Friedenskonferenz teil.

SPÄTER
April 1917 Als Reaktion auf den U-Boot-Krieg erklären die USA Deutschland den Krieg.

1920 Der US-Senat lehnt eine Mitgliedschaft im Völkerbund ab, da sie zu kostspielig sei und die USA zu sehr einschränke.

1928 Auf Initiative der USA und Frankreichs unterzeichnen 15 Nationen den Briand-Kellogg-Pakt, der Krieg »als Mittel nationaler Politik« verurteilt.

Der Krieg in Europa stellte die Neutralität der USA wie keine Krise zuvor auf die Probe. Das Land war finanziell und emotional eng an Europa gebunden. Seine Bürger waren vorwiegend europäischer Herkunft, wie US-Präsident Woodrow Wilson am 19. August 1914 in seiner Rede an die Nation bemerkte. Er unterstrich jedoch, die USA müssten versuchen, neutral zu bleiben. Er glaubte, sie könnten ein Friedensstifter der Welt sein.

Viele Amerikaner befürworteten Wilsons neutrale Haltung, aber Ex-Präsident Theodore Roosevelt und andere zweifelten an der Neutralität, und auch Wilson entschied sich schließlich für den Kriegseintritt.

Wirtschaftsbeziehungen

Die Handelsbeziehungen zu Europa stellten diese Neutralität von Anfang an infrage. Die florierende Wirtschaft Ende des 19. Jahrhunderts hatte den Handel mit Europa angekurbelt. Doch als der Krieg ausbrach,

Die USA unterhalten umfangreiche **Finanzbeziehungen** zu Europa.

Aufgrund umfangreicher **Darlehen an die Alliierten** ist deren Erfolg für die Finanziers wichtig.

Roosevelt und andere drängen auf **Kriegsvorbereitungen** und die **Vergrößerung der US-Armee.**

Amerikanische Tote bei U-Boot-Angriffen kurbeln die **militärische Schulung von Zivilisten** an.

Die USA nähern sich einem Kriegseintritt aufseiten der Alliierten an.

Siehe auch: Die Versenkung der *Lusitania* 106–107 ▪ Kriegseintritt der USA 194–195 ▪ Die USA stimmen sich auf Krieg ein 196–197 ▪ Die Schlacht von Saint-Mihiel 278–279 ▪ Die Maas-Argonnen-Offensive 280–283 ▪ Ein dauerhafter Frieden? 312–317

Woodrow Wilson

Der 1856 als Sohn gläubiger Presbyterianer in Virginia geborene Thomas Woodrow Wilson studierte Politikwissenschaften und verfolgte zunächst eine akademische Karriere. 1910 wurde er Gouverneur von New Jersey, wo er gegen Korruption vorging und progressive Reformen einführte.

1912 wurde Wilson US-Präsident. Seine Reformpolitik erntete weite Anerkennung, wie auch seine neutrale Haltung nach Kriegsausbruch 1914. Sein Versuch aber, die Rassentrennung durch die Bundesregierung zu stärken, verärgerte die afroamerikanische Bevölkerung, und seine Verurteilung der Lynchjustiz von 1918 kam vielen zu spät.

Als die USA 1917 in den Krieg eintraten, wurde Wilson mit seinem scharfen Verstand und seiner rednerischen Überzeugungskraft eine starke Führungspersönlichkeit. Bei der Pariser Friedenskonferenz 1919 drängte er die Alliierten zu einem fairen, nicht strafenden Frieden. Zudem warb er für einen Beitritt zum Völkerbund. Er erlitt einen schweren Schlaganfall, schied aber erst 1921 aus dem Amt aus. Er starb 1924.

verbot Wilson Darlehen an Kriegsteilnehmer, um den Verdacht einer Parteinahme der USA zu verhindern.

1915 hatten die Krieg führenden Nationen ihre Liquiditätsreserven aufgebraucht, aber statt den Handel zu begrenzen, hob Wilson das Darlehensverbot auf. Dies begünstigte die Alliierten, da die britische Marine deutsche Häfen blockierte, um Waffen- und anderen Lieferungen zu verhindern. Innerhalb von zwei Jahren borgten die Alliierten 2,25 Milliarden US-Dollar, sodass den Finanziers in den USA sehr an ihrem Erfolg gelegen war.

Kriegsbereitschaft

Angesichts Wilsons Weigerung, die kleine US-Armee zu vergrößern, förderten Roosevelt und General Leonard Wood aktiv die freiwillige militärische Schulung von Zivilisten und schlugen sogar eine Wehrpflicht vor. Wood hatte bereits 1913 den Aufbau zweier militärischer Ausbildungslager für College-Studenten unterstützt. Für 1914 waren vier weitere geplant, was bei Kriegsausbruch dringlich erschien.

Der Vorstoß wurde nach einem Trainingscamp in New York »Plattsburg Idea« benannt. Daraus entstand die 1916 gegründete Military Training Camps Association, die sich für die Kriegsbereitschaft einsetzte. Nachdem der National Defense Act 1916 die Vergrößerung der US-Armee ermöglichte, wurden die Camps in das Ausbildungsprogramm des Militärs integriert.

Inzwischen hatten deutsche U-Boot-Angriffe amerikanische Leben gefordert, dennoch zogen viele Amerikaner die Neutralität vor. Ende 1916 konnte sich Wilson mit dem Slogan »Er hat uns aus dem Krieg herausgehalten« seine knappe Wiederwahl sichern. ■

Arbeiter marschieren 1916 bei einer *Preparedness Parade* durch Washington. Solche Märsche warben um Unterstützung für den Kriegseintritt der USA.

GEBÄUDE STÜRZTEN ZUSAMMEN WIE KARTENHÄUSER

BEGINN DER DEUTSCHEN BOMBENANGRIFFE (JANUAR 1915)

IM KONTEXT

SCHWERPUNKT
Luftkrieg

FRÜHER
1909 Der Franzose Louis Blériot fliegt als Erster über den Ärmelkanal.

1911 Im Italienisch-Türkischen Krieg setzen italienische Piloten in Nordafrika erstmals Flugzeuge im Kampf ein und werfen Handgranaten auf osmanische Truppen.

SPÄTER
1917 Für militärische Einsätze verwenden die Deutschen statt Luftschiffen Gotha-Bomber.

April 1918 In Reaktion auf die Gefahr durch Luftschiffe wird die *Royal Air Force* aufgebaut.

August 1918 Beim letzten Luftschiffangriff auf Großbritannien wird *L 70* abgeschossen.

1919 Der Versailler Vertrag verbietet Deutschland den Besitz von Militärluftschiffen.

Bei Kriegsbeginn verfügten das deutsche Heer und die Marine über mehrere etwa 90 km/h schnelle Starrluftschiffe. Das Heer hatte einige Luftschiffe für den Abwurf von Brandbomben und Granaten eingesetzt, nutzte sie aber vorwiegend zur Aufklärung feindlicher Stellungen und Truppenbewegungen. Nach Erstarrung der Westfront entschied das deutsche Oberkommando Anfang 1915, mit den Luftschiffen den Konflikt auf alliierte Zivilisten und ihre Häuser auszuweiten – ein nie da gewesener und beängstigender Schritt.

Die neue Bedrohung

Im August 1914 hatten deutsche Luftschiffe die belgischen Städte Lüttich und Antwerpen bombardiert und etwa 20 Menschen getötet. Beim ersten Luftangriff auf Paris am 30. August 1914 warf ein Taube-Eindecker vier kleine Bomben ab und

Den ersten Luftangriff auf Großbritannien führte am 19. Januar 1915 Zeppelin *L 3* auf Great Yarmouth durch. Offiziere begutachten die Schäden.

Siehe auch: Der geheime Krieg 96–99 ▪ Krieg in der Luft 116–119 ▪ Die deutschen Bombenangriffe gehen weiter 222–223 ▪ Taktische Luftangriffe 238–239

Bestandteile eines Starrluftschiffs

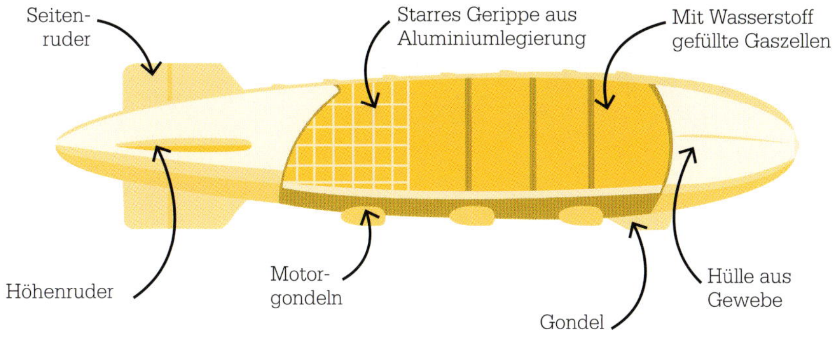

tötete eine ältere Frau. Im Oktober bombardierten zwei weitere »Tauben« das Stadtzentrum, ohne größere Schäden anzurichten. Im März 1915 warfen zwei Luftschiffe 2000 kg Bomben ab, ohne dass dabei Menschen umkamen.

Am 19. Januar 1915 bombardierten Luftschiffe erstmals die britischen Inseln und töteten in den Küstenorten Great Yarmouth und King's Lynn vier Menschen. Diese Bombenangriffe hatten in Großbritannien eine tief gehende Wirkung. Die Menschen waren verängstigt, besonders, da die einzige Warnung vor einem bevorstehenden Angriff das dumpfe Brummen der Motoren war. Mit abgestellten Motoren konnten die Luftschiffe auf einer Höhe von über 3300 m nahezu lautlos gleiten, wodurch ihre nächtlichen Angriffe beängstigend unvorhersehbar waren. In den folgenden Monaten griffen Luftschiffe weiterhin Orte an der Ostküste an und töteten noch sechs Menschen.

Angriff auf London

Am 31. Mai 1915 griffen Luftschiffe erstmals London an. Die erste Bombe traf ein Haus im nördlichen Stadtteil Stoke Newington, die darin wohnende Familie blieb unverletzt. Innerhalb von 20 Minuten warfen die Zeppeline 1360 kg Brand- und Sprengbomben ab, die in der gesamten Stadt etwa 40 Feuer auslösten, Gebäude zerstörten und sieben Menschen töteten. Der größte und tödlichste Angriff auf London mit 16 Luftschiffen erfolgte am 8. September 1916 und tötete 22 Menschen, viele weitere wurden verletzt.

Explosive Antwort

Eine wirksame Abwehr gegen diese Angriffe gab es zunächst nicht. Die wachsende öffentliche Empörung zwang die britische Regierung, Ressourcen für die Heimatverteidigung von der Westfront abzuziehen.1916 hatte man jedoch leistungsstarke Scheinwerfer, zusätzliche Kanonen sowie Brand- und Sprenggeschosse, die die mit Gas gefüllten Luftschiffe in Brand setzen konnten. Die Luftschiffangriffe nahmen ab; nachdem bis 1917 von 115 Luftschiffen 77 zerstört worden waren, stellten die Deutschen sie vorerst ganz ein.

Die Bomben der insgesamt 52 Luftschiffangriffe auf Großbritannien töteten über 550 Menschen, verletzten mehr als 1300 und terrorisierten das ganz Land. ■

Zeppeline

Das nach seinem Erfinder Ferdinand Graf von Zeppelin benannte Luftschiff absolvierte seine Jungfernfahrt 1900 über dem Bodensee. Unter der zigarrenförmigen Hülle aus festem Gewebe lag ein starres Metallgerippe, das die mit Wasserstoff gefüllten Gaszellen trug. In einer Gondel an der Unterseite waren der Steuerstand und die Mannschaft untergebracht. Militärluftschiffe waren mit MGs bewaffnet und hatten oft eine »Spähgondel«, die vom Luftschiff durch die Wolken bis zu 800 m herabgelassen werden konnte, um feindliche Stellungen und Ziele zu beobachten.

Nach dem Krieg überquerten Zeppeline im Passagierverkehr regelmäßig den Atlantik. Die *Hindenburg*, das größte gebaute Luftschiff, verfügte sogar über einen eleganten Speisesaal. Im Mai 1937 ging es jedoch bei der Landung in New Jersey in Flammen auf, 35 der 97 Menschen starben.

» Jemand sagte ›Zeppelin! Zeppelin!‹. Und hoch oben am Himmel, und wir schauten hin und sahen ihn dahinschweben und die Sterne verdunkeln. Man sah, wie sich die Bodenluke öffnete, sie die Bomben abwarfen und sie dann wieder schlossen. «

George Walker
Ein Junge, der in Nottingham vom Boden aus beobachtet, wie ein Zeppelin seine Bomben abwirft.

SIE SCHWANDEN DAHIN

RUSSLANDS RÜCKZUG (1915)

IM KONTEXT

SCHWERPUNKT
Die Ostfront

FRÜHER
1815 Der Wiener Kongress bestätigt Österreichs Herrschaft über Galizien (heute Südostpolen und Ukraine).

1905 Russlands Niederlage gegen Japan schadet seinem Prestige und führt zu wachsender Unruhe im Land.

1914 Deutschland schlägt in der Schlacht bei Tannenberg in Ostpreußen russische Truppen.

SPÄTER
1916 Russische Truppen unter General Alexei Brussilow schlagen in Ostgalizien die österreichisch-ungarische Armee.

1922 Die Grenzen der Zweiten Polnischen Republik umschließen offiziell Galizien und die Region Warschau. Die UdSSR annektiert nach 1945 einen Teil des Gebiets.

Die russischen Truppen hatten 1914 die Armee Österreich-Ungarns in ihrer größten Provinz Galizien in Schlachten aufgerieben, die Hunderttausende Leben gefordert hatten. 1915 führte Franz Conrad von Hötzendorf, der österreichisch-ungarische Generalstabschef, aber einen letztlich erfolglosen Gegenangriff, der die Russen schwächte und von Hötzendorf hoffen ließ, sie mithilfe deutscher Verstärkung aus dem Land treiben zu können.

Im April beschlossen von Hötzendorf und der deutsche Generalstabschef Erich von Falkenhayn einen begrenzten Angriff auf die Russen, der sich am Ende aber als spektakulärer Sieg der Mittelmächte herausstellen sollte.

» Dies war eine Niederlage, eine blutige Niederlage. Nichts schien sie abwenden zu können. «

Captain Neilsen
Britischer Attaché in der russischen 3. Armee

Von Mackensens Plan

General August von Mackensen sollte die neue Armeegruppe aus der deutschen 11. und der österreichisch-ungarischen 4. Armee befehligen. Er plante, die russischen Linien so schnell und so tief zu durchstoßen, dass der Feind keine Chance hatte, Verstärkung heranzuführen. Am 2. Mai 1915 eröffnete von Mackensens Artillerie um 6.00 Uhr das Feuer entlang einer 45 km langen Front zwischen den galizischen Städten Gorlice und Tarnów. Im bislang größten Sperrfeuer der Ostfront feuerten 610 Geschütze in nur vier Stunden 700 000 Granaten ab, dann griff die Infanterie an. Gorlice fiel binnen eines Tages, Tranów kurz darauf, und Zehntausende russische Soldaten gerieten in Gefangenschaft.

Die russischen Soldaten flohen aus ihren Gräben und ließen Waffen und Fahrzeuge zurück. Die Offensive dauerte aber noch 70 Tage an, in denen sich von Mackensens Front verbreiterte und vertiefte und weitere 250 000 Gefangene gemacht wurden. Ende Juni nahm

Siehe auch: Krise in Russland 24 ▪ Die Schlacht bei Tannenberg 78–81 ▪ Kampf um Polen 83 ▪ Die Brussilow-Offensive 166–169 ▪ Die Kerenski-Offensive 224–225

die Armeegruppe die über 300 km vom Ausgangspunkt entfernte galizische Hauptstadt Lemberg (Lwiw) ein. Großfürst Nikolai Nikolajewitsch befahl seinen Truppen den Rückzug aus Galizien.

Der große Rückzug

In der Folge der Niederlage in Galizien zog sich die gesamte russische Linie von der Ostsee bis in die Karpaten mehrere Hundert Kilometer ostwärts zurück. Als die deutsche Armee nachrückte, hinterließen die Russen verbrannte Erde. Nahezu eine Million Menschen wurde heimatlos, und viele von ihnen verhungerten.

Als im September die großen befestigten Städte nahe der russischen Grenze fielen, hatten die erschöpften, aber triumphierenden deutschen und österreichisch-ungarischen Truppen einen Sommer spektakulärer Siege hinter sich.

Für die Russen war der Rückzug eine militärische Notwendigkeit: Artilleriemunition und sogar Gewehre waren so knapp, dass sie keine andere Wahl hatten, bis sie ihre Vorräte auffüllen konnten. Die Niederlage kostete sie den polnischen Frontvorsprung und rund zwei Millionen Gefallene. Die Soldaten waren aber schnell ersetzt, und das russische Kernland blieb unangetastet. Die Russen sollten im folgenden Jahr unter General Alexei Brussilow zurückkehren und Vergeltung üben. ▪

Deutsche Soldaten ziehen auf ihrem Weg zur Schlacht von Gorlice-Tarnów durch ein Spalier lächelnder Bewohner einer Stadt in Galizien.

August von Mackensen

Der 1849 in Sachsen geborene Anton Ludwig Friedrich August Mackensen begann seine Militärlaufbahn 1869 und wurde im Deutsch-Französischen Krieg (1870/71) mit dem Eisernen Kreuz dekoriert. 1891 stieg er in den Generalstab auf, anfangs unter Helmuth von Moltke, dann unter Alfred von Schlieffen. Er beeindruckte beide, Kaiser Wilhelm II. übertrug ihm die Führung des 1. Leibhusaren-Regiments, machte ihn später zum Flügeladjutanten und adelte ihn 1899, wonach er »August von Mackensen« hieß.

Im Ersten Weltkrieg machte von Mackensen sich 1915 einen Namen mit dem Sieg bei Gorlice-Tarnów. Er war ein Unterstützer der Nationalsozialisten, blieb aber im Herzen Monarchist und trug bei offiziellen Anlässen nach wie vor die Uniform der Leibhusaren. 1940 verurteilte er in einem Brief an den Oberbefehlshaber des Heeres, Walther von Brauchitsch, die deutschen Kriegsverbrechen in Polen. Der 95-jährige Mackensen erlebte die Niederlage Deutschlands 1945 mit und starb noch im selben Jahr.

DIE BERGWINDE PFEIFEN IHRE KLAGELIEDER

DAS ENDE DES SERBIEN-FELDZUGS (NOVEMBER 1915–JANUAR 1916)

IM KONTEXT

SCHWERPUNKT
Krieg in Südosteuropa

FRÜHER
1882 Ausrufung des Königreichs Serbien.

1913 Nach Bulgariens Niederlage im Zweiten Balkankrieg vergrößern Serbien, Griechenland und Rumänien ihre Territorien.

1914 Ein bosnischer Serbe ermordet den Thronfolger Erzherzog Franz Ferdinand.

SPÄTER
1. November 1918 Serbische und alliierte Truppen befreien Belgrad, das zur Hauptstadt des neuen Königreichs der Serben, Kroaten und Slowenen (später Jugoslawien) wird.

1941 NS-Deutschland besetzt und teilt Jugoslawien.

2003 Jugoslawien wird aufgelöst, Serbien und Montenegro bilden eine neue Union. 2006 wird Montenegro unabhängig.

Die Alliierten erlebten 1915 Fehlschläge auf Gallipoli und in Mesopotamien, Stillstand an der Westfront sowie russische Verluste in Galizien und Polen. Doch Serbien stellte an der Flanke Österreich-Ungarns immer noch eine Gefahr dar. Könnten die Mittelmächte Serbien vernichten, würden sie den Balkan beherrschen und den Weg zu ihren osmanischen Verbündeten frei machen.

Seitenwahl

Deutschland wollte das unter Druck stehende Osmanische Reich im Krieg halten und mit Soldaten, Waf-

Siehe auch: Der Balkan 25 ▪ Die Ermordung Franz Ferdinands 40–41 ▪ Österreich-Ungarns Versagen 82 ▪ Griechenland und die Salonikifront 226–227 ▪ Leipziger Prozesse 318–319

Milunka Savić

1890 im serbischen Dorf Koprivnica geboren, nahm Milunka Savić 1912 den Einberufungsbescheid ihres kranken Bruders, schnitt sich die Haare kurz, zog Männerkleidung an und nahm in der serbischen Armee am Ersten Balkankrieg teil. Für ihren Mut in der Schlacht von Bregalnica im Zweiten Balkankrieg wurde sie ausgezeichnet und zum Korporal befördert. Bei einem Lazarettaufenthalt wurde ihr Geschlecht entdeckt, sie blieb jedoch in der serbischen Infanterie.

1916 nahm Savić in einer Schlacht alleine 23 Bulgaren gefangen. Sie wurde neunmal verwundet und erhielt weitere Auszeichnungen, darunter den Orden des Karađorđe-Sterns, den Orden der französischen Ehrenlegion und das russische Georgskreuz. Savić erhielt als einzige Frau im Ersten Weltkrieg das französische Croix de Guerre und ist die höchst ausgezeichnete Soldatin aller Zeiten.

Im Zweiten Weltkrieg kümmerte sich Savić in Belgrad um verwundete jugoslawische Partisanen und wurde von den Nazis verhaftet. Sie starb verarmt 1973 in Belgrad.

fen und Nachschub versorgen. Da die Eisenbahnstrecke nach Konstantinopel aber durch das feindliche Serbien und das neutrale Bulgarien führte, musste man Serbien schlagen und Bulgarien überzeugen, sich den Mittelmächten anzuschließen.

Die Alliierten dagegen hofften, Bulgarien neutral und Serbien auf ihrer Seite zu halten, obwohl dies immer unwahrscheinlicher schien. Im Norden des Binnenstaats Serbien lag Österreich-Ungarn, im Süden das neutrale Griechenland; Bulgarien war bereits auf Krieg eingestellt. Das Scheitern der Alliierten auf Gallipoli hatte alle Hoffnungen gedämpft, Griechenland oder Bulgarien (Serbiens erbitterter Rivale) zu einem Bündnis zu bewegen.

Mit der Zusage von im Zweiten Balkankrieg (1913) an Serbien verlorenen Territorien ließ sich Bulgarien von den Mittelmächten bestechen. Die am 6. September 1915 unterzeichnete Vereinbarung verpflichtete es zur Kriegserklärung an Serbien innerhalb eines Monats. Gleichzeitig stellte Feldmarschall August von Mackensen an Save und Donau eine Armee aus Österreichern und Deutschen auf, um von Norden her nach Serbien vorzustoßen.

Auch Bulgarien mobilisierte seine Armee, während der griechische Ministerpräsident Eleftherios Venizelos der Stationierung von 150 000 alliierten Soldaten in Saloniki (heute Thessaloniki) zustimmte, um Serbien zu unterstützen. Der mit der Schwester von Kaiser Wilhelm II., Sophie, verheiratete König Konstantin I. von Griechenland hoffte, sein Land neutral halten zu können, doch Venizelos setzte sich durch. Der Streit über ››

Deutsche Soldaten marschieren während des Vormarschs der österreichisch-deutschen 11. Armee gegen serbische Kräfte im Oktober 1915 durch Paraćin in Zentralserbien.

Der Titel des französischen *Le Petit Journal* vom 10. Oktober 1915: Serbien kämpft gegen deutsch-österreichische Kräfte, der Nachbar Bulgarien wird ihm gleich den Dolch in den Rücken stoßen.

Griechenlands Beteiligung sollte andauern, bis Konstantin 1917 zugunsten seines Sohns Alexander abdankte.

Während die Mittelmächte ihre Armeen für die Offensive aufstellten, mobilisierte auch Feldmarschall Radomir Putnik, der 1914 den wirksamen serbischen Widerstand gegen Österreich-Ungarn angeführt hatte. Allerdings hatte der Typhus seine Reihen gelichtet, ferner konnte Serbien nur 300 Geschütze ins Feld führen, Mackensen dagegen 1200.

Deutsche und Österreicher eröffneten ihren Feldzug nach Serbien am 5. Oktober mit einem Bombardement von 170 großkalibrigen Geschützen und 420 schweren Mörsern. Am selben Tag landeten 13 000 britische und französische Soldaten in Saloniki in der Hoffnung, Bulgarien davon abzuhalten, Serbien ebenfalls anzugreifen. Innerhalb von zwei Tagen trieben die deutsch-österreichischen Kräfte Putniks Männer in die Berge. Belgrad fiel am 9. Oktober, wenige Tage später griff Bulgarien aus dem Osten an.

Von Saloniki aus marschierten britische und französische Divisionen nach Norden an die Grenze, um serbischen Truppen die Verbindung mit den Alliierten zu ermöglichen. Die Franzosen erreichten Krivolak, die Briten Kosturino (im heutigen Nordmazedonien), wurden aber von der bulgarischen Übermacht blockiert. Die Alliierten waren gezwungen, sich auf Saloniki zurückzuziehen und dabei bulgarische Angriffe abzuwehren. Da die Alliierten Saloniki verteidigen und sich neu aufstellen mussten, blieb Serbien auf sich gestellt.

> »... wir sahen die Trümmer von allem, was vorher gegangen war. Es schien wie eine regelrechte Straße des Todes.«
>
> **Olive Aldridge**
> Freiwillige britische Krankenschwester, Zeugin des serbischen Rückzugs

Der große serbische Rückzug

Bis November 1915 hatten die Mittelmächte die serbische Armee in die Täler bei Mitrovica und Pristina im heutigen Kosovo gedrängt. Zehntausende von Flüchtlingen waren dazugekommen. Der Konflikt hatte die ethnischen Spannungen erhöht und auf beiden Seiten zu grausamen Vergeltungen und standrechtlichen Hinrichtungen von Zivilisten geführt.

Mit dem einsetzenden Winter flohen etwa 400 000 serbische Soldaten und Zivilisten 160 km nach Südwesten über die Berge nach Albanien Richtung Shkodra und zum Adriahafen Durrës. Von dort gelangten sie auf alliierten Schiffen

Eine deutsche Propagandapostkarte zeigt den Marktplatz von Niš in Serbien. Mit der Einnahme am 9. November 1915 kontrollierten die Mittelmächte die strategische Bahnstrecke.

Serbische Soldaten, darunter der Generalstab, überqueren auf dem großen Rückzug 1915 im bitteren Winterwetter die Wesirbrücke über den Weißen Drin in Albanien.

nach Griechenland. Jeder verfügbare Bauernkarren wurde für den Marsch requiriert, Soldaten vorn und hinten, dazwischen Zivilisten. Unter den Flüchtenden waren der 71-jährige serbische König Peter und der gebrechliche General Putnik, beide auf Tragen. Auch 24 000 österreich-ungarische Kriegsgefangene zogen mit, dazu britische, französische und russische Diplomaten mit ihren Stäben sowie amerikanische Kriegskorrespondenten.

Der serbische Rückzug erfolgte über drei parallele Routen durch die schneebedeckten Berge. An allen lagen zusammengebrochene Wagen, die Kadaver von Ochsen und Pferden und die Leichen der Flüchtlinge, die durch Hunger oder Kälte gestorben waren. Obwohl Albanien neutral war, hassten viele Bewohner die Serben und schossen oft auf sie. Von den 400 000, die sich im November 1915 in Marsch setzten, kam mehr als die Hälfte unterwegs um. Im Januar und Februar 1916 erreichten die Überlebenden Shkodra und Durrës, von dort brachten sie alliierte Schiffe nach Korfu und auf andere griechische Inseln, um sich zu erholen und zu Kräften zu kommen.

Unerschrockene Britinnen

Zu den Davongekommenen zählten auch freiwillige britische Krankenschwestern, wobei sich einige zum Bleiben und Helfen entschlossen. Im zentralserbischen Kruševac weigerte sich die 51-jährige schottische Ärztin Elsie Inglis, die Verwundeten in dem Militärhospital zu verlassen, in dem sie arbeitete. Sie hatte 1914 erstmals von Frauen gebildete medizinische Einheiten für das Ausland vorgeschlagen, war vom britischen Kriegsministerium aber nach Hause geschickt worden. Inglis setzte sich durch und stellte Einheiten in Frankreich und Serbien auf. Sie wurde 1915 gefangen genommen und im Februar 1916 nach Großbritannien zurückgeführt.

Auch Inglis' Freundin, die Ärztin Caroline Matthews aus Liverpool, die beim serbischen Roten Kreuz im westserbischen Užice arbeitete, blieb und wurde gefangen genommen. Nach ihrer Freilassung 1916 veröffentlichte sie ihre Erlebnisse – wie auch Flora Sandes, eine freiwillige Krankenwagenfahrerin, die in die serbische Armee eintrat und mit Milunka Savić und anderen Kämpferinnen diente. Nach Verwundungen wurde sie mit dem serbischen König-Georgs-Stern ausgezeichnet. Sie war die einzige uniformierte britische Kombattantin im Ersten Weltkrieg.

Der Kampf geht weiter

Die Mittelmächte hatten die Alliierten zurückgedrängt, aber Serbien kapitulierte nicht und sollte seinen Befreiungskampf fortsetzen ■

Das Massaker von Štip

Nach dem bulgarischen Einmarsch in Serbien im Oktober 1915 verübten beide Seiten Gräueltaten. Mit besonderer Verbitterung erinnert man sich jedoch an die extreme Brutalität bulgarischer Einheiten. Im November 1915 drang ein Mitglied einer paramilitärischen Gruppe in Štip in ein Hospital ein und nahm kranke und verwundete serbische Soldaten gefangen. Etwa 120 wurden am Rand eines nahen Dorfes erschossen. Im südserbischen Surdulica in der bulgarischen Besatzungszone wurden von 1916 bis 1917 etwa 2000 bis 3000 Mann exekutiert. Dieses Verbrechen, das »Massaker von Štip«, sowie weitere mutmaßliche Kriegsverbrechen der Bulgaren wurden 1919 bei der Pariser Friedenskonferenz behandelt. Die Anschuldigungen gingen hin und her. Die Serben exhumierten die Leichen der Opfer in Štip und legten eine Liste der Täter vor, darunter 500 Bulgaren, doch die bulgarischen Delegierten stritten alles ab. Kein Bulgare wurde je für Kriegsverbrechen in Serbien verurteilt.

LÖWEN, GEFÜHRT VON ESELN

DIE SCHLACHT BEI LA BASSÉE UND ARRAS 1915

IM KONTEXT

SCHWERPUNKT
Die Westfront

FRÜHER
April 1915 Die Deutschen setzen in der 2. Flandernschlacht erstmals Gas ein.

Mai 1915 In der Lorettoschlacht nehmen französische Truppen vorübergehend die Höhen von Vimy ein, werden aber wieder zurückgedrängt.

SPÄTER
18. Dezember 1915 Nach Kritik an der Niederlage bei Loos wird John French durch Douglas Haig ersetzt.

Februar–Dezember 1916 In der Schlacht um Verdun schlagen die Franzosen einen deutschen Angriff zurück – ein Wendepunkt in der Schlacht.

Juli 1916 Die Briten setzen an der Somme die wirksamere Feuerwalze ein, bei der das Sperrfeuer vorwärtsrückt, während die Infanterie folgt.

Nach dem Scheitern der alliierten Frühjahrsoffensive 1915 hatten sich beide Seiten an der Westfront eingegraben. Kleinere Bodengewinne der Alliierten waren sehr kurzlebig. Die Herausforderung bestand darin, Gewinne zu sichern und den Druck aufrechtzuerhalten, nicht zuletzt angesichts der schweren Verluste der Russen im Osten.

Der französische Befehlshaber General Joseph Joffre wollte die Deutschen mit einem Angriff auf zwei Flanken durch das Artois im Norden und die Champagne im Südosten aus dem Frontbogen bei Noyon drängen, wo ihre Linie am weitesten nach Frankreich hineinreichte. Massiver Artilleriebeschuss sollte dem Infanterieangriff vorausgehen, bei dem die Alliierten dem Feind dank des Eintreffens der ersten britischen Freiwilligen und der Verlegung deutscher Einheiten an die Ostfront zahlenmäßig im Verhältnis drei zu eins überlegen waren.

Britische Einheiten unter Feldmarschall John French sollten Joffre unterstützen. Die britische 1. Armee sollte in einem abgestimmten Manöver über eine 32 km breite Front im Artois ostwärts vorrücken und bei Loos angreifen, während die französische 10. Armee zwischen Lens und Arras vorstieß. Gleichzeitig sollten die französische 2. und 4. Armee die deutschen Linien in der Champagne angreifen.

» Ich konnte durch all das Gas nichts sehen. «

Second Lieutenant George Grossmith
über den britischen Gasangriff bei Loos

Zwei gescheiterte Angriffe

Am 21. September beschoss die französische Artillerie die deutschen Stellungen mit rund 1,75 Millionen Granaten. Die Verteidiger suchten die Bunker auf und warteten ab. Nach vier Tagen rückten vier Divisionen der französischen 10. Armee durch den Morgennebel auf die Höhen von Vimy vor, die einen breiten Frontabschnitt dominierten, nur um zu entdecken, dass die

Siehe auch: Britischer Kriegseintritt 56–57 ▪ Die Zweite Flandernschlacht 110–115 ▪ Russlands Rückzug 138–139 ▪ Die Schlacht um Verdun 152–155 ▪ Die Schlacht an der Somme 172–179

deutschen Stellungen den Beschuss größtenteils überstanden hatten. Die 29. Division erreichte zwar den Höhenrücken, kam aber nicht durch den Stacheldraht bis zu den deutschen Stellungen. Auf dem Rückzug verloren sie rund 48 000 Mann.

Im Norden sah es für die sechs britischen Divisionen unter General Douglas Haig ganz ähnlich aus. Sie nahmen zwar im ersten Ansturm Loos, konnten es aber nicht halten. Die in ihren ersten Einsatz geworfenen Freiwilligen-Einheiten waren nicht für den Grabenkampf ausgebildet, und der viertägige Artilleriebeschuss hatte sich als wirkungslos erwiesen und die Stacheldrahtverhaue größtenteils intakt gelassen. Der britische Angriff wurde zudem durch die Weigerung Frenchs behindert, zwei Divisionen bereitzustellen, die Haig angefordert hatte.

In dieser Schlacht setzten die Briten auch erstmals Giftgas ein. Allerdings drehte der Wind und blies die Schwaden über Teile der britischen Linien, um dann über dem Niemandsland zu schweben. Deutsche Gegenangriffe drängten die Briten schließlich zurück in ihre Ausgangsstellungen.

Keine Frage der Zahlen

Mitte Oktober war die Offensive praktisch gescheitert, als Erschöpfung und Regen weitere Kämpfe unmöglich machten. Es gab mehr als 100 000 französische und britische Verluste, die Deutschen verloren nur halb so viele Männer. Überlegene Truppenstärke reichte also eindeutig nicht aus. Zudem hatte sich das Artillerie-Trommelfeuer als wirkungslos erwiesen. Die Alliierten brauchten frische Ideen, um die Deutschen zu besiegen. ■

Die Hälfte der 72 Bataillone, die am ersten Tag bei Loos kämpften, waren schottische Regimenter. Hier greifen sie deutsche Gräben an.

Kulbir Thapa

Der 1888 in Nepal geborene Kulbir Thapa war der erste Ghurka, der für sein Verhalten bei der Schlacht bei Loos mit dem Victoria Cross ausgezeichnet wurde, der höchsten britischen Tapferkeitsmedaille. Er war Angehöriger der Britisch-Indischen Armee, die 1914 nach Frankreich und Belgien entsandt wurde, um die Truppen an der Westfront zu verstärken.

Am 25. September 1915 fand Thapa einen verwundeten britischen Soldaten hinter dem vordersten deutschen Graben. Selber verwundet, bewachte er den Mann die Nacht hindurch und zog ihn dann im Schutz des Morgennebels durch den deutschen Stacheldraht in Sicherheit. Dann rettete er unter Feuer zwei verwundete Ghurkas aus dem Niemandsland, bevor er zurückkehrte, um den Briten zu bergen. Berichten zufolge hielten selbst die zuschauenden deutschen Soldaten inne, um seinem Mut zu applaudieren, als er es hinter die britischen Linien schaffte. König George V. zeichnete ihn im Buckingham Palace mit dem Victoria Cross aus. Thapa starb 1956.

TOTALER KRIEG 1916

27. JAN. 1916

Großbritannien verpflichtet mit dem Military Service Act unverheiratete **Männer zwischen 18 und 41** zum Dienst in den Streitkräften.

21. FEB. 1916

Die **deutsche Armee** beginnt **Angriffe auf französische** Stellungen bei Verdun mit dem bisher verheerendsten **Artilleriebeschuss.**

18. MÄRZ 1916

An der Ostfront beschießt **russische Artillerie** deutsche Kräfte bei Wilna vor der **Schlacht am Naratsch-See,** einer empfindlichen russischen Niederlage.

24. APRIL 1916

Irische Nationalisten erheben sich gegen die britische Herrschaft. Der **Osteraufstand wird unterdrückt,** aber die Hinrichtung von 16 Anführern verschafft den Nationalisten neuen Zulauf.

16. MAI 1916

Großbritannien und **Frankreich** schließen das **geheime Sykes-Picot-Abkommen** zur Aufteilung des **Osmanischen Reichs** nach dem Krieg.

31. MAI 1916

Die **britische Grand Fleet** und die **deutsche Hochseeflotte** führen eine zweitägige **Seeschlacht im Skagerrak.**

4. JUNI 1916

Russland beginnt die von den Pripjet-Sümpfen in Polen bis nach Rumänien reichende **Brussilow-Offensive gegen österreichische Stellungen.**

10. JUNI 1916

Mit Angriffen auf osmanische Garnisonen in Mekka und Medina löst **Scherif Hussein,** der Emir von Mekka, die **Arabische Revolte** aus.

Deutsche Siege an der Ostfront hatten Erich von Falkenhayns Position als Chef des Generalstabs gefestigt. Bei seiner strategischen Planung für 1916 suchte er nach einem Ausweg aus dem Patt an der Westfront. Durch einen Angriff auf einen Frontabschnitt, den die Franzosen um keinen Preis aufgeben könnten, sollte Frankreich »weißbluten«, so seine Wortwahl. Ein Jahr der Abnutzungsschlachten begann.

Die Westfront hält

Falkenhayn wählte den Frontbogen um die Festung Verdun für den Angriff und brachte die maximale Anzahl schwerer Geschütze gegen die Franzosen zum Einsatz. Begrenzte deutsche Infanterieangriffe sollten dann Schlüsselstellungen sichern und französische Reserven vor die deutschen Geschütze locken.

Am 21. Februar 1916 um 7 Uhr begann die Schlacht mit einem massiven Trommelfeuer auf französische Stellungen. Trotz hoher Verluste schlugen die Franzosen den Angriff hartnäckig zurück, den heftiger Schneefall behinderte, der ihnen Zeit verschaffte, um Verstärkungen heranzuführen. Bald kamen deutsche Infanteriedivisionen in französisches Artilleriefeuer. Mit 302 Tagen Dauer wurde die Schlacht die längste des Kriegs, Falkenhayns Plan hatte offensichtlich nicht den erhofften Durchbruch gebracht. Im August lösten Paul von Hindenburg und sein Stellvertreter Erich Ludendorff ihn als Chef der Obersten Heeresleitung ab.

Mit den vielen bei Verdun gebundenen Kräften war die französische Regierung für die an der Somme geplante alliierte Offensive auf den britischen General Douglas Haig und seine größtenteils aus Freiwilligen bestehende Armee angewiesen.

Die Schlacht an der Somme begann am 1. Juli mit katastrophalen Verlusten für die Briten: Ihr Angriff blieb im Artillerie- und MG-Feuer und in den Stacheldrahtverhauen der Deutschen stecken, die das Trommelfeuer vorab nicht zerstört hatte. Die Offensive zog sich bis Mitte November hin, mit minimalen Gewinnen irgendeiner Seite, aber über einer Million Verluste. Das Schlachtfeld war jetzt ein Meer aus Schlamm, die Kämpfe flauten ab.

Elend der Zivilisten

Die fürchterlichen Verluste drückten auf die Moral in der Heimat. Etwa

1. JULI 1916

Der erste Tag der **Schlacht an der Somme** ist gekennzeichnet von **schweren britischen Verlusten** gegen die deutschen Verteidiger und **minimalen Geländegewinnen.**

27. AUG. 1916

Von Versprechen zur territorialen Vergrößerung gelockt, **tritt Rumänien den Alliierten bei** und erklärt den Mittelmächten den Krieg.

29. AUG. 1916

Als Reaktion auf die **gescheiterte Strategie bei Verdun entlässt** Kaiser Wilhelm II. **Erich von Falkenhayn** als Chef des Generalstabs.

15. SEPT. 1916

Im **Gefecht um Flers-Courcelette** im Verlauf der Offensive an der Somme **setzen die Briten erstmals Panzer ein.** Die meisten fallen aus.

20. OKT. 1916

General Robert Nivelle führt eine Großoffensive gegen deutsche Kräfte bei Verdun, die zum **französischen Sieg** im Dezember beiträgt.

6. DEZ. 1916

Auf einem weißen Pferd zieht **Feldmarschall August von Mackensen** im Triumphzug in die **rumänische Hauptstadt Bukarest** ein.

18. DEZ. 1916

US-Präsident Woodrow Wilson schreibt an die Krieg führenden Länder, um für alle Seiten akzeptable **Friedensbedingungen zu finden.** Seine **Initiative scheitert.**

30. DEZ. 1916

Der russische Mönch **Grigori Rasputin** wird von einer Gruppe Adliger **ermordet,** die sein wachsender Einfluss auf die Zarenfamilie erzürnt.

ein Drittel aller im Ersten Weltkrieg Gefallenen hinterließ Frauen und Kinder, die häufig nur mithilfe wohltätiger Organisationen überleben konnten. Der Alltag der meisten Zivilisten bestand aus Schlange stehen, Mangel und harter Arbeit. Die Seeschlacht im Skagerrak zwischen Deutschen und Briten Ende Mai 1916 konnte die alliierte Seeblockade nicht beenden, die die Lebensmittelversorgung der Deutschen drastisch einschränkte. Eine Missernte verschlimmerte die Lage, ab Herbst 1916 wurden sogar die Steckrüben rationiert, von denen sich viele ernährten.

An der Ostfront

Extreme Armut löste in Russland zahlreiche Streiks aus, seine Truppen waren jedoch in der von General Alexei Brussilow geschickt geführten Sommeroffensive erfolgreich. Im Juni begann in Galizien sein Überraschungsangriff auf die Österreicher. Die breite Offensive erstreckte sich auf fast 500 km Front und war ein spektakulärer Erfolg mit Hunderttausenden Kriegsgefangenen und beträchtlichen Geländegewinnen. Im September brachte deutsche Verstärkung die Russen zum Stehen.

Von russischen Erfolgen im Sommer und alliierten Gebietsversprechungen auf Kosten Österreich-Ungarns ermutigt, erklärte Rumänien am 27. August den Mittelmächten den Krieg. Ein fataler Fehler: Von Feinden umgeben, war seine Position höchst verwundbar. Nach einer energischen, aber vergeblichen Defensivoperation gegen zwei angreifende Armeen der Mittelmächte zogen sich die Reste der rumänischen Armee zurück. Bei minimalen Verlusten hatten die Mittelmächte die wichtigen wirtschaftlichen Ressourcen Rumäniens unter ihre Kontrolle gebracht, darunter Öl und Getreide, die mit alliierter Blockade belegt waren.

Freiheitskämpfe

Anderswo nutzten Nationalisten die Ablenkung durch den Krieg für ihr Streben nach Unabhängigkeit. So hofften irische Republikaner bei ihrem Aufstand auf die internationale Anerkennung ihres Kampfes gegen die britische Herrschaft.

Die Briten unterstützten im Juni 1916 aktiv den arabischen Aufstand gegen das Osmanische Reich. Ab Oktober führte der charismatische Offizier T. E. Lawrence mit den Arabern einen Guerillafeldzug, der mit der Einnahme von Damaskus endete. ■

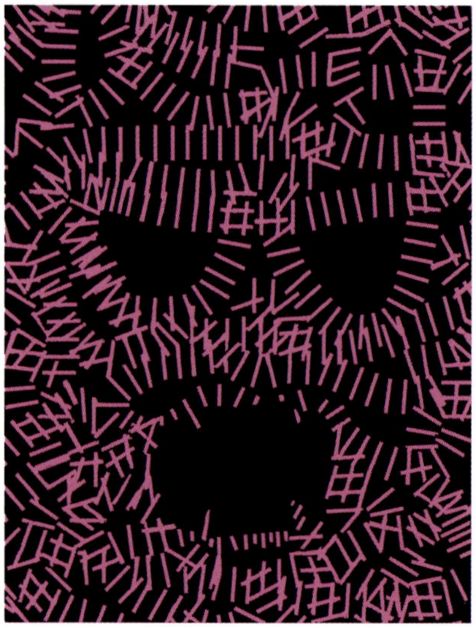

RIESIGE MECHANISCHE MONSTER

PANZERKRIEG

IM KONTEXT

SCHWERPUNKT
Gepanzerte Kampffahrzeuge

FRÜHER
1886 Der deutsche Ingenieur Carl Benz baut das erste praxistaugliche Automobil.

1907 Großbritannien erprobt den Hornsby »Crawler« mit Gleisketten.

1915 Der britische Marineoffizier Thomas Hetherington schlägt zur Querung von Gräben ein Fahrzeug mit großen Rädern vor.

SPÄTER
1927 Die britische Armee gründet die Experimental Mechanized Force zur Erprobung technischer Neuerungen.

1942 Im Zweiten Weltkrieg entscheiden Panzer die Schlachten von El Alamein.

1943 Die Russen siegen in der größten Panzerschlacht der Geschichte bei Kursk.

Die zum Bau von Panzern notwendigen **technischen Neuerungen – Verbrennungsmotor und Gleisketten** – gibt es bereits seit einiger Zeit.

↓

In **mehreren Ländern** entwickeln Konstrukteure Ideen für **gepanzerte Fahrzeuge,** die auf **Raupenketten** fahren.

↓

Die **Befehlshaber** der Streitkräfte **bleiben skeptisch.**

↓

Der Stellungskrieg an der Westfront beschleunigt die Einführung der revolutionären Waffen.

Die Erfindung des Verbrennungsmotors in der zweiten Hälfte des 19. Jahrhunderts und die Entwicklung der Gleisketten im frühen 20. Jahrhundert trugen zum Aufkommen des Panzers bei. Zu Beginn des Ersten Weltkriegs gab es jedoch noch keine Panzer. 1911 schlug der russische Marine-Ingenieur Wassili Mendelejew ein mit schweren Stahlplatten gepanzertes Fahrzeug »nach Raupenprinzip« zur Abwehr schweren Maschinengewehrfeuers vor, aber seine Idee wurde abgelehnt. Im Oktober 1914 entwickelte der britische Offizier Ernest Swinton ein ähnliches Konzept, das ebenfalls nicht auf Zustimmung traf. Die Generäle waren nicht überzeugt, dass ein solches Gerät im modernen Krieg eingesetzt werden könnte.

Siehe auch: Der Stellungskrieg beginnt 74–77 ▪ Der Gallipoli-Feldzug 122–129 ▪ Die Schlacht an der Somme 172–179 ▪ Die Schlacht von Cambrai 237 ▪ Der Grabenkrieg im Wandel 254–257 ▪ Die Schlacht bei Amiens 274–277 ▪ Durchbruch an der Siegfriedstellung 290–293

Das Problem war, dass die herkömmliche Kriegsführung nicht länger möglich war. Mit Maschinengewehren hinter Stacheldraht verschanzte Soldaten konnten in ihren Gräben kaum noch durch gegnerische Einheiten angegriffen werden.

Mobiler Schutz

Der Stillstand an der Westfront zwang das britische Militär, das Potenzial gepanzerter Fahrzeuge neu zu überdenken, Unterstützung für Panzer kam aus der Royal Navy und von Marineminister Winston Churchill. Die Marine hatte die Verantwortung für den Betrieb von Panzerfahrzeugen an der Westfront übernommen und war von der Idee eines »Landschiffs« überzeugt. Daher war der 1915 von der Landmaschinenfabrik William Foster gebaute, 16,5 t schwere und 2,5 m hohe Prototyp Little Willie auch mit Schiffskanonen ausgestattet.

Little Willie war nicht als Alternative zur Artillerie gedacht; er sollte hauptsächlich als bewegliches Bollwerk die vorrückende Infanterie schützen, Stacheldrahtverhaue niederwalzen und Gegner mit Maschinengewehren beschießen. Panzer mit Kanonen erhielten aufgrund des phallischen Aussehens der Waffen männliche Namen, während Panzer mit Maschinengewehren weibliche Namen trugen.

Amerikanische Infanteristen rücken im September 1918 in der Deckung eines britischen Panzers auf die Siegfriedstellung zu.

Mit einer Länge von 5,87 m konnte Little Willie die meisten Schützengräben locker überrollen. Der Panzer Mark IV, ab seiner Vorstellung 1917 das am weitesten entwickelte britische Kampffahrzeug, war mit 8,5 m noch länger. Dennoch waren manche Schützengräben zu breit und tief, um sie schnell zu überwinden, vor allem, je bewusster sich die Deutschen der Gefahren waren. Daher führten Panzerbesatzungen Faschinen (eng gebundene Rutenbündel) mit sich, mit denen sie die tiefsten und breitesten Gräben verfüllten und so einen federnden Untergrund schufen, auf dem der Panzer gute Bodenhaftung fand.

Drehbarer Geschützturm

Die französische Armee führte bei ihrem leichten Renault FT den drehbaren Geschützturm ein, der später die Silhouette von Panzern prägen sollte. Er kam erstmals im Mai 1918 auf dem Schlachtfeld zum Einsatz. Im März des Jahres wurde auch der deutsche Sturmpanzerwagen A7V an der Westfront in Gebrauch genommen. Von den insgesamt 20 Stück waren nur zehn gepanzert, der Rest diente lediglich zum Transport von Truppen oder Material. ■

Winston Churchill

Der Sohn eines britischen Aristokraten und einer amerikanischen Millionärstochter wurde 1874 in Blenheim Palace im englischen Oxfordshire geboren. Er wurde 1895 Soldat und nutzte seine Verbindungen, um in Kriegsgebieten wie Indien, dem Sudan und Kuba eingesetzt zu werden. Später berichtete er als Journalist über den Zweiten Burenkrieg (1899–1902), bevor er in die Politik ging.

Churchill trat zunächst als Abgeordneter für die Konservative Partei, dann für die Liberalen an und wurde 1910 Innenminister, dann Ende 1911 Marineminister. Als unsteter und neugieriger Geist war er vermutlich von der Idee des Panzers fasziniert, da die meisten ihn für unpraktikabel hielten. Seine Amtszeit im Marineministerium wurde durch die Niederlage bei Gallipoli 1915/16 getrübt, aber Churchill kehrte zurück. Er wurde zweimal britischer Premierminister – während des Zweiten Weltkriegs 1940–1945 und erneut 1951–1955. Er starb 1965 in London.

FRANKREICHS KRÄFTE VERBLUTEN

DIE SCHLACHT UM VERDUN (21. FEBRUAR – 18. DEZEMBER 1916)

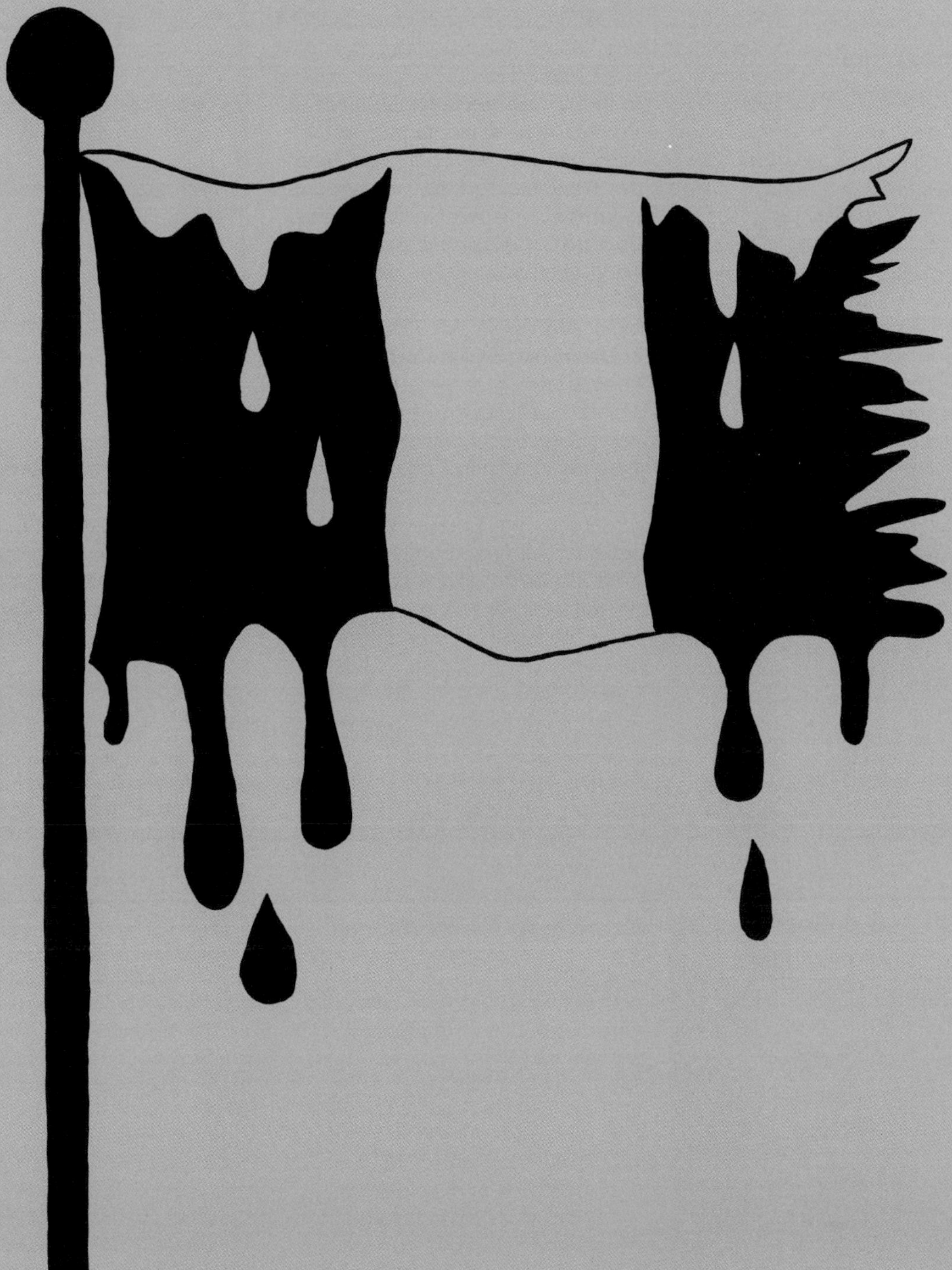

IM KONTEXT

SCHWERPUNKT
Offensiven und Gegenoffensiven

FRÜHER
1903 Die Franzosen verstärken Fort Douaumont, Teil des modernen Festungsrings um Verdun, mit einem Betonbunker.

September–Oktober 1914 Nach dem deutschen Sieg bei Flirey ist Verdun auf drei Seiten abgeschnitten.

Juli 1915 Die Deutschen unterbrechen die Gleise zwischen Verdun und Paris.

SPÄTER
August 1917 Eine frische französische Offensive stößt von Verdun nach Norden vor, wird aber vom deutschen Gegenangriff gestoppt.

September–November 1918 Die Maas-Argonnen-Offensive endet mit dem Sieg der Alliierten.

Die mit 302 Tagen längste Schlacht des Ersten Weltkriegs war auch eine der brutalsten. Man nimmt an, dass zwischen Februar und Dezember 1916 bis zu 300 000 Soldaten bei Verdun gefallen sind. Bemerkenswert war bei dieser Schlacht auch das ständige Hin und Her zwischen Angriff und Gegenangriff der deutschen und französischen Soldaten. Die Franzosen nannten sie den »Fleischwolf«.

Herausragende Lage

Verdun war unter anderem von strategischer Bedeutung. Der deutsche Vorstoß war bislang entweder durch Belgien und Luxemburg im Norden oder durch Elsass-Lothringen im Süden vorgedrungen. Jetzt lag Verdun Anfang 1916 im Zentrum eines Frontvorsprungs, der auf deutsches Gebiet ragte. Die von einer Kette von Festungen – Teil des Séré-de-Rivières-Systems und mittlerweile teilweise modernisiert – umringte Stadt stellte eine andauernde Bedrohung für die deutschen Truppen dar. Da sie aber auch auf drei Seiten von deutschen Stellungen umgeben war, war sie ein verlockendes Ziel.

Ein Druck von 1895 zeigt die kleine alte Stadt Verdun, wie sie vor dem Krieg aussah. Sie lag von einem Ring aus 19 Forts umgeben an der Maas nahe der Grenze zu Deutschland.

Verdun kam aber auch eine symbolische Bedeutung zu. Ein 843 hier durch die Enkel Karls des Großen (747–814) unterzeichneter Vertrag war wohl die Geburtsurkunde Frankreichs. Dank der Nähe zur deutschen Grenze und Elsass-Lothringen hatte Verdun schon immer die Anmutung einer Grenzstadt gehabt und war auch die letzte Festung, die bei der deutschen Invasion im Deutsch-Französischen Krieg (1870/71) gefallen war.

Erich von Falkenhayn

Der 1861 geborene Sohn einer ostpreußischen Adelsfamilie verbrachte den Großteil seines Lebens im Militär. Er war mit elf Jahren Kadett, diente ab 1907 als Chef des Generalstabs des XVI. Armeekorps und wurde 1908 zum Oberst befördert. 1913 wurde er preußischer Kriegsminister.

Von Falkenhayn hieß den Kriegsausbruch willkommen, zweifelte aber an der Strategie der nackten Aggression des deutschen Oberkommandos. Er glaubte, der Sieg würde der Seite mit der größeren Ausdauer gehören. Als Chef des Generalstabs verfolgte von Falkenhayn die Strategie der Zermürbung als wirksame militärische Vorgehensweise. Nachdem er im August 1916 von Hindenburg weichen musste, befehligte er deutsche Truppen in Rumänien und osmanische Einheiten in Palästina, wo er einschritt, um Kriegsverbrechen gegen die jüdische Bevölkerung zu verhindern. Erich von Falkenhayn starb 1922.

Siehe auch: Planen für den Krieg 34–39 ▪ Die Grenzschlachten 52–55 ▪ Rückzug und Verfolgung 60–63 ▪ Die Brussilow-Offensive 166–169 ▪ Die Schlacht an der Somme 172–179 ▪ Artillerie 228–229 ▪ Taktische Luftangriffe 238–239

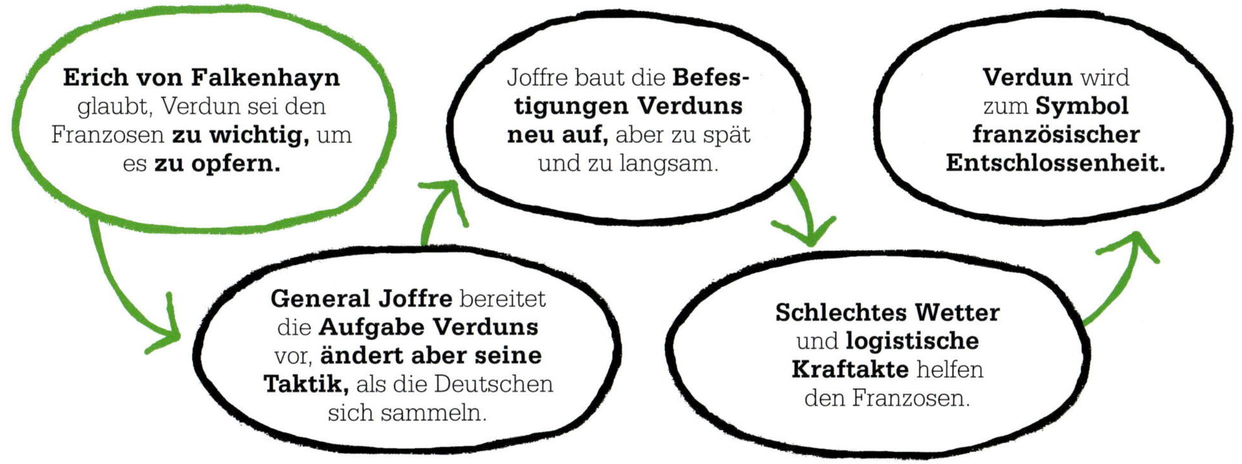

Der Chef des deutschen Generalstabs, Erich von Falkenhayn, kannte diese Fakten, als er Verdun ins Visier nahm. Seiner Auffassung nach war die Stadt für die Franzosen zu wichtig, um sie aufzugeben, sodass sie eine Infanteriewelle nach der anderen gegen seine eingegrabene 5. Armee einsetzten und im Artilleriefeuer verheizten.

Es spielte praktisch keine Rolle, ob von Falkenhayns Truppen die Stadt einnahmen, solange seine Gegner weiter gegen die Belagerung anrannten. Frankreich hatte seit Kriegsbeginn bereits zwei Millionen Menschen verloren. Das Gemetzel bei Verdun würde weitergehen und – so war von Falkenhayn überzeugt – die französische Armee ausbluten.

> »Frankreichs Kräfte verbluten, da es ein Ausweichen nicht gibt, gleichgültig, ob wir das Ziel selbst erreichen oder nicht.«
>
> **Erich von Falkenhayn**
> Memorandum an Kaiser Wilhelm II., Dezember 1915

Pragmatismus

Von Falkenhayns eiskalte Logik der Zermürbung wurde allerdings nicht durch die Fakten vor Ort gestützt. Die Franzosen, die Verdun keineswegs als um jeden Preis zu haltendes Symbol sahen, hatten ihre Befestigungen seit 1914 zurückgebaut.

Der französische General Joseph Joffre dachte ebenso leidenschaftslos wie von Falkenhayn. Das weiter nördlich an der Maas gelegene Lüttich war ebenfalls von Festungen aus dem 19. Jahrhundert umringt, die den modernen Geschützen der Deutschen nichts entgegenzusetzen hatten. Joffre schloss daraus, dass die Befestigungen um Verdun ebenso wirkungslos sein würden und Truppen und Waffen andernorts an der Westfront besser aufgehoben wären. Die französische 2. Armee sollte Verdun von Stellungen am Ostufer der Maas aus verteidigen, aber ohne Unterstützung durch die Festungen.

Die Schlacht beginnt

Manche Generäle Joffres hielten seine Entscheidung für kurzsichtig und protestierten, und ihre Einwände bewegten ihn möglicherweise zu einer Neubewertung. Anfang Februar war deutlich, dass die Deutschen Verdun ins Visier genommen hatten, und Joffre nahm den Befehl zur Entwaffnung zurück. Selbst jetzt noch war er davon überzeugt, dass der Gegner nur eine Ablenkung plante. Es sollte sich bald zeigen, wie falsch er damit lag. Im Morgengrauen des 21. Februar eröffnete die deutsche Artillerie den seinerzeit schwersten Beschuss der Geschichte und verfeuerte alleine an diesem Tag eine Million Granaten.

Mehr als 30 Züge täglich brachten neue Munition heran, sodass der Beschuss in einer Länge und Intensität anhalten konnte, die ihresgleichen suchten. »

Von Falkenhayn hatte 12000 Geschütze, die Hälfte davon schwere Kaliber, darunter die 38-cm-SK-L/45 Langer Max, die 750-kg-Granaten über bis zu 34 km Distanz verschießen konnte. Diese ursprünglich für Schlachtschiffe konstruierte Schnellladekanone war für Küstenbatterien umgerüstet worden, bevor man ihr Potenzial für den Einsatz an der Westfront erkannte.

Schritt um Schritt

Das Bombardement wurde am 21. Februar um 12 Uhr kurz ausgesetzt, damit die deutsche Infanterie nachrücken konnte. Sie stürmte durch die französischen Linien, wo die vom Trommelfeuer traumatisierten Soldaten kauerten. Die Angreifer räumten Gräben, Unterstände und Bunker mit Handfeuerwaffen und Handgranaten, während Pioniere und Sturmtrupps erstmals Flammenwerfer mit vernichtender Wirkung einsetzten.

Die »Langer Max«-Geschütze waren so groß, dass sie auf Schienen fahren mussten. Sie waren zerstörerisch, aber auch aufwendig zu laden.

Die anfänglichen Fortschritte waren groß: Die Deutschen konnten in den ersten 24 Stunden 5 km vorrücken, indem sie dem gleichen Muster von Artilleriebeschuss und Infanterieangriffen folgten. Diese Strategie war zwar grundsätzlich vorsichtig, hieb aber im Februar 1916 eine Schneise durch die nur unzureichend vorbereiteten Franzosen.

Die meisten französischen Geschütze waren noch nicht in Stellung, und keines hatte die Feuerkraft der großkalibrigen deutschen Kanonen. Ohne einsatzfähige Artillerie hatte die französische Infanterie keine Chance. Selbst der berühmte Festungsring um Verdun wurde so hart getroffen, dass die Besatzungen wie Strohpuppen durch die Luft geschleudert wurden und gezwungen waren, in den tiefen Kellern der Anlagen Schutz zu suchen. Als die Deutschen am 25. Februar auf das größte und stärkste Fort, Douaumont, vorrückten, konnten sie es sogar ungehindert betreten.

In den folgenden Tagen konnten die Franzosen den deutschen Vormarsch bremsen. Der Oberbefehlshaber der 2. Armee, General Philippe Pétain, verbot kategorisch jeden Rückzug. Nach einem gescheiterten Gegenangriff auf Douaumont am 26. Februar verlegte er sich auf Schadensbegrenzung.

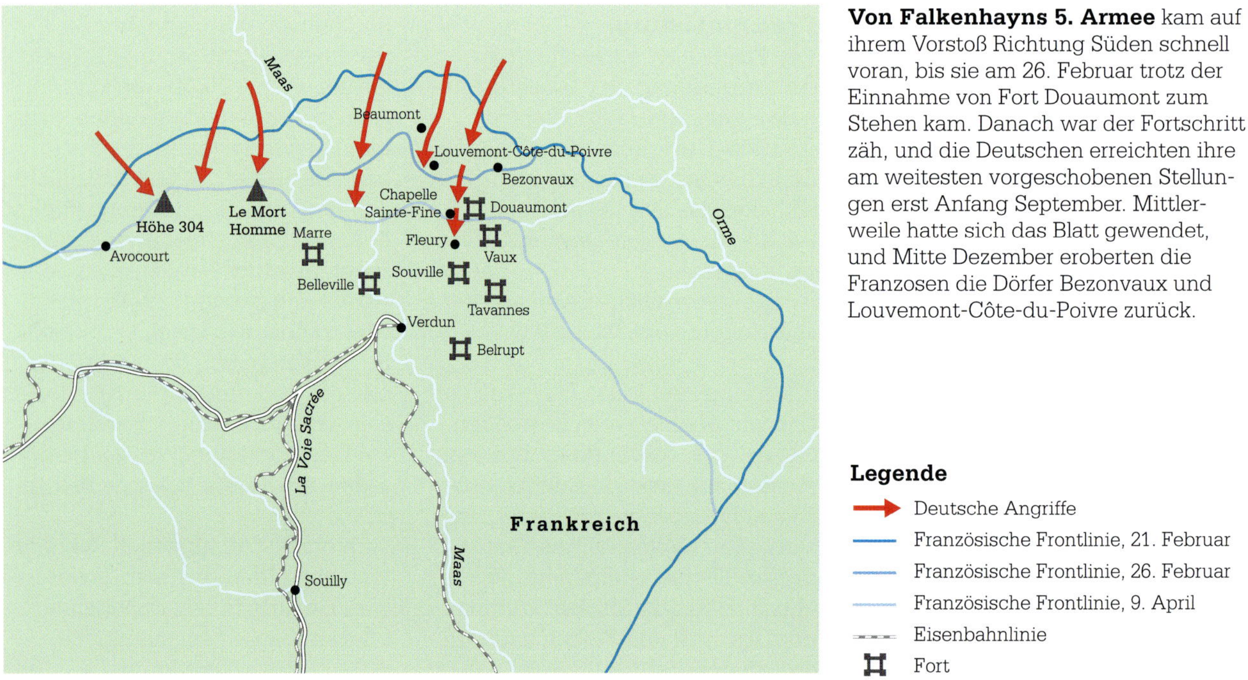

Von Falkenhayns 5. Armee kam auf ihrem Vorstoß Richtung Süden schnell voran, bis sie am 26. Februar trotz der Einnahme von Fort Douaumont zum Stehen kam. Danach war der Fortschritt zäh, und die Deutschen erreichten ihre am weitesten vorgeschobenen Stellungen erst Anfang September. Mittlerweile hatte sich das Blatt gewendet, und Mitte Dezember eroberten die Franzosen die Dörfer Bezonvaux und Louvemont-Côte-du-Poivre zurück.

» Gestern, am 24., habe ich befohlen, das rechte Ufer nördlich von Verdun zu halten. Jeder Offizier, der einen Rückzug befiehlt, wird vor ein Kriegsgericht gestellt. «

General Philippe Pétain

Seine Männer sollten das von ihnen gehaltene Territorium bis zum Tod halten, aber vorläufig keinen Versuch unternehmen, verlorenen Boden zurückzuerobern.

Französische Verstärkung

Auch wenn von Falkenhayns anfängliche Annahme, die Franzosen würden Verdun um jeden Preis verteidigen, falsch war, sollte er doch ungewollt recht behalten. Sobald er seine Offensive begann, erwies sich seine Vorhersage, die Franzosen würden sich verpflichtet fühlen, Verstärkung heranzuführen, als richtig. So wichtig Verdun war, es waren schon bedeutendere Orte aufgegeben worden. Beim Widerstand gegen den deutschen Angriff ging es mehr darum, die Moral der Franzosen zu stärken.

Und plötzlich war das Glück auf ihrer Seite. Am 29. Februar stoppte starker Schneefall den deutschen Angriff und ermöglichten es den Franzosen, 90 000 frische Männer, Munition und Nachschub heranzuführen. Ihre Infanterie konnte jetzt in der Tiefe verteidigen und die Deutschen mit mehreren Linien bremsen und schließlich stoppen. Neue französische Kanonen erhielten einen beständigen Beschuss aufrecht, was den Druck auf die deutsche Infanterie erhöhte und Druck von den Franzosen nahm. Die Schwierigkeiten der deutschen Soldaten wurden paradoxerweise durch ihre frühen Gewinne verschärft. Ihr Vorstoß in Richtung Süden auf die Stadt machte sie jetzt verwundbar, da sie in Reichweite der französischen Geschütze auf Höhen über dem Westufer der Maas lagen.

Die Franzosen waren immer noch weitgehend in der Defensive und erlitten hohe Verluste, aber sie wirkten nicht wie eine Armee, die »ausblutet«. Vielmehr war der Kampf in den folgenden Tagen für die deutschen Soldaten erschöpfend. Von Falkenhayn erwog einen Stopp seines Angriffs, aber Verdun schien auch für ihn eine symbolische Bedeutung angenommen zu haben, also kämpften seine Soldaten weiter.

Das Blatt wendet sich

Anfang März waren die Kämpfe für die Franzosen zwar immer noch kostspielig, aber nicht mehr so einseitig wie zu Beginn. Die Deutschen griffen weiter an, aber jetzt unter ständigem Feuer der französischen Artillerie. Jeder kleine Bodengewinn war mit hohen Verlusten erkauft, auch wenn ihre überlegene Artillerie den Deutschen immer noch einen Vorteil verschaffte. Konzentrierter Beschuss einzelner Stellungen, gefolgt von einem Infanterieangriff, sorgte weiterhin für Fortschritt, aber nur noch sporadisch, über kurze Distanzen und auf schmaler Front, mit stetig wachsenden Verlusten. Die frustrierten deutschen Generäle im Feld wechselten zu mutigeren und ehrgeizigeren Angriffen, aber alles, was sie erreichten, waren mehr Gefallene und Verwundete. »

Die *Voie Sacrée*

Eine 72 km lange Straße zwischen Bar-le-Duc und Verdun war so wichtig als Nachschubweg für die Truppen an der Front, dass die Franzosen sie *La Voie Sacrée* (die »Heilige Straße«) nannten. Über diese schlecht ausgebaute Nebenstraße kam jene Verstärkung, die die französischen Truppen in den letzten Februartagen vor dem Kollaps bewahrte.

Es existierte kein anderer Nachschubweg für den Frontvorsprung. Die Deutschen hatten bereits alle Eisenbahnlinien in die belagerte Stadt gekappt, sodass diese Straße der einzige Weg hinein und heraus war. Unablässige Arbeiten hielten sie befahrbar, sodass Tag für Tag bis zu 6000 Lkw hin- und zurückfahren konnten. Im ersten Monat der Schlacht (21. Februar–22. März) führten die Franzosen 230 000 Mann, 49 000 Tonnen Munition und 6600 Tonnen anderer Güter heran.

Zwei endlose Lkw-Kolonnen befuhren während der Schlacht die *Voie Sacrée* Tag und Nacht – zu Hochzeiten fuhr alle fünf Sekunden ein Fahrzeug vorbei.

Die Deutschen machten im Verlauf des März Fortschritte, aber diese waren schmerzhaft langsam und entsetzlich teuer erkauft. Ende des Monats hatte von Falkenhayn vor Verdun mehr als 80 000 Mann verloren. Er bewertete seine Strategie neu und beschloss ein weiteres Mal, sie beizubehalten. Offiziere im Feld berichteten ihm, dass ihre Soldaten nicht viel länger durchhalten würden und ein letzter Vorstoß den Sieg bringen könnte. Während aber das Selbstvertrauen der französischen Verteidiger wuchs, ging dem deutschen Angriff die Kraft aus.

Artillerie zuerst

Mitte April hatten die Franzosen zwar immer noch an einigen Stellen Schwierigkeiten, den Feind aufzuhalten, begannen aber an anderen mit Gegenangriffen. Aber keine Seite konnte groß Boden wettmachen. Die Schlacht kam an ihren wichtigsten Fronten zum Stillstand, doch die Kämpfe hielten an. Die früher vor allem zur Unterstützung der Infanterie eingesetzte Artillerie übernahm nun die Führungsrolle, während beide Seiten versuchten, die Geschütze der anderen auszuschalten.

Die Platzierung der französischen Kanonen auf der Anhöhe mit dem passenden Namen *Le Mort Homme* (»Toter Mann«) 10 km nordwestlich von Verdun war entscheidend für die französische Wiedererstarkung. Tausende Deutsche starben beim Versuch, die Höhe zu nehmen. Viele Tausende mehr fielen an der Höhe 304. Der nach seiner Höhe über dem Meer benannte Hügel war wegen des Schussfelds bedeutsam, das er über die beiden Hügel des Toten Manns hinweg bot. Während Welle auf Welle von Infanteristen versuchte, die Höhe 304 zu stürmen, belegte ihre Artillerie sie mit erbarmungslosem Beschuss, sodass sie am 6. Mai, als die Deutschen sie endlich einnahmen, nur noch 300 m hoch war.

Auch die Luftstreitkräfte standen im Dienst der Artillerie. So ließen die Deutschen Beobachter in Fesselballons und Flugzeugen aufsteigen, um die Zielgebiete aufzuklären. Als die französische Armee Kampfflugzeuge vom Typ Nieuport 16 Bébé einsetzten, um sie abzuschießen oder zu vertreiben, antworteten die Deutschen mit dem Fokker-Eindecker. Der Kampf um den Luftraum über Verdun wurde so wichtig wie die Schlacht selbst. Die in kleinen, disziplinierten Geschwadern fliegenden Franzosen siegten schließlich und bewirkten einen schweren Rückschlag für die deutsche Artillerie.

> »Die Hölle selbst kann nicht so entsetzlich sein.«
>
> **Albert Joubaire**
> Französischer Soldat

Eine französische Granate explodiert nahe deutscher Soldaten bei Verdun, während einer von ihnen am Boden liegt. In der Schlacht fielen rund 143 000 Deutsche.

Attacke und Gegenattacke

Über den Rest des Mai wogte die Schlacht hin und her, und auf jede deutsche Attacke folgte die Gegenattacke der Franzosen. Am 22. Mai gingen die französischen Truppen nach einem verheerenden Beschuss in die Offensive und eroberten Fort Douaumont zurück – nur um es 36 Stunden später wieder zu verlieren. So ging es auch im Juni weiter. Als die Deutschen Fort Souville angriffen, gingen die

Franzosen in den Gegenangriff. Die deutschen Truppen drangen quälend langsam und unter schweren Verlusten auf beiden Seiten vor und nahmen am 2. Juni Fort Vaux. Dann schlug das Wetter erneut um, und tagelange schwere Niederschläge verzögerten ihren Vorstoß auf Souville. Eine Reihe französischer Gegenattacken bremste sie zusätzlich, ohne sie aber zum Stehen zu bringen.

Am 23. Juni hatte ein französischer Gegenangriff vor Chapelle Sainte-Fine mehr Erfolg und hielt die Deutschen dort auf. Weiter entlang der Front ging das Vor und Zurück weiter, und das Dorf Fleury wechselte bis zum 17. August 16-mal die Hand. Die Deutschen konnten Fort Souville am 12. Juli zwar für einige Stunden einnehmen, aber nicht halten. Auch den Franzosen war kein Glück beschieden, denn ihr Gegenangriff verlief ebenfalls ergebnislos.

Artillerie bei Verdun

60 Mio. Granaten wurden von beiden Seiten zwischen Februar und Dezember abgefeuert.

1200 Geschütze besaßen die Deutschen zu Beginn der Schlacht von Verdun (die Franzosen hatten 808).

160 Kilometer weit war das deutsche Eröffnungsbombardement zu hören.

26 Großkalibrige Langstreckengeschütze (bis zu 420 mm) hatten die Deutschen bei Verdun.

Deutschland unter Druck

Die Franzosen hatten die Zeit auf ihrer Seite. Die Deutschen mussten einige große Geschütze abziehen, um sie an der Ostfront gegen die Brussilow-Offensive einzusetzen, und am 1. Juli begann die Schlacht an der Somme. Beide Seiten mussten Truppen dorthin verlegen, aber die Franzosen konnten sich auf ihre britischen Verbündeten stützten. Die Deutschen standen entschieden geschwächt da, während der diskreditierte von Falkenhayn als Generalstabschef durch Paul von Hindenburg abgelöst wurde.

Am 20. Oktober starteten die Franzosen eine massive Offensive unter Befehl von General Robert Nieville, der anstelle Pétains zum Helden von Verdun wurde. Nach einem vorbereitenden Bombardement mit 855 000 Granaten rückte seine Infanterie im Schutz einer Feuerwalze vor. Eine Gruppe senegalesischer *Tirailleurs* stürmte Fort Douaumont, und am 2. Dezember waren weitere Schlüsselstellungen eingenommen. Nach einer kurzen Kampfpause starteten die Franzosen am 15. Dezember eine frische Offensive. Nach drei Tagen war die Schlacht gewonnen, und von Hindenburg schloss nüchtern, dass Verdun die deutschen Truppen »wie eine offene Wunde« erschöpft hätte. Das französische Heer war angezählt, aber nicht gebrochen. ■

Einheiten der *Tirailleurs sénégalais* kämpften vorbildlich bei Verdun, Ypern, Diksmuide, in Flandern und bei den Dardanellen.

Die *Tirailleurs sénégalais*

600 000 Soldaten aus den französischen Kolonien dienten im Ersten Weltkrieg. 150 000 kämpften in Europa, darunter etwa 135 000 schwarze Infanteristen, die *Tirailleurs sénégalais* (»Senegalschützen«). Das ursprünglich in den 1850er-Jahren als Ordnungstruppe in Französisch-Westafrika aufgestellte Korps diente später als Kolonialarmee in Kongo und im Tschad. Im 19. Jahrhundert dienten sie ausschließlich den französischen Kolonialbehörden und wurden 1900 in die französische Armee integriert, blieben aber als »Kolonialtruppen« eine separate Einheit.

Masserigne Soumare, ein Unteroffizier der *Tirailleurs,* erzählte vom Stolz seiner Einheit, Fort Douaumont eingenommen zu haben, was die Franzosen mehrfach erfolglos versucht hatten. Rund 30 000 *Tirailleurs* dienten im Ersten Weltkrieg. All ihre Leistungen konnten aber letztlich den Rassismus der Europäer nicht überwinden, was viele der afrikanischen Kämpfer verbitterte.

EINE SCHRECKLICHE SCHÖNHEIT

DER OSTERAUFSTAND (24.–29. APRIL 1916)

IM KONTEXT

SCHWERPUNKT
Irischer Nationalismus

FRÜHER
1801 Der *Act of Union* begründet das Vereinigte Königreich von Großbritannien und Irland.

1845–1852 In der Großen Hungersnot in Irland sterben etwa 1 Mio. Menschen, eine weitere Million ist zur Auswanderung gezwungen.

1913 Irische Republikaner gründen die Irish Volunteers, eine Reaktion auf die Ulster Volunteers der Unionisten.

SPÄTER
1921 Ende des irischen Unabhängigkeitskriegs, der 1919 begonnen hatte. Großbritannien entlässt den größten Teil Irlands in die Unabhängigkeit.

1922 Gründung des Irischen Freistaats. Der protestantisch dominierte Norden entscheidet sich für den Verbleib im Vereinigten Königreich.

Durch den Ausbruch des Ersten Weltkriegs verzögerte sich das Inkrafttreten des *Home Rule Act* von 1914, der Irland eine eingeschränkte Selbstverwaltung gewähren sollte.

Der Nationalistenführer John Redmond unterstützte die Kriegsanstrengungen der Alliierten und rief die Irish Vounteers auf, sich zur britischen Armee zu melden. Etwa 150 000 Mitglieder folgten ihm, mehr als 10 000 verweigerten sich und spalteten sich ab (behielten aber den Namen bei). Ihre Reihen wurden verstärkt durch zahlreiche Mitglieder von Sinn Féin, einer nationalistischen Partei, die sich für die Loslösung von Großbritannien einsetzte. In der Folge gerieten die Irish Volunteers unter die Führung der Irish Republican Brotherhood (IRB), da viele ihrer Anführer, namentlich Pádraig Pearse, gleichzeitig der IRB angehörten.

Während sich die britische Regierung auf den Krieg konzentrierte, plante die IRB einen großen Aufstand, für den sie in Deutschland um Unterstützung warb. Am 20. November 1914 erklärte sich die deutsche Regierung bereit, die Rebellen zu bewaffnen. Die erste Waffenlieferung im April 1916 wurde allerdings von den Briten abgefangen. Der Aufstand, dem sich auch James Connollys Irish Citizen Army (ICA) anschloss, sollte Ostern 1916 stattfinden.

> »Der Lärm explodierender Granaten und einstürzender Wände und Dächer war unbeschreiblich.«
>
> **Éanna de Búrca (Frank Burke)**
> Irish Volunteer,
> Dublin, 27. April 1916

Die irische Republik

Am Ostermontag, 24. April, begannen mehr als 1000 bewaffnete Mitglieder der Irish Volunteers, der ICA und der paramilitärischen Cumann na mBan, die nur aus Frauen bestand, die Kontrolle über strategisch wichtige Punkte in Dublin zu übernehmen. Zuerst stießen sie auf wenig Widerstand, da die Briten nur 400 Soldaten in der Stadt

Siehe auch: Die Lage in Europa 18–19 ▪ Europas Kolonien und Reiche 28–29 ▪ Öffentliche Meinung 44–45 ▪ Der geheime Krieg 96–99 ▪ Ersatz für die Gefallenen 198–199 ▪ Die Heimatfront 1918 250–253 ▪ Die Nachkriegszeit 320–321

James Connolly

Geboren 1868 im schottischen Edinburgh als Kind irischer Eltern, trat James Connolly im Alter von 14 Jahren in die britische Armee ein. Seinen Dienst versah er meist in Irland. Vom Militär enttäuscht, desertierte er 1889 und kehrte nach Schottland zurück, wo er sich für die Gründung von Gewerkschaften engagierte.

1895 ging der linke Aktivist nach Irland, 1903 in die USA. 1910 ließ er sich in Dublin nieder, wo er für die Irish Transport and General Workers' Union (ITGWU) tätig war. 1912 begründete er die Irish Labour Party mit. Während des Dublin Lock-Out (1913/14) gehörte Connolly zu den Mitbegründern der Irish Citizen Army (ICA), die Demonstranten und Streikende gegen Polizeigewalt schützen sollte.

Ende 1914 führte Connolly die ITGWU sowie die ICA. Er wollte Irland aus dem Krieg heraushalten. Er half bei der Planung und Durchführung des Osteraufstands, in dem er angeschossen und von den Briten festgenommen wurde. Da er aufgrund seiner Verletzungen nicht stehen konnte, band man ihn für die Exekution auf einen Stuhl.

stationiert hatten. Um 12.45 Uhr verlas Pearse die Proklamation der irischen Republik vor dem General Post Office, das zum Hauptquartier der Aufständischen wurde.

Am nächsten Tag trafen erste Verstärkungen für die britischen Truppen ein, bis zum Wochenende 18 000 Mann. Am Mittwoch begannen die Briten, die Stadt unter Artilleriefeuer zu setzen. Ihren tapferen Widerstand bezahlten die Aufständischen mit steigenden Verlusten. Zahlenmäßig unterlegen und schlecht bewaffnet, gaben die Rebellen am Freitag ihr Hauptquartier auf, als dort Feuer ausbrach. Am nächsten Tag erklärte Pearse die bedingungslose Kapitulation. Die Kämpfe forderten 500 Tote und 2600 Verletzte.

Der Aufstieg von Sinn Féin

Die Briten verhafteten mehr als 3500 Aufständische, die Anführer wurden vor ein geheimes Militärtribunal gestellt, 16 von ihnen (darunter Pearse und Connolly) hingerichtet. Das übermäßig harte Vorgehen der Briten verschaffte Sinn Féin und der republikanischen Sache neuen Zulauf, der sich noch verstärkte, als die Briten im April 1918 versuchten, in Irland die Wehrpflicht einzuführen.

Im Mai 1918 behauptete die britische Regierung auf der Grundlage dünner Geheimdienstberichte, Sinn Féin bereite mit deutscher Unterstützung einen weiteren Aufstand vor. Der Popularität der Partei tat das keinen Abbruch. In den ersten Nachkriegswahlen im Vereinigten Königreich im Dezember 1918 gewann Sinn Féin in Irland die absolute Mehrheit – ein erster Schritt auf dem Weg zur Unabhängigkeitserklärung im Januar 1919. ▪

Irische Rebellengruppen

Irish Republican Brotherhood (IRB)	Nationalistische Geheimorganisation, gegründet 1858; ihr Militärrat plante den Osteraufstand.
Cumann na mBan (»Women's Council«)	Eine irisch-republikanische paramilitärische Gruppe, die nur aus Frauen bestand, gegründet 1914.
Fianna Éireann (»Soldiers of Ireland«)	Nationalistische Jugendorganisation, gegründet 1909 von Constance Markievicz; vor dem Osteraufstand in Waffenschmuggel verwickelt.
Hibernian Rifles	Eine kleine nationalistische Miliz, mit einer Schwesterorganisation namens Irish-American Alliance verbunden; rekrutierte seit 1912/13 Mitglieder.
Irish Citizen Army (ICA)	1913 von James Connolly als paramilitärischer Arm der Irish Transport and General Workers' Union mitbegründet.
Irish Volunteers	Nationalistische Miliz, ab 1913 aktiv; während des Aufstands von Pádraig Pearse geführt.

EIN NEUES KAPITEL DER WELT-GESCHICHTE

DIE SKAGERRAKSCHLACHT (31. MAI–1. JUNI 1916)

IM KONTEXT

SCHWERPUNKT
Seekrieg

FRÜHER
1914 Eine britische Einheit versenkt drei deutsche leichte Kreuzer und einen Zerstörer in der Helgoländer Bucht.

1915 Im Gefecht auf der Doggerbank wird der deutsche Kreuzer *Blücher* von britischen Schiffen versenkt.

April 1916 Deutsche Schlachtschiffe bombardieren die britischen Küstenorte Lowestoft und Yarmouth.

SPÄTER
Dezember 1916 Jellicoe wird zum First Sea Lord befördert, Beatty folgt ihm als Kommandeur der Grand Fleet.

1917 Ergebnislose Scharmützel zwischen deutschen und britischen Schiffen in der Helgoländer Bucht.

Am 23. Februar 1916 übernahm Admiral Reinhard Scheer das Kommando über die deutsche Hochseeflotte. Er folgte auf den schwer erkrankten Hugo von Pohl. Scheer, ein Kritiker des übervorsichtigen Pohl, verfolgte einen neuen Ansatz. Er konstatierte, dass die britische Marine, die in Scapa Flow vor den schottischen Orkneyinseln lag, der deutschen im Hinblick auf Größe und Feuerkraft weit überlegen war. Deshalb setzte er auf U-Boot-Attacken, Minen und Bombenangriffe aus der Luft, verbunden mit einzelnen Vorstößen der Hochseeflotte. Damit sollten kleinere Einheiten der britischen Marine in Gefechte ver-

Siehe auch: Wettrüsten auf See 32–33 ▪ Der Seekrieg beginnt 88–93 ▪ Die Versenkung der *Lusitania* 106–107 ▪ Die U-Boote greifen an 200–205

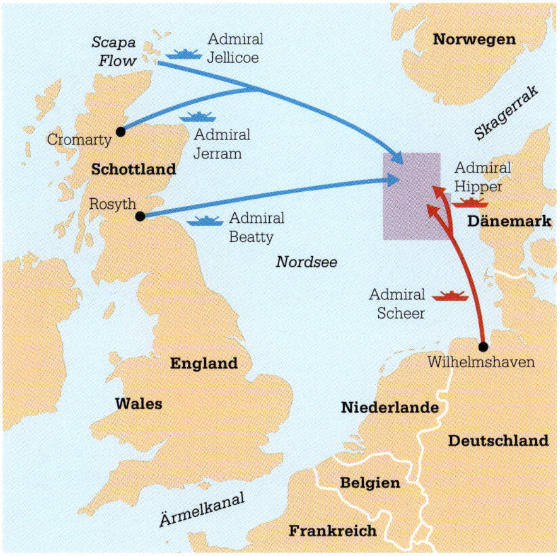

Der Zusammenstoß zwischen der britischen und der deutschen Flotte erfolgte am Eingang des Skagerrak, vor der dänischen Halbinsel Jütland, und zog sich über zwei Tage hin. Es war die einzige große Seeschlacht des Kriegs.

Legende

- Britische Flotte
- Deutsche Flotte
- Britische Route
- Deutsche Route
- Schlachtgebiet

wickelt werden, in denen Deutschland sich gute Siegeschancen ausrechnete. So wollte man die britische Übermacht zur See in einem Abnutzungskampf zermürben.

Scheers britischer Gegenspieler Admiral Sir John Jellicoe war sich der Gefahr bewusst. Für ihn galt es, die deutsche Marine in der Nordsee zu halten, wo sie keine Gefahr für Linienschiffe darstellte. Jellicoe sah keine Notwendigkeit, die deutsche Flotte zu zerstören und dabei den Untergang der eigenen zu riskieren.

Auf zum Skagerrak

Deutsche Vorstöße im Frühjahr waren ergebnislos verlaufen, aber im Mai 1916 plante Scheer einen kühnen Angriff auf die Werft von Sunderland, im Nordosten Englands. Schlachtkreuzer unter dem Befehl von Admiral Franz von Hipper sollten den Hafen bombardieren und die britischen Schlachtschiffe unter Vizeadmiral Sir David Beatty im schottischen Firth of Forth zum Auslaufen zwingen. Hipper sollte dann abdrehen und die Briten zunächst in eine U-Boot-Falle locken, danach sollte die mächtige Hochseeflotte eingreifen. Am Ende waren die Deutschen aufgrund der Wetterbedingungen gezwungen, ihren Plan zu ändern.

Am 31. Mai um 1.00 Uhr nachts verließ Hipper mit fünf leichten Schlachtkreuzern und 30 Zerstörern Wilhelmshaven. Ihr Ziel war der Skagerrak, eine Meerenge zwischen Dänemark und Norwegen. Eineinhalb Stunden nach Hipper »

» Mit unseren verdammten Schiffen scheint heute etwas nicht in Ordnung zu sein. «

Sir David Beatty zugeschrieben

Sir John Jellicoe

Der 1859 in Southampton (Großbritannien) geborene John Jellicoe trat im Alter von 12 Jahren als Kadett in die Royal Navy ein. Mit 37 wurde er zum Kapitän befördert. Während des Boxeraufstands in China nahm Jellicoe 1900 an einer Operation zur Rettung von Europäern aus Beijing teil. Später setzte er sich mit Nachdruck für die Modernisierung der britischen Flotte ein.

Bei Kriegsausbruch wurde Jellicoe, inzwischen Admiral, zum stellvertretenden Oberbefehlshaber der Grand Fleet bestellt. Im Gegensatz zu seinem Rivalen David Beatty unterschätzte er nie die Fähigkeiten der deutschen Schiffe und ihrer Besatzungen. Er war ein beliebter Kommandeur und versuchte mit aller Macht, die Flotte zu einer effizienten Kampftruppe zu formieren – dennoch gelang ihm im Skagerrak kein großer Sieg.

Ende 1916 übernahm Jellicoe mit dem Amt des First Sea Lord den Oberbefehl über die Marine. Nur ein Jahr später folgte die Entlassung, weil er das Konvoi-System zum Schutz von Handelsschiffen vor deutschen U-Booten kritisierte. Er starb 1935 in London.

lichtete auch die Hochseeflotte unter Scheer den Anker. Die Deutschen gingen davon aus, dass eine britische Einheit auslaufen würde, um Hipper zu stellen, der dann abdrehen sollte, um den Feind in die Arme der Hochseeflotte zu treiben, die 80 km entfernt wartete.

Was die Deutschen nicht wussten: Jellicoes Geschwader (mit 24 Großkampfschiffen) und Beattys Geschwader (mit sechs Schlachtkreuzern und vier Großkampfschiffen) befanden sich bereits in der Nordsee. Die Briten hatten Nachrichten dechiffriert, die auf einen größeren deutschen Angriff hindeuteten, und am Abend des 30. Mai gab die britische Admiralität beiden Flottenverbänden den Befehl zum Auslaufen. Am frühen Nachmittag des nächsten Tages sollten sie vor dem Skagerrak zusammentreffen.

Zu diesem Zeitpunkt vermutete Jellicoe den größten Teil der deutschen Flotte noch in Wilhelmshaven. Kurz nach 2.00 Uhr erspähten zwei von Beattys leichten Kreuzern, HMS *Galatea* und HMS *Phaeton*, einen dänischen Frachtdampfer und näherten sich ihm. Der Dampfer erregte auch die Aufmerksamkeit der *Elbing* aus Hippers Verband, der zwei Zerstörer entsandte. Um 2.20 Uhr sichtete die *Galatea* die Zerstörer und signalisierte »Feind in Sicht«. Acht Minuten später feuerte sie die ersten Schüsse der Skagerrakschlacht.

Das Wrack der HMS *Invincible* ist hier schon fast versunken. Es gab nur sechs Überlebende. Das Foto nahm ein Matrose der HMS *Benbow* eine halbe Stunde nach dem schweren Treffer auf.

Wettlauf nach Süden ...

Um 15.30 Uhr kamen Beattys Schlachtkreuzer in Hippers Sichtweite. Wie geplant drehte er ab, um die britischen Schiffe in Richtung der Hochseeflotte zu locken. Beatty setzte ihm nach, mit dem Ziel, den Deutschen den Rückzug abzuschneiden. In der sogenannten Südfahrt beschossen sich die beiden Linien der Schlachtkreuzer auf parallelen Kursen gegenseitig. Die deutsche Artillerie erwies sich als effektiver. Um 16.00 Uhr traf ein von Hippers Flaggschiff *Lützow* abgefeuertes Geschoss einen Geschützturm der HMS *Lion,* Beattys Flaggschiff. Sie überstand die nachfolgende Explosion, der Schlachtkreuzer HMS *Indefatigable* hatte weniger Glück: Er versank mit mehr als 1000 Besatzungsmitgliedern. Um 16.26 Uhr sank mit der HMS *Queen Mary* ein weiterer Schlachtkreuzer. Zwölf Minuten später kam die

Rauchwolken über der HMS *Queen Mary*. Der britische Schlachtkreuzer explodierte nach einem deutschen Treffer von der *Derfflinger*.

Warum die Schlachtkreuzer verloren gingen

Großbritannien verlor in der Skagerrakschlacht drei Schlachtkreuzer, Deutschland nur einen, die *Lützow*. Dafür war u. a. die Konstruktionsweise verantwortlich. Schlachtkreuzer mussten schnell sein und schwere Geschütze tragen. Um die Geschwindigkeit zu erhöhen, hatten die Briten die Panzerung verringert. Deutsche Kreuzer dagegen waren schwer gepanzert, und mithilfe wasserdichter Abtrennungen im Rumpf blieb ein Schiff auch nach einem schweren Treffer manövrierfähig. Von Bedeutung war zudem die Artillerie. Um schneller feuern zu können, lagerten die Briten Munition außerhalb des Magazins, neben jedem Geschützturm, und das Magazin blieb geöffnet. Wurde nun ein Geschützturm getroffen, konnte sich das Feuer ins Magazin ausbreiten und dort eine schwere Explosion verursachen, die das Schiff zum Sinken brachte. So geschah es auch der *Indefatigable*, der *Queen Mary* und der *Invincible*.

Hochseeflotte in Sicht. Beatty ließ sein Geschwader abdrehen.

... und nach Norden

In der nun folgenden »Nordfahrt« waren die Seiten vertauscht, und Beatty lockte die Deutschen in die Arme der Grand Fleet. Die britische Artillerie verursachte Schäden unter anderem an der *Lützow*. Unterstützung kam von weiteren Schlachtkreuzern unter Rear Admiral Sir Horace Hood, den Jellicoe entsandt hatte. Um 18.00 Uhr wurde den Deutschen klar, dass sie in eine Falle geraten waren. Minuten später gab Jellicoe Befehl, die Großkampfschiffe für eine Gefechtsstatik namens *»crossing the T«* in eine Linie zu bringen. Wie der Querstrich eines T sollten sie sich vor die deutsche Flotte legen und alle Geschütze auf deren Schiffe richten, die ihrerseits nur nach vorn feuern konnten. Hoods Schlachtkreuzer lenkten inzwischen Hippers Einheit ab und nahmen die *Lützow* wieder unter Feuer. Um 18.32 Uhr erlitt dabei die *Invincible* einige schwere Treffer. Das Schiff brach in zwei Teile und versank mit 1000 Mann Besatzung, darunter Hood.

Kehrtwende

Um 18.33 Uhr befahl Scheer, der die Gefahr erkannt hatte, seiner Flotte einen Kurswechsel um 180 Grad. Zum Schutz ließ er Zerstörer auf die britischen Schiffe feuern. Nach Abschluss der Gefechtskehrtwende nahm Scheers Geschwader einen südwestlichen Kurs auf. Jellicoe ging auf einen südlichen Kurs, in der Hoffnung (wie zuvor Beatty), der Flotte den Rückzug in den Heimathafen abschneiden zu können. Kurz vor 19.00 Uhr befahl Scheer eine weitere Kehrtwende. Später erklärte er, er habe damit der britischen Flotte einen weiteren Schlag versetzen wollen, um sie davon abzuhalten, ihm den Rückzug abzuschneiden. Innerhalb von Minuten wurden die Deutschen von den Briten erspäht, die das Feuer eröffneten. Um 19.13 Uhr befahl Scheer seinen Schlachtkreuzern, die Geschütze zu laden. Die Zerstörer sollten Torpedos abfeuern, um eine Rauchwolke zu erzeugen. Dann befahl er eine weitere Kehrtwende.

Jellicoe antwortete auf Scheers Torpedos mit einem eigenen Angriff durch Zerstörer und leichte Kreuzer, gleichzeitig befahl er der Flotte, auf Ausweichkurs zu gehen. Sein Respekt vor den Torpedos, zusammen mit abnehmender Sicht und schwieriger Signalübermittlung, dürfte zu dieser Entscheidung beigetragen haben. Hätte er die Deutschen hartnäckiger verfolgt, hätten die Briten ihnen womöglich entscheidende Verluste zugefügt; das sollte jedenfalls Beatty später behaupten.

Bei Einbruch der Dunkelheit glaubte Jellicoe immer noch, er könnte den Deutschen den Rückzug abschneiden. Er wusste, dass der Gegner für nächtliche Gefechte besser ausgebildet und ausgerüstet war, und ging ihm deshalb aus dem Weg. Am nächsten Morgen jedoch wollte er den Kampf fortsetzen.

> »... so kam die übermächtige englische Armada heran ... und was geschah? Die englische Flotte wurde geschlagen.«
>
> **Kaiser Wilhelm II.**
> bei einem Flottenbesuch am 5. Juni 1916

Scheer entkommt

Es kam auch in der Nacht zu einzelnen Kämpfen zischen kleineren Schiffen. Bei Tagesanbruch mussten die Briten jedoch erkennen, dass die deutschen Schiffe verschwunden waren. Jellicoe hatte angenommen, Scheer würde den Weg über die Friesischen Inseln nehmen; stattdessen hatte er die britische Flotte auf einer östlicheren Route umgangen.

Um 11.00 Uhr befahl Jellicoe den Rückzug zur Basis. Um 15.00 Uhr erreichte Scheers Flaggschiff *Friedrich der Große* Wilhelmshaven. Die Hochseeflotte hatte überlebt. Deutschland verbuchte die Skagerrakschlacht – die größte Seeschlacht der Ersten Weltkriegs – als Sieg. Doch obwohl die britischen Verluste größer waren – 14 gesunkene Schiffe gegenüber 11 auf deutscher Seite, mehr als 6000 Tote gegenüber 2500 –, behielt die Royal Navy die Kontrolle über die Nordsee. ■

Reinhard Scheer mit Besatzungsmitgliedern auf dem Flaggschiff der deutschen Hochseeflotte, *Friedrich der Große*. Scheer hat die Briten am Skagerrak geschickt überlistet.

UNSERE EISERNE ARMEE WIRD DEN TOTALEN SIEG ERRINGEN

DIE BRUSSILOW-OFFENSIVE (JUNI–SEPTEMBER 1916)

IM KONTEXT

SCHWERPUNKT
Russisches Kriegsglück

FRÜHER
1914 Während der Krieg in Frankreich und Belgien im Stellungskrieg feststeckt, sind die Kämpfe im Osten mobiler.

1915 Die Mittelmächte wenden in der Schlacht bei Gorlice-Tarnów innovative Taktiken an.

SPÄTER
1917 Die geschwächte Moral an der Front befeuert die Russische Revolution.

1941 Im Zweiten Weltkrieg kann die deutsche Armee mit Panzern russische Kontingente einkesseln und aufreiben.

1945 Mit einer Rückkehr zur Strategie der »Dampfwalze« gelingt es der Roten Armee, die Deutschen an der Ostfront zu überrollen.

Die Ostfront erstreckte sich über 965 km von Litauen bis zum neutralen Rumänien. Anfang 1916 saßen die Armeen weiterhin in den Positionen fest, die sie Ende des vorherigen Herbsts eingenommen hatten. Wenig deutete darauf hin, dass mit der Brussilow-Offensive in wenigen Monaten Russlands größter Sieg des Kriegs bevorstand. Aus Galizien verdrängt, hatte sich Russland auch aus seinem Teil Polens zurückgezogen.

Planänderung

Die Front war zwar statisch geblieben, die Lage der russischen Armee hatte sich aber stark verbessert. Sie hatte die Munitionsversor-

Siehe auch: Die Schlacht bei Tannenberg 78–81 ▪ Der Kampf um Polen 83 ▪ Russlands Rückzug 138–139 ▪ Die Februarrevolution 192–193 ▪ Die Kerenski-Offensive 224–225 ▪ Die Oktoberrevolution 240–241 ▪ Der deutsche Sieg in Osteuropa 258–259

Alexei Brussilow

Als Sohn eines russischen Generalleutnants und Enkel eines Offiziers, der 1812 gegen Napoleon gekämpft hatte, wurde Alexei Brussilow 1853 in Tiflis geboren. Er trat zunächst einem Dragonerregiment bei. Nach seinem ersten Einsatz im Russisch-Türkischen Krieg 1877/78 stieg er über das Kommando der 2. Garde-Kavalleriedivision zum stellvertretenden Befehlshaber des Warschauer Militärbezirks auf. Zu Beginn des Ersten Weltkriegs war der erfahrene Kavallerist bereits überzeugt, dass die Kavallerie in Zeiten mechanischer Kriegsführung überholt sei. Für seinen Sieg an der Südwestfront wurde er mit dem Goldenen Schwert für Tapferkeit ausgezeichnet, das im gesamten Ersten Weltkrieg nur acht russische Kommandeure erhielten.

Trotz seiner privilegierten Herkunft ergriff Brussilow nach dem Krieg Partei für die Bolschewiken. Nach seinem Tod 1926 erhielt er ein Staatsbegräbnis, an dem sowohl Vertreter des »alten« wie auch des »neuen« Russlands teilnahmen.

gungskrise von 1915 überwunden, und täglich trafen neue Granaten und Gewehre ein. Ihre beiden Großverbände nördlich der riesigen Pripjet-Sümpfe (an der belarussisch-ukrainischen Grenze) bereiteten sich nun auf eine Offensive gegen die deutschen Armeen in Litauen vor. Diese standen der russischen Hauptstadt Petrograd gefährlich nahe. Die Front war nicht weit vom litauischen Kaunas entfernt, wo Feldmarschall Paul von Hindenburg und sein Stabschef Erich Ludendorff ihr Hauptquartier hatten.

Ein erster russischer Vorstoß am 18. März führte zur der Schlacht am Naratsch-See nahe Litauens Hauptstadt Wilna (Vilnius), wurde aber nach dem Verlust von über 100 000 Mann abgebrochen. Die schwere Niederlage sollte eigentlich Druck von Frankreich nehmen, das bei Verdun in Bedrängnis war.

Nach der Niederlage am Naratsch-See plante das Oberkommando der russischen Armee (kurz Stawka) für Juli eine größere Offensive. Die Westfront unter General Alexei Ewert und die Nordfront unter General Alexei Kuropatkin sollten zusammenarbeiten. Die Südwestfront, südlich der Pripjet-Sümpfe mit der österreichisch-ungarischen Armee konfrontiert, sollte vom Vorstoß ablenken.

Erneut vereitelten Ereignisse an den anderen Fronten die russischen Pläne. Im Mai griffen österreichisch-ungarische Truppen italienische Positionen in der Provinz Trient an und drohten in die Ebenen der Lombardei vorzustoßen. Nun rief auch Italien nach russischer Hilfe. Eingedenk des Ergebnisses der 2. Chantilly-Konferenz vom Dezember 1915, das die Alliierten zum koordinierten Angriff gegen die Mittelmächte verpflichtete, drängte Nikolaus II. seine Kommandeure zu einer russischen Offensive, um Frankreich und Italien zu entlasten.

Ewert und Kuropatkin lehnten dies ab, Mitte Juni sei der früheste Zeitpunkt, den sie für die Truppen garantieren könnten. Nur der Kommandeur der Südwestfront, General Alexei Brussilow, meldete seine Truppen einsatzbereit.

» Nun möge Gott mit Ihnen sein. Machen Sie, was Sie wollen. «

Generalstabschef Michail Alexejew
zu Alexei Brussilow

Veränderte Taktik

Brussilow wusste, dass die in Galizien wartenden österreichisch-ungarischen Truppen zur Verstärkung der italienischen Front ausgedünnt worden waren. Ihre Befehlshaber hielten die eigene Verteidigung für unüberwindlich. Auch Deutschland hatte große Teile seiner schweren Artillerie nach Verdun verlegt und möglicherweise die Entschlossenheit der Russen unterschätzt. »

Brussilow sollte diese Einschätzung mit einer innovativen Taktik widerlegen. Statt eines massierten punktuellen Angriffs wollte er entlang der gesamten 480 km langen galizischen Front angreifen. Zudem sollte die anfängliche Bombardierung in weiten Abständen zueinander erfolgen und Verwirrung darüber stiften, wo der Hauptvorstoß stattfinden werde, um die österreichisch-ungarischen Streitkräfte zu zwingen, sich zu verteilen.

Die Offensive beginnt

Als der Beschuss vor Sonnenaufgang am 4. Juni 1916 begann, waren die Österreicher völlig überrascht. An vielen Stellen erreichte die russische Infanterie ihre Schützengräben, noch bevor das Bombardement endete. Brussilows Pioniere hatten Tunnel bis an die feindlichen Linien vorgetrieben, damit seine Einheiten nicht erst offenes Niemandsland überqueren mussten.

Die erste Angriffswelle überfiel die vordersten österreichischen Stellungen, während die zweite Welle kurz darauf die zweite Grabenreihe angriff. Die Besatzungen der dritten Grabenreihe kapitulierten danach fast geschlossen.

Brussilows Taktik erwies sich als äußerst erfolgreich. Die österreichischen Verteidigungslinien brachen dort zusammen, wo er es geplant hatte. Erzherzog Joseph Ferdinand, Neffe des Kaisers, war Befehlshaber der österreichischen 4. Armee. Allein an den ersten beiden Tagen der Offensive verlor er 130 000 Mann und wurde ersetzt. Die russische Offensive sorgte entlang der langen Frontlinie auch für Massen an Kriegsgefangenen. In nur einer Woche büßte die österreichisch-ungarische Armee etwa die Hälfte ihre Soldaten ein.

Niedergewalzt

Die auf breiter Front vorrückende viel gerühmte »russische Dampfwalze« war selten deutlicher sichtbar. Ihr Ausmaß war enorm. Scheinbar ununterbrochen kam es zu Kämpfen, die sich durch Artilleriefeuer ankündeten. Nach dem Überraschungsangriff kehrte Brussilow zurück zur alten Strategie massierten Beschusses, gefolgt von mehreren Infanteriewellen.

Die Dampfwalze hinterließ zerstörte Dörfer, unterbrochene Versorgungslinien und überfüllte Feldlazarette. Reihen von Kriegsgefangenen marschierten ostwärts, und Leichenberge warteten auf Massengräber. Der Erfolg erstaunte selbst Brussi-

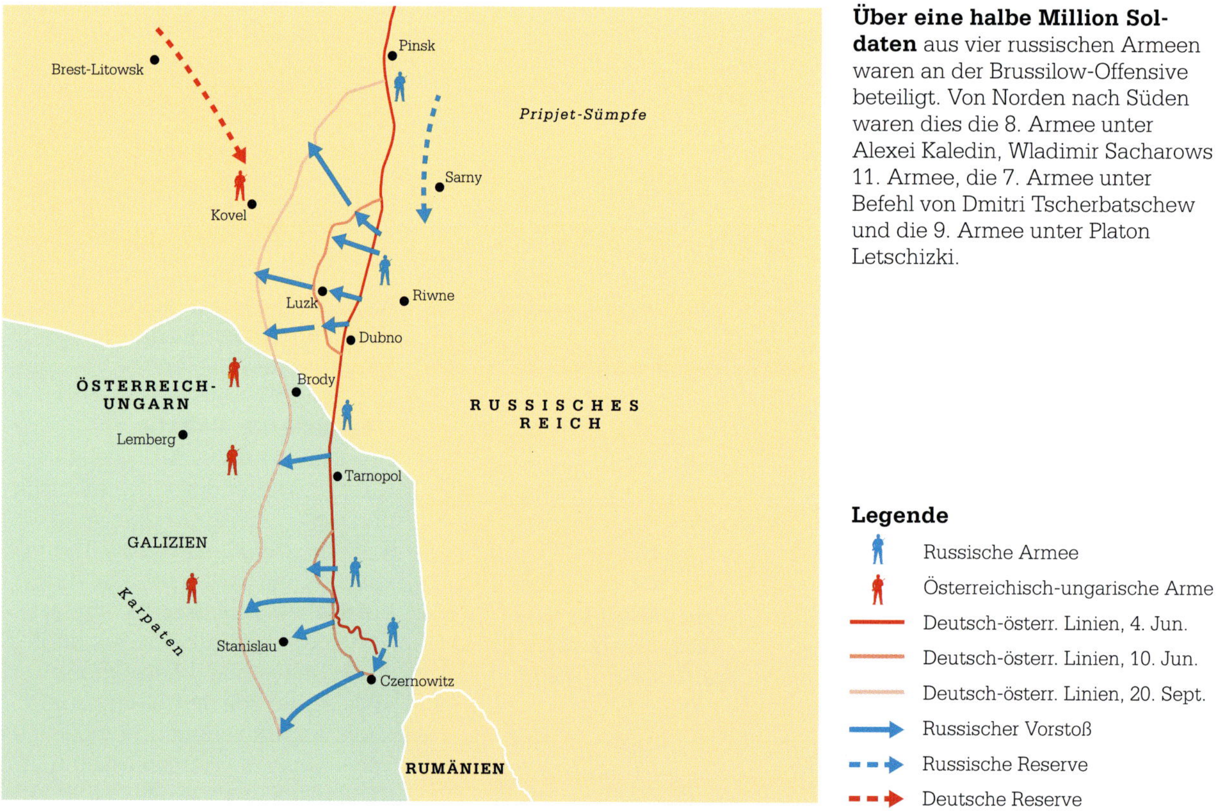

Über eine halbe Million Soldaten aus vier russischen Armeen waren an der Brussilow-Offensive beteiligt. Von Norden nach Süden waren dies die 8. Armee unter Alexei Kaledin, Wladimir Sacharows 11. Armee, die 7. Armee unter Befehl von Dmitri Tscherbatschew und die 9. Armee unter Platon Letschizki.

Elite-Infanterieeinheiten der russischen 8., 11., 7. und 9. Armee nutzen in einer der blutigsten Offensiven der Geschichte die Schwächen der österreichisch-ungarischen Defensive aus.

low. Das gut ausgebaute deutsche Schienennetz verhinderte den völligen Kollaps der galizischen Front. 17 deutsche Divisionen wurden zu ihrer Verstärkung von der Westfront abgezogen, unterstützt durch weitere österreichisch-ungarische Einheiten von der italienischen Front.

Den Mittelmächten gelang es, die bedrohte Frontlinie zu verstärken, da die russischen Fronten nördlich der riesigen Pripjet-Sümpfe relativ inaktiv blieben. Ewert führte eine halbherzige russische Offensive nahe Baranowitschi (im heutigen Belarus), die aber unter heftigen Verlusten zurückgeschlagen wurde und dem Ruf des Kommandeurs schadete. Auch Brussilows Offensive verlor an Schwung, als sein Nachschub nicht Schritt halten konnte.

Der Preis des Erfolgs

Am 27. Juli erhielt Hindenburg den Oberbefehl über alle Truppen inklusive der österreichischen Einheiten an der Ostfront nördlich der Stadt Brody in Ostgalizien. Da hatten sich die Russen aber bereits erneut in Bewegung gesetzt. Brussilow feierte nun seine größten Erfolge im Süden, wo russische Divisionen die rumänische Grenze und den Fuß der Karpaten erreicht hatten und die Bukowina an der Südspitze Ostgaliziens einnahmen.

Seine blutigste Niederlage erlitt Brussilow allerdings an seiner nördlichen Front in Kowel (heute in der Ukraine) nahe des südlichen Rands der Pripjet-Sümpfe. Die von Sumpf umgebene Stadt war sternförmig über Dämme zugänglich. Fast zwei Wochen lang drängten die russischen Angreifer Ende Juli bis Anfang August über diese Dämme vor, nur um im Kreuzfeuer der Maschinengewehre niedergemäht zu werden. Selbst die Garde des Zaren, die normalerweise als Reserve zurückgehaltene Eliteeinheit, wurde eingesetzt. Immer wieder stürmten sie die Dämme entlang ins Gemetzel. Mit fast 70 Prozent Verlusten wurde die Garde praktisch ausgelöscht.

Geschwächte Reserve

Im September ging der Brussilow-Offensive die Luft aus. Er hatte nur noch wenig Reserve, noch weniger Nachschub, und die Herbstregen standen bevor. Entlang der 480 km langen Front war er im Durchschnitt fast 65 km vorgerückt, ein riesiger Gebietsgewinn. Es verwundert daher nicht, dass Brussilows Offensive allgemein als größter russischer Erfolg des Kriegs gilt. Zudem hatte Russland Österreich-Ungarn so sehr geschwächt, dass es seine Funktion als unabhängige Großmacht neben Deutschland einbüßte. Auch waren so viele deutsche Divisionen von der Westfront abgezogen worden, dass die Franzosen schließlich bei Verdun siegen konnten. Brussilows Erfolg veranlasste Rumänien dazu, aufseiten der Entente in den Krieg einzutreten. Dies wurde dem Land zum Verhängnis, verminderte aber zusätzlich die militärischen Ressourcen der Mittelmächte.

Der Erfolg der Brussilow-Offensive hatte einen fürchterlichen Preis. Es wird geschätzt, dass bis zu einer Million Soldaten getötet oder verwundet wurden. Die Überlebenden waren ausgebrannt, was die Moral der gesamten Armee schwächte, radikalen Strömungen den Rücken stärkte und wenige Monate später zum Erfolg der Russischen Revolution beitrug. ■

» Russland hat sich für seine Alliierten geopfert, und es ist [Unrecht], dass spätere Ereignisse diese Schuld überdecken sollten. «

B. H. Liddell Hart
The Real War: 1914–1918

WIR ERHOBEN UNS GOTT ZU GEFALLEN

DIE ARABISCHE REVOLTE (JUNI 1916 – OKTOBER 1918)

IM KONTEXT

SCHWERPUNKT
Krieg in Arabien

FRÜHER
1915 Hussein bin Ali bietet dem britischen Hochkommissar Arthur Henry McMahon im Gegenzug für die Unabhängigkeit Unterstützung gegen die Osmanen an.

Mai 1916 Das geheime britisch-französische Sykes-Picot-Abkommen teilt die osmanischen Gebiete im Nahen Osten für die Nachkriegszeit in europäische Einflusssphären auf.

SPÄTER
1920 Der Völkerbund vergibt britische Mandate in Palästina und Transjordanien und französische Mandate in Syrien und im Libanon.

1926 Abd al-Aziz ibn Saud proklamiert sich selbst zum König von Hedschas und des Nadschd, dem späteren Saudi-Arabien.

Nachdem er sich bereit erklärt hatte, im Krieg aufseiten der Entente zu kämpfen, sandte der Scherif von Mekka, Hussein ibn Ali, seine kürzlich aufgestellte Armee und Stammeskrieger im Juni 1916 gegen die Osmanen in Mekka und Medina. Die Araber scheiterten zwar in Medina, konnten aber Mekka, Jeddah an der Küste des Roten Meers und eine Handvoll weiterer Städte einnehmen.

Es wurde bald klar, dass die unerfahrenen und leicht bewaffneten Araber ohne Hilfe nichts gegen die osmanischen Truppen ausrichten konnten. Deshalb entsandten sowohl Großbritannien als auch Frankreich Berater, um die Araber auszubilden und den Aufstand zu organisieren, darunter auch den 28-jährigen Captain T. E. Lawrence.

» Der Beste unter euch bringt mir die meisten toten Türken. «

T. E. Lawrence

Partnerschaft mit Faisal

Lawrence fand in Faisal bin Al-Hussein, dem Sohn des Scherifen und Befehlshaber der jordanischen haschimitischen Truppen, einen strategischen Seelenverwandten. Angesichts der Überlegenheit der osmanischen Truppen setzten sie bei ihren Angriffen auf die Hedschasbahn und andere Ziele auf Guerilla-Taktiken. Diese Überfälle störten die Versorgung Medinas und anderer osmanischer Außenposten erheblich und banden Tausende Soldaten, während die Alliierten Palästina angriffen.

Die arabischen Einheiten stießen auf Kamelen und Pferden weiter nach Norden vor. Im Juni 1917 machten sich Lawrence und Faisal ohne Wissen des britischen Oberkommandos auf einen 965 km langen Trek durch die Wüste, um einen Überraschungsangriff auf Akaba am Roten Meer zu unternehmen. Die Schlacht am 6. Juli endete mit der Kapitulation der Osmanen.

Dank der Einnahme des strategisch bedeutsamen Hafens konnte

Siehe auch: Der Niedergang des Osmanischen Reichs 26–27 ▪ Kriegseintritt des Osmanischen Reichs 84–85 ▪ Der Krieg in Mesopotamien 131 ▪ Jerusalem fällt 245 ▪ Die Schlacht bei Megiddo 286–287 ▪ Leipziger Prozesse 318–319

Anfang 1917 führte Faisal eine Einheit Kamelreiter der Ageyl-Leibgarde durch die Wüste an der Küste des Roten Meers entlang nach Akaba.

die arabische Armee durch kleine, aber hocheffiziente britische und französische Einheiten (einschließlich Fliegerkorps) und moderne Waffen wie Maschinengewehre und gepanzerte Fahrzeuge verstärkt werden. Das war auch dringend nötig, denn die osmanischen Truppen wurden nun von deutschen Bodentruppen und österreichisch-ungarischen Fliegern sowie von lokalen Stämmen unterstützt.

Die Palästinafront

Im weiteren Verlauf unterstützte die arabische Armee den alliierten Vorstoß durch Palästina und die Einnahme Jerusalems, indem sie die Osmanen in Transjordanien band. Im Januar 1918 gelang ihr in der Schlacht bei Tafilah ein Sieg, und im Frühjahr attackierte sie im Rahmen der Operation Hedgehog wiederholt die Hedschasbahn.

Als im September 1918 die Schlacht bei Megiddo in Palästina tobte, lenkten arabische Truppen unter Lawrence, Faisal und anderen die osmanischen Truppen östlich des Jordans ab. Die Eroberung des Eisenbahn- und Kommunikationsknotens Daraa war ein schwerer Schlag für die Osmanen und öffnete zusammen mit dem Sieg bei Megiddo die Tür zur Einnahme von Damaskus am 1. Oktober.

Die Osmanen und ihre deutschen Verbündeten befanden sich auf dem Rückzug. Am 25./26. Oktober kam es dann zur letzten großen Schlacht im Nahen Osten, als Faisals Truppen Aleppo im Norden Syriens einnahmen. ■

T. E. Lawrence

Thomas Edward (T. E.) Lawrence war eine der bekanntesten Figuren des Ersten Weltkriegs im Nahen Osten und ein äußerst fähiger Stratege, Diplomat und Kommunikator. 1888 in Tremadog in Wales geboren, arbeitete er vor dem Krieg als Archäologe im Nahen Osten, bevor er sich dem Arabischen Büro des britischen Geheimdiensts in Kairo anschloss. Im Oktober 1916 wurde Lawrence auf die Arabische Halbinsel entsandt, um den Einsatz arabischer Stämme gegen die Osmanen zu prüfen. Als Verbindungsoffizier zwischen arabischen und britischen Truppen wurde er zusammen mit Faisal bin Al-Hussein de facto zu einem Befehlshaber.

Als überzeugter Fürsprecher für eine arabische Unabhängigkeit war Lawrence von der Teilung des Nahen Ostens nach dem Krieg enttäuscht. Nach seiner Rückkehr nach Großbritannien arbeitete er kurz im Kolonialdienst, diente in der Royal Air Force und schrieb in *Die sieben Säulen der Weisheit* seine Kriegserlebnisse auf. T. E. Lawrence starb 1935.

EIN TOTENTANZ

DIE SCHLACHT AN DER SOMME (1. JULI – 18. NOVEMBER 1916)

IM KONTEXT

SCHWERPUNKT
Materialschlachten

FRÜHER
1566–1648 Der Achtzigjährige Krieg zwischen Spanien und der Niederländischen Republik ist ein Beispiel für einen Abnutzungskrieg.

1812 Russland setzt gegen die Grande Armée Napoleons auf eine Strategie der Abnutzung.

1864–1865 Gegen Ende des Amerikanischen Bürgerkriegs setzt die Union Zermürbungstaktiken ein, um die Konföderierten aufzureiben.

SPÄTER
August 1918 In der Schlacht von Amiens durchbrechen die Alliierten die deutschen Linien und beenden den Abnutzungskrieg.

1947–1991 Der Kalte Krieg ist ein unerklärter Abnutzungskrieg zwischen West und Ost.

» [Der Sieg] hätte nicht stattgefunden ohne die Phase der Abnutzung, die die Reserven der deutschen Truppen aufzehrte … «

Sir Douglas Haig

Jeder Krieg folgt **demselben Verlauf** wie eine einzelne Schlacht – von taktischen Manövern über die **Abnutzung** bis zum endgültigen **Durchbruch.**

Das Stadium der **Abnutzung,** die »Materialschlacht«, verursacht immer **schwere Verluste.**

Wenn am Ende ein Sieg steht und keine Niederlage, gelten die Verluste als gerechtfertigt.

Als sich die alliierten Generäle im Dezember 1915 im Hôtel du Grand Condé in Chantilly bei Paris trafen, wussten alle, dass der Krieg, auf den sie vorbereitet waren – ein kurzer Feldzug, an dessen Ende die »vernichtende Niederlage« des Feindes stand –, eine Illusion war. Der Konflikt hatte sich insbesondere an der Westfront zu einer Materialschlacht verfestigt.

Auswahl des Schlachtfelds

Um den Stillstand zu beenden, beschlossen die Generäle mehrere Sommeroffensiven – in den italienischen Alpen, an der Ostfront in Russland, in Großbritannien und Frankreich an der Westfront. Sie sollten so stark und anhaltend sein, dass Deutschland und Österreich-Ungarn sich gegenseitig nicht mehr unterstützen konnten. Man wollte die Mittelmächte durch starke Beanspruchung zunehmend schwächen. Und sollte der Durchbruch ausbleiben, würde die Strategie der Zermürbung zum Erfolg führen.

An der Westfront, wo man in Schützengräben steckte, waren nur verlustreiche Frontalangriffe möglich. Großbritannien und Frankreich kamen überein, gemeinsam die deutschen Stellungen im Tal der Somme nordöstlich von Paris anzugreifen.

Vor dem Krieg zählten die sanft geschwungenen Kreidehügel, die der Fluss durchschneidet, zu den fruchtbarsten Anbaugebieten Nordfrankreichs. Im Sommer 1916 waren die Felder aber schon seit fast zwei Jahren nicht mehr bestellt worden. Die Dörfer und Bauernhöfe an den Hängen waren befestigte Ruinen, da das Gebiet während des »Wettlaufs zum Meer« an die Deutschen gefallen war. Kreideweiße Linien von Schanzanlagen zogen sich über die Hänge.

Als die britischen Truppen die Franzosen in diesem Gebiet ablösten, übernahmen sie ein Grabensystem, das sich am Fuß der Hügel entlangzog. Über ihnen erhob sich ein langer, sanft ansteigender Hang mit einer Reihe von Befestigungsanlagen – angeblich der stärkste Teil der deutschen Stellungen. An der Somme trafen sich die britischen und französischen Linien – ein Faktor, der sich als bedeutsam erweisen sollte. Eine alte Römerstraße führte von dem Marktstädtchen

Siehe auch: Der Wettlauf zum Meer 70–71 ▪ Die Schlacht um Verdun 152–159 ▪ Die Dritte Flandernschlacht 230–235 ▪ Die Frühjahrsoffensive 260–267

Albert, hinter den britischen Linien, in nordöstlicher Richtung über die Hügel ins 18 km entfernte Bapaume, einen Eisenbahnknotenpunkt, wo sich Linien kreuzten, die parallel zu den deutschen Stellungen und dahinter verliefen. Ein Vorstoß entlang dieser Achse könnte die Entscheidung bringen, so General Douglas Haig, seit Dezember 1915 Kommandeur der britischen Expeditionstruppen (BEF). Nach dem Durchbruch der Bodentruppen sollte die britische Kavallerie nachsetzen. Gleichzeitig hatte Haig in den Wochen der Planung das Gespenst eines Abnutzungskriegs heraufbeschworen und die Regierung davon überzeugt, das eigentliche Ziel der Somme-Offensive müsse darin bestehen, die deutsche Armee weiter zu schwächen, um sie 1917 entscheidend zu schlagen.

Schwieriges Gelände

Der britische Abschnitt des Schlachtfelds, nördlich der Somme, wurde durch den Fluss Ancre geteilt, einen Nebenfluss der Somme, der nach Südwesten durch Albert fließt. Nördlich des Flusses befand sich eine Reihe höherer Hügel, von den Deutschen uneinnehmbar befestigt. Südlich des Flusses und der Römerstraße erstreckte sich ein durchgehender Bergrücken, dessen untere Hänge – bedeckt mit Forts, Vorposten und Feldschanzen – die erste deutsche Linie bildeten.

Der Angriff konnte den Feind nicht überraschen. Die deutschen Beobachter konnten aus ihren Verstecken die riesigen Munitions- und Nachschublager sehen. Im Schutz der Dunkelheit wurden die neuen Männer von Kitcheners Armeen – die britischen Freiwilligen von 1914 – in Stellung gebracht.

Pausenlose Bombardierung

Am Samstag, 1. Juli, war das Wetter in Nordfrankreich warm und wolkenlos. Entlang der Frontlinie verschwand jedoch die gesamte deutsche Seite hinter einer Wand ››

Ein schweres 15-cm-Geschütz der britischen Royal Garrison Artillery eröffnet im Juni 1916 das Feuer auf die deutschen Linien an der Westfront.

Douglas Haig

Geboren 1861 in Edinburgh (Schottland) als Sohn einer wohlhabenden Familie, widmete sich Douglas Haig dem Polospiel, bevor er die königliche Militärakademie in Sandhurst abschloss. Prägende Erfahrungen erwarb er in wichtigen Ämtern in den Kolonien: in Indien; im Sudan, wo er an der Seite Kitcheners gegen die Mahdi-Rebellen kämpfte; in Südafrika im Zweiten Burenkrieg; und schließlich noch einmal in Indien. Er stieg in der Armee auf und befehligte als General die britischen Truppen in der Schlacht an der Somme. Ende 1916 wurde er zum Feldmarschall befördert.

Haigs größter Erfolg in den Jahren 1916–1918 war der Durchbruch bei Amiens, der »schwarze Tag der deutschen Armee«, der den Weg zum Sieg der Alliierten bahnte.

Obwohl Haig zunächst für seine Führungsqualitäten gelobt wurde, mehrten sich später Zweifel an seinem Urteilsvermögen und seinem Charakter. Sein Ruhm wurde nicht zuletzt von den hohen Verlusten an der Somme und bei Passchendaele überschattet.

Haig starb 1928.

aus Blitzen und Rauch, wie schon in den vorangegangenen sieben Tagen. Der Lärm des britischen Bombardements war unbeschreiblich, fast 1500 Geschütze hatten die deutschen Stellungen unter Trommelfeuer genommen. Dann brach es plötzlich ab. Kurz vor 7.30 Uhr detonierten unter gewaltigem Getöse 19 unterirdische Minen nahe der ersten deutschen Linie. Die starken Erschütterungen beschädigten auch Teile der britische Befestigungen.

Den Hügel hinauf

Auf das Signal der Offiziere verließen 17 britische Divisionen die Schützengräben und begannen den Angriff hügelaufwärts. Nachdem der Stacheldraht auf der eigenen Seite durchtrennt war, rückten die Männer in Wellen durch das Niemandsland vor, fast Schulter an Schulter. Jeder Soldat schleppte 27 kg Ausrüstung mit sich. Sie passten ihr Tempo an das vorrückende Sperrfeuer an, das 100 m vor ihnen lag. Auf fast der gesamten 26 km langen Frontlinie rückten die Bataillone gleichzeitig vor.

Nach den vorhergehenden Bombardements rechnete niemand mit ernsthafter Gegenwehr. Einige Männer dribbelten ostentativ Fußbälle vor sich her. Doch bald wurden sie zu Tausenden niedergemäht. Die deutschen Maschinengewehrschützen hatten sich vor den britischen Bomben in tiefe Gräben zurückgezogen. Sie waren darauf gedrillt, im Laufschritt die Position zu wechseln und ihr Gewehr in nur drei Minuten wieder in Stellung zu bringen. Eine einzige Garbe aus einem Maschinengewehr konnte eine Reihe Soldaten niedermähen wie ein Schnitter Getreide auf dem Feld.

Das Sperrfeuer bot den Infanteristen an den offenen Hängen keinen Schutz mehr. Und als die Briten den deutschen Drahtverhau erreichten, mussten sie feststellen, dass die Granaten ihn nicht zerstört hatten. Die Männer wurden von feindlichen Kugeln getroffen, während sie versuchten, sich aus dem 1,5 m hohen Stacheldraht zu befreien. In den ersten 30 Minuten des Angriffs wurde vermutlich die

Junge Männer eines Schulbataillons bereiten sich bei Beaumont-Hamel auf ihren Einsatz vor. Dieser Teil der britischen Schützengräben in den Kreidefelsen wurde »weiße Stadt« genannt.

Explosion einer 2-Tonnen-Mine am ersten Tag der Schlacht an der Somme unter der deutschen Frontlinie an der Hawthorn-Ridge-Redoute.

Die Rolle der Minen

Schon lange vor dem ersten Bombardement am 1. Juli war die Schlacht an der Somme in den leicht zu bearbeitenden Kreidefelsen unterhalb der Gräben im Gange. Die Hauptaufgabe der britischen Tunnelbaukompanien bestand darin, Sprengladungen unter der deutschen Frontlinie zu platzieren. Die deutschen Ingenieure versuchten natürlich, dies zu verhindern, indem sie ihrerseits die Mineure unterminierten und selbst Sprengladungen zündeten, um die britischen Stollen zu sprengen. Insgesamt zündeten britische und deutsche Soldaten vor dem Angriff am 1. Juli 227 unterirdische Sprengsätze.

Den Briten gelang es, 19 Minen an strategisch wichtigen Punkten zu platzieren. Bei ihrer Detonation am 1. Juli verbreiteten sich Druckwellen über das gesamte Schlachtfeld. Trotz der Zerstörungen wehrten die Deutschen die meisten britischen Angriffe problemlos ab. Die Briten gruben auch Verbindungsgänge ins Niemandsland, nur dünn mit Erde bedeckt, die aber kaum genutzt wurden.

Hälfte der 66 000 Mann der ersten Welle getroffen und außer Gefecht gesetzt. Gegen Mittag dürften die Verluste auf 50 000 gestiegen sein.

Kavallerie in Bereitschaft

Im Hauptquartier bekam man davon kaum etwas mit. Drei Divisionen Kavallerie standen bereit, den erwarteten Durchbruch zu nutzen – ohne zu wissen, dass zahlreiche Offiziere und Mannschaften verzweifelt aus Granattrichtern oder sogar innerhalb der deutschen Linien kämpften. Eine Einheit von Kitcheners Armeen drang in die gewaltige Leipziger Redoute ein. Die 36. Ulster-Division stieß in die nahe gelegene Schwabenfeste vor und stürmte teilweise bis nach Thiepval, eine Burgruine über dem Fluss Ancre, deren Einnahme drei Monate dauern sollte. Es gab heldenhafte Angriffe von großer Tragik. Gegenüber von La Boisselle, einem weiteren Stützpunkt südlich des Flusses Ancre, rückte die 103. Brigade, eine weitere Einheit von Kitcheners Armeen, mit 3000 Infanteristen vor. Sie überquerte 1,6 km offenes Gelände unter Maschinengewehrfeuer, bis die letzten Männer in die deutschen Schützengräben stürzten. Etwa 50 Überlebende schafften es bis nach Contalmaison, einem befestigten Ort auf halber Höhe, wurden aber sämtlich getötet oder gefangen genommen.

Außergewöhnlichen Mut bewiesen auch die Männer des Neufundland-Regiments bei einem Ablenkungsangriff auf die praktisch uneinnehmbare Festung von Gommecourt im äußersten Norden der Front. Sie mussten 275 m offenes Gelände überqueren, bevor sie ihre eigenen Linien erreichten, und dann eine ähnliche Strecke im Niemandsland. Als sie sich zusammendrängten, um durch die Lücken in ihrem eigenen Draht zu gelangen, wurden sie von den heranrückenden Deutschen niedergemetzelt. Von den 752 Mann, die den Angriff begannen, fielen 658 Soldaten und 26 Offiziere, 91 Prozent der angreifenden Truppe.

Der britische Angriff nördlich der alten Römerstraße war ein Desaster. Südlich davon erreichten fünf der 17 angreifenden Divisionen die meisten ihrer Ziele und eroberten oder umzingelten einzelne befestigte Dörfer und Stützpunkte an der deutschen Frontlinie. Die französischen Divisionen, die rechts von den Briten vorrückten, erreichten alle ihre Ziele, vor allem, weil sie während des ersten Bombardements mehr schwere Geschütze einsetzten und ihre Operationen verdeckt hielten.

Nach der Doktrin des Zermürbungskriegs war der erste Tag an der Somme ein voller Erfolg. ››

In der ersten Phase der Schlacht stoßen die französische 6. Armee und die rechte Flanke der britischen 4. Armee um Maricourt weit vor. Im Norden musste die britische Armee jedoch ihre schwersten Tagesverluste hinnehmen. Bis Mitte September wurde die deutsche 2. Armee weiter nach Norden zurückgedrängt. Als die Schlacht schließlich im November beendet war, hatten die Alliierten zwar die größten Gebietsgewinne seit der Ersten Marneschlacht (1914) erzielt, aber ihre wichtigsten Ziele nicht einnehmen können: Bapaume und Péronne.

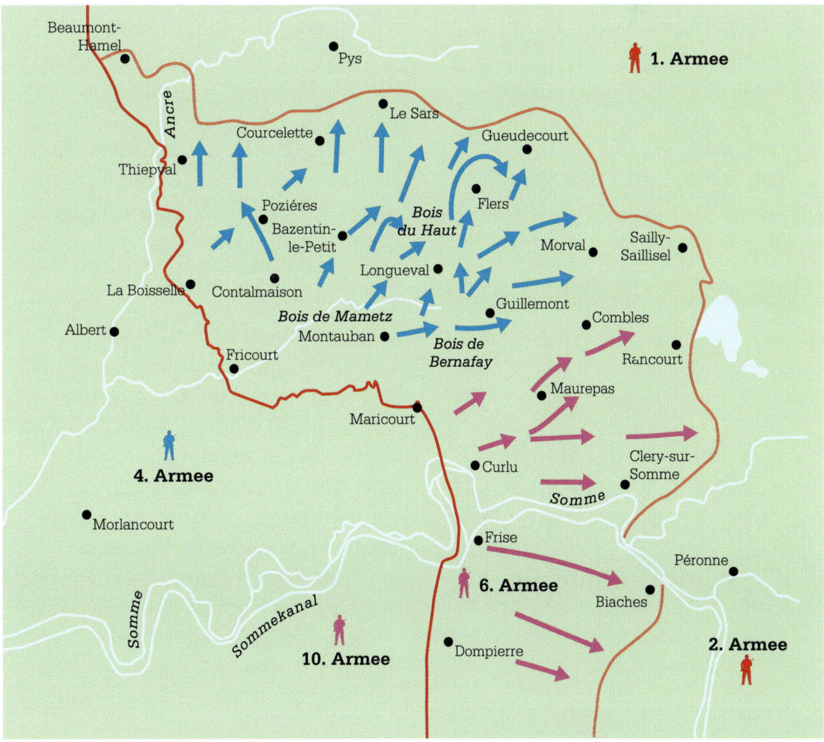

Doch nach Sonnenuntergang, als der Geschützdonner nicht aufhörte, war der britische Sanitätsdienst völlig überfordert. Die meisten Züge für den Transport der Verwundeten waren noch nicht eingetroffen, überall lagen Verletzte. Viele weitere befanden sich noch im Niemandsland, wo sie ihrem Schicksal überlassen waren. Es vergingen Wochen, bis Bilanz gezogen werden konnte: Von den mehr als 100 000 Mann, die am 1. Juli in mehreren Wellen den Angriff ausgeführt hatten, waren 57 470 verwundet worden, 19 240 davon tödlich. Da die meisten der als »vermisst« gemeldeten wahrscheinlich ebenfalls getötet wurden, lag die tatsächliche Opferzahl wohl bei mehr als 21 000. Das war der blutigste Tag in der langen Geschichte der britischen Armee.

Abnutzung

Die Schlacht an der Somme zog sich über weitere 140 Tage. Dies war die »Abnutzungsphase« – ständiger Druck an der Front, aber keine Seite konnte einen Vorteil erringen, der Gegner bot keine verwundbare Flanke, die sich ausnutzen ließ.

Am 2. Juli hatte Haig das blutige Gelände nördlich der Ancre aufgegeben und zielte nun auf

» Die Schlachtfelder der Somme waren der Friedhof für Kitchener's Army. «

Winston Churchill

einen Kamm südlich dieses Nebenflusses, der von der britischen Linie aus gut zu sehen war. Als Erich von Falkenhayn, Chef des deutschen Generalstabs, einige Tage später die Somme-Front besuchte, schwor er, dass kein Meter freiwillig aufgegeben und jeder Angriff mit einem Gegenangriff beantwortet werden würde. In einer Zermürbungsschlacht warf er den Briten alle Reserven entgegen, die er entbehren konnte, und verstärkte seine Streitkräfte an der Somme, sodass sie in zwei Armeen aufgeteilt wurden. Frankreich verzeichnete im Lauf der Schlacht Gebietsgewinne, konnte aber den wichtigen Eisenbahnknotenpunkt Bapaume nicht unter Kontrolle bringen.

Die britischen Truppen, die sich in aller Eile auf halber Höhe des Hangs eingegraben hatten, brauchten volle zwei Wochen, um den Kamm im Norden zu erreichen, wo die deutsche zweite Linie verlief – eine Entfernung, die unter normalen Umständen in 20 Minuten zu Fuß zurückzulegen wäre. Mit einem gewagten Nachtangriff wurden die erschöpften Gegner überrumpelt.

Ein großer Teil der härtesten Kämpfe in dieser Phase der Schlacht fand in den verschiedenen Wäldchen statt, vor allem im Wald von Delville, der rittlings auf dem Bergrücken liegt und eine herrliche Aussicht in alle Richtungen bietet. Innerhalb von acht Wochen (15. Juli–15. September) wurde der Wald aus Buchen und Hainbuchen in verkohlte Splitter verwandelt. Zeitweise regneten 400 Granaten pro Minute auf den »Devil's Wood«, wie er genannt wurde. Mehr als 30 000 britische Soldaten wurden dort getötet oder verwundet. Während der Schlachtlärm Tag und Nacht anhielt, kämpften beide Seiten nun um jeden Meter. Haig, der an der gesamten Front Druck ausübte, nannte das »knabbern«.

Mehr als die Hälfte der britischen Soldaten, die an der Offensive vom 1. Juli teilnahmen, wurden verwundet oder getötet. Manche warteten bis zu eine Woche im Niemandsland auf Hilfe.

Eine neue Dynamik

Als der Sommer in den Herbst überging, änderten zwei Ereignisse den Status quo. Am 28. August wurde von Falkenhayn als deutscher Generalstabschef durch Generalfeldmarschall Paul von Hindenburg abgelöst, der die starre Verteidigung sämtlicher Frontabschnitte zugunsten einer flexibleren und verlustärmeren Strategie aufgab. Er plante bereits den Rückzug auf die sogenannte Siegfriedstellung (von den Alliierten Hindenburglinie genannt). Das zweite Ereignis war die Einführung des Panzers durch die Briten.

Ein dritter Angriff

Als die britischen Truppen über den Kamm und den Abhang hinunter nach Bapaume vorstießen, begannen sie eine dritte große Offensive. Am 15. September, als die Truppen in Stellung gebracht wurden, kamen erstmals 32 Mark-I-Panzer zum Einsatz, deren Geräusche der

Ein Mark-I-Panzer und Angehörige der 122. Brigade der britischen Armee, die am 15. September 1916 die Ostseite von Flers erreichten.

Der Mark-I-Panzer

Der britische Mark I wurde 1916 entwickelt, um die Pattsituation an der Westfront zu beenden. Er nutzte eine Technik, die mehr als ein Jahrzehnt zuvor für Traktoren erfunden worden war, und bewegte sich auf Ketten fort. Sie erlaubten es, den Stacheldrahtverhau zu durchbrechen und die vielen Gräben hinter den feindlichen Linien zu überwinden.

Der Mark I, der auch als bewegliche Geschützplattform gedacht war, wurde in zwei Varianten gebaut: Einmal die »männliche«, bewaffnet mit zwei 6-Pfünder-Geschützen und drei Hotchkiss 8-mm-Maschinengewehren, zum anderen die »weibliche«, die zum Schutz gegen angreifende Infanterie mit vier Vickers-Maschinengewehren und einem Hotchkiss-Geschütz bewaffnet war. Obwohl revolutionär, hatten die Panzer Schwächen: Die achtköpfige Besatzung hatte nur ein eingeschränktes Sichtfeld und konnte nicht immer sehen, wohin sie fuhr; und mit einer Höchstgeschwindigkeit von nur 6 km/h war ein Mark I für den Feind als Ziel kaum zu verfehlen.

Bombenlärm übertönte. Im Morgengrauen des folgenden Tages, als der Angriff auf der Achse der Römerstraße zwischen den Dörfern Flers und Courcelette begann, waren nur noch 24 Panzer einsatzbereit, die restlichen bereits ausgefallen.

Der einwöchige Angriff, der letzte britische Erfolg an der Somme, ging um weitere 15 km² schlammigen Bodens. Und trotz der enttäuschenden Leistung der Panzer bewiesen sie doch großes Potenzial. Nur eine Handvoll davon kam tatsächlich zum Einsatz, einige wurden durch deutschen Beschuss außer Gefecht gesetzt. Andere hingegen versetzten die deutschen Infanteristen, die dergleichen noch nie gesehen hatten, in Angst und Schrecken, als sie in Sichtweite kamen. Ihre Zukunft auf dem Schlachtfeld war gesichert, während die der Kavallerie – die immer noch auf den Durchbruch wartete, der nie kam – fraglicher wurde.

Kampf gegen den Schlamm

Am 26. September ergab sich Thiepval. Das Fort war den Briten seit dem 1. Juli ein Dorn im Auge. Nach der Einnahme kamen die Kämpfe an der Somme weitgehend zum Erliegen. Regen setzte ein, und die Granattrichter und die neu ausgehobenen Massengräber im Niemandsland verwandelten sich in einen Sumpf. Der alles verschlingende Schlamm der Somme wurde legendär, eine treffende Metapher für die Sinnlosigkeit des Kriegs.

Haig beendete die Offensive am 19. November. Über die tatsächlichen Verluste legte er niemals Rechenschaft ab, das mussten später andere tun. Die Franzosen hatten ihre Geländegewinne mit hohen Verlusten bezahlt, 194 451 insgesamt. Die deutschen Verluste beliefen sich auf mindestens 600 000. Die Briten opferten 419 654 Mann, um einen Streifen Mondlandschaft von 10 km Länge und 36 km Breite zu erobern. ■

Eine 15-cm-Haubitze wird durch den Schlamm bei Pozières gezogen, das am 23. Juli 1916 von australischen Truppen eingenommen wurde.

ALLES ELEND AUF EINMAL

RUMÄNIEN ZIEHT IN DEN KRIEG (AUGUST–DEZEMBER 1916)

IM KONTEXT

SCHWERPUNKT
Krieg in Rumänien

FRÜHER
1861 Aus der Vereinigung der Fürstentümer Walachei und Moldau unter einem König entsteht das Land Rumänien.

1867 Transsilvanien wird ungarisch.

SPÄTER
10. November 1918 Rumänien tritt aufseiten der Alliierten erneut in den Krieg ein – einen Tag vor dem Waffenstillstand.

1920 Das Königreich Rumänien, das Transsilvanien, die Bukowina, Bessarabien und andere Regionen umfasst, wird zu Großrumänien.

1940 Großrumänien zerbricht. Die Süddobrudscha fällt wieder an Bulgarien, Bessarabien und die Nordbukowina an die UdSSR und Nordtranssilvanien an Ungarn.

Der **junge Staat Rumänien** will **stabile Grenzen,** einschließlich **Transsilvaniens.**

↓

Rumänien muss **mit Österreich-Ungarn** um Transsilvanien **ringen.**

↓

Ein **Bündnis mit den Alliierten** verspricht die Chance auf **territoriale Erweiterung.**

↓

Das Beharren auf den eigenen Plänen führt zum Verlust von 90 Prozent des Staatsgebiets.

Das in den ersten beiden Kriegsjahren von beiden Seiten umworbene Königreich Rumänien hätte ohne seine territorialen Ambitionen eine Insel der Neutralität bleiben können.

Rumänien war ein inhärent instabiles Land mit Grenzen, die sich mit jedem neuen internationalen Abkommen verschoben. Eine Sache aber blieb konstant: Die Rumänen hofften unwandelbar, eines Tages Transsilvanien zu besitzen, die Region jenseits der Karpaten im Westen, in der drei Millionen Rumänen unter der Herrschaft Österreich-Ungarns lebten. Außerdem wollten sie die Dobrudscha behalten, eine Ebene zwischen der Donau und dem Schwarzen Meer, die sie Bulgarien 1913 nach dem Zweiten Balkankrieg abgenommen hatten.

Rumänien spielt auf Zeit

Der außerordentliche Erfolg der Brussilow-Offensive wurde als Zeichen begriffen, dass es jetzt an der Zeit war, sich mit den Alliierten zu verbünden. Am 17. August 1916 unterzeichnete Rumänien ein Abkommen mit Frankreich und Russland, das ihm die Erfüllung seiner territorialen Wünsche versprach. Das sollte sich als fataler Fehler erweisen.

Siehe auch: Der Balkan 25 ▪ Das Ende des Serbienfeldzugs 140–143 ▪ Griechenland und die Salonikifront 226–227 ▪ Ein dauerhafter Frieden? 312–317

Die rumänische Kriegserklärung vom 27. August erzürnte den deutschen Kaiser. Neben der familiären Illoyalität fürchtete er auch, dass diese Intervention zum Niedergang Österreich-Ungarns führen würde. Am nächsten Tag ersetzte er seinen Generalstabschef Erich von Falkenhayn durch Feldmarschall Paul von Hindenburg und entsandte von Falkenhayn nach Transsilvanien, um dessen Verteidigung zu unterstützen.

Strategischer Fehler

Die Alliierten legten Rumänien nahe, seine Pläne für Transsilvanien zu verschieben und stattdessen gemeinsam Bulgarien anzugreifen. König Ferdinand I. und seine Generäle bestanden aber auf ihren eigenen Prioritäten und ließen rumänische Divisionen über die Bergpässe nach Transsilvanien einmarschieren.

Während die rumänischen Streitkräfte sich auf Transsilvanien konzentrierten, führte Feldmarschall August von Mackensen eine Streitmacht aus deutschen, österreichischen, bulgarischen und türkischen Soldaten über die rumänische Südgrenze und in die Dobrudscha. Am 6. September nahmen sie die Donaufestung Tutrakan ein und nahmen 25 000 Gefangene und 115 schwere Geschütze in Besitz. Später im Monat machte das Ende der Brussilow-Offensive zwölf deutsche und österreichisch-ungarische Divisionen frei, mit denen von Falkenhayn die Rumänen aus Transsilvanien vertrieb. Anfang November marschierte er gemeinsam mit von Mackensen in Rumänien ein.

Nachdem sie Constanța eingenommen hatten, zog von Mackensen nach Bukarest, wo er am 6. Dezember 1916 auf einem weißen Pferd eintraf. In derselben Woche versuchten die Briten, die Ölfelder von Ploiești nördlich der Hauptstadt zu sabotieren, aber die Pumpen waren bald wieder in Betrieb.

Der Rest der rumänischen Armee beschloss das Jahr in einer kleinen Enklave nahe der temporären Hauptstadt Jassy im Nordosten. Binnen weniger Monate hatten die Rumänen die Kontrolle über fast ihr ganzes Land verloren. ▪

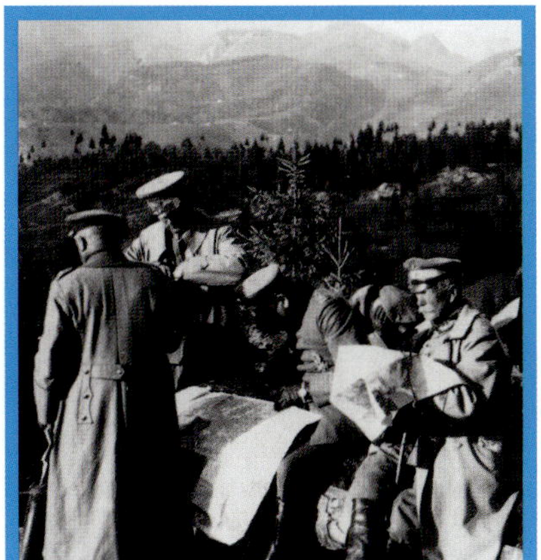

Befehlshaber einer deutschen Division studieren 1916 auf dem Bran-Pass in den transsilvanischen Karpaten Landkarten und beraten über Strategien.

» Jetzt, wo ich den Hohenzollern in mir überwunden habe, fürchte ich niemanden. «

König Ferdinand I.

König Ferdinand I. von Rumänien

Der Spross der preußischen Hohenzollerndynastie und Cousin Wilhelms II. wurde 1865 in Sigmaringen geboren. Dank eines komplexen Netzwerks aus Familienbeziehungen saßen die Hohenzollern auf vielen Thronen, so auch in Rumänien, den Ferdinands kinderloser Onkel Karl I. innehatte.

Bei Karls Tod 1914 folgte ihm Ferdinand auf den Thron, nachdem sein Vater und Bruder die Krone abgelehnt hatten. Er schwor dem Parlament »als ein guter Rumäne« zu regieren – ein Schwur, den er trotz aller Missgeschicke des Kriegs hielt und der ihm den Beinamen »der Treue« eintrug.

1922 wurde Ferdinand zum König Großrumäniens gekrönt, das auch Transsilvanien umfasste, das Rumänien 1920 im Vertrag von Trianon zugesprochen worden war. Der progressive Ferdinand war von seinem Sohn Prinz Karl enttäuscht, der Rumänien später rücksichtslos in den Zweiten Weltkrieg führte. Ferdinand starb 1927.

EINE STILLE DIKTATUR

DIE DEUTSCHE KRIEGSMASCHINE (1916)

IM KONTEXT

SCHWERPUNKT
Deutsche Politik

FRÜHER
1909 Kaiser Wilhelm II. ernennt Theobald von Bethmann Hollweg zum Reichskanzler. Er soll zwischen den verschiedenen politischen Gruppierungen in Deutschland vermitteln.

Januar 1912 Die Sozialdemokraten werden stärkste Partei im Reichstag.

SPÄTER
1. November 1917 Georg Michaelis tritt als Kanzler zurück, weil er im Reichstag keine Mehrheit mehr hat. Nachfolger wird Georg von Hertling.

Oktober–November 1918 Nach Streiks und Demonstrationen kommt es zur Ausrufung der Republik; Wilhelm II. dankt ab.

11. November 1918 Deutschland unterzeichnet das Waffenstillstandsabkommen.

Erich von Falkenhayn, seit September 1914 Chef der Obersten Heeresleitung (OHL), geriet ab 1916 zunehmend in die Kritik. Im August überredete Reichskanzler Theobald von Bethmann Hollweg Kaiser Wilhelm II., Falkenhayn durch Paul von Hindenburg zu ersetzen, den Oberbefehlshaber an der Ostfront. Ihm zur Seite gestellt wurde sein Stabschef Erich Ludendorff. Die beiden Männer waren nicht nur für die militärische Strategie in Osteuropa zuständig, sondern auch für die Besetzung Litauens, Lettlands, Polens und anderer eroberter Gebiete, die Ausbeutung ihrer wirtschaftlichen Ressourcen und die Unterdrückung der Bevölkerung. Das Ziel war die Umwandlung dieser Gebiete in ein Kolonialreich, das von ethnischen Deutschen bevölkert werden sollte. Eine solche Ausweitung der Militärherrschaft sollte charakteristisch für die neue Führung sein.

> »Jeder männliche Deutsche … ist, soweit er nicht zum Dienste in der bewaffneten Macht einberufen ist, zum vaterländischen Hilfsdienst während des Krieges verpflichtet.«
>
> **Gesetz von 1916**

Hindenburgs Politik

Ludendorff und Hindenburg kamen zu einer eindeutigen Einschätzung der Lage an der Westfront: Die Alliierten waren zu stark, um sie in einem Angriffskrieg zu besiegen. Deutschland konnte sie dennoch in einem Abnutzungskrieg zermürben. Dazu bedurfte es einer sicheren Verteidigungsstellung, mit deren Bau im Oktober 1916 begonnen wurde – der Siegfriedstellung.

Die beiden Männer entwickelten das Hindenburg-Programm, eine Reihe von Maßnahmen, mit denen die deutsche Regierung und Wirtschaft umgestaltet und ganz auf den Krieg ausgerichtet wurden. Im Dezember verabschiedete der Reichstag das Gesetz über den vaterländischen Hilfsdienst, das alle Männer zwischen 18 und 60 Jahren, die nicht zur Armee ein-

Sie auch: Der Aufstieg Deutschlands 20–23 ▪ Die Schlacht bei Tannenberg 78–81 ▪ Steigerung der Produktion 104–105 ▪ Die Brussilow-Offensive 166–169 ▪ Deutsche Revolution 288–289 ▪ Aufstieg des Faschismus 322–323

Paul von Hindenburg und Erich Ludendorff 1917 bei der Lagebesprechung im deutschen Hauptquartier, zwischen ihnen Kaiser Wilhelm II., der oberste Befehlshaber.

gezogen waren, zu Hilfsdiensten verpflichtete. Die Produktion von Maschinengewehren und Artillerie wurde gesteigert, blieb aber hinter der alliierten zurück. Tausende Facharbeiter wurden von der Front zurück in die Fabriken beordert, was die Kampfkraft schwächte. Nach einer schlechten Ernte kam es im Verein mit der britischen Seeblockade 1916/17 zu einer akuten Lebensmittelknappheit; im sogenannten Steckrübenwinter war das Wurzelgemüse, das sonst als Viehfutter diente, für Millionen Deutsche das Hauptnahrungsmittel. Die Regierung musste Lebensmittel rationieren und Preiskontrollen einführen.

Um die Ressourcen der Alliierten zu schwächen, setzten Hindenburg und Ludendorff ab Februar 1917 auch auf den uneingeschränkten U-Boot-Krieg, den Bethmann Hollweg ablehnte. In diesem Monat begann die Operation Alberich – der Rückzug hinter die Siegfriedstellung, der am 20. März beendet war. Die neuen Verteidigungsanlagen umfassten Stacheldrahtgürtel, Befestigungen aus Stahlbeton und Panzersperren.

Bethmann Hollweg tritt ab

Es gab Widerstand gegen die neue Politik. Um abweichende Meinungen zu unterdrücken, verstärkte die Regierung die Zensur, die bei Kriegsbeginn begonnen hatte. Bethmann Hollweg sah sich durch die OHL immer mehr an den Rand gedrängt. Da ihm im Reichstag die Unterstützung fehlte, trat er am 13. Juli zurück. Er wurde am nächsten Tag durch Georg Michaelis ersetzt.

Von nun an dominierte die OHL die zivile Regierung, Hindenburg und Ludendorff regierten praktisch diktatorisch. ▪

Erich Ludendorff

1865 als Sohn eines preußischen Rittergutsbesitzers geboren, trat Erich Ludendorff 1885 ins Heer ein, wo er bereits im Alter von 29 Jahren in den Generalstab aufstieg. Bei Kriegsausbruch führte er eine Brigade nach Belgien, die im August 1914 Lüttich besetzte. Danach diente er an der Ostfront als Stabschef unter Hindenburg. Im August 1916 wurde Ludendorff zum Ersten Generalquartiermeister ernannt, ein Amt, das eigens für ihn geschaffen wurde und mit großer Machtfülle verbunden war, nicht nur im Hinblick auf Militäroperationen, auch an der Heimatfront.

Als die Lage für Deutschland immer aussichtsloser wurde, verlor Ludendorff rasch die öffentliche Unterstützung. Nach der Entlassung im Oktober 1918 ging er nach Schweden. Er trug maßgeblich zur Verbreitung der »Dolchstoßlegende« bei, wonach Deutschland den Krieg aufgrund mangelnder Unterstützung in der Heimat verloren habe. So gewann er Popularität in rechten Kreisen. 1923 beteiligte er sich am gescheiterten Hitler-Putsch in München. Er starb 1937.

DIE STÄDTE HUNGERN

GESELLSCHAFT UNTER DRUCK (1916)

IM KONTEXT

SCHWERPUNKT
Die Heimatfront

FRÜHER
1913 Die fehlende Infrastruktur verschärft die Lebensmittelkrise im Osmanischen Reich.

1913 Die alliierten Nationen planen, die Mittelmächte im Kriegsfall auszuhungern.

SPÄTER
1917 Hunger ist einer der Hauptauslöser der Russischen Revolution, aus der 1922 die UdSSR entsteht.

1918 Mangelernährung schwächt die Zivilbevölkerungen vieler Länder und macht sie anfällig für Seuchen wie die Spanische Grippe.

1939 Deutschland sorgt im Vorfeld des Zweiten Weltkriegs für eine ausreichende Versorgung der Bevölkerung.

Im Jahr 1916 bestand das Leben der Menschen an der Heimatfront aus Mangel, harter Arbeit und Langeweile. Wenn sie nicht arbeiteten, standen sie für Lebensmittel Schlange und warteten auf Nachrichten von Angehörigen. Es konnte den ganzen Tag dauern, einen kleinen Korb mit dem Notwendigsten in minderer Qualität zu ergattern.

Die Regierungen der Kriegsparteien versuchten, die Moral im eigenen Land und an der Front zu stärken, indem sie Soldaten und Familien zum Briefeschreiben ermutigten. Der britische Army Postal Service alleine lieferte im Kriegsverlauf rund zwei Millionen

Siehe auch: Die Heimatfront 1918 250–253 ▪ Das Kriegsende in Italien 284–285 ▪ Deutsche Revolution 288–289 ▪ Vom Krieg gezeichnet 310–311

Kurz nach Kriegsausbruch zeigt sich ein **Versorgungsgefälle** zwischen den **Alliierten und den Mittelmächten.**

Den **Mittelmächten** fehlen Vorräte und die **Infrastruktur** für eine gerechte Verteilung von Lebensmitteln. Es droht **Mangel.**

Die **alliierte Seeblockade verhindert** die **Versorgung von Soldaten und Zivilisten** der Mittelmächte.

Die **Lebensmittelknappheit** führt in der Zivilbevölkerung zu **Unruhen.**

Durch Nahrungsmittelknappheit, Missernten und zunehmende Proteste droht die Niederlage der Mittelmächte.

Briefe aus. Die französische Regierung ließ die *marraines de guerre* (»Patinnen des Kriegs«) Briefe an Soldaten ohne Familie oder mit Familien in den besetzten Gebieten schreiben. Diese Verbindung zum Alltag zu Hause bot einen Blick über den Krieg hinaus und sollte die Soldaten daran erinnern, dass sie für ihre Heimat kämpften.

Zunehmender Mangel

Die britische Seeblockade und die verstärkten deutschen U-Boot-Angriffe störten die Importe aller Kriegsparteien. Die US-Exporte in die Mittelmächte beispielsweise fielen von rund 370 Millionen US-Dollar 1913 auf nahezu null im Jahr 1916. Engpässe bei Lebensmitteln und lebensnotwendigen Gütern wurden die Regel, und die Menschen mussten sich anpassen. Der alltägliche Mangel stand symbolisch für einen Konflikt, der viele Menschen unglücklich machte – und für Spannungen zwischen Stadt und Land sowie Arm und Reich sorgte.

»Es ist unglaublich, wie dünn so viele Menschen werden«, schrieb die britische Gouvernante Mary Thorp in ihrem Tagebuch über ihre Erlebnisse im deutsch besetzten Brüssel im Sommer 1916. Alle besetzten Gebiete litten Mangel, und die in Städten und Dörfern einquartierten Soldaten stürzten die Gemeinden endgültig ins Chaos. »

Kriegswitwen

Etwa ein Drittel aller im Krieg getöteten Soldaten hinterließ eine Frau und Kinder. Freiwilligenorganisationen wie die britische Soldiers' and Sailors' Families Association unterstützten diese Hinterbliebenen. In den meisten Kriegsnationen sorgten Witwenrenten für eine Grundversorgung, aber die waren meist unzureichend, und ärmere Frauen waren auf Wohltätigkeit angewiesen, um zu überleben. Die Regierenden stellten Anfang des 20. Jahrhunderts meist hohe Ansprüche an die moralischen Standards von Frauen, die von staatlicher Hilfe abhingen, und auch die Bevölkerung erwartete, dass sie sich des Opfers ihrer Männer würdig erwiesen.

Hinter den Zahlen steckten Geschichten von unermesslichem Verlust; so schrieb Helen Thomas, die Witwe des 1917 bei Arras in Frankreich gefallenen Dichters Edward Thomas, in *As It Was* (1926) und *World Without End* (1931) über ihre Erfahrung, um ihre Depressionen zu bewältigen.

Eine britische Kriegswitwe (rechts) in der typischen Uniform der Woman's Mutual Aid Society berät eine junge Mutter.

Hilfsorganisationen versuchten, das Leid zu mindern. So sandten das Internationale Komitee vom Roten Kreuz und die Kommission für das Belgische Hilfswerk Pakete mit Nahrung und Kleidung an Kriegsgefangene und Zivilisten.

Vor dem Krieg hatte Deutschland ein Drittel seiner Lebensmittel, seines Tierfutters und Düngers importiert. Als die britische Seeblockade 1915 zu greifen begann, veröffentlichte die Regierung Plakate, auf denen sie die Bauern des Landes aufforderte, mehr Nahrungsmittel zu produzieren.

Man setzte Kriegsgefangene zur Feldarbeit ein, aber die Ernten schrumpften. 1915 wurde Brot rationiert, und minderwertiges, mit Kartoffel- und manchmal sogar Strohmehl gestrecktes »K-Brot« kam auf den Markt. Der Proviant fürs Militär hatte Vorrang, und alle lebensnotwendigen Güter waren im Preis gedeckelt.

Wachsender Unmut

Deutschland hatte mit einem schnellen Sieg gerechnet und nicht für einen langen Krieg geplant. Ab 1916 hatten sich die Lebensmittelpreise seit Kriegsbeginn verdoppelt. In den Städten standen Frauen stundenlang für Dinge an, die es dann doch nicht gab. In Stadtparks wurden Obst und Gemüse angebaut, und Balkone wurden zu Karnickel- und Hühnerställen.

Die deutsche Stadtbevölkerung, allen voran die Frauen der Arbeiterschicht, verloren das Zutrauen in den Staat. Im Sommer 1916 brachen regelmäßig Hungeraufstände aus, und Frauen forderten in den Rathäusern mehr und bessere Rationen. Manche Stadtbewohnerinnen reisten aufs Land, um dort Nahrungsmittel zu kaufen, zu erhandeln und auch zu stehlen.

Hungernde Soldaten stehen 1916 zusammen mit Berliner Männern, Frauen und Kindern vor einer Suppenküche an.

Im Herbst ließ Regenwetter die Kartoffelernte in Deutschland ausfallen, und man behalf sich mit Rüben, die bis dahin als Viehfutter gedient hatten. Sie lieferten Vitamine, aber wenige Kalorien, deren Tagesaufnahme an der Heimatfront unter 1000 kcal fiel. Britische Geheimdienste meldeten, dass die Rationen für deutsche Soldaten und Pferde im April 1917 um ein Viertel gekürzt wurden.

Der Rübenwinter unterstrich die Unzulänglichkeit der deutschen Wirtschaftspolitik. In allen Mittelmächten führte das Militär aus Angst vor Unruhen die Postzensur ein, um die Kommunikation zu überwachen und die Stimmung im Land zu beobachten. Die Moral sank, während die Menschen zunehmend von Mangelernährung und Krankheiten geschwächt wurden. Viele interessierte ein Sieg erst in zweiter Linie, wichtiger war es ihnen, etwas zu essen zu finden.

Schwarzhandel

Versorgungsengpässe und hohe Lebensmittelpreise führten in den meisten Kriegsnationen zu Hamsterkäufen und Schwarzhandel, auch wenn diese illegal und gesellschaftlich geächtet waren. In Großbritannien durften Lebensmittelkontrolleure Hamsterkäufe bestrafen und konfiszieren. Wenn jemand ihrer Meinung nach genügend Lebensmittel besaß, konnten sie ihn in der Lokalpresse öffentlich bloßstellen. Ähnliche Gesetze fanden sich ganz Europa. Auch wenn Opfer als moralische Verpflichtung galten, gedieh der Schwarzhandel. Schieber kauften auf dem Land Weizen und anderes Getreide auf und verkauften sie in den Städten teuer weiter. Sie streckten auch Lebensmittel, indem sie Butter mit Margarine panschten, Milch verwässerten und Käse mit Stärke streckten. Für die hungernde Bevölkerung verschärften diese Fälschungen die Not noch zusätzlich. Viele Lebensmittel gingen auch auf dem Transport »verloren«, sogar Nachschub für die Front.

» Alles, was wir hatten, war eine Brotration. Ich erinnere mich, dass es dunkel war … Es schmeckte überhaupt nicht nach Brot. «

Helena Reid
Einwohnerin des deutsch besetzten Lille

In Österreich-Ungarn führten mehrere Faktoren zu einem Niedergang der landwirtschaftlichen Produktion, darunter die Besetzung durch russische Truppen, Arbeitermangel und fehlender Kunstdünger. Vormals effiziente Liefernetze waren gestört, und es kam ab 1915 vor allem in Wien zum Nahrungsmittelmangel. Ähnliche Probleme hatte man auch im Osmanischen Reich, insbesondere in Ostanatolien, Nordsyrien und im Libanon.

Russland schwelt

Der Mangel traf das zivile Leben besonders in Russland schwer. Die Landbevölkerung erhob Forderungen nach einer Landreform, um ihr eigenes Essen anbauen zu können. 1916 besaßen nur 20 Prozent der Haushalte eigenes Land. In den Städten begannen die unterbezahlten Arbeiter zu streiken. Die zaristische Regierung versuchte, eine Rationierung einzuführen, und gab Brotkarten aus, aber häufig war kein Brot zu finden, da der Staat Probleme hatte, billiges Getreide für die Produktion zu beschaffen. Die Spannungen zwischen den Städten und den ländlichen Regionen wuchsen, weil die Stadtbewohner zuerst an die in den Industriezentren maschinell gefertigten Waren herankamen. Ohne Zugang zu diesen Waren sahen die Produzenten auf dem Land keinen Sinn darin, Rohstoffe für die Industrie und Lebensmittel für die Industriearbeiter in den Städten zu liefern.

Auch in der russischen Elite nahm die Wut über die Inkompetenz der Regierung zu. Der wachsende Einfluss des Wanderpredigers und Geistheilers Grigori Rasputin auf Zarin Alexandra Fjodorowna und den Hof als Ganzes wurde als Symptom dieser Inkompetenz gesehen. Schließlich ermordete eine Gruppe Adliger Rasputin im Dezember 1916.

Wehrpflicht und Kontrollen

Großbritannien führte im Januar 1916 die Wehrpflicht ein. Die öffentliche Meinung hatte wie im übrigen Europa begonnen, sich gegen den Krieg zu wenden. Schlechtes Wetter beeinträchtigte die Weizenernte, und in England und Teilen Schottlands fiel die Kartoffelernte aus. Für viele Menschen wurden Grundnahrungsmittel unerschwinglich. Als Reaktion richtete die britische Regierung im Dezember 1916 das Ministerium für Ernährung ein, das die Versorgung des Landes organisieren sollte.

Ende 1916 weitete sich der Krieg aus. Deutschland hatte Rumänien den Krieg erklärt, Italien erklärte Deutschland den Krieg, und es kam bei Verdun und an der Somme zu zwei fürchterlichen Schlachten. Am 12. Dezember 1916 schlug Deutschland Friedensverhandlungen vor. Dieser Vorstoß schien auf dem Vertrauen in die eigene Stärke zu beruhen, war aber teilweise auch durch die Sorge motiviert, dass die Entbehrungen der Bevölkerung die Lage bedrohlich machten. Zudem fürchtete das deutsche Oberkommando einen baldigen Kriegseintritt der USA.

Am 18. September forderte US-Präsident Woodrow Wilson die Kriegsparteien in Briefen an ihre Botschaften auf, ihre Bedingungen für einen Frieden zu nennen. Für ihn war ein »Friede ohne Sieg« für ein Ende des Konflikts unerlässlich, und er unterstrich die Sinnlosigkeit der Opfer. Sein idealistischer Appell stieß auf taube Ohren, und so ging der Krieg ungeachtet des Leids und der Entbehrungen an der Front wie in der Heimat weiter. ■

US-Außenhandel

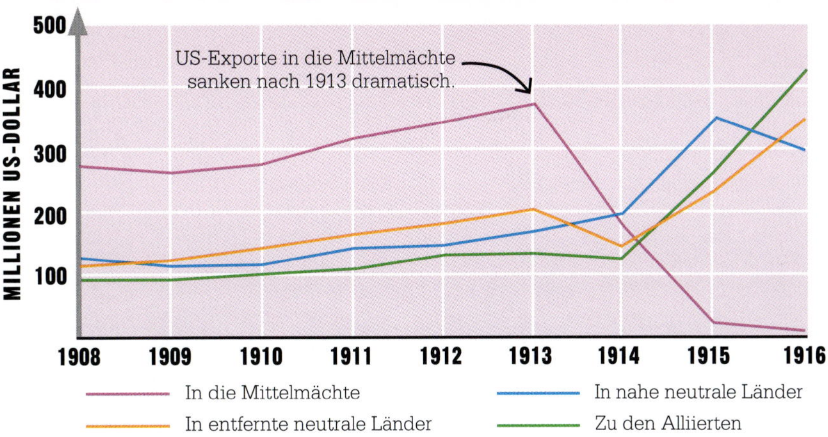

REVOLUTI
UND ERSC
1917

ON HÖPFUNG

1. FEB. 1917

Deutschland nimmt den **uneingeschränkten U-Boot-Krieg wieder auf.** U-Boote greifen **ohne vorherige Warnung** an.

26. MÄRZ 1917

Die von Briten geführte *Egyptian Expeditionary Force* **erleidet** in Palästina in der **Ersten Schlacht um Gaza eine Niederlage** gegen osmanische Truppen.

6. APRIL 1917

Der **US-Kongress stimmt** der Aufforderung Präsident Wilsons **zu, Deutschland den Krieg zu erklären.**

9. APRIL 1917

Beginn der **Schlacht bei Arras. Kanadische Truppen** zeichnen sich im erbitterten **Gefecht um die Vimy-Hügel** aus.

16. APRIL 1917

Mit dem **französischen Angriff** auf die Stellungen am **Chemin des Dames** oberhalb der Aisne **beginnt die Nivelle-Offensive.**

25. MAI 1917

21 deutsche Gotha-Bomber fliegen einen Tagesangriff auf den englischen Kanalhafen Folkestone. Ihre Bomben **töten 95 Menschen und verletzen 260** weitere.

26. JUNI 1917

Das erste Truppenkontingent der **US Army beginnt in Frankreich mit der Ausbildung.**

27. JUNI 1917

Nachdem König Konstantin von Griechenland ins Exil gezwungen wurde, **stellt sich die griechische Regierung auf die Seite der Alliierten.**

Die Kosten der großen Schlachten bei Verdun und an der Somme 1916 schockierten die Regierungen in Paris und London. Für das neue Jahr lagen Veränderungen in der Luft.

General Joseph Joffre wurde als französischer Oberkommandierender von General Robert Nivelle abgelöst, einem Artilleriespezialisten, der sich mit den Gegenangriffen bei Verdun einen Namen gemacht hatte. Der neue britische Premierminister David Lloyd George misstraute dem Fokus seiner Befehlshaber auf die Westfront, doch Nivelle überzeugte ihn, dass sich das Patt im Grabenkrieg brechen ließe.

Nivelles Offensive im April 1917 zeigte zwar Erfolge, war aber kein umfassender Sieg. Ihre schweren Verluste ließen die Moral der französischen Soldaten weiter sinken. Im Mai weigerten sich einige Divisionen, in die Gräben zurückzukehren, andere lehnten Angriffsbefehle ab. Dank der umsichtigen Vorgehensweise von Nivelles Nachfolger General Philippe Pétain hielten die Meutereien nicht lange an.

Fehlschlag in Flandern

Nach der Nivelle-Offensive konzentrierte sich die britische Armee auf Flandern. Die Dritte Flandernschlacht, die Ende Juli begann, brachte jedoch nur hohe Verluste auf beiden Seiten. Der neuartige britische Panzerangriff bei Cambrai im November verlor an Schwung, weil viele Panzer ausfielen und die Deutschen sie mit Artillerie und Grabenmörsern wirksam bekämpften.

Auch an der italienischen Front herrschte glanzloser Stillstand. Die verlustreichen Schlachten am Isonzo führten im November zum Rückzug der Italiener, die sich aber neu aufstellten und den Kampf gegen die Mittelmächte fortsetzten.

Krieg auf See und in der Luft

Anfang 1917 begannen die mittlerweile 148 deutschen U-Boote, Schiffe ohne Vorwarnung anzugreifen. Zwischen Februar und April 1917 versenkten die Deutschen über 500 Handelsschiffe und verloren dabei neun U-Boote. In der Folge fuhren Handelsschiffe in bewaffneten Konvois, doch die U-Boot-Gefahr blieb bestehen.

In der Luft ging es um immer fortschrittlichere Flugzeuge und Waffensysteme. Die deutsche Luft-

7. JULI 1917

Für **Aufgaben hinter der Front** in Frankreich wird das britische Women's Army Auxiliary Corps (WAAC) offiziell aufgestellt.

24. OKT. 1917

Mit einem **Überraschungsangriff am Isonzo** bei Caporetto zwingen **österreich-ungarische und deutsche Truppen** die Italiener zum **Rückzug.**

2. NOV. 1917

Die **Balfour-Deklaration** verspricht ein **jüdisches Siedlungsgebiet in Palästina,** ohne die Rechte der einheimischen Palästinenser zu beschneiden.

6. NOV. 1917

Im letzten Schritt der **Dritten Flandernschlacht nehmen britische und kanadische Truppen** die Ruinen von **Passchendaele** ein.

8. NOV. 1917

In Petrograd stürmen **Bolschewiki** den Winterpalast und **verhaften** die dort ausharrenden **Mitglieder der Provisorischen Regierung.**

20. NOV. 1917

Mit einer großen **Panzeroffensive** beginnen die **Briten** die Schlacht um Cambrai. Bei **deutschen Gegenangriffen** wird die **Stoßtrupptaktik** mit Erfolg eingesetzt.

23. NOV. 1917

Die von alliierten Kräften aus **Deutsch-Ostafrika hinausgedrängte Schutztruppe** unter **Paul von Lettow-Vorbeck** stößt nach Portugiesisch-Ostafrika (Mosambik) vor.

9. DEZ. 1917

Britische Kräfte unter General Allenby **vertreiben türkische Truppen aus Jerusalem** – ein **symbolischer Sieg** für die Alliierten.

herrschaft im Westen endete, als die Alliierten 1917 überlegene Jagdflugzeuge wie die französische SPAD S XIII und die britische Sopwith Camel einführten. Ende des Jahres kam das *US Army Air Corps* hinzu.

Obwohl es in Westeuropa nicht voranging, konnten sich die Alliierten jetzt auf die volle Unterstützung durch die US-Regierung verlassen. Die skrupellose U-Boot-Strategie der Deutschen – und der nachfolgende Verlust amerikanischer Menschenleben – zwangen die US-Regierung am 6. April zum Kriegseintritt. Das war 1917 die beste Nachricht für die Westalliierten.

Versorgung der Verwundeten

Die Massen von Verwundeten nach jeder Schlacht hatten die Sanitätskräfte anfangs überfordert. Mithilfe der Freiwilligen des Internationalen Roten Kreuzes entstanden jedoch effektive Triagesysteme zur Behandlung derjenigen, die gerettet werden konnten. Fortschritte bei der plastischen Chirurgie und im Prothesenbau verbesserten die Versorgung, das »Kriegszittern« wurde als behandelbare Krankheit anerkannt.

Veränderungen im Osten

Während sich an der Westfront wenig änderte, hatte in Russland eine Revolution begonnen. Massenproteste und Streiks in vielen russischen Städten hatten zur Abdankung Zar Nikolaus' II. und dem Ende der herrschenden Dynastie der Romanow geführt, die für Hunger und Krieg verantwortlich gemacht wurde.

Am 14. März bildeten Oppositionsführer die Provisorische Regierung, die den Krieg aber fortführte. Im Juli bei der Kerenski-Offensive erzielte Geländegewinne gingen jedoch bald verloren, da die Autorität der Provisorischen Regierung von radikalen Bolschewiki, Bauern und vom Krieg erschöpften Soldaten untergraben wurde.

Im November ergriffen die Bolschewiki die Macht. Angeführt von Wladimir Lenin und Leo Trotzki bildeten sie ihre eigene Regierung und nahmen rasch Friedensverhandlungen mit den Mittelmächten auf. Die deutsche Oberste Heeresleitung sah eine Möglichkeit, weite Gebiete Russlands zu besetzen und dann den Großteil ihrer Armee an die Westfront zu verlegen. Am 15. Dezember 1917 unterzeichneten Russland und Deutschland einen Waffenstillstand, im neuen Jahr begannen Friedensverhandlungen. ■

DER ZAR IST BLIND

DIE FEBRUARREVOLUTION (MÄRZ 1917)

IM KONTEXT

SCHWERPUNKT
Russische Revolution

FRÜHER
1867 Marx veröffentlicht den 1. Band des *Kapitals,* der folgert, dass Lohnarbeit die Arbeiterklasse ausbeutet.

1905 Eine Revolution in Russland wird niedergeschlagen, aber Zar Nikolaus II. muss Reformen zustimmen, wie der freien Meinungsäußerung.

1914 Teils aufgrund antideutscher Ressentiments zu Beginn des Kriegs wird St. Petersburg in Petrograd umbenannt.

SPÄTER
November 1917 Die Bolschewiki stürzen die russische Provisorische Regierung und übernehmen die Marcht.

1918 Russland unterzeichnet den Friedensvertrag von Brest-Litowsk mit den Mittelmächten und beendet seine Beteiligung am Krieg.

Bis Januar 1917 waren mehr als 700 000 russische Soldaten in den Kämpfen gefallen, noch mehr waren verwundet. Berichte über die Not zu Hause waren zu den Truppen an der Front durchgesickert, und Berichte von Niederlagen und Chaos in der Armee hatten die Familien erreicht.

Der Nahrungsmangel traf die Arbeiterklasse hart, und wütende Arbeiter streikten. Gegen Ende Februar (nach gregorianischem Kalender, der in Russland erst im März 1918 eingeführt wurde) kam es zu Massenprotesten gegen die Regierung Zar Nikolaus' II.

Da er die Russische Revolution 1905 überstanden hatte, blieb der Zar zunächst ungerührt. Diesmal aber war er mit einer Meuterei der Petrograder Garnison konfrontiert, und der Großteil seiner Generäle riet ihm zur Abdankung.

Bürger von Petrograd protestieren 1917 gegen den Nahrungsmangel. Das Garderegiment der Stadt versuchte erst, den Aufstand zu unterdrücken, wechselte dann aber die Seiten.

Zuspitzung der Lage

Zunächst übernahm die Provisorische Regierung unter Ministerpräsident Fürst Georgi Lwow. Sie teilte sich die Macht mit dem Petrograder Sowjet, also den Arbeiter- und Soldatenräten. Die Arbeiter

Siehe auch: Krise in Russland 24 ▪ Die Kerenski-Offensive 224–225 ▪ Die Oktoberrevolution 240–241 ▪ Die Nachkriegszeit 320–321

Ein sowjetisches Propagandagemälde von 1935 zeigt Lenin 1917 bei der Rückkehr aus dem Exil am Finnländischen Bahnhof in Petrograd.

waren, wenn auch indirekt, durch die gebildeten Revolutionäre repräsentiert, die vorgaben, für sie zu sprechen. Die eigentliche Macht lag aber weiter bei den wohlhabenden Kreisen um den Fürsten.

Für die meisten Menschen verschlechterte sich die Lage weiter. Viele waren daher begeistert von den Reden der kommunistischen Revolutionäre wie Wladimir Lenin, dem Vorsitzenden der bolschewistischen Fraktion der Sozialdemokratischen Arbeiterpartei Russlands (SDAPR). Um Einfluss zu nehmen, kehrte Lenin, der zu Beginn des Aufruhrs in die Schweiz geflohen war, mit Unterstützung deutscher Behörden zurück, die auf eine Destabilisierung Russlands hofften. Der Zug, mit dem er zur Ostsee reiste, war angeblich »plombiert«, um eine »Kontamination« des Landes mit gefährlichen Ideen zu verhindern.

Führungswechsel

Lenin traf am 16. April 1917 mit seiner Frau und einigen Genossen am Finnländischen Bahnhof in Petrograd ein. Dort hielt er eine flammende Rede gegen Lwows »bourgeoise Revolution«. Aufgrund der verzweifelten Lage erschienen Lenins Ansichten den Arbeitern und Bauern weniger extrem, als sie es sonst vielleicht getan hätten. Ein langer heißer Sommer führte zu einem offenen Konflikt, als Proteste gegen Rationierungen gewaltsam niedergeschlagen wurden. Bewaffnete Soldaten, Matrosen und Arbeiter gingen beim Juliaufstand in Petrograd auf die Straßen, den die Regierung mit Gewalt beenden wollte. Lenin floh nach Finnland.

Die harten Maßnahmen konnten die Gemüter nicht beruhigen. Lwows Regierung büßte ihre Glaubwürdigkeit ein und wurde durch die neue Provisorische Regierung unter Alexander Kerenski ersetzt. Der Reformer, der sich für die Rechte der Arbeiter einsetzte, akzeptierte aber dennoch das kapitalistische Modell, was die Revolutionäre als lahmen Kompromiss ansahen. Arbeiter und Bauern waren unzufrieden, als Kerenski sich weigerte, Russlands Beteiligung am Krieg, das in ihren Augen größte Hindernis für eine Verbesserung ihrer Lage, zu beenden. ▪

» Die Welt gibt sich dem Wahn hin, daß die russische Revolution zu Ende sei. … Die russische Revolution steht erst an ihrem Beginn. «

Alexander Kerenski
Interview mit John Reed, Juli 1917

Wladimir Lenin

Wladimir Iljitsch Uljanow, 1870 in Simbirsk (später Uljanowsk genannt) geboren, nahm seinen Kampfnamen Lenin, dessen Bedeutung umstritten ist, bereits als junger Revolutionär an. Als Marxist war Lenin überzeugt, dass Kapitalismus von Natur aus Ausbeutung bedeutete, und wollte das System stürzen. Er glaubte, dass Privateigentum konfisziert und umverteilt werden müsse und dass Arbeitervertreter die Wirtschaft in einem kommunistischen Staat lenken sollten.

Durch seine Überzeugungen geriet er mit dem Gesetz in Konflikt und wurde in den 1890er-Jahren verhaftet und nach Sibirien verbannt. Danach verbrachte er die Zeit zwischen 1900 und 1917 im Ausland und lebte schließlich in der Schweiz. Man tolerierte seine Anwesenheit, aber er musste weiterhin halb geheim leben.

Durch Lenins kompromisslosen Führungsstil setzte sich der Kommunismus in Russland durch, führte aber auch in eine blutige Diktatur. Nachdem die Sozialrevolutionärin Fanny Kaplan, die ihn als »Verräter an der Revolution« sah, ihn 1918 in Moskau angeschossen hatte, erlitt er mehrere Schlaganfälle und starb 1924.

DIE WELT MUSS SICHER GEMACHT WERDEN FÜR DIE DEMOKRATIE

KRIEGSEINTRITT DER USA (APRIL 1917)

IM KONTEXT

SCHWERPUNKT
US-Kriegserklärung

FRÜHER
1915 US-Außenminister William J. Bryan tritt zurück, als Präsident Wilson verabsäumt, die britischen Blockaden gleich stark zu verurteilen wie den deutschen U-Boot-Krieg.

1915 Der Stummfilm *The Battle Cry of Peace* wirbt für den Kriegseintritt der USA.

1916 Präsident Wilsons Berater Edward M. House versucht vergeblich, britisch-deutsche Verhandlungen einzuleiten.

SPÄTER
Mai 1918 Die ersten US-Soldaten kämpfen unter der Flagge der USA.

1921 Zur Unterstützung ihrer Kriegsveteranen gründen die USA das Veterans Bureau.

1948 US-Präsident Harry S. Truman ordnet Desegregation in den US-Streitkräften an.

Obwohl US-Präsident Woodrow Wilson glaubte, die neutralen USA könnten helfen, die Welt von den Konflikten des Mächtegleichgewichts zu einem »organisierten allgemeinen Frieden« zu führen, drängten ihn die Ereignisse immer mehr zur aktiven Kriegsteilnahme. Seit 1915 verlagerte sich der Krieg durch die britische Blockade des Kontinents und den deutschen U-Boot-Krieg in den Atlantik. Völlig neutral hätten die USA beide Seiten verurteilen können, aber für die Amerikaner war entscheidend, wer den Krieg gewann.

Das U-Boot-Problem

Wilson verurteilte die neuen U-Boote als unmoralisch und illegal, erkannte aber nicht, dass die wahre Bedrohung auf die britische Seehoheit abzielte, die seit einem Jahr-

Die USA versuchen, **trotz Bedrohung ihrer Wirtschaftsinteressen neutral zu bleiben.**

Die **britische Blockade** europäischer Häfen und der deutsche **U-Boot-Krieg** gefährden den US-Handel.

Wilson verurteilt die **deutschen U-Boote** als »unmoralisch«, **übergeht aber Beschwerden** über britische Blockaden.

Deutschlands **uneingeschränkter U-Boot-Krieg** drängt den US-Kongress zu einer **Entscheidung.**

Wilson erklärt Deutschland den Krieg, um die Welt »für die Demokratie sicher« zu machen.

Siehe auch: Der Seekrieg beginnt 88–93 ▪ Die Versenkung der *Lusitania* 106–107 ▪ Die USA und der Erste Weltkrieg 134–135 ▪ Die USA stimmen sich auf Krieg ein 196–197 ▪ Die U-Boote greifen an 200–205

hundert den US-Handel schützte. Die enge wirtschaftliche Bindung der USA an Großbritannien und dessen Kontrolle über die oft stark propagandistischen Kriegsnachrichten nahmen die USA noch weiter für die Alliierten ein.

Am 7. Mai 1915 versenkte ein deutsches U-Boot das britische Passagierschiff RMS *Lusitania*, wobei 1198 Menschen ums Leben kamen, darunter 128 Amerikaner. Nach der Versenkung der SS *Arabic* im August 1915 und der SS *Sussex* im März 1916 schlug Wilson einen harten Kurs gegen Deutschland ein und stellte sich 1916 erfolgreich zur Wiederwahl. Seine Anhänger jubelten: »Er hat uns aus dem Krieg herausgehalten.« Der Präsident wusste aber, dass ein Kriegseintritt immer wahrscheinlicher wurde.

Am 22. Januar 1917 stellte Wilson einen Plan für einen »Frieden ohne Sieg« vor. Er wollte als Vermittler Verhandlungen leiten und zukünftige Konflikte durch eine internationale Organisation beilegen. Seine Vision war kühn und hob sich vom Zorn und der Bitterkeit, die Europa prägten, deutlich ab. Dann erklärte Deutschland am 31. Januar, den U-Boot-Krieg wieder uneingeschränkt führen zu wollen, um den Krieg vor Eintritt der USA zu gewinnen.

US-Kriegserklärung

Im März 1917 ließ der britische Geheimdienst durchsickern, dass der deutsche Außenminister Arthur Zimmermann Mexiko für seine Unterstützung im Krieg Texas und andere an die USA verlorene Territorien angeboten hatte. Die Zimmermann-Depesche schuf eine deutschfeindliche Stimmung in den USA und steigerte Wilsons Misstrauen gegenüber Kaiser Wilhelm II.

Als U-Boote in der Woche des 12. März vier amerikanische Handelsschiffe versenkten, war klar, dass eine bewaffnete Neutralität unhaltbar war. Zudem erschien die Allianz aus Briten, Franzosen und Russen durch die Abdankung des Zaren demokratischer. Vor allem war Wilson aber überzeugt, dass Europa die Tortur des Kriegs nicht viel länger ertragen konnte. Der Kriegseintritt der USA könne ein Ende des Kriegs beschleunigen und den Einfluss der USA auf einen Friedensvertrag stärken.

Am 2. April 1917 erklärte der US-Kongress Deutschland den Krieg, dem er »Krieg gegen die Menschheit« vorwarf. Wilson rief die USA zum Kampf auf, um »die Welt für die Demokratie sicher zu machen« und für den Frieden. ▪

Eine britische Karikatur von 1917 zeigt in Anspielung auf die Zimmermann-Depesche eine deutsche Hand, die die USA zerschneidet. Sie beschleunigte den Kriegseintritt der USA.

Die Harlem Hellfighters (369th Infantry)

1916 wurde in Harlem in Vorbereitung auf den Krieg das 15th New York National Guard Regiment gegründet. Mit einem weißen Kommandeur sowie weißen und afroamerikanischen Offizieren bestand es ansonsten rein aus Afroamerikanern. Sie wurden in South Carolina ausgebildet und dort rassistisch diskriminiert.

Um die Spannungen zu mindern, benannte man es in 369th Infantry Regiment um und entsandte es noch vor den amerikanischen Expeditionstruppen 1918 nach Frankreich. General John Pershing unterstellte das Regiment französischem Befehl, und es zeichnete sich durch äußerste Tapferkeit aus. Die Bezeichnung »Höllenkämpfer« stammt angeblich von den Deutschen. Frankreich ehrte das Regiment mit dem Croix de Guerre. Auch 171 einzelne Offiziere und Soldaten erhielten das Croix de Guerre und den Orden der Ehrenlegion. Die offizielle Anerkennung in den USA erfolgte erst 2015, als Präsident Barack Obama Private Henry Johnson beispielhaft für den Geist der Harlem Hellfighters mit der Congressional Medal of Honor auszeichnete.

ICH WILL DICH FÜR DIE US-ARMY

DIE USA STIMMEN SICH AUF KRIEG EIN (1917)

IM KONTEXT

SCHWERPUNKT
US-Heimatfront

Früher
1892 Die USA eröffnen auf Ellis Island eine Einreisebehörde, über die bis zur Schließung 1954 12 Mio. überwiegend Europäer einwandern.

1898 Von den 275 000 US-Soldaten im Spanisch-Amerikanischen Krieg sind fast 80 Prozent Freiwillige.

SPÄTER
1929 Die Aktienpreise an der New Yorker Börse brechen ein, was den Beginn der Großen Depression einleitet.

1933 US-Präsident Roosevelt gründet die National Recovery Administration nach Vorbild von Wilsons War Industries Board.

1941 Inspiriert von Wilsons 14-Punkte-Programm setzen US-Präsiden Roosevelt und der britische Premier Churchill die Atlantik-Charta auf.

Nach mehr als **zwei Jahren Neutralität** treten die **USA 1917 in den Krieg ein.**

↓

Die Alliierten **fordern Verstärkung durch US-Truppen,** die aber **noch nicht bereit** sind.

↓

Dank Einführung der Wehrpflicht **entsenden die USA** im Herbst 1918 **2 Mio. Soldaten** nach Frankreich.

↓

Wilson stellt sein **14-Punkte-Programm** für eine **diplomatische Lösung des Kriegs** vor.

↓

US-Truppen und Friedensvorschläge beenden die militärische Pattsituation.

Da sie zwei Jahre mit dem Kriegseintritt gewartet hatte, war die US-Regierung von Präsident Wilson mit diversen Problemen konfrontiert: Die Meinung der Bürger zum Krieg blieb geteilt (die Wirtschaft hatte gelitten, aber auch profitiert), und die Alliierten forderten mehr Soldaten, als die USA bereitstellen konnten. Zudem war Wilson überzeugt, er könne selbst nach Kriegseintritt der USA Frieden vermitteln.

Wilsons Rhetorik hatte das traditionelle Misstrauen der Amerikaner gegen europäische Politik verstärkt. Viele glaubten, Neutralität sei die beste Wahl. Zudem waren ein Drittel der Amerikaner europäische Einwanderer der ersten oder zweiten Generation, die direkte Verbindungen zu einer oder beiden Seiten des Kriegs hatten.

Um die Öffentlichkeit auf einen möglichen Kriegseintritt einzustimmen, schuf die Regierung das Committee on Public Information. Es engagierte 75 000 Redner, um in öffentlichen Institutionen wie Schulen patriotische Stimmung zu verbreiten. Der Kongress schuf zugleich das War Industries Board, das die Produktion für den Krieg statt durch zentrale wirtschaft-

Siehe auch: Die USA und der Erste Weltkrieg 134–135 ▪ Kriegseintritt der USA 194–195 ▪ Die Schlacht von Saint-Mihiel 278–279 ▪ Ein dauerhafter Frieden? 312–317

Eugene V. Debs

Eugene Victor Debs wurde 1855 als Sohn französischer Einwanderer in Indiana geboren und war einer der einflussreichsten und wortmächtigsten Kritiker der Kriegsbeteiligung der USA. Er war Gewerkschaftler, gründete 1893 die American Railway Union und wurde Kopf der Sozialistischen Partei Amerikas. Zwischen 1900 und 1920 kandidierte er fünfmal für das Präsidentenamt. Bei der Präsidentenwahl 1912, die Wilson gewann, erhielt Debs mit über 900 000 Stimmen 6 Prozent.

Debs wandte sich gegen den Kriegseintritt der USA und die Wehrpflicht, denn er glaubte, dass die herrschende Klasse stets Kriege erklärt habe, die dann die Untertanen führen mussten. Seine Ansichten brachten ihn wegen Verletzung des Sedition Act von 1918 ins Gefängnis, und ihm wurden die Bürgerrechte aberkannt. Wilson verweigerte ihm nach dem Krieg die Begnadigung. 1920 kandidierte Debs, diesmal aus dem Gefängnis heraus. Er starb 1926. 1976 wurden ihm posthum die Bürgerrechte wieder zuerkannt.

liche Kontrolle durch Überredung, Anreize und unterschwellige Drohungen anschob.

Die Einberufung beginnt

Im Amerikanischen Bürgerkrieg von 1861 bis 1865 hatten beide Seiten die Wehrpflicht nur begrenzt eingeführt. Im Ersten Weltkrieg setzten die USA zum ersten Mal vorrangig auf Einberufung. Der am 18. Mai vom Kongress erlassene Selective Service Act erlaubte die Einberufung der American Expeditionary Forces (AEF). Das Einberufungssystem war eine riesige Unternehmung mit nationalem Hauptquartier und 4000 lokalen Büros. Innerhalb eines Jahres registrierte es 23,9 Millionen Männer und zog 2,8 Millionen ein. Mehr als 70 Prozent der 3,5 Millionen US-Soldaten im Ersten Weltkrieg waren Wehrpflichtige. In speziellen afroamerikanischen Einheiten dienten rund 350 000 Männer. Einige Amerikaner entgingen der Einberufung, und mehr als 60 000 verweigerten aus Gewissensgründen, aber das System sorgte für ausreichend Personal.

Da die Männern nun in den Krieg zogen, übernahmen mehr als eine Million Frauen die frei gewordenen Arbeitsstellen, wurden aber nach dem Krieg größtenteils wieder aus der Arbeitswelt gedrängt. Einige, wie die Sozialreformerin Jane Addams, wurden lautstarke pazifistische Kriegsgegnerinnen.

Auf diesem US-Plakat fordert »Uncle Sam« junge Amerikaner auf, sich zur Armee zu melden. Inspiriert wurde das Plakat von James Flagg vom britischen Plakat von 1914 mit Lord Kitchener.

Das 14-Punkte-Programm

Am 8. Januar 1918 präsentierte Präsident Wilson sein 14-Punkte-Programm. Es war eine Reaktion auf die riesigen Opferzahlen des Sommers 1917 und ein Gegenentwurf zu Lenins Vision einer Weltrevolution gegen den Kapitalismus. Punkt 1 forderte »Offene, öffentlich abgeschlossene Friedensverträge« ohne geheime Abmachungen. Es folgten die Prinzipien: »freie Schifffahrt auf den Meeren«, die Beseitigung von Handelsschranken, Rüstungsabbau und der Ausgleich kolonialer Ansprüche mit Berücksichtigung der Interessen der betreffenden Bevölkerungen. Der Hauptgedanke war »ein allgemeiner Verband der Nationen«, um »die politische Unabhängigkeit und die territoriale Unverletzbarkeit« aller Nationen zu garantieren. Darauf basiert der im Friedensvertrag gegründete Völkerbund. ■

JEDER MANN UND JEDER DOLLAR

ERSATZ FÜR DIE GEFALLENEN

IM KONTEXT

SCHWERPUNKT
Wehrpflicht

FRÜHER
1790er-Jahre Das heutige System der Wehrpflicht *(levée en masse)* entsteht während der Französischen Revolution.

1868 Die Einführung der allgemeinen Wehrpflicht in Österreich-Ungarn hebt das Ansehen der Armee und fördert den Dienst am Vaterland und den Patriotismus.

SPÄTER
1918 Die Wehrpflicht wird in allen Ländern ausgeweitet. Großbritannien hebt die Altersgrenze auf 51 Jahre an, Deutschland zieht Männer bis 60 ein.

Juni 1919 Der Vertrag von Versailles beendet die Wehrpflicht in Deutschland und beschränkt die Armee auf 100 000 Mann.

1920 Das britische Wehrdienstgesetz wird aufgehoben.

Bis 1917 hatten die Kämpfe an der Front auf allen Seiten zu enormen Verlusten geführt. Obwohl mehr Panzer und Flugzeuge zum Einsatz kamen und weniger Menschen, suchten alle Armeen nach Ersatz für die Gefallenen.

In Ländern wie Deutschland, Österreich-Ungarn, Russland und Frankreich gab es schon vor dem Ersten Weltkrieg eine Wehrpflicht. Sie sorgte für ständigen Nachschub an gut ausgebildeten Truppen. Dennoch war es in Frankreich und Deutschland nicht leicht, genügend Männer zu finden, die ja auch in der Landwirtschaft und in der Industrie gebraucht wurden, um kriegswichtige Güter herzustellen.

Mehr Männer für die Front

In Großbritannien gab es bis dahin eine Freiwilligenarmee. Bei Kriegsbeginn umfasste sie 733 500 Mann und war damit die kleinste unter den Großmächten. 1915 hatten sich

Ein Feldwebel schreitet eine Reihe neuer Rekruten ab. Sie tragen noch Zivil und haben gerade erst den Sack mit der Uniform entgegengenommen.

Siehe auch: Öffentliche Meinung 44–45 ▪ Die USA stimmen sich auf Krieg ein 196–197 ▪ Die Dritte Flandernschlacht 230–235 ▪ Die Schlacht von Cambrai 237 ▪ Die Heimatfront 1918 250–253

eine Million Männer aufgrund des Propagandaplakats »Lord Kitchener Wants You« freiwillig gemeldet, doch mit den steigenden Verlusten an der Front ging der Andrang zurück. So verabschiedete die britische Regierung im Januar 1916 den Military Service Act, der alle unverheirateten britischen Männer zwischen 18 und 41 zum Kriegsdienst verpflichtete. Es war eine unpopuläre Maßnahme, gegen die im April 1916 in London mehr als 200 000 Menschen protestieren. Ohne Erfolg – im Mai wurde die Wehrpflicht sogar noch auf Verheiratete ausgedehnt. Tausende legten aus medizinischen, familiären und wirtschaftlichen Gründen Widerspruch ein.

Ein Gesetz, das spaltet

Kanada hatte den Alliierten Truppen versprochen, und in Ermangelung von Freiwilligen entschloss sich die Regierung zur Einführung der Wehrpflicht. Im August 1917 setzte Premierminister Robert Borden den Military Service Act in Kraft, der es der Regierung erlaubte, Männer zwischen 20 und 45 Jahren einzuberufen, falls nötig. Borden hoffte, damit Kanadas Einfluss auf Großbritannien zu vergrößern und die Verbindung zwischen beiden Nationen zu stärken, aber das Gesetz spaltete das Land. Die britischstämmigen Kanadier unterstützten es weitgehend, die französischstämmigen lehnten es ab. Anführer der First Nations argumentierten, die Wehrpflicht verstoße gegen ihre Verträge mit der Krone und dass Personen ohne Wahlrecht nicht eingezogen werden sollten. Damit setzten sie sich schließlich durch; dennoch dienten 4000 Angehörige der First Nations in den alliierten Streitkräften.

> »Wir sagen der Öffentlichkeit nicht die Wahrheit: dass wir mehr Offiziere verlieren als die Deutschen und dass es unmöglich ist, an der Westfront durchzubrechen.«
>
> **Lord Rothermere**
> Besitzer des *Daily Mirror,* 1917

Wehrpflicht in den USA

Im April 1917 erklärten die USA Deutschland den Krieg. Ihre Armee umfasste in Friedenszeiten 135 000 Mann. In einer Welle des Patriotismus meldeten sich zahlreiche Freiwillige, aber das reichte nicht. Am 18. Mai verabschiedete der Kongress den Selective Service Act, der Männer zwischen 21 und 30 Jahren (später 45) zum Militärdienst verpflichtete. Etwa 24 Millionen Männer ließen sich daraufhin registrieren. Fast 4,8 Millionen wurden tatsächlich eingezogen, darunter, 2,8 Millionen Wehrpflichtige.

Am 26. Juni 1917 begannen die ersten Einheiten der US-Infanterie ihre Ausbildung in Frankreich. Der Einsatz dieser gut ausgerüsteten Truppen markierte einen Wendepunkt im Krieg, der den Alliierten einen Vorteil verschaffte. ■

Frauen in Uniform

Das British Women's Army Auxiliary Corps (WAAC) wurde 1917 gegründet, um den nicht-kämpfenden Teil der Truppe zu entlasten und in Frankreich mehr Männer für den Dienst an der Front freizusetzen. Die Rekrutierung begann im März 1917, und mehr als 50 000 Frauen meldeten sich freiwillig.

Damals verboten es sowohl Gesetze wie auch gesellschaftliche Normen, dass Frauen Dienst an der Waffe leisteten. Die Angehörigen des WAAC übernahmen Aufgaben in der Verwaltung, der Verpflegung und im Lagerwesen. Ende 1917 dienten mehr als 6000 dieser Frauen in Frankreich.

Bei Kriegsende zählten auch 81 Frauen zu den Gefallenen. 1918 wurde das WAAC in Queen Mary's Army Auxiliary Corps umbenannt. Viele Mitglieder blieben in Frankreich, um bei den folgenden Aufräumarbeiten zu helfen, bis die Einheit September 1921 aufgelöst wurde. Zum ersten Mal hatte ein westlicher Staat Frauen in den Streitkräften eingesetzt.

Angehörige des WAAC 1915 bei einer Rekrutierungskampagne in London. Die Frauen trugen Uniform, bekamen aber keinen militärischen Dienstgrad und auch keine Waffen.

UNSERE BESTE UND SCHÄRFSTE WAFFE

DIE U-BOOTE GREIFEN AN (1916)

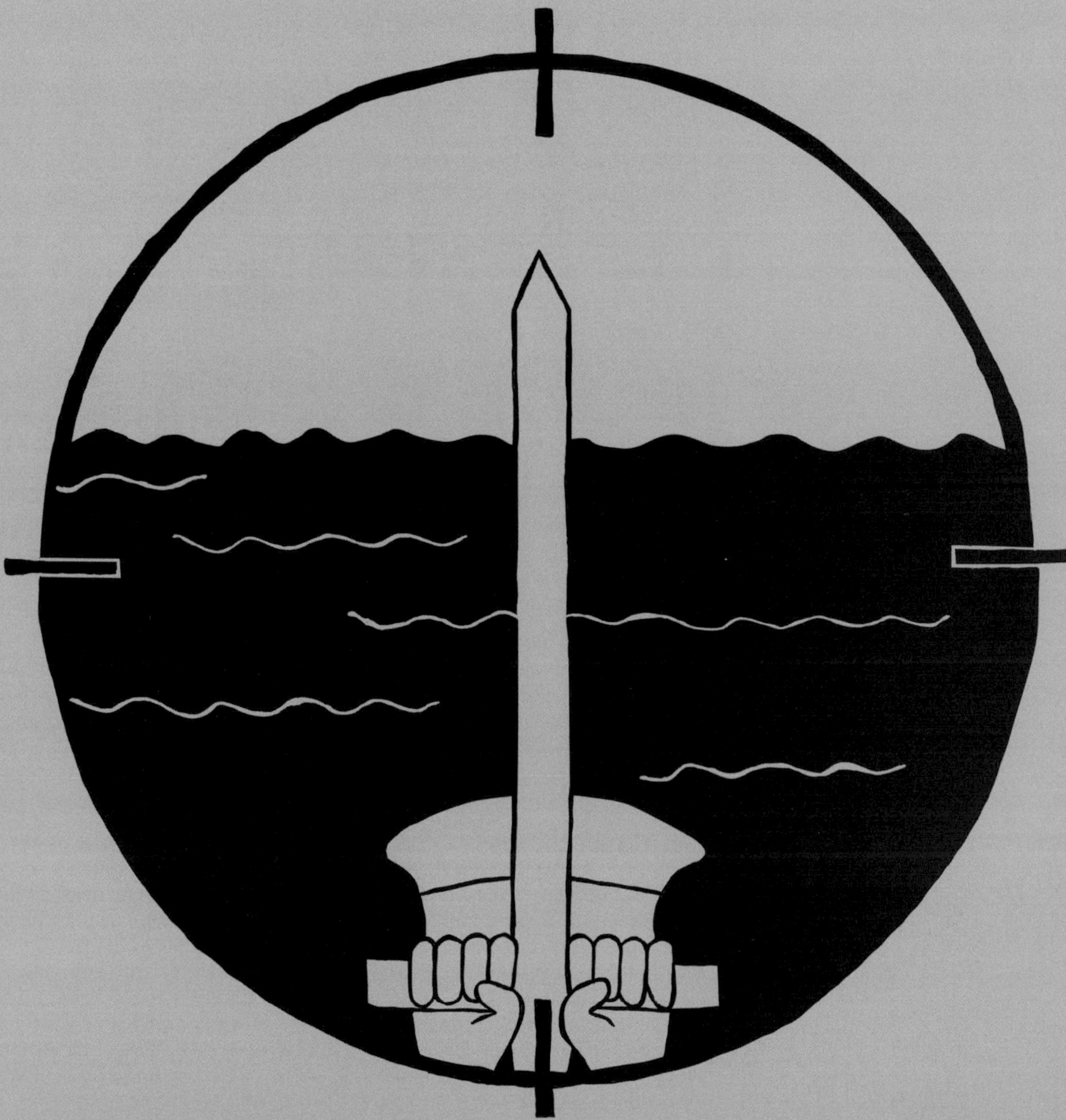

IM KONTEXT

SCHWERPUNKT
U-Boot-Krieg

FRÜHER
1776 Der erste Kampfeinsatz eines U-Boots ist der Angriff des Einmann-U-Boots *Turtle* auf das britische Kriegsschiff HMS *Eagle* im amerikanischen Unabhängigkeitskrieg.

1864 Im US-Bürgerkrieg ist die H.L. *Hunley* der Südstaaten das erste U-Boot, das ein gegnerisches Schiff versenkt: die USS *Housatonic*.

1868 Der britische Ingenieur Robert Whitehead baut den ersten Torpedo für die österreichische Marine.

SPÄTER
1918 Wegen Knappheit und Inflation durch den U-Boot-Krieg führt Großbritannien Lebensmittelrationierung ein.

1919 Der Versailler Vertrag untersagt Deutschland den Bau und Kauf von U-Booten.

Mit der Einführung des Torpedos mit Eigenantrieb 1868 wurden Unterseeboote zu einer nützlichen Waffe. In den folgenden Jahrzehnten sorgten Verbesserungen an den batteriegetriebenen Motoren zudem für eine bessere Einsetzbarkeit. Mehrere Nationen begannen mit dem Aufbau einer eigenen U-Boot-Flotte, Deutschland zählte dabei zu den letzten. Zu Beginn 1914 besaß es nur 36 U-Boote. Im Vergleich dazu besaß die britische Royal Navy bereits 89 Boote und die französische Marine 77. Aber frühe erfolgreiche Einsätze gegen Handelsschiffe der Alliierten spornten die deutsche Marine an, ihre eigene Flotte zu erweitern.

Seerecht

Nach dem Prisenrecht, einem Teil des Seekriegsrechts, mussten U-Boote sich an dieselben Richtlinien halten wie konventionelle Kriegsschiffe, was einen Unterwasser-Überraschungsangriff verhinderte. Nachdem Großbritannien die Nordsee im Zuge seiner Blockade feindlicher Häfen 1914 zur Militärzone erklärt hatte, wuchs der Druck auf das deutsche Oberkommando, die U-Boote zum Angriff zu nutzen. Am 4. Februar 1915 verkündete Kaiser Wilhelm II., die Nordsee sei nun Kriegsgebiet, und alle Schiffe, auch die neutraler Nationen, könnten ohne Warnung versenkt werden. Das verärgerte vor allem die USA, deren Handelsflotte Großbritannien über den Atlantik mit Gütern versorgte.

Ebenfalls laut Prisenrecht musste ein U-Boot erst auftauchen, bevor es ein Schiff angriff, um der Besatzung und den Passagieren ausreichend Zeit für die Flucht zu geben. Diese Regel nutzten die

» Den großen Geschehnissen auf dem Lande reihen sich vollwürdig die Heldentaten unserer Unterseeboote an. «

Theobald Bethmann-Hollweg
Reichstagsrede vom
12. Dezember 1916

Reinhard Scheer

Der 1963 in Obernkirchen geborene Reinhard Scheer soll schon früh die Bedeutung des U-Boot-Kriegs erkannt haben. Er trat 1879 in die Kaiserlichen Marine ein und wurde unter Admiral Henning von Holtzendorff Chef des Stabs des Flottenkommandos, bevor er 1916 zum Kommandeur der Hochseeflotte befördert wurde.

Überzeugt, dass Deutschland den Krieg auf See entscheiden könne, plante Scheer eine Seeschlacht, um Großbritannien zu besiegen. Die Strategie der Skagerrakschlacht war es, die größere britische Flotte zu teilen und ihre Schlachtkreuzer zu zerstören. Trotz eines taktischen Siegs konnte die Hochseeflotte die Blockade aber nicht lösen. Nach der Schlacht schrieb Scheer dem Kaiser, ein uneingeschränkter U-Boot-Krieg sei Deutschlands einzige Hoffnung auf den Sieg auf See. Als die Kriegsniederlage im Oktober 1918 feststand, gab er Befehl zum Auslaufen der gesamten Flotte gegen Großbritannien, was zum Kieler Matrosenaufstand führte. Er starb 1928 in Marktredwitz.

Siehe auch: Wettrüsten auf See 32–33 ▪ Der Seekrieg beginnt 88–93 ▪ Die Versenkung der *Lusitania* 106–107 ▪ Die Skagerrakschlacht 162–165 ▪ Seekrieg im Mittelmeer 242–243 ▪ Die Heimatfront 1918 250–253

Obwohl sie schlecht beleuchtet, überfüllt und eng waren, waren die U-Boote sehr effektiv und versenkten im Ersten Weltkrieg über 5000 Kriegs- und Handelsschiffe.

Briten aus und führten 1914 Q-Ships ein, schwer bewaffnete, als Handelsschiffe getarnte U-Boot-Fallen, die aufgetauchte U-Boote versenkten. Am 22. September 1914 versenkte ein U-Boot drei veraltete britische Kriegsschiffe. Danach folgte im Mai 1915 die umstrittene Versenkung des Passagierschiffs RMS *Lusitania* und die Torpedierung der SS *Sussex* im März 1916, beide mit hohen zivilen Opferzahlen. Trotz internationaler Verurteilung beschloss Admiral Reinhard Scheer, seit Februar 1916 Kommandeur der Hochseeflotte, die Zahl der U-Boote zu erhöhen und sie intensiver einzusetzen. Im Februar 1917 verfügte Deutschland dann bereits über insgesamt 148 U-Boote.

Schwindende Vorräte

Zu Beginn des Kriegs nutzte Großbritannien seine starke Marine, um deutsche Häfen zu blockieren. Die Mittelmächte sollten durch Aushungern zum Einlenken gebracht werden. Die Royal Navy unterband die Versorgung über neutrale Staaten praktisch völlig. Im Winter 1916 ging die Strategie auf: Deutschland erlebte einen Hungerwinter, und es brachen Aufstände aus. Aber auch Großbritannien war auf Handelsschiffe und Lebensmittellieferungen aus aller Welt angewiesen.

Eine neue Strategie

Als Deutschland in der Skagerrakschlacht (Mai/Juni 1916) die Seeherrschaft nicht zurückgewinnen konnte, forderte das deutsche Oberkommando die Erlaubnis zum uneingeschränkten U-Boot-Krieg, um die britische Blockade zu durchbrechen. Am 22. Dezember schickte Admiralstabschef Henning von Holtzendorff ein Memorandum an den Kaiser, das seine Überlegungen erläuterte.

Üblicherweise fuhren britischen Handelsschiffe auf Atlantik und Nordsee alleine. Von Holtzendorff führte aus, man könne Großbritanniens Versorgung durch Angriffe auf die leichten Ziele so stark stören, dass es innerhalb von sechs Monaten zur Aufgabe gezwungen sei. Er forderte, das Prisenrecht zu ignorieren, da Großbritannien es bereits durch die Versenkung von U-27 am 19. August 1915 unterminiert habe. Die Versenkung durch das Q-Ship HMS *Baralong*, das unter falscher US-Flagge fuhr, war ein britisches Kriegsverbrechen. ››

Uneingeschränkter U-Boot-Krieg

Pro	Kontra
Zerstört Schiffe und unterbricht Lebensmittellieferungen.	Missachtet das internationale Seerecht.
Erzeugt Lebensmittelknappheit, um die Briten zur Aufgabe zu zwingen.	Sorgt in den neutralen Staaten für Empörung, allen voran in den USA.
Könnte den Krieg verkürzen.	Könnte die USA mit mehr Soldaten und Wehrmaterial in den Krieg hineinziehen.
Die Mittelmächte siegen.	Die Alliierten siegen.

Die Briten hatten die Besatzung des gekenterten U-Boots, die sich ergeben wollte, im Wasser erschossen.

Der Kaiser stimmte von Holtzendorff sofort zu, und am 8. Januar 1917 gab die deutsche Militärführung den Befehl zum uneingeschränkten U-Boot-Krieg: Die U-Boote konnten Ziele nun auch ohne vorherige Warnung angreifen. Der neue Einsatz begann am 1. Februar 1917 mit Deutschlands stark ausgebauter U-Boot-Flotte.

Erfolg hat einen Preis

Das deutsche Oberkommando erlaubte U-Booten nun, als Einzeljäger zu operieren und Handelsschiffe auf den geschäftigen Schifffahrtslinien aufzuspüren und zu versenken. Diese Taktik war äußerst erfolgreich. Von Holtzendorff hatte geschätzt, dass die U-Boote jeden Monat etwa 600 000 Tonnen Fracht versenken könnten. Seine Schätzung sollte sich sogar als zu niedrig erweisen.

Die britische Flotte unter Befehl von Admiral Sir John Jellicoe antwortete mit der gezielten Jagd auf U-Boote. Die Royal Navy entwickelte Unterwassermikrofone zur Ortung von U-Booten und Wasserbomben, um sie zu versenken. Das Aufspüren der Boote erwies sich aber als schwieriger als gedacht: Zwischen Februar und April 1917 zerstörten die Briten nur neun U-Boote, während Deutschland über 500 Handelsschiffe versenkte. Ohne eine schnelle Lösung drohte die deutschen Marine ihr Ziel zu erreichen, Großbritannien in eine Hungersnot zu drängen.

Ein Vorschlag zur Gegenwehr war, die unbewaffneten alliierten Handelsschiffe in Konvois fahren zu lassen und sie mit Kriegsschiffen der Royal Navy zu eskortieren. Jellicoe und die Admiralität lehnten diesen Vorschlag allerdings im März 1917 mit dem Argument ab, man könne es sich kaum leisten, Kriegsschiffe dafür abzustellen. Einer der skurrileren Vorschläge war, Seelöwen zur Ortung von U-Booten auszubilden.

Schließlich traten die USA am 2. April 1917 in den Krieg ein. Im selben Monat erreichten die alliierten Verluste mit 430 versenkten Schiffen und 866 000 Tonnen verlorener Ladung ihren Höchststand. In der zweiten Aprilhälfte wurden pro Tag durchschnittlich 13 Schiffe versenkt. Manche U-Boot-Kommandanten versenkten sogar mehrere Schiffe täglich.

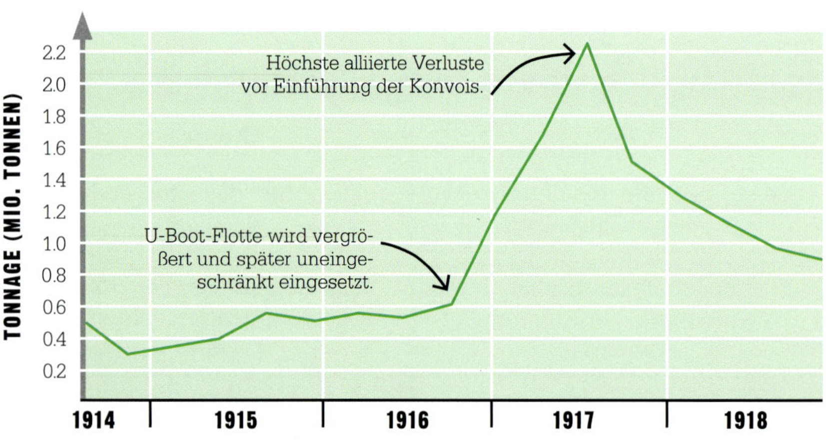

Die Verluste an Schiffen und Tonnage durch feindliche Angriffe nahmen im zweiten Quartal 1917 deutlich zu. Ein direkter Zusammenhang mit dem von Deutschland am 1. Februar 1917 erklärten uneingeschränkten U-Boot-Krieg ist deutlich erkennbar. Im Lauf des Kriegs wurden weltweit zwar stetig mehr Schiffe gebaut, dies konnte die großen Verluste aber nicht aufwiegen.

> »Die U-Boot-Bedrohung ist für den britischen Handel wie für Großbritannien wahrlich eine schreckliche.«
>
> **Sir John Fisher**
> Flottenadmiral der Royal Navy, Mai 1913

Langsame Reaktion

Wenn sich nicht bald etwas änderte, stand Großbritannien vor einer Katastrophe. Unter Druck der britischen Regierung stimmte Jellicoe am 27. April einem Versuchskonvoi zu, der sich als Erfolg erwies. 16 Handelsschiffe überquerten den Atlantik ohne Verluste. Daraufhin wurde das Konvoi-System eingeführt, wenn auch erst allmählich. Ende 1917 fuhr weiterhin nur etwa die Hälfte der alliierten Handelsschiffe in Konvois. Da die U-Boote von Kriegsschiffen eskortierte Schiffsgruppen schwerer angreifen konnten, sank der monatliche Verlust an Ladung auf nur knapp über 400 000 Tonnen. Die Verluste an U-Booten waren gleichzeitig auf fünf bis zehn pro Monat gestiegen. Das Konvoi-System wurde 1918 fortgeführt, wobei die Eskorten nun durch amerikanische Zerstörer verstärkt wurden.

Der britische Truppentransporter RMS *Walmer Castle* wurde 1917 schwarz-weiß gestreift in »Dazzle Camouflage« gestrichen.

Dazzle Camouflage

Ein Grafiker und Zebrastreifen spielten eine entscheidende Rolle bei den Bemühungen der Royal Navy, den U-Booten die Zielerfassung zu erschweren. Der Reserveoffizier Norman Wilkinson, im zivilen Leben Grafiker, hatte eine innovative Idee: Wenn man Schiffe auf See nicht verbergen konnte, musste man sie möglichst auffällig machen.

Wilkinson schlug vor, die Schiffsrümpfe mit schwarzen und weißen Streifen, Wirbeln und abstrakten Mustern zu bemalen, wie sie eher in der Kunstrichtung des Kubismus üblich waren. Er erkannte, dass die komplexen Muster es den U-Booten erschweren würden, die Größe, Entfernung, Geschwindigkeit und Bewegungsrichtung von Schiffen zu bestimmen. Die Berechnungen zum zielgenauen Torpedobeschuss würden damit deutlich schwerer. Diese verwirrende Tarnung der *Dazzle Camouflage* wurde ab August 1917 erfolgreich eingesetzt.

Die Alliierten konnten die Bedrohung durch U-Boote nie ganz ausräumen, obwohl sie umfangreiche Mittel für dieses Ziel abstellten. In der Straße von Dover und in der Nordsee zwischen Schottland und Norwegen wurden U-Boot-Sperrnetze versenkt und Minensperren errichtet, und die Kriegsschiffe patrouillierten auf den Schiffsstraßen. Dennoch fanden U-Boot-Kommandanten Wege, sie zu umgehen. Die Briten verstärkten ihre Luftpatrouillen mit Luftschiffen, die die U-Boote so lange unter Wasser zwangen, bis sie schließlich auftauchen mussten, wodurch sie leicht geortet und zerstört werden konnten. Aber auch den Luftpatrouillen gelang es nicht völlig, die deutschen Boote aufzuhalten.

Deutsche Gegenwehr

Trotz der Bemühungen der Alliierten, wie etwa die Überfälle auf die deutschen U-Boot-Basen Ostende und Zeebrügge im besetzten Belgien am 23. April 1918, führte Deutschland den U-Boot-Krieg bis zum Waffenstillstand im November fort. Langstrecken-U-Boote im Atlantik konnten sogar Schiffe in US-Küstengewässern versenken. Berüchtigt ist die Versenkung des kanadischen Hospitalschiff HMHS *Llandovery Castle* durch U-86, deren Überlebende in ihren Rettungsbooten beschossen wurden. Nur einen Monat vor dem offiziellen Kriegsende wurde das Postschiff RMS *Leinster* am 10. Oktober 1918 von einem U-Boot torpediert, und 500 Passagiere und Besatzungsmitglieder starben. Es gilt bis heute als das schwerste Schiffsunglück in der Irischen See.

Deutschland setzte im Krieg insgesamt 335 U-Boote ein. Bei Kriegsende befanden sich weitere 224 noch in Bau. Insgesamt versenkten sie 11,9 Millionen Tonnen Fracht. Deutschland verlor 178 U-Boote, aber erst nachdem die Alliierten enorme Anstrengungen gegen sie unternahmen. Der Unterwasserkrieg schlug zwar fehl, die Aussicht auf Erfolg verleitete Deutschland aber dazu, es im nächsten Krieg erneut zu versuchen. ■

Die Besatzung von U-58 ergibt sich am 17. November 1917 kurz nach Versenkung eines Schiffs im Nordatlantik den amerikanischen Zerstörern USS *Fanning* und USS *Nicholson*.

DIE GEBURT EINER NATION

DIE SCHLACHT BEI ARRAS (9. APRIL–16. MAI 1917)

IM KONTEXT

SCHWERPUNKT
Kanadische Truppen

FRÜHER

April 1915 In der Zweiten Flandernschlacht gehören kanadische Soldaten bei Ypern zu den ersten Opfern der deutschen Giftgasangriffe.

November 1916 Die 4. kanadische Division stürmt am Ende der Somme-Schlacht bei Courcelette (Frankreich) die deutschen Schützengräben.

SPÄTER

September 1918 Das Canadian Corps startet eine Reihe von Angriffen in der Nähe des Ärmelkanals, durchbricht schließlich die Siegfriedstellung und vertreibt die Deutschen aus Cambrai.

Herbst 1918 Von Mitte August bis Mitte Oktober haben die Kanadier mehr als 30 000 Verluste zu verzeichnen – Getötete, Verwundete und Gefangene.

Die Schlacht bei Arras gehörte zur Nivelle-Offensive, geplant Anfang 1917 vom neuen französischen Oberbefehlshaber Robert Nivelle, um die festgefahrene Situation an der Westfront aufzubrechen. Britische Soldaten unter dem Kommando von Douglas Haig sollten einen Ablenkungsangriff bei Arras ausführen, kanadische Truppen den Höhenzug von Vimy einnehmen. Diese Ablenkung würde die deutschen Truppen binden und davon abhalten, ihre Linien an der Aisne zu verstärken, wo Nivelle seinen eigentlichen Vorstoß plante. Nivelle hatte der Politik einen schnellen Sieg der Alliierten versprochen.

> »Solchen Lärm hätte ich mir im Leben nicht vorstellen können. Hier war der Teufel los … Auf dem Feld sah es schrecklich aus. Ich hoffe, ich muss so etwas kein zweites Mal erleben.«
>
> **Harry Chalmers**
> Canadian Corps

Ein unbarmherziger Angriff

Dem britischen Vorstoß in Arras ging ein fünftägiges schweres Artilleriefeuer voraus, in dem die deutschen Linien mit 2,5 Millionen Granaten überzogen wurden – eine Million mehr als bei dem verheerenden Angriff an der Somme im Juli 1916. Im Unterschied zu Letzterem zielten die Bombardements nun präziser auf die deutschen Batterien. Außerdem kamen Granaten mit Streifzündern zum Einsatz, die auch beim Auftreffen auf den Boden in einem sehr spitzen Winkel explodierten und Stacheldrahtverhaue zerstörten, statt nur Krater in den Boden zu sprengen.

Der britische Angriff begann am 9. April 1917, einem bitterkalten Ostermontag. Zunächst verzeichneten die Alliierten eindrucksvolle Gewinne. Die Infanterie strömte aus vorgeschobenen Stellungen, die sie über ein Netz von Tunneln und Höhlen ungesehen erreicht hatte, und rückte nur 50 m hinter einem Sperrfeuer aus schweren Spreng- und Gasgranaten vor. Am Ende

Siehe auch: Die Zweite Flandernschlacht 110–115 ▪ Die Schlacht um Verdun 152–159 ▪ Die Schlacht an der Somme 172–179 ▪ Ersatz für die Gefallenen 198–199 ▪ Die Nivelle-Ofensive 208–211 ▪ Durchbruch an der Siegfriedstellung 290–293

Menschenmassen drängen sich im Hafen von Victoria (Kanada), als die SS *Princess Sophia* nach Europa aufbricht.

Das Canadian Corps

In der Schlacht bei Arras kämpften zum ersten Mal alle vier Divisionen des Canadian Corps zusammen, und ihr Erfolg am Höhenzug von Vimy wurde zu einem entscheidenden Moment in der kanadischen Geschichte. Generalmajor Arthur Currie, der sich in der Zweiten Flandernschlacht im April 1915 ausgezeichnet hatte und inzwischen zum Kommandeur der 1. kanadischen Division ernannt worden war, plante den Angriff bis ins kleinste Detail. Entschlossen, kein einziges kanadisches Leben zu verlieren, ließen er und der britische Kommandeur des Canadian Corps, Generalleutnant Julian Byng, die Soldaten den Umgang mit dem vorrückenden Sperrfeuer üben. Dank der minutiösen Planung und Ausführung konnten drei der vier Divisionen ihre Ziele innerhalb weniger Stunden erreichen.

In Kanada blieb die Teilnahme am Krieg umstritten. Obwohl sich eine halbe Million Männer freiwillig gemeldet hatten, fehlten immer noch Soldaten. Die Wehrpflicht stieß verbreitet auf Ablehnung.

des ersten Tages war die britische Infanterie stellenweise bis zu 5 km vorgedrungen, hatte deutsche Stellungen überrannt und rund 9000 Gefangene gemacht.

Inzwischen kämpften sich die kanadischen Truppen etwa 8 km nordöstlich von Arras hinauf zum Höhenzug von Vimy. Frühere französische Versuche, ihn einzunehmen, waren gescheitert und hatten mehrere Tausend Menschenleben gekostet, aber am späten Nachmittag konnten die kanadischen Truppen von dem eroberten Kamm aus den Rückzug der deutschen Soldaten in der Ebene verfolgen. Die kanadischen Verluste beliefen sich auf 11 000.

Trotz der Fortschritte des ersten Tages schwanden die Aussichten auf einen britischen Sieg bald. General Edmund Allenby, Befehlshaber der 3. Armee, setzte nur zögerlich nach. Als er am 11. April die Kavallerie einsetzte, hatte die deutsche Armee bereits Reserven herangeführt. Die Kämpfe gerieten in eine Pattsituation.

Haig bestand jedoch darauf, die Operation fortzusetzen, um den französischen Angriff an der Aisne zu unterstützen, der ebenfalls stockte. Die Schlacht zog sich bis zum 16. Mai hin, bevor sie schließlich abgebrochen wurde.

Schwere Verluste

Trotz der besseren Leistungen der britischen Artillerie und Infanterie und des großen Einsatzes der kanadischen Truppen war Arras für die Alliierten ein Misserfolg. Ihre Verluste bezifferten sich auf 158 000, die der deutschen Armee lagen bei 130 000. ▪

Angehörige des Canadian Corps durchbrechen den Stacheldraht, um den Höhenzug von Vimy einzunehmen – ein Schlüsselmoment für die Entstehung der kanadischen Nation.

SCHLUSS MIT DEM KRIEG!

DIE NIVELLE-OFFENSIVE (16. APRIL – 9. MAI 1917)

IM KONTEXT

SCHWERPUNKT
Die französische Armee vor dem Zusammenbruch

FRÜHER
Dezember 1916 Der französische Sieg bei Verdun ist teuer erkauft: Die Verluste belaufen sich auf 400 000 Tote und Verwundete.

April 1917 Die Alliierten und viele französische Militärführer sprechen sich gegen die von Nivelle geplante Offensive aus.

SPÄTER
Juni 1917 Der französische Oberbefehlshaber Philippe Pétain verschiebt die alliierte Offensive, bis die US-Truppen einsatzbereit sind.

1998 Der französische Premierminister Lionel Jospin fordert, die meuternden Soldaten von 1917 sollten »wieder in unser kollektives Gedächtnis aufgenommen werden«.

Bis April 1917 hatte es an der Westfront immer wieder kurze Vorstöße auf jeder Seite gegeben, die jeweils von der anderen Seite eingedämmt und zurückgeschlagen wurden – oft unter hohen Verlusten und mit nur geringen Geländegewinnen. Frustrierte französische Armeekommandeure und Politiker appellierten an ihren neuen Oberbefehlshaber Robert Nivelle, der im Dezember 1916 General Joseph Joffre abgelöst hatte.

Nivelle – der die 2. Armee befehligte – hatte bei Verdun in der Endphase bei der Erstürmung befestigter deutscher Stellungen zum Schutz der Artillerie eine Feu-

Siehe auch: Die Schlacht um Verdun 152–159 ▪ Die Schlacht an der Somme 172–179 ▪ Die Februarrevolution 192–193 ▪ Die Schlacht bei Arras 206–207

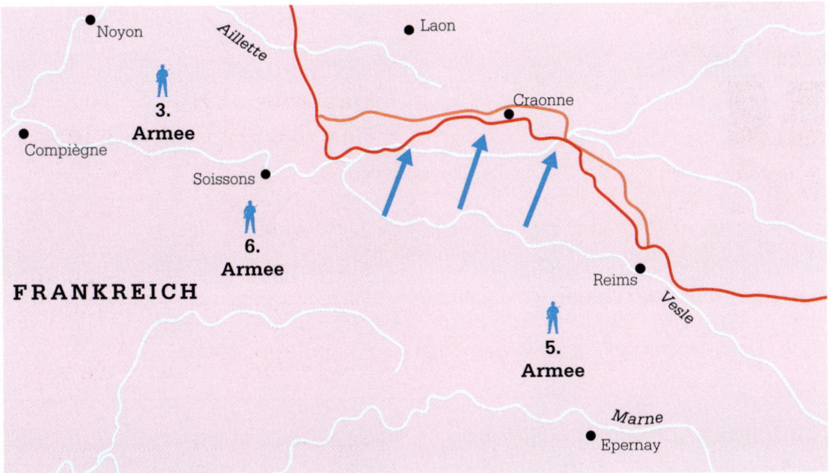

Am 16. April 1917, dem ersten Tag der Nivelle-Offensive, stieß eine Division der 6. französischen Armee 2 km bis zum Höhenzug des Chemin des Dames vor und nahm etwa 3500 deutsche Gefangene. Andernorts kam der Vormarsch weniger gut voran.

erwalze, ein »springendes« Sperrfeuer, eingesetzt.

Ein ambitionierter Plan

Nivelle versprach der neuen französischen Regierung, die erst kurz zuvor angetreten war, dass die Taktik einen schnellen Sieg und nur geringe Verluste bringen würde. Für seine Offensive wählte er einen Abschnitt der deutschen Frontlinie an Aisne und Vesle zwischen Soissons und Reims. Nivelle plante, die deutschen Linien in den Tagen vor dem Angriff mit einem überwältigenden Trommelfeuer zu belegen, dann sollten Infanterie und Panzer – erstmals in größerer Zahl – ein Loch in die deutsche Frontlinie reißen. Französische Truppen in großer Zahl sollten die Bresche nutzen, um die Deutschen zum Rückzug zu zwingen. Nivelle war sich sicher, das innerhalb von 48 Stunden erreichen zu können. Sein Optimismus überzeugte nicht nur die französischen Politiker, sondern auch den britischen Premierminister David Lloyd George, der von Nivelles Plan so begeistert war, dass er in Erwägung zog, die britischen Truppen unter französisches Kommando zu stellen, wozu es aber nicht kam. Oberkommandeur Douglas Haig erklärte sich widerstrebend zu einem britischen Vorstoß bereit, um die deutschen Truppen abzulenken.

Als Nivelle seinen Plan erstmals vorstellte, war beabsichtigt, die Offensive mit einem Vorstoß der russischen Streitkräfte im Osten zu koordinieren. Die sich entwickelnde Revolution in Russland machte diese Hoffnung jedoch zunichte.

Im März 1917 zogen sich die deutschen Truppen hinter eine neu errichtete Verteidigungslinie zurück, die Siegfriedstellung. »

Meutereien

Die Meutereien in der französischen Armee, die im Mai 1917 begannen, waren eine Reaktion auf die gescheiterte Nivelle-Offensive, in ihnen kulminierte aber auch die jahrelange Frustration der Soldaten an der Westfront. Am 3. Mai verweigerte die 2. Division den Befehl zum Angriff. Bis Anfang Juni folgten weitere Einheiten. Die Meuterer kritisierten, dass ihre Kommandeure immer wieder Offensiven anordneten, die wenig Aussicht auf Erfolg boten, während die Truppen hinter den Linien nicht genug Zeit zur Erholung und für Heimaturlaub erhielten. Die Meutereien erstreckten sich fast nur auf die Infanterie, die auch die höchsten Verluste zu beklagen hatte. Tausende Meuterer wurden arrestiert, fast 3500 vor Gericht gestellt. Viele verurteilte man zu Zwangsarbeit, 629 zum Tod – doch nur 49 Exekutionen wurden vollstreckt. Nivelles Nachfolger konnte mit seinen Zusicherungen die Ordnung weitgehend wiederherstellen.

Erschöpfte französische Soldaten. Fortdauernde Erschöpfung belastete die Soldaten physisch und mental.

Bei ihrem Rückzug verfolgten sie eine Politik der verbrannten Erde und zerstörten Vorräte ebenso wie Infrastruktur, außerdem ließen sie Sprengfallen zurück.

Dieses überraschende Vorgehen der Deutschen veranlasste die unerfahrenen Leiter des französischen Kriegsministeriums, die Offensive aufzuschieben. Nivelle protestierte. Er befürchtete, die Deutschen könnten sich sogar noch weiter zurückziehen, sodass ein Angriff unmöglich würde. In einem Treffen mit französischen und britischen Politikern drohte er mit Rücktritt, sollte man ihm den Vorstoß nicht erlauben. Angesichts seiner Popularität und Überzeugungskraft setzte sich Nivelle durch – schließlich hatte er noch keine Schlacht verloren. Die Deutschen hatten kurz zuvor die Wiederaufnahme des uneingeschränkten U-Boot-Kriegs angekündigt, und die alliierten Befehlshaber waren unter Druck, den Kampf an der Westfront aufzunehmen.

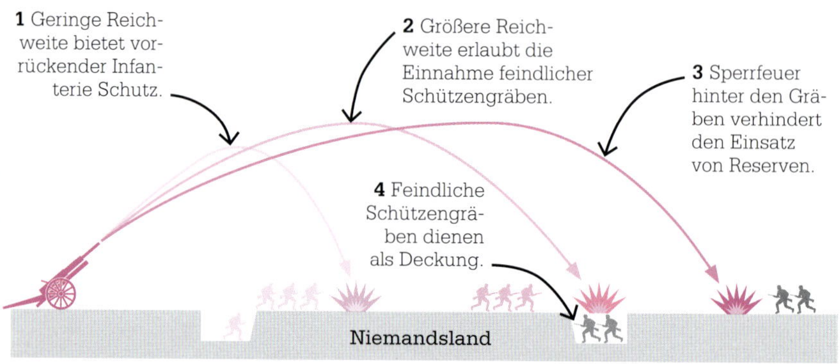

Springendes Sperrfeuer ist anhaltender Artilleriebeschuss auf einer Linie, die in festgelegten Schritten vorrückt. Mit dieser Taktik, auch »Feuerwalze« genannt, wurden Infanterieangriffe abgedeckt.

Die Offensive beginnt

Während Haig seinen Angriff bei Arras plante, zog Nivelle Artillerie entlang der Front zusammen und begann ein zehntägiges Bombardement. Durch den vorangegangenen Rückzug der Deutschen war die französische Armee gezwungen, von Süden nach Norden in Richtung des Flusses Aisne anzugreifen. Dort gab es nur wenige Straßen, um das Vorankommen zu erleichtern, und die Infrastruktur in den kleinen Orten war unzureichend. Am nördlichen Flussufer erhob sich der Höhenzug Chemin des Dames. Die deutsche Hauptlinie lag geschützt auf seiner anderen Seite, sie wurde von drei Reservelinien unterstützt.

Angesichts der Stärke und Tiefe der neuen deutschen Verteidigungslinien reichte die Feuerkraft nicht aus, die Nivelle an der 40 km langen Front in Stellung gebracht hatte: eine Feldkanone und ein Minenwerfer alle 23 m, dazu ein schweres Geschütz alle 21 m. Aus französischen Geheimdienstquellen hatten die Deutschen umfangreiche Kenntnis der geplanten Offensive. Die deutschen Truppen warteten sicher in tiefen Gräben und Bunkern auf das Ende des Trommelfeuers.

Strategischer Fehlschlag

Als die französischen Truppen am 16. April schließlich vorzurücken begannen, verließen die Deutschen ihre Verstecke und nahmen ihre Positionen ein: Sie hatten 100 Maschinengewehre auf 915 m. So rückten die französischen Soldaten langsam in Artilleriebeschuss und schweres Maschinengewehrfeuer vor. Sie waren beladen mit Vorräten für drei Tage, in denen sie mindestens 8 km vorankommen sollten. Das springende Sperrfeuer, das die Verteidiger auf der Gegenseite in ihren Verstecken halten sollte, war der Infanterie zu weit voraus, die infolgedessen wenig oder gar keinen Schutz hatte und schwere Verluste erlitt. Ein Offizier bemerkte: »Um 6.00 Uhr morgens begann die Schlacht, um 7.00 Uhr war sie verloren.«

Eine zweite Welle von französischen Soldaten des 11. Corps Colonial macht sich zum Angriff bereit, die erste Welle hat bereits die deutschen Schützengräben erreicht.

Und zu allem Überfluss steckten die französischen Schneider-CA1-Panzer bald im Schlamm fest oder wurden von der deutschen Artillerie getroffen: Am ersten Tag fuhren sich 64 der 132 Panzer fest, 57 wurden durch Beschuss zerstört. Aufgrund der Treibstoffvorräte waren sie hochexplosiv. Die Wracks blockierten den Vormarsch und verursachten Stau hinter den französischen Linien, der die vorrückende Infanterie blockierte. Der Offensive ging die Luft aus, und am 9. Mai wurde sie offiziell beendet.

Enttäuschung im Land

Dennoch war die Nivelle-Offensive kein vollständiger Fehlschlag. Die Franzosen machten an einem Abschnitt einen Geländegewinn von 7 km – andernorts weniger. Sie nahmen 28 000 Gefangene und erbeuteten Artillerie. Sie hatten deutsche Reserven in Anspruch genommen und erschöpft. Diese Erfolge waren allerdings mit 187 000 eigenen Verlusten teuer erkauft. Das war nicht der strategische Durchbruch, den Nivelle versprochen hatte.

In der französischen Bevölkerung und auch im Militär machte sich Enttäuschung breit. Die Moral war schlecht. Zu diesem Zeitpunkt befanden sich manche der französischen Soldaten bereits seit mehr als zwei Jahren im Feld. Sie machten sich keine Illusionen über die Fähigkeiten ihrer Offiziere, sie waren unzufrieden mit den Arbeitsbedingungen und der geringen Aussicht auf Erfolg bei jeder Offensive, die befohlen wurde. Anfang des Jahres 1917 stieg die Zahl der Desertionen. An der Westfront kam es zu einer Reihe von Meutereien, die ihren Höhepunkt im Juni 1917 erreichte. Etwa 40 000 Mann aus 68 Einheiten, vor allem auf dem Gebiet der Nivelle-Offensive zwischen Soissons und Reims, weigerten sich, an die Front zurückzukehren – viele von ihnen allerdings nicht grundsätzlich, sie verlangten nur mehr Zeit zur Erholung.

Auch im zivilen Bereich kam es zu Streiks in Textil- und Munitionsfabriken, hauptsächlich als Reaktion auf den Anstieg der Lebenshaltungskosten um 40 Prozent und einen Rückgang der Reallöhne um 10 Prozent.

» [Die französischen] Soldaten … verstanden nur, dass neue Bedrohungen auf sie warteten: neues Leiden, große Gefahren, die Aussicht auf einen schrecklichen Tod … «

Korporal Louis Barthas
296. Infanterieregiment

Ein neuer Oberbefehlshaber

Angesichts des Zusammenbruchs der russischen Armee befürchteten die französischen Befehlshaber, die sozialistische Agitation könne eine Revolution unter den französischen Soldaten auslösen. So wurde Nivelle am 15. Mai durch Philippe Pétain ersetzt, der die Verteidigung von Verdun organisiert hatte. Er stand im Ruf, vorsichtiger zu sein als sein eigensinniger Vorgänger. Er besuchte die Truppen an der Front, um den Soldaten zu versichern, dass ihre Beschwerden ernst genommen und weitere vergebliche Angriffe wie die Nivelle-Offensive unterbleiben sollten. ■

Philippe Pétain

Geboren 1856 auf dem Bauernhof seiner Eltern in Nordfrankreich, trat Philippe Pétain 1873 in die Militärschule Saint-Cyr ein. In den ersten Monaten des Ersten Weltkriegs gelang ihm ein Karrieresprung. Er führte die französische Verteidigung bei Verdun und wurde im Mai 1917 als Oberbefehlshaber mit der Wiederaufnahme der Nivelle-Offensive beauftragt. Pétain behielt den Oberbefehl bis Kriegsende, 1918 wurde er zum Marschall von Frankreich ernannt. 1940, im Alter von 84 Jahren, erklärte sich Pétain bereit, die Führung der von den Deutschen eingerichteten Vichy-Regierung zu übernehmen, um Frankreich vor dem Schlimmsten zu bewahren. Er kollaborierte mit den Nationalsozialisten, auch bei der Deportation französischer Juden. Dafür wurde er nach dem Zweiten Weltkrieg wegen Hochverrat angeklagt und zum Tode verurteilt. Die Strafe wurde in lebenslänglich umgewandelt. Pétain starb 1951.

HEUTE MÖCHTE ICH KEIN ITALIENER SEIN

DIE LETZTEN ISONZOSCHLACHTEN (12. MAI – 7. NOVEMBER 1917)

IM KONTEXT

SCHWERPUNKT
Krieg in Italien

FRÜHER
9.–15. März 1916 Italien und Österreich-Ungarn schlagen die ergebnislose Fünfte Isonzoschlacht.

6.–17. August 1916 Die Italiener unter Luigi Cadorna gewinnen die Sechste Isonzoschlacht bei Görz.

14.–17. September 1916 In der Siebten Isonzoschlacht gelingt den Italienern ein taktischer Sieg.

SPÄTER
1919 Luigi Cadorna wird in einer offiziellen Untersuchung für die Niederlage bei Karfreit verantwortlich erklärt. Er gibt die Schuld allerdings der Feigheit seiner Soldaten und sozialistischer Subversion.

1924 Der italienische Ministerpräsident Benito Mussolini ernennt Cadorna neben Armando Diaz zum Feldmarschall.

Italiens Hoffnung, die italienischsprachigen Grenzgebiete zu Österreich-Ungarn zu erobern, wirkten ab Anfang 1917 unrealistisch. Es hatte bis dahin neun Schlachten entlang des Flusses Isonzo gegeben, von denen Italien vier und Österreich-Ungarn drei gewonnen hatte, zwei waren ohne klaren Sieger ausgegangen.

Der italienische Marschall Luigi Cadorna war hartnäckig, wenn nicht gar verbohrt. Nahezu 340 000 seiner Soldaten waren ohne greifbare Erfolge getötet, verwundet oder gefangen genommen worden. Unter seinen Soldaten, die zwischen den Toten campierten und ihr Trinkwasser aus von Leichen und Ausscheidungen verseuchtem Wasser bezogen, wütete die Cholera.

Cadornas Plan

Der unbeirrt auf seinem Plan beharrende Cadorna war weiterhin überzeugt, dass ein Frontalangriff Erfolg haben müsste, wenn seine Truppen nur mutig genug waren. In der Zehnten Isonzoschlacht (12. Mai–

Die Truppen **Marschall Cadornas** schlagen am Isonzo **elf Schlachten.**

→ **Italien** dringt **nicht weiter als 25 km** auf **österreichisch-ungarisches Gebiet** vor.

→ Die **Zwölfte Schlacht** endet in einer **katastrophalen Niederlage.**

→ Die **Italiener** werden **150 km weit zurückgedrängt.**

→ **Die Truppen von Prinz Emanuel Philibert und General Armando Diaz halten stand.**

Siehe auch: Die Lage in Europa 18–19 ▪ Österreich-Ungarns Versagen 82 ▪ Kriegseintritt Italiens 120–121 ▪ Das Kriegsende in Italien 284–285 ▪ Aufstieg des Faschismus 322–223

Italienische Gebirgseinheiten in den Alpen trugen weiße Uniformen, um sich im Schnee zu tarnen.

Gebirgskrieg

Noch während es einen italienischen Angriff über Slowenien zurückschlug, rückte Österreich-Ungarn von Norden nach Italien vor. Die Truppen mussten dafür die zwischen 2000 und 4000 m hohen Alpen und Dolomiten überqueren, was für Angreifer und Verteidiger gleichermaßen eine Herausforderung war. Die Hänge waren ganzjährig mit Schnee bedeckt und die Temperaturen sanken bis auf –35 °C. Ein Weg von nur 2 km konnte über Gletscher, Schluchten und eisige Flüsse Stunden und Tage dauern. Waffen und Ausrüstung mussten auf Maultieren oder dem Rücken transportiert werden, auch wenn beide Seiten neue Straßen, Tunnel, Wege und Seilbahnen bauten.

Diese harten Bedingungen machten es schwer, den Feind zu stellen, und auf beiden Seiten fielen viele Tausende Soldaten Unterkühlung und Erschöpfung zum Opfer.

8. Juni 1917) gelangen den Italienern auch bescheidene Bodengewinne, und sie siegten in der Elften Schlacht (18. August – 12. September), aber um den Preis von 310 000 weiteren Gefallenen. Die Deutschen fürchteten einen Durchbruch und sandten General Otto von Below mit in Infiltrationstechniken ausgebildeten Truppen und Artillerie mit Giftgasgranaten an den Isonzo.

Niederlage bei Karfreit

In der Zwölften Isonzoschlacht bei Karfreit stand Cadorno einem deutlich beeindruckenderen Widersacher gegenüber. In den frühen Stunden des 24. Oktober 1917 zündeten die Mittelmächte heimlich über den italienischen Stellungen platzierte Gaswerfer, gefolgt von einem Beschuss mit Spreng- und Gasgranaten. Teile der italienischen Truppen waren bereits geflohen, bevor der eigentliche Artilleriebeschuss begann.

In der sich ausbreitenden Panik drangen deutsche Sturmtrupps in die italienischen Stellungen ein. Die überrannten Soldaten traten den überhasteten Rückzug an. General Cadorna selbst war während der Schlacht abwesend und wurde am 9. November seines Kommandos enthoben. Zu diesem Zeitpunkt hatte seine Armee 305 000 Mann verloren, darunter 265 000 Kriegsgefangene.

Weiter im Süden musste sich die italienische 3. Armee unter Prinz Emanuel Philibert ebenfalls zurückziehen. Sie konnte allerdings die Disziplin wahren und den allgemeinen Rückzug zum Stehen bringen, wenn auch erst, nachdem die italienische Linie 150 km weit zum Ufer des Piave zurückgefallen war.

Selbst diese Neugruppierung war nur möglich, weil die 4. Armee unter Armando Diaz die befestigten Stellungen hielt, die Cadorna um den Gipfel des Monte Grappa herum ausbauen ließ. Ihr Sieg in der Schlacht am Monte Grappa (13.–26. November) stoppte den deutsch-österreichischen Vormarsch auf Venedig und verschaffte Italien etwas Zeit. ▪

Österreichische Soldaten erklettern eine Steilwand. Das Gelände war eine zermürbende Herausforderung für beide Seiten des Konflikts.

DIE ERDE SCHIEN FEUER ZU SPEIEN

DIE SCHLACHT BEI MESSINES (7.–14. JUNI 1917)

IM KONTEXT

SCHWERPUNKT
Militärtaktik

FRÜHER
1864 Im Amerikanischen Bürgerkrieg bringen Unionstruppen in Petersburg (Virginia) unterirdisch Schießpulver zur Explosion und durchbrechen so kurzzeitig die Verteidigungsanlagen der Konföderierten.

Dezember 1914 In Festubert legen deutsche Ingenieure im Kampf gegen britisch-indische Brigaden unterirdische Minen.

Juli 1916 Britische Ingenieure zünden am ersten Tag der Schlacht an der Somme die größte künstliche Explosion der Geschichte.

SPÄTER
März 1918 Nach der deutschen Frühjahrsoffensive verlieren die Minen an Bedeutung.

Nach dem Scheitern der Nivelle-Offensive im Frühjahr 1917 beschloss der neue französische Oberbefehlshaber Philippe Pétain, mit weiteren Großoffensiven zu warten, bis die amerikanischen Streitkräfte einsatzbereit waren. Die Briten wollten jedoch den Druck auf die Deutschen aufrechterhalten. Aus dem Fehlschlag an der Aisne folgerte Oberbefehlshaber Douglas Haig, die britische Armee müsse sich weniger auf die Unterstützung französischer Pläne als auf die Umsetzung einer eigenen Strategie konzentrieren. Als geeigneten Ort für eine britische Offensive machte Haig Flandern (Belgien) aus.

Siehe auch: Die Erste Flandernschlacht 72–73 ▪ Die Zeite Flandernschlacht 110–115 ▪ Die Schlacht an der Somme 172–179 ▪ Die Dritte Flandernschlacht 230–235

» Die deutschen Soldaten waren fassungslos, verwirrt und entsetzt … Viele von ihnen lagen tot in den großen Kratern, die die Minen gerissen hatten. «

Philip Gibbs
Britischer Kriegsreporter

Die britische Politik, noch unter Schock über die hohen Verluste an der Somme, stand Haigs Ambitionen kritisch gegenüber, doch General Sir William Robertson, Chef des Generalstabs, schlug eine schrittweise Offensive mit begrenzten Zielen vor, sodass die Operation jederzeit abgebrochen werden konnte. Er schrieb an Haig: »… anstatt darauf abzuzielen, die gegnerische Front zu durchbrechen, sollten Sie darauf abzielen, die gegnerische Armee zu zerschlagen, und das bedeutet, ihr größere Verluste zuzufügen, als man selbst erleidet.« Dieser Ansatz, den auch Pétain verfolgte, wurde Abnutzungskrieg genannt.

Trotzdem plante Haig, die deutschen Linien in Flandern zu durchbrechen. Er hoffte, damit nicht nur den Eisenbahnknotenpunkt in Roulers unter britische Kontrolle zu bringen, der für den deutschen Nachschub wichtig war, sondern, mit Unterstützung der Royal Navy, auch die Häfen von Ostende und Zeebrügge. Sollte der Plan scheitern, könnte er dennoch als Teil der Abnutzungsstragie durchgehen.

Der Ypernbogen

Die britischen Truppen befanden sich seit 1915 im Ypernbogen, einer Ausbuchtung in der Frontlinie, aber vor einer großen Offensive wollte Haig ihre Position weiter südlich stärken. Schon seit über einem Jahr planten die Briten einen Angriff in diesem Gebiet. Bereits 1916 hatte der Befehlshaber der 2. Armee, General Herbert Plumer, einen flachen, von den Deutschen besetzten Höhenzug zwischen Wytschaete und Messines als vielversprechende Position für einen Angriff bestimmt. Er hatte damit begonnen, die deutschen Stellungen auf der anderen Seite sorgfältig zu unterminieren.

Die deutschen Verteidigungsanlagen waren gewaltig. Es gab vier parallele Reihen von Gräben, »

Britischer Sprengstoff

Ab 1916 setzte die britische Armee an der Westfront Ammonal als Sprengstoff ein, eine Variante des T-Ammonal, das in Granaten verwendet wurde. Die Kombination aus Ammoniumnitrat und Aluminiumpulver, das als Oxidationsmittel wirkt, war billiger als reines TNT. Da Ammonal durch Feuchtigkeit Schaden nimmt und sich an der Luft verflüssigt, wurde es zum Schutz in Metalldosen oder gummierten Beuteln aufbewahrt. Es war in Zelluslosenitrat, der sogenannten Schießbaumwolle, verpackt, die als Zünder diente. In Messines wurde der Sprengstoff in Kammern am Ende der Tunnel gestapelt und mit einer Barriere aus Sandsäcken abgesichert, um die Kraft der Explosion nach oben zu lenken. Ammonal explodiert aufgrund der hohen Temperatur, die durch den brennenden Aluminiumstaub entsteht, mit großer Wucht. Es wird auch heute noch im Bergbau eingesetzt.

Australische Truppen beim Tunnelbau unter Hill 60 in der Nähe von Messines. Dort wurden am 7. Juni 1917 in zwei Tunneln etwa 55 t Sprengstoff gezündet.

von Maschinengewehrstellungen und Betonbunkern geschützt, dahinter in weiteren Gräben große Truppenreserven, die nur darauf warteten, Angreifer zurückzuschlagen, die die vorderen Schützengräben überwunden hatten. Der Bereich wurde von Soldaten der 4. Armee unter General Friedrich Sixt von Armin gehalten.

Operationen im Untergrund

Der größte Teil des weitgehend flachen Agrarlands in Flandern war weich und feucht, was den Bau von Tunneln unmöglich machte, aber alliierte Militäringenieure entdeckten bei Messines in 25–30 m Tiefe eine Schicht aus blauem Ton. Im Lauf des Jahres 1916 gruben mehr als 30 000 alliierte Soldaten ein ausgedehntes Netz von Tunneln in Richtung der deutschen Stellungen auf dem Höhenrücken.Obwohl viele der Tunnelbauer im zivilen Leben Bergleute oder Goldgräber gewesen und mit dieser Tätigkeit vertraut waren, brachte sie große Herausforderungen mit sich. Die Mineure führten Sauerstoffflaschen mit sich und verwendeten elektrische Lampen und mechanische Bagger, wo sie konnten, aber ein Großteil der Arbeit musste von Hand verrichtet werden, um die Deutschen oben nicht durch Lärm zu alarmieren. Am Ende der Tunnel, unter den deutschen Linien, wurden große Kammern angelegt und mit Sprengstoff gefüllt.

> »… und an 19 Punkten des Wytschaetebogens zerreißen Zehntausende von Zentnern Dynamit den Erdboden, schleudern haushohe Wogen von Rauch, Flammen und mächtige Brocken in die Luft.«
>
> **Bericht aus dem deutschen Großen Hauptquartier**
> 5. August 1917

Die Ingenieure legten dichter unter der Oberfläche ein zweites Tunnelnetz an, um die deutschen Truppen in die Irre zu führen, die ihrerseits versuchten, die Bemühungen der Alliierten durch Gegenstollen zu stören. Die deutschen Soldaten entdeckten und zerstörten aber nur eine der Sprengstoffkammern. Nachdem der Tunnelbau gegen Ende 1916 weitgehend abgeschlossen war, nahmen die deutschen Truppen an, die unterirdische Bedrohung sei vorbei. Doch sie sollten ein böses Erwachen erleben: Weitere 19 mit Sprengstoff gefüllte Kammern blieben unentdeckt.

Plumer galt als umsichtiger Befehlshaber, und die gesamte Offensive war sorgfältig geplant. Neben dem Tunnelnetz ließ er eine Infrastruktur zur Unterstützung des Angriffs errichten, darunter Feldbahnen, um Munition und Nachschub an die Front zu bringen, und Rohre, um die Truppen mit Trinkwasser zu versorgen. Für das erste Bombardement zog er 2200 Artilleriegeschütze entlang der 16 km langen Front zusammen. Es begann am 21. Mai 1917 und

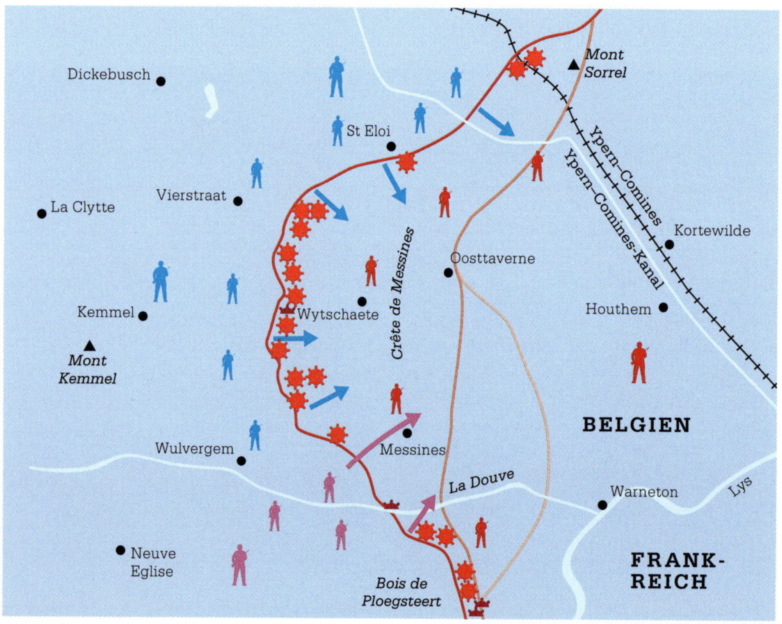

Die fast gleichzeitige Detonation von 19 riesigen Minen (vier explodierten nicht) unter der deutschen Frontlinie am 7. Juni 1917, gefolgt von einem springenden Sperrfeuer, erlaubte es alliierten Streitkräften des II. ANZAC Corps (Australien und Neuseeland), des IX. Corps (Irland) und des X. Corps (Großbritannien), den Höhenzug von Messines einzunehmen. Im südlichen Bereich der Front übertrafen die Geländegewinne die Erwartungen.

Legende

- Deutsche Armee
- Britische Armee
- ANZAC-Armee
- Explodierte Mine
- Nicht explodierte Mine
- Frontlinie, 6. Juni
- Endziel
- Tatsächlicher Geländegewinn, 7. Juni
- Britischer Vorstoß
- ANZAC-Vorstoß

Soldaten starren in den Krater der größten unterirdischen Explosion in Messines: Er war 116 m breit und 45 m tief. Alle Minen zündeten innerhalb von 20 Sekunden.

war weitaus genauer als viele frühere Bombardements, was sich zum Teil der neuen Schallmesstechnik verdankte. Dabei wurde ein System von Mikrofonen auf dem Schlachtfeld eingesetzt, um den genauen Standort der feindlichen Geschütze zu orten. Plumer erhielt auch Informationen von Aufklärungsflugzeugen über den deutschen Stellungen, die das Feuer der Alliierten lenkten. Die deutschen Verteidiger saßen mit wenig Nahrung und Wasser in der Falle; die Reserven in den hinteren Gräben waren eingekesselt und konnten nicht vorrücken, um sie zu unterstützen. Das Bombardement dauerte 17 Tage.

Eine enorme Explosion

Der eigentliche Angriff begann am 7. Juni, kurz vor Sonnenaufgang. Um 3.10 Uhr zündeten Ingenieure die Minen in den 19 unterirdischen Kammern und verursachten eine Reihe von Explosionen, die so laut waren, dass man sie bis London gehört haben soll. Nur die Atombomben des Zweiten Weltkriegs verursachten stärkere Detonationen. Die größten Minen enthielten mehr als 450 t Sprengstoff. Der Boden bebte, als Flammen ausbrachen und Rauch in den Himmel stieg.

Etwa 10 000 deutsche Soldaten an der Frontlinie waren sofort tot, verwirrte Überlebende ergaben sich den britischen Truppen. Insgesamt machten die Briten etwa 7000 Gefangene. Die Frontlinie war praktisch menschenleer.

Das weitere Vorgehen

Nach einer Kampfpause begann gegen 7 Uhr der Vorstoß auf die zweite Verteidigungslinie. Die Alliierten durchquerten das Niemandsland im Schutz eines springenden Sperrfeuers, Maschinengewehrfeuer von hinten hinderte die deutschen Reserven daran, einen Gegenangriff aufzubauen. Eine Gruppe australischer, neuseeländischer und britischer Divisionen nahm Messines ein, während irische Soldaten Wytschaete eroberten. Zu den irischen Truppen gehörten Freiwillige sowohl aus protestantischen als auch aus katholischen Milizen, die noch kurz zuvor aufgrund der wachsenden politischen Spannungen in der Heimat kurz vor einem Bürgerkrieg gestanden hatten.

Als im Lauf des Tages die Reserven der Alliierten trotz heftiger deutscher Gegenwehr, die Tausende von Opfern kostete, an die Front geschickt wurden, zeichnete sich ab, dass der Angriff weitgehend geglückt war. Die Kämpfe wurden noch eine Woche lang fortgesetzt, um die britischen Gewinne zu konsolidierten. Plumer hatte sich immer nur begrenzte Ziele gesetzt. Es ging ihm um die Einnahme der Hochebene, die es den britischen Truppen ermöglichen sollte, das Gheluvelt-Plateau zu kontrollieren, um von dort aus eine größere Offensive zu starten. Und das hatte er erreicht. ■

Krieg im Untergrund

Der Tunnelbau gehörte seit Dezember 1914 zum Krieg, als deutsche Ingenieure eine indische Brigade vernichteten, indem sie Minen unter ihre Stellung legten. Damit begann ein unterirdischer Krieg, in dem beide Seiten erfahrene Bergleute rekrutierten, um Sprengstoff unter den feindlichen Linien zu platzieren und den Feind durch die Anlage von Gegenstollen daran zu hindern, dasselbe zu tun. Die Bergleute lokalisierten feindliche Tunnelbauer, indem sie ein Stethoskop an die Schachtwand hielten. Die Bergleute konnten manchmal hören, wie die Gegner auf der anderen Seite in ihrem eigenen Stollen arbeiteten und sich unterhielten.

Manchmal gruben sich die Tunnelbauer in einen gegnerischen Schacht und lieferten sich unterirdische Kämpfe mit dem Feind. Gegnerische Tunnel wurden gesprengt, wobei die Bergleute lebendig begraben werden konnten, oder man pumpte Giftgas hinein, um sie zu ersticken.

SOLANGE ES LEBEN ZU RETTEN GIBT

DIE PFLEGE DER VERWUNDETEN

IM KONTEXT

SCHWERPUNKT
Medizin im Militär

FRÜHER
1790er-Jahre Der französische Chirurg Dominique Jean Larrey führt die Triage auf dem Schlachtfeld ein.

1854 Im Krimkrieg stellt die Britin Florence Nightingale die erste Einheit von Krankenschwestern für den Dienst an der Front zusammen.

1863 Der Schweizer Henry Dunant ist Mitbegründer des Internationalen Roten Kreuzes.

SPÄTER
1950–1953 Im Koreakrieg werden schwer verwundete Soldaten mit dem Hubschrauber vom Schlachtfeld geholt.

1980er-Jahre Streitkräfte in aller Welt nutzen Schutzwesten aus Kevlar, um schwere Verwundungen zu reduzieren.

Die Sanitätseinheiten aller Armeen waren auf die Menge Verwundeter in den ersten Kriegswochen nicht vorbereitet. Nur Dank enormer Anstrengungen, unterstützt von Zehntausenden freiwilliger Krankenschwestern und dem Internationalen Roten Kreuz, konnten die meisten medizinischen Dienste die Herausforderung bewältigen.

Bis zu den Napoleonischen Kriegen gab es kein Konzept für den Umgang mit Verwundeten. Sie wurden auf dem Schlachtfeld zurückgelassen und nach Beendigung der Kämpfe eingesammelt. Feldchirurgen führten Amputationen durch, Sanitäter legten Ver-

Siehe auch: Gesellschaft unter Druck 184–187 ▪ Ersatz für die Gefallenen 198–199 ▪ Artillerie 228–229 ▪ Granatschock 236 ▪ Die Spanische Grippe 308–309

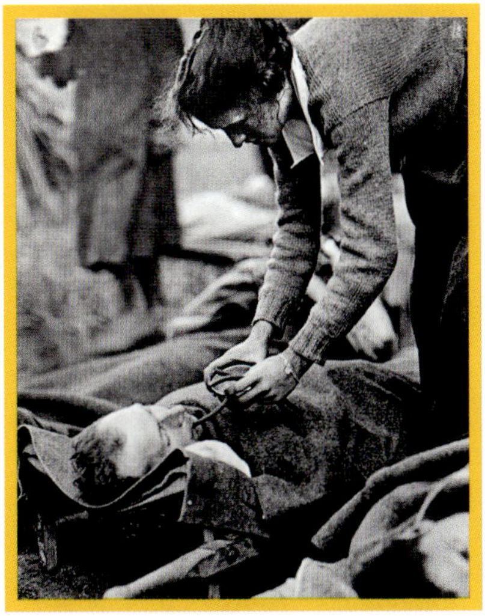

Anna Rochester füttert einen verwundeten Soldaten, Souilly (Frankreich), 1917 oder 1918. Krankenschwestern und Pfleger standen schwer verletzten und gebrochenen Männern bei.

bände an. Während des Amerikanischen Bürgerkriegs (1861–1865) hatten Bauchverletzungen durch Hieb- und Stichwaffen oft zu einer Sepsis und damit in den sicheren Tod geführt. Ab Ende des 19. Jahrhunderts ersetzten Schusswaffen weitgehend den Säbel, und die Infektionsgefahr war noch größer. Im Ersten Weltkrieg wurde das Tetananusserum bereits in großem Umfang zur Behandlung verwundeter Soldaten eingesetzt, Antibiotika gab es aber noch nicht.

Internationales Rotes Kreuz

Für die Verbesserung der Versorgung auf dem Schlachtfeld sorgten sowohl Fortschritte in der Medizin als auch die Bemühungen des Internationalen Roten Kreuzes, das in Genf mit dem ausdrücklichen Ziel gegründet worden war, »den Verwundeten Hilfe zu leisten«. Zu Beginn des Ersten Weltkriegs gab es in jedem Land, das an den Kämpfen teilnahm, nationale Rotkreuzkomitees, die jeweils Tausende von Freiwilligen anwarben. Sie unterstützten die Sanitätsdienste mit Fachwissen und Material, darunter auch Krankenwagen.

Die einzelnen Schritte

Obwohl die Bedingungen vor Ort unterschiedlich sein mochten, verlief die Bergung und Versorgung der Verwundeten bei allen beteiligten Truppen ähnlich. Die erste Herausforderung bestand darin, die Verwundeten vom Schlachtfeld zu holen, was insbesondere im Niemandsland nicht immer gelang. Wer nicht geborgen werden konnte, wurde als »vermisst« gemeldet. Wer sich noch selbst in Sicherheit bringen konnte, vielleicht mithilfe eines Kameraden, wurde von einem Sanitäter eilig zusammengeflickt. Den Abtransport der Schwerverwundeten übernahmen die Bahrenträger – ausschließlich Freiwillige, denn es handelte sich um eine äußerst gefährliche Tätigkeit. Lebens- »

> »Ich wusste nie, was auf mich zukam; es gab viele abgerissene Gliedmaßen, schreckliche tiefe Wunden.«
>
> **Emma Weaver**
> US Army Nurse Corps, in ihrem Tagebuch

Elsa Brändström

Die Tochter des schwedischen Militärattachés wurde 1888 in St. Petersburg geboren. Bei Ausbruch des Ersten Weltkriegs meldete sie sich freiwillig zum Sanitätsdienst der Kaiserlich Russischen Armee, wechselte aber wegen der schlechten Behandlung der deutschen Kriegsgefangenen bald zum schwedischen Roten Kreuz. In Sibirien, wo es viele österreichische und deutsche Kriegsgefangene gab, schuftete sie unermüdlich in entsetzlichen Lagern, wo Typhus und Fleckfieber grassierten, und erhielt bald den Beinamen »Engel von Sibirien«. Nach dem Krieg wurde Brändström von den Bolschewiken der Spionage beschuldigt und inhaftiert. Nach ihrer Freilassung setzte sie sich für die Waisen von Kriegsgefangenen ein und wurde fünfmal für den Friedensnobelpreis nominiert. Ihr Freund, der deutsch-amerikanische Theologe Paul Tillich, sagte: »Wann immer sie auftauchte, wurde die Verzweiflung besiegt und der Kummer geheilt.« In den 1930er-Jahren zog Brändström mit ihrer Familie in die USA, wo sie deutschen und österreichischen Flüchtlingen half. Sie starb 1948.

gefährlich Verletzte überließ man auf dem Schlachtfeld ihrem Schicksal.

Ob auf eigenen Füßen oder auf einer Trage, der Verwundete wurde zunächst zu einem Verbandsplatz gebracht, in der Regel ein Unterstand in einem Reservegraben (oder auch ein Zelt). Dort wurde er bandagiert oder geschient und erhielt Morphium, bevor er – nach Möglichkeit in einem Krankenwagen – zu einer Rettungsstation gebracht wurde, einer mobilen chirurgischen Einheit, die sich außerhalb der Reichweite der feindlichen Artillerie befand, aber in Hörweite der donnernden Kanonen.

Unermüdlich bei der Arbeit

Die britischen Rettungsstationen (Casualty Clearing Station, CCS) wurden vom Royal Army Medical Corps (RAMC) organisiert und waren kleine Krankenhäuser. Die meisten chirurgischen Eingriffe fanden bereits dort statt. Zwei von insgesamt sechs Operationsteams waren ständig dienstbereit, und zu den etwa hundert Mitarbeitern gehörten zahllose Krankenschwestern, die bei den Operationen rund um die Uhr assistierten und die Verwundeten betreuten.

Royal Army Medical Corps

Versorgte **9 Mio.** Verwundete.

Verabreichte **1088 Mio.** Dosen Medikamente.

Legte mehr als **1,5 Mio.** Schienen an.

Legte **108 Mio.** Verbände an.

Verbrauchte mehr als **7250 t** Watte.

Bestellte **22 386** Glasaugen.

Die meisten Verletzungen wurden durch Schrapnellgeschosse und Maschinengewehrkugeln verursacht, die das Fleisch durchschlugen. Solche Wunden führten innerhalb von sechs bis acht Stunden zu einer Sepsis. Deshalb war die Standardbehandlung das *Débridement,* die chirurgische Säuberung der Wunde von Textilfasern, Granat- und Holzsplittern und dem Schlamm der Schützengräben. Danach reinigten die Krankenschwestern die Wunde mit einem Antiseptikum, meist ein Hypochlorit namens Dakin-Lösung. Nach Möglichkeit wurde auch eine Tetanusspritze gesetzt. Antibiotika gab es noch nicht.

Im Allgemeinen bewiesen die Männer auf der Trage stoische Ruhe. In den meisten zeitgenössischen Berichten fällt auf, dass sie sich nicht beklagen. Es gab jedoch eine bemerkenswerte Ausnahme: die Opfer von Gasangriffen, insbesondere von Senfgas. Obwohl ihre Lunge verbrannt war, schrien viele vor Qual. Die schmerzhaften Blasen, die ihren Körper bedeckten, durfte nicht einmal ein Laken berühren, das wie ein Zelt über ihnen aufgespannt werden musste. Männer, die einen solchen Gasangriff überlebten, hatten in der Regel Langzeitschäden an Lunge und Nervensystem erlitten und erreichten selten ein hohes Alter.

Die britischen Krankenschwestern Elsie Knocker und Mairi Chisholm, »die Madonnen von Pervyse«, in ihrem Krankenwagen, Belgien 1917.

Ambulanzen

Zu Anfang des Kriegs wurden viele Schwerverwundete in Feldambulanzen verfrachtet, die sich seit napoleonischer Zeit kaum verändert hatten: Es handelte sich um mit Segeltuch bespannte Pferdewagen, ausgestattet mit Gestellen für Tragen.

Gegen Ende des Kriegs standen für den Transport zunehmend Kraftfahrzeuge zur Verfügung. Obwohl sie anfangs als unzuverlässig galten und ungeeignet, um die von Bomben zerstörten Straßen zu befahren, boten motorisierte Krankenwagen einen großen Vorteil: Sie waren deutlich schneller als die Pferdewagen, die sie ersetzten.

Die meisten führenden Automobilhersteller produzierten motorisierte Krankenwagen, die eine Schar freiwilliger Fahrer anzogen, darunter Schriftsteller wie Ernest Hemingway und Somerset Maugham. Dennoch blieben die Pferdewagen konkurrenzfähig. Gegen Ende des Kriegs umfasste die Ambulanzabteilung einer gewöhnlichen Division der US Army 12 Pferdewagen und 36 Motorfahrzeuge.

Verwundete Soldaten warten in den Trümmern einer zerbombten Kirche in Neuvilly (Nordfrankreich) auf medizinische Versorgung.

Sobald die verwundeten Soldaten stabil genug waren, brachte man sie in ein Feldhospital, das hinter den Linien lag, gewöhnlich mit guter Anbindung an die Eisenbahn. Es handelte sich dabei um voll ausgestattete Krankenhäuser, oft schon vor dem Krieg eingerichtet. Diese Phase diente in der Regel der Rekonvaleszenz und Rehabilitation.

Die Männer wurden in der Regel nach wenigen Wochen aus dem Lazarett entlassen, um zu ihrem Regiment zurückzukehren oder sich einer ungewissen zivilen Zukunft zu stellen – je nach Schwere der erlittenen Schäden. Schwerverletzte blieben mitunter monate- oder sogar jahrelang im Lazarett.

Plastische Chirurgie

Allein 9 Millionen Briten, Franzosen und Deutsche erlitten im Ersten Weltkrieg Verwundungen, bis zu zwölf Prozent von ihnen – vielleicht noch wesentlich mehr – wurden dabei so entstellt, dass ihre Familien sie mitunter nicht mehr wiedererkannten. Viele griffen zu einer Maske, andere vertrauten auf eine neue medizinische Technik, die der Krieg hervorgebracht hatte: die rekonstruktive Chirurgie. Dieser neue Ansatz zur Behandlung von Gesichtsverletzungen, der seine Wurzeln in der Zahnheilkunde hatte, entwickelte sich schnell, nicht zuletzt dank Harold Gillies, einem Arzt aus Neuseeland.

Gillies hatte sich bei Ausbruch des Kriegs zum RAMC gemeldet. Während der Stationierung in Wimereux (Frankreich) hatte er Gelegenheit zuzusehen, wie der Zahnarzt Auguste Charles Valadier nach einer Tumoroperation eine Hauttransplantation vornahm. Das brachte ihn auf die Idee, im Cambridge Military Hospital in Aldershot eine Abteilung für Gesichtsverletzungen einzurichten.

In der Schlacht an der Somme 1916 wurden 300 000 Männer verwundet. Die bestehenden Einrichtungen waren bald überfüllt, und Gillies eröffnete ein größeres Hospital in Frognal House im Südosten Londons. Auch seine 1000 Betten füllten sich rasch mit Soldaten, die schreckliche Gesichtsverletzungen erlitten hatten.

In den folgenden vier Jahren wurden hier 5000 versehrte Gesichter wiederhergestellt, zertrümmerte Augenhöhlen und zersplitterte Kiefer rekonstruiert. Gillies' Einsatz für die Männer, die ihrem Vaterland so viel geopfert hatten, wurde 1930 mit dem Adelstitel belohnt.

Künstliche Gliedmaßen

Der Krieg brachte auch Fortschritte in der Prothetik. Zuvor wurden Prothesen nur selten verwendet, da sie schlecht angepasst und unbequem waren. Während des Ersten Weltkriegs jedoch, als die meisten Regierungen jedem Amputierten eine Prothese zur Verfügung stellten, wurde sowohl auf diese selbst als auch auf den Stumpf des Amputierten große Sorgfalt verwendet. Die Halterungen wurden neu gestaltet, und leichtes Metall ersetzte zunehmend das schwerere Holz. Auch die Optik der künstlichen Gliedmaßen wurde verbessert.

Noch Jahrzehnte nach Kriegsende waren ältere Männer im Rollstuhl, auf Krücken oder mit leerem Ärmel in Europa ein vertrauter Anblick. Ihr Überleben verdankten sie der erfolgreichen Zusammenarbeit zwischen den militärischen und zivilen medizinischen Einrichtungen ihrer Länder. ■

» Heute ein schreiender Junge, die gesamte obere Hautschicht an Gesicht und Körper verbrannt. Ich gab ihm eine Morphiumspritze … Wo soll das enden? «

Shirley Millard
Amerikanische Krankenschwester in Frankreich

DER DONNERNDE TOD AUS DER LUFT

DIE DEUTSCHEN BOMBENANGRIFFE GEHEN WEITER (MAI 1917–MAI 1918)

IM KONTEXT

SCHWERPUNKT
Bomben auf Zivilisten

FRÜHER
August 1914 Ein deutscher Zeppelin wirft über Lüttich und Antwerpen Bomben ab, mehrere Zivilisten sterben.

1915 Erste strategische Bombardements mit deutschen Luftschiffen in Großbritannien und Frankreich.

1915 Russland und Italien stellen Bomber in Dienst.

SPÄTER
1939 Die deutsche Luftwaffe bombardiert polnische Städte wie Wieluń, Frampol und Warschau.

1942 Der erste »1000-Bomber-Angriff« der britischen Royal Air Force zerstört große Teile der Stadt Köln.

1945 Die amerikanischen Atombomben in Hiroshima und Nagasaki fordern enorme Opfer unter der Bevölkerung.

Im Jahr 1917 bombardierten die Deutschen erneut London, Paris und britische Kanalhäfen. Anstelle von Luftschiffen kamen jetzt riesige Flugzeuge zum Einsatz. Nach den Bombardements von 1915 hatten die Deutschen die Gotha G.IV entwickelt, die 500 kg Bomben aufnehmen konnte. Am 25. Mai 1917 nahmen 21 dieser Bomber vom besetzten Belgien aus Kurs auf die Hafenstadt Folkestone und nahe gelegene Armeestützpunkte. Der Angriff erfolgte am helllichten Tag und kostete 95 Menschen das Leben, 260 weitere wurden verletzt. Am 13. Juni kamen bei einem Bombenangriff nahe der Londoner Liverpool Street Station 162 Menschen ums Leben, darunter 18 Schulkinder. Es hatte keinen Alarm gegeben.

Eine Nation unter Schock

Entsetzt über diese dreisten Angriffe, forderten die Briten von ihrer Regierung eine Antwort. Anders als bei den ersten deut-

Deutsche Luftstreitkräfte befestigen vor dem Abflug eine 100-kg-Bombe unter einem zweimotorigen Gotha-Langstreckenbomber.

Siehe auch: Der geheime Krieg 96–99 ▪ Krieg in der Luft 116–119 ▪ Beginn der deutschen Bombenangriffe 136–137 ▪ Taktische Luftangriffe 238–239

schen Bombenangriffen 1915 reagierten die Verantwortlichen schnell und zogen Kampfflugzeuge von der Westfront ab, um die Bomber anzugreifen.

Nach der Einführung der wendigen Jagdflugzeuge vom Typ Sopwith Camel auf britischer Seite im Sommer 1917 konnten die Deutschen nur noch nachts Angriffe fliegen. Ab September 1917 bekamen die Gothas Unterstützung durch die Zeppelin Staaken R.VI, ein viermotoriges Riesenflugzeug mit 42 m Spannweite. Von Mai 1917 bis Mai 1918 verübten deutsche Bomber 152 nächtliche Angriffe auf Ziele im gesamten Vereinigten Königreich. Dabei wurden 857 Menschen getötet, 2508 verletzt.

Die britische Antwort

Die Alliierten setzten ein Netz von Beobachtern ein, um herannahende Bomber rechtzeitig zu erspähen und Alarm zu schlagen, damit Kampfflugzeuge sie abfangen und die Zivilbevölkerung Schutz suchen konnte – meist unter der Erde.

» … Gewehrlärm dröhnte durch die Luft … Von Nordwesten näherte sich mir ein Schwarm Flugzeuge, wie große braune Vögel. «

Georgina Lee
in ihrem Kriegstagebuch

Der deutsche Zeppelin LZ 33 wurde 1916 über Essex abgeschossen. Die Luftschiffe konnten viele Bomben transportieren, aber ihre Größe machte sie zu einem leichten Ziel.

Die nächtlichen Bombenangriffe wurden für deutsche Flugzeuge schwieriger, nachdem britische Städte Verdunkelungen eingeführt hatten; schlechte Wetterbedingungen führten dazu, dass viele Angriffe abgebrochen wurden. Diese Schwierigkeiten spiegelten sich in dem begrenzten Erfolg des letzten deutschen Bombenangriffs auf London am 19. Mai 1918 wider. Von 43 Bombern, die Belgien verließen, durchdrangen nur 19 die äußeren Verteidigungsanlagen der Stadt, richteten aber dennoch erheblichen Schaden an und hinterließen 49 Tote und 177 Verletzte.

Die Folgen

Im letzten Kriegsmonat gab Deutschland die strategischen Bombardements auf und setzte die Flugzeuge zur Unterstützung der Truppen in Frankreich ein. Die britischen Abwehrsysteme hatten die Zahl der Opfer unter der Zivilbevölkerung verringert und – zumindest für kurze Zeit – wertvolle deutsche Ressourcen von der Westfront abgezogen. Dennoch gab es Kritik und eine Untersuchung über die Luftverteidigung des Landes wurde in Auftrag gegeben. ▪

Die Antwort der Alliierten

Die Alliierten nahmen sich den Erfolg der deutschen Langstreckenbombardements 1915 und dann 1917/18 zum Vorbild. Mit der Gründung der Royal Air Force (RAF) in Großbritannien im April 1918 verfolgte man unter anderem das Ziel, einen Bombenangriff auf deutschen Boden auszuführen. Im Juni 1918 wurde in Frankreich die Independent Air Force gegründet – als Teil der neuen RAF –, die unter dem Kommando von General Hugh Trenchard stand. Ihre Bomber flogen Angriffe auf deutsche Flughäfen und Städte wie Frankfurt und Mannheim. Flugzeuge vom Typ Caproni und Handley Page griffen nachts an, De Havillands und Bréguets waren tagsüber im Einsatz. Die Bombardierung ziviler Ziele war gegen Ende des Kriegs gängige Praxis – und sie sollte im Zweiten Weltkrieg eine noch viel größere Rolle spielen.

Ein Plakat der RAF von 1918 wirbt mit guter Bezahlung. Bei Kriegsende verfügte die Royal Air Force über mehr als 5000 Piloten.

DIE DAMPFWALZE, DIE KEINE NUSS KNACKEN KONNTE

DIE KERENSKI-OFFENSIVE (1.–19. JULI 1917)

IM KONTEXT

SCHWERPUNKT
Russland geschwächt

FRÜHER
1904 Der Russisch-Japanische Krieg bricht aus. Nach der russischen Niederlage 1905 hält der deutsche Generalstab Russland für geschwächt.

1905 Eine Revolution führt in Russland zu ersten liberalen Reformen, die die Monarchie schwächen.

SPÄTER
1917 Kerenskis Regierung stürzt in der Oktoberrevolution, und die Bolschewiken erringen die Macht in Russland.

1918 Der Vertrag von Brest-Litowsk spricht Deutschland Polen, das Baltikum, Galizien und die Ukraine zu.

1945 Nachdem sie die deutschen Besatzer zum Ende des Zweiten Weltkriegs vertrieben hat, überrennt die Rote Armee Osteuropa.

Nach der Oktoberrevolution und der Abdankung des Zaren war nicht klar, ob und welche Rolle Russland an der Ostfront spielen würde. Um Briten und Franzosen zu versichern, dass Russland nach wie vor ein verlässlicher Verbündeter war, befahl Kriegsminister Alexander Kerenski für den Sommer 1917 eine neue Offensive. Er setzte darauf, dass das die nationale Moral heben und die Bolschewisten zum Schweigen bringen würde, die einen sofortigen Frieden forderten.

Der neue Oberkommandierende der Streitkräfte, Alexei Brussilow, hatte Zweifel. Munition und Moral seiner Soldaten waren erschöpft. Seit dem Großen Rückzug von 1915 waren Millionen in vergeblichen Gegenangriffen getötet, verwundet und gefangen genommen worden. Der Feind hielt still, aber die kriegsmüden Soldaten begannen zu fraternisieren. Zudem rekrutierten die Bolschewiki an der Front und schwächten die Befehlsstrukturen vor Ort. All das machte die Truppen rebellisch. Trotzdem brachte Brussilow 31 Divisionen und über 1300 Kanonen zusammen und plante erneut den Angriff durch Galizien.

> »Die russische Armee wich in Unordnung zurück, ihr Mark war durch die Revolution krank geworden.«
>
> **General Erich Ludendorff**
> *Meine Kriegserinnerungen 1914–1918*

Eine letzte Offensive

Das Vorbereitungsfeuer begann Ende Juni, aber erst am 1. Juli setzte die russische Infanterie zum Massenangriff auf einer 80 km breiten Front an. Die österreichisch-ungarischen Truppen, die ihnen im Süden nahe der Grenze zu Rumänien gegenüberstanden, traf es am härtesten, und am ersten Tag gerieten 7000 Mann in Gefangenschaft. Auch die Deutschen wurden hart angegriffen, und General Erich Ludendorff befahl die Verlegung von sechs Division von der Westfront. Viele der bereits vom Krieg gezeichneten Städte der Region wechselten erneut den Besitzer,

Siehe auch: Krise in Russland 24 ▪ Der Krieg im Kaukasus 130 ▪ Russlands Rückzug 138–139 ▪ Die Brussilow-Offensive 166–169 ▪ Die Februarrevolution 192–193 ▪ Die Oktoberrevolution 240–241 ▪ Der deutsche Sieg in Osteuropa 258–259

Russische Kriegsgefangene im August 1917 bei Czernowitz, der Hauptstadt der Bukowina, unter Bewachung nach dem katastrophalen Scheitern der Kerenski-Offensive.

und die Schlacht zog sich über zwei Wochen hin. Dann erschütterte am 15. Juli ein fünftägiger Aufstand der Bolschewiki Petrograd.

Der von Wladimir Lenin und seinem Mitrevolutionär Leo Trotzki geplante Juliaufstand wurde von Soldaten der Provisorischen Regierung unter Alexander Kerenski, der jetzt Ministerpräsident war, niedergeschlagen. Inmitten dieser Unruhen setzten die Deutschen in Galizien zum Gegenangriff an. Die Kerenski-Offensive kam zum Stillstand und fiel dann in sich zusammen.

Die große Desertion

Nach dem Ende der Offensive desertierten Tausende russischer Soldaten. Sie ließen ihre Waffen zurück, und Hunderte Offiziere, die sie aufzuhalten versuchten, wurden getötet. Die Truppen der Mittelmächte versuchten noch nicht einmal, sie einzufangen – die russische Armee war einfach dahingeschwunden. Die Überreste fielen ungeordnet so schnell zurück, dass Anfang August aller von ihr eroberter Boden zurückgewonnen war. Die vorrückenden Mittelmächte wurden nur durch eine entschlossene rumänische Armee und überstreckte Nachschubwege gestoppt.

Die Kerenski-Offensive war der letzte russische Angriff des Ersten Weltkriegs und hatte weitere 400 000 Gefallene, Verwundete und Gefangene gekostet – etwa die gleiche Anzahl Männer desertierte. Es war alles umsonst gewesen. Die Offensive hatte Russland nur geschwächt – und den Weg für den Marsch der Bolschewisten an die Macht geebnet. ■

Bataillone des Todes

In der Folge der Abdankung des Zaren und des Zusammenbruchs der militärischen Moral erwog das russische Oberkommando, Frauenbataillone aufzustellen, um so die Männer dazu zu bewegen, aus Scham ihre Pflicht zu erfüllen. Es entstanden rund 20 dieser Bataillone, deren berühmtestes das Erste Russische Frauenbataillon des Todes war.

Viele der Frauen dienten als Kommunikationsspezialistinnen, aber das Erste Frauenbataillon des Todes kämpfte in der Kerenski-Offensive von 1917 und hielt sich gut. Seine berühmteste Angehörige war Maria Bochkareva, die in einer der Schlachten der Krenski-Offensive verwundet wurde. Im nächsten Jahr reiste sie ins Ausland und hatte Audienzen bei US-Präsident Woodrow Wilson und dem britischen König George V., bevor sie wieder nach Hause zurückkehrte. 1920 wurde sie von der russischen Geheimpolizei Tscheka wegen ihrer Verbindung zur anti-bolschewistischen Weißen Bewegung hingerichtet.

Die rein weibliche Kampfeinheit war eine Idee von Maria Bochkareva (links außen), der ersten Befehlshaberin einer russischen Einheit.

DIE GÄRTNER VON SALONIKI

GRIECHENLAND UND DIE SALONIKIFRONT (1917/18)

IM KONTEXT

SCHWERPUNKT
Militärische Kooperation

FRÜHER

1913 Griechenland und Serbien schlagen im 2. Balkankrieg Bulgarien.

1914 Der Weltkrieg bricht aus, aber Griechenland bleibt unter König Konstantin I. neutral.

SPÄTER

Dezember 1918 Das befreite Königreich Serbien verschmilzt mit anderen Balkanstaaten zum Königreich der Serben, Kroaten und Slowenen (1929 in Jugoslawien umbenannt).

1919 Griechenland versucht im Griechisch-Türkischen Krieg, Territorium im Westen der Türkei zu annektieren.

1920 Der Vertrag von Sèvres spricht Griechenland Smyrna, Ostthrakien und weitere türkische Regionen zu.

Griechenland blieb auf Drängen König Konstantins I. zu Beginn des Ersten Weltkriegs neutral, schloss sich aber im Sommer 1917 den Alliierten an. Hatte der König, der in Deutschland ausgebildet wurde und ein Schwager des Kaisers war, noch auf Neutralität gesetzt, unterstützte Premierminister Eleftherios Venizelos die Alliierten, und das sorgte für einen Riss durch das Land.

Im Februar 1915 hatte Konstantin Venizelos zum Rücktritt gezwungen, der aber fünf Monate später wiedergewählt wurde. Als Favorit des Volks glaubte sich der Premierminister berufen, Entscheidungen für das Volk zu treffen. Im September 1915 erlaubte er den

Konstantin I. beharrt auf der **Neutralität** Griechenlands und entlässt Premierminister Eleftherios Venizelos, der die Alliierten unterstützt.

↓

Die Griechen **wählen Venizelos erneut,** der die Alliierten **gegen den Wunsch des Königs** unterstützt, der ihn daraufhin ein zweites Mal entlässt.

↓

Venizelos bildet in Saloniki eine **Gegenregierung,** und die Alliierten zwingen Konstantin ins Exil. **Griechenland ist offiziell Kriegspartei.**

↓

Die in Saloniki stationierte Orientarmee vereint Soldaten aus zahlreichen Ländern im Kampf für eine gemeinsame Sache.

Siehe auch: Der Balkan 25 ▪ Die Ermordung Franz Ferdinands 40–41 ▪ Österreich-Ungarns Versagen 82 ▪ Das Ende des Serbienfeldzugs 140–143

» Munitionslager explodierten … Die Stadt war voller fliehender und erschöpfter Feinde, die nicht mehr kämpfen konnten. «

Französischer Offizier
Skopje, 29 September 1918

Alliierten, die Hafenstadt Saloniki (Thessaloniki) als Basis für die Unterstützung Serbiens zu nutzen. Die Hilfe kam zwar zu spät, um die serbische Niederlage im folgenden Monat gegen deutsche, österreichische und rumänische Truppen zu verhindern, aber die Alliierten blieben. Die meisten aus ihrem Heimatland vertriebenen serbischen Soldaten fanden ihren Weg über Albanien und Korfu zurück und schlossen sich den Briten, Franzosen, Italienern und Russen in Saloniki an.

Stillstand an der Front

Die Salonikifront erstreckte sich von Albanien bis zur Struma-Mündung in Griechenland. Sie blieb so lange ruhig, dass der französische Kriegsminister Georges Clemenceau die alliierten Soldaten vor Ort abfällig als die »Gärtner von Saloniki« titulierte. Die dichten Stacheldrahtverhaue, die die Basis schützten, führten zum britischen Spitznamen »Vogelkäfig«, der das Bild einer Gefangenschaft in nutzlosem Müßiggang heraufbeschwor.

Die ausbleibenden Kampfhandlungen bedeuteten jedoch beileibe nicht, dass die Männer die Hände in den Schoß legen konnten. Als die Kämpfe an der Salonikifront endeten, waren alleine mehr als 18 000 Briten gefallen oder verwundet. Zudem wüteten Malaria und andere Epidemien in den Lagern, und viele weitere Soldaten starben oder mussten schwer erkrankt evakuiert werden.

Das französische Kontingent stand unter Befehl von General Maurice Sarrail, einem bekennenden Sozialisten, was für einen hochrangigen französischen Offizier ungewöhnlich war. Im August 1916 wurde er Oberbefehlshaber aller alliierten Kräfte, der sogenannten Orientarmee.

Griechenland im Krieg

Ende August bildete Venizelos seine eigene Regierung in Saloniki, die von den Alliierten anerkannt wurde, nachdem Konstantin sich weigerte, die Salonikifront zu unterstützen, und in der Folge 1917 ins Exil gezwungen wurde. Griechenland machte seine Partnerschaft mit den Alliierten offiziell und entsandte im Frühjahr 1918 Truppen zusammen mit der jetzt 500 000 Mann starken Armee Sarrails auf eine Offensive gegen die 160 km durch zerklüftetes Gelände entfernte bulgarische Hauptstadt Sofia. Die Offensive sollte letztlich scheitern, erhöhte aber gleichzeitig den Druck auf die Mittelmächte.

Sarrail fühlte sich erst im Herbst 1918 bereit für eine weitere Offensive. Dieses Mal stießen die Alliierten mit serbischen Truppen an der Spitze durch das Vardar-Tal tief nach Bulgarien vor, das am 29. September offiziell kapitulierte. ▪

Die Orientarmee

Kritische Stimmen in Frankreich bemängelten, dass der sozialistisch eingestellte General Maurice Sarrail nach Saloniki ins »Exil geschickt« wurde. Für viele westeuropäische Soldaten war das weit weg von zu Hause. Die dort versammelte Armee war fast eine eigene Welt mit Soldaten aus einer Vielzahl unterschiedlicher Länder. Neben Franzosen, Briten und Russen fanden sich dort große Kontingente aus Serbien und Griechenland, dazu kamen Kämpfer aus Montenegro und Albanien.

Die französische *Armée d'Orient* (Orientarmee) war selbst eine ethnisch bunte Truppe mit einem großen Kavalleriekontingent, den *Chasseurs d'Afrique,* Nachkommen europäischer Siedler in den französischen Kolonien. Ein weiteres Kavalleriekorps setzte sich aus Algeriern, Tunesiern und Marokkanern zusammen. Dazu kamen *Tirailleurs* (Schützen) aus Westafrika und Indochina.

Ein Standartenträger führt ein Kontingent Sipahi bei Saloniki. Ab 1918 hatten die Franzosen sieben Sipahi-Regimenter.

DAS GETÖSE, DER AUFRUHR, DAS FAUCHEN DER GRANATEN

ARTILLERIE

IM KONTEXT

SCHWERPUNKT
Taktik

FRÜHER
1885 Der französische Chemiker Eugène Turpin meldet einen Sprengstoff auf Pikrinsäurebasis zum Patent an.

1899 Das tschechische Unternehmen Škoda baut einen bunkerbrechenden schweren 240-mm-Mörser für die österreichisch-ungarische Armee.

1904/05 Im Grabenkampf des Russisch-Japanischen Kriegs zeigen sich die Vorteile von Mörsern.

SPÄTER
1920 Das US-Militär entwirft Pläne für eine selbstfahrende Haubitze, die jedoch erst nach dem Zweiten Weltkrieg gebaut wird.

1937 Die russische M1937 (ML-20) steht für einen Wandel von Haubitzen zu Kanonenhaubitzen, die sowohl flach als auch steil schießen können.

Industrialisierung, Innovationen und technischer Fortschritt veränderten das Wesen der Artillerie stark, aber auch taktische Entwicklungen spielten eine Rolle. Die schiere Zerstörungskraft der schweren Waffen führte zur Entwicklung des Grabenkriegs, der seinerseits den Wert der Artillerie kurzfristig infrage stellte, ihr aber letztlich auch eine ganz neue Bedeutung verlieh, wenn auch in stark veränderter Form.

Bei allen technischen Fortschritten beim Laden, Feuern und der Reichweite funktionierten Feldgeschütze weitgehend wie die alten Kanonen: Eine kontrollierte Detonation trieb ein Projektil durch den Lauf in Richtung Ziel. Das Projektil beschrieb eine gekrümmte Flugbahn und schlug im flachen Winkel im Ziel ein. Mit Ausnahme eines direkten Treffers waren gut eingegrabene Soldaten relativ sicher vor der Explosion.

Soldaten aller Seiten suchen in **Gräben, Erdlöchern und Bunkern** Schutz vor der **Zerstörungskraft moderner Geschütze.**

↓

Die Schutzwirkung von Gräben, Erdlöchern und Bunkern lässt die **Ingenieure innovativ werden.**

↓

Mörser und Haubitzen mit steilem Feuerwinkel werden wegen ihrer größeren Zerstörungskraft häufiger eingesetzt.

Siehe auch: Die Grenzschlachten 52–55 ▪ Die Erste Flandernschlacht 72–73 ▪ Der Stellungskrieg beginnt 74–77 ▪ Die Zweite Flandernschlacht 110–115 ▪ Krieg in der Luft 116–119 ▪ Die Schlacht um Verdun 152–159 ▪ Die Schlacht an der Somme 172–179 ▪ Die Schlacht von Cambrai 237

» Wir lagen unter unablässigem Beschuss. … Unsere Erdlöcher brachen ein … und wir mussten uns und unsere Kameraden wieder ausgraben. «

Stephen Westmann
Deutscher Sanitätsoffizier

Stärkere Sprengstoffe, Luftaufklärung und präzisere Karten machten den Artilleriebeschuss wirksamer, während die industrielle Fertigung die Produktion von Munition beschleunigte. Die Kanoniere konnten sich auf die schiere Feuerkraft verlassen, um feindbesetztes Territorium aufzubrechen, indem sie es einem fortgesetzten Bombardement aussetzten. Aber auch so konnten Truppen, die sich tief und durchdacht eingegraben hatten – und die Nerven behielten –, ein Trommelfeuer relativ unbeschadet aussitzen.

Als wesentlich effektiver erwies sich der »indirekte Beschuss« mit steil feuernden Mörsern. Durch den steilen Schusswinkel fielen die Granaten von oben auf die Feindstellungen. Der Kanonier berechnete Richtung und Distanz, zielte aber nicht direkt auf das Ziel.

Die Haubitze verband die Vorteile von Mörser und Feldgeschütz, weil sie sowohl flach als auch steil feuern kann. Diese Art von Waffen gab es schon sehr lange, kam aber erst auf dem modernen Schlachtfeld voll zur Geltung.

Dauerfeuer

Der Beschuss mit Feldgeschützen hatte nach wie vor seine Berechtigung, denn das Dauerfeuer demoralisierte den Feind. Die Trommelfeuer der Westfront waren teils noch im Süden Großbritanniens zu hören und konnten tagelang anhalten. Dabei wurde eine Mischung aus Spreng-, Splitter-, Rauch-, Gas- und Leuchtgranaten verfeuert, die dazu dienten, das Gefechtsfeld im Dunkeln auszuleuchten.

Mit seinem steilen Feuerwinkel war der deutsche 42-cm-Mörser M-Gerät (die »Dicke Bertha«) für den Beschuss verdeckter Ziele gedacht, vor allem von feindlichen Gräben.

Verbesserungen bei Zielgenauigkeit und Feuerraten ermöglichten »Feuerwalzen«, bei denen Infanteristen einer fortschreitenden Welle von Granateneinschlägen folgten. Die Briten hatten damit an der Somme keinen großen Erfolg, ganz anders als die Kanadier an den Höhen von Vimy. ▪

Beobachtungsballons mit lichtstarken Kameras, wie dieses deutsche Modell, dienten der Gefechtsfeld- und Artillerieaufklärung.

Zielen ohne Sicht

Dank der größeren Reichweite ihrer Geschütze konnten Kanoniere nun auf Ziele feuern, die sie nicht sehen konnten, weil sie hinter Höhenlinien verborgen lagen oder gut eingegraben waren. Auch andere Entwicklungen halfen dabei, diesen indirekten Beschuss treffsicherer zu gestalten.

Wie der britische General Henry Hugh Tudor im Juli 1917 bei Cambrai demonstrierte, ging die Einführung der Luftaufklärung auch mit einer dramatischen Verbesserung der Schlachtfeld-Kartografie Hand in Hand, sodass Kanoniere nun mithilfe genauer Karten der Feindstellungen präzise feuern konnten. Zudem hatten Artilleristen gelernt, feindliche Artilleriestellungen anhand der Mündungsblitze zu orten: Indem sie die Daten zweier Beobachter triangulierten, konnten sie die Stellungen genau lokalisieren. Dazu kam die Schallmessung, bei der man die Entfernung mittels der Laufzeitunterschiede zwischen Blitz und Geräusch maß.

PFERDE, MAULTIERE, MÄNNER, ALLE TOT

DIE DRITTE FLANDERNSCHLACHT (31. JULI–10. NOVEMBER 1917)

IM KONTEXT

SCHWERPUNKT
Leiden in der Schlacht

FRÜHER
1914 Feldmarschall Sir Douglas Haig schreibt seinen Sieg in der Ersten Flandernschlacht der Unfähigkeit der Deutschen zu, ihren Vorteil entschlossen zu nutzen.

1916 Hubert Goughs Impulsivität zeigt sich in den Verlusten bei dem Hof von Mouquet im Verlauf der Sommeschlacht.

SPÄTER
März 1918 Gough verliert das Kommando über die britische 5. Armee.

April 1918 Im Rahmen ihrer Frühjahrsoffensive stoßen die Deutschen kurzfristig in den Wytschaete-Bogen vor.

September–Oktober 1918 Die deutschen Armeen scheitern an der Westfront ein letztes Mal an der Gegenwehr der Alliierten.

Das Dorf Passchendaele im Osten des Wytschaete-Bogens, einer Ausbuchtung in der Front der Alliierten tief in deutsch besetztem Gebiet in Westflandern, lag im Zentrum der Dritten Flandernschlacht, der blutigsten und sinnlosesten Schlacht in einem langen und blutigen Krieg. Peitschender Regen und Schlamm sollten den Schlachtverlauf im Sommer und Herbst 1917 entscheidend prägen. Der sumpfige Morast, in dem Soldaten zu Tausenden starben, sollte zu einem der eindrucksvollsten Sinnbilder des Kriegs werden.

Die Deutschen waren in diesem Sektor zu stark geworden, und ihre U-Boot-Basen an der nahen Nordseeküste in Ostende und Zeebrügge spielten eine entscheidende Rolle im neu aufgenommenen U-Boot-Krieg. Ein Durchbruch bei Ypern sollte sie ausschalten. Im Frontbogen war es bereits zu zwei großen Schlachten gekommen, und Anfang 1917 beschloss der britische Oberbefehlshaber Sir Douglas Haig, dass es an der Zeit für eine dritte Schlacht sei.

Der Ypernbogen war auch den Deutschen ein Dorn im Auge. Die Verwundbarkeit der dort stationierten britischen, französischen und belgischen Truppen ließ seine Einnahme zum taktischen Ziel werden. Auf der anderen Seite der Front wollten die Alliierten den Bogen durchbrechen und zu den deutschen Marinebasen gelangen.

» Die Somme war schlimm genug, aber das war tausendmal schlimmer. «

Private Jack Sweeney
Second Battalion,
Lincolnshire Regiment

Eine umstrittene Schlacht

Nicht jeder in UK war für eine neue Offensive. Der britische Premierminister David Lloyd George war skeptisch, und sein Kriegskabinett verweigerte bis zum 25. Juli die Zustimmung. Der französische

Kriegspferde

Noch lange nach der Erfindung des Verbrennungsmotors Ende des 19. Jahrhunderts blieben Pferde das wichtigste Transportmittel. Die finanziell gut ausgestatteten Streitkräfte nahmen die neue Technologie zwar früh an, verließen sich aber vor allem auf rund 380 000 Pferde. Manche trugen noch Kavalleristen, aber andere zogen Karren und Feldgeschütze oder trugen Lasten. Manchmal musste sie hinter den Linien auch Lkw und Straßenbahnen ziehen. Die Dritte Flandernschlacht warf ein Schlaglicht auf das brutale Leben dieser Tiere. Sie arbeiteten unter Bedingungen, in denen Kraftfahrzeuge versagten, aber oft zu einem hohen Preis. Im besten Fall laugte der Kampf durch den tiefen Schlamm sie aus, aber viele wurden auch zu Tode getrieben. Viele mussten erschossen werden, nachdem sie sich die Beine gebrochen hatten, andere kamen durch Kugeln, Bomben und Granaten um, und noch mehr ertranken in gefluteten Bombenkratern.

Siehe auch: Der Wettlauf zum Meer 70–71 ▪ Die Erste Flandernschlacht 72–73 ▪ Der Stellungskrieg beginnt 74–77 ▪ Die Zweite Flandernschlacht 110–115 ▪ Die Schlacht um Verdun 152–159 ▪ Die Schlacht an der Somme 172–179 ▪ Die Schlacht bei Arras 206–207

General Ferdinand Foch zog eine Reihe lokal begrenzter Operationen vor, zumindest bis zum Eintreffen des amerikanischen Expeditionskorps. Der von Haig wenig überzeugte Foch hielt die Offensive für »sinnlos, fantastisch und gefährlich«. Andere, die Haigs Plänen positiver gegenüberstanden, zweifelten dennoch an seiner Entscheidung, General Hubert Gough mit der Durchführung zu betrauen.

Mutig oder naiv?

An Gough schieden sich die Geister. Manche hielten ihn für einen überbewerteten Protegé Haigs, der zugleich leichtsinnig und ahnungslos war. Gough selbst plante für den ersten Tag einen mutigen Vorstoß aus dem Ypernbogen auf neues Gebiet, bevor die Deutschen sich organisieren konnten, aber Haigs andere Generäle sahen einen langsamen und schmerzhaften Weg voraus.

Während sie noch stritten, stellten größere Meutereien in den französischen Truppen die alliierten Pläne infrage, dann hemmte schlechtes Wetter die Vorbereitungen. Dichte Wolken erschwerten die Luftaufklärung und behinderten die Bemühungen der Artillerie, die Feindstellungen aufzuweichen (auch wenn 3000 Geschütze Millionen von Granaten verschossen). Es sollte bis Ende Juli dauern, bis Gough seine Offensive ins Rollen bringen konnte.

Sein Plan sah vor, dass seine Einheiten Richtung Westen auf das Höhendorf Passchendaele und dann auf den Kopfbahnhof von Roulers vorstießen, über den der deutsche Nachschub für ganz Flandern lief.

Sintflut und Zerstörung

Am Morgen des 31. Juli befahl Gough seiner 5. Armee, unterstützt von der britischen 2. Armee im Süden und der französischen 1. Armee im Norden, auf die Höhe von Pilkem vorzurücken. Sie kamen gut voran, nahmen und überquerten wie geplant den Höhenrücken und stießen auf das Gheluvelt-Plateau vor. Dann öffnete der Himmel am Nachmittag die Schleusen.

Anfangs war der Regen einfach nur lästig, aber kein Problem. Dann ließ der Starkregen aber auch in der Nacht nicht nach. Haig notierte am 1. August in seinem Tagebuch, es sei »ein schrecklicher Regentag. Der Boden ist wie ein Morast.« Es sollte noch schlimmer werden, denn der Starkregen hielt auch am nächsten Tag unvermindert an. Zwischen 18.00 Uhr am 31. Juli und 18.00 Uhr am 4. August fielen 63 mm Regen. Der Vormarsch der »

Alliierte Soldaten suchen Schutz in den wassergefüllten Kratern bei Passchendaele. Unter diesen Bedingungen konnten sie keine Gräben ausheben.

General Hubert Gough befehligte die britische 5. Armee von 1916 bis 1918, wurde aber nach ausbleibendem Erfolg in der Flandernschlacht abgelöst.

Alliierten kam zum Erliegen. Zwei frühere Schlachten und das Artilleriefeuer dazwischen hatten Bäume und Sträucher, die den Boden bislang gebunden hatten, vernichtet. Das verwüstete Land war von Kratern übersät, und der von Granaten umgepflügte lehmige Boden nahm Unmengen von Wasser auf. Kleinere Krater wurden zu schlammigen Tümpeln – Todesfallen für unvorsichtige Männer und Tiere. Überflutende Wasserläufe bildeten riesige Sümpfe. Nachschubfahrzeuge blieben im Schlamm stecken und mussten aufgegeben werden. Feldgeschütze versanken bis zur Achse und waren nicht zu retten.

Die deutsche Artillerie erhielt auf Befehl von General Erich Ludendorff den unablässigen Beschuss des Plateaus aufrecht. Da die Alliierten nicht mehr weiterkamen, konnte die deutsche Infanterie sich neu gruppieren und nahm am 10. August das Dorf Westhoek wieder ein. Goughs Enthusiasmus schwand, und er behauptete im Nachhinein, er habe Haig empfohlen, den Angriff abzubrechen, dieser habe sich aber geweigert, seine Pläne zu ändern.

> »Viele der Männer konnten kaum sprechen. Ihre wilden Augen blickten aus entmenschlichten Gesichtern.«
>
> **Rudolf Binding**
> Deutscher Stabsoffizier
> 14. November 1917

Haig konnte nicht mit einem so nassen August in Flandern rechnen. Mit 127 mm fiel die doppelte Niederschlagsmenge als im Monatsdurchschnitt, und der August hatte nur drei trockene Tage. Die alliierten Soldaten kämpften sich heroisch, aber mit nur geringem Erfolg voran. Immer wieder blieben sie stecken und mussten sich die Hälfte der Zeit wieder zurückziehen. Der zweite große Angriff Mitte August war in vielerlei Hinsicht eine Wiederholung des ersten. Am 18. August konnten die Deutschen beim Dorf Langemarck einen Großteil des Bodens zurückgewinnen, den sie am Monatsanfang verloren hatten.

Geringer Fortschritt

Für die Alliierten war aber nicht alles vergebens. Am 25. August konnten Kanadier nach zehn Tagen erbitterter Kämpfe den strategisch wichtigen Hügel 70, 48 km von Ypern entfernt, einnehmen. Mehr als 1500 Kanadier fielen, und 8000 wurden verwundet, aber die Deutschen verloren mehr als 25 000 Mann, und die Schlacht verzögerte die deutschen Bemühungen, Truppen an anderer Stelle zu entsetzen.

Das Wetter vereitelte weiterhin jeden Versuch Goughs, eine kohä-

Der nach seiner Form auf den Landkarten benannte Polygonwald war 1914 von den Deutschen besetzt worden, aber seitdem hart umkämpft. Der Kampf um den Wald entwickelte sich sogar zu einer Schlacht innerhalb der Dritten Flandernschlacht. Eine Offensive unter Führung der ANZAC-Truppen Ende September wurde durch deutsche Gegenangriffe vereitelt. Am 4. Oktober stießen Australier und Briten auf Passchendaele vor.

Legende

- Alliierte
- Deutsche
- XXXX Armee
- XXX Korps
- XX Division
- Alliierte Frontlinie, 3. Oktober
- Alliierte Frontlinie, 4. Oktober
- Alliierte Frontlinie, 10. November
- Alliierter Vorstoß
- Eisenbahnlinie

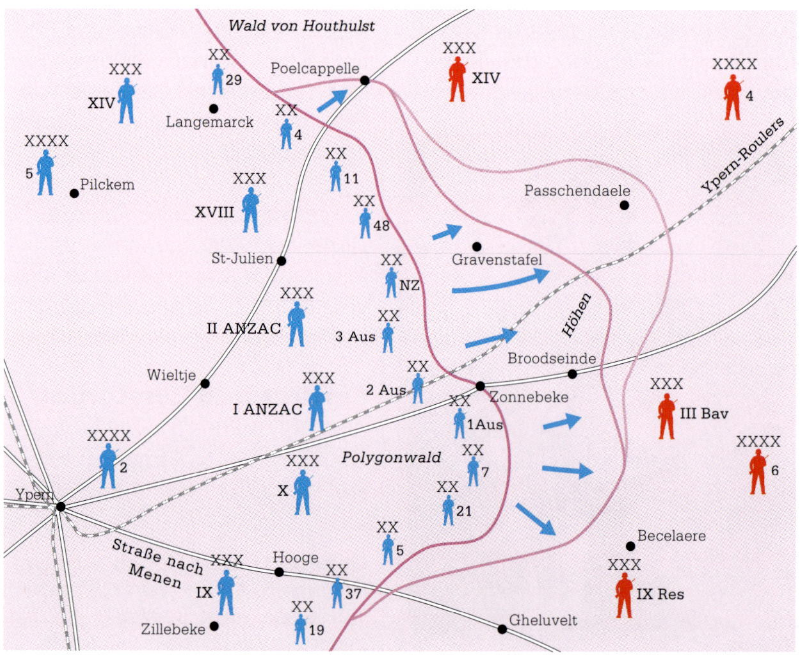

Begleitet von Kindern ziehen kanadische Soldaten im August 1917 triumphierend zurück ins Lager, nachdem sie Hügel 70 genommen hatten

rente Strategie zu verfolgen. Das Schlachtfeld war ein Morast, und selbst Tanks kamen kaum voran. Die Offiziere kartierten Bereiche, die für Fahrzeuge unpassierbar waren. Diese bedeckten bald einen Großteil des Gefechtsfelds. Wenn Soldaten mal vorrücken konnten, hatten sie Schwierigkeiten, ihren Weg über die einförmige Schlammebene zu finden. Aufgegebene deutsche Gräben waren unkenntlich geworden, und Regen und tief hängende Wolken schränkten die Sicht der Artilleriebeobachter selbst aus der Luft ein.

Wetterumschwung

Der September brachte besseres Wetter, und die Alliierten nutzten die günstigen Bedingungen für einen Vorstoß. Die Deutschen hatten sich in ihrem hartnäckigen Widerstand erschöpft und bekamen Nachschubprobleme. Möglicherweise glaubten sie sogar, die Schlacht gewonnen zu haben. Allerdings ist es ebenso wahrscheinlich, dass Ludendorff sich auf den Wiederaufbau seiner verbrauchten Truppen für den Fall eines größeren Angriffs konzentrierte.

Für die Alliierten lief es weiter gut. Gough war kaltgestellt worden, und sein Nachfolger General Sir Herbert Plumer verfolgte eine etwas vorsichtigere Strategie. Statt eines Frontalangriffs auf breiter Front griff er schmalere Frontabschnitte an, beharkte sie zunächst mit Artilleriebeschuss, dann griff seine Infanterie an und grub sich ein, sodass sie nicht mehr zu vertreiben war.

Am 25. September nahmen und hielten die Alliierten nach fünf Tagen der Kämpfe die Straße nach Menen. Ludendorff griff seinerseits an, aber die britischen Truppen hielten stand und drangen am 3. Oktober weiter vor und nahmen den Polygonwald.

Mehr Schlamm

Am 12. Oktober kam es zur Schlacht von Passchendaele. Der Herbst war weit vorangeschritten, und das Wetter verschlechterte sich. Wie im Sommer wurden die Armeen vom Regen durchtränkt und versanken im Morast. Kurze alliierte Vorstöße wurde zurückgeworfen. Haig hatte mittlerweile gelernt, innezuhalten, wenn seine Truppen nicht mehr weiterkamen. Gegen Ende Oktober besserte das Wetter sich, und am 6. November rückten seine Truppen erneut auf die deutschen Stellungen vor und nahmen Passchendaele an diesem Tag ein. Sie standen aber immer noch 8 km vor ihrem Ziel Roulers.

Die Schlacht war zwar technisch gesehen ein Sieg für die Alliierten, aber sie hatten um den Preis von 300 000 Gefallenen und Verwundeten nicht viel erreicht. Möglicherweise waren die deutschen Verluste im Vergleich sogar noch ein wenig kleiner. ■

Fehlgeleitetes Beharren?

»Warum wurde Haig nicht als einer der großen Generäle Englands anerkannt?«, fragte der britische *News Chronicle* im März 1935. »In einem Wort: Passchendaele.« Vor der Schlacht hatten einige britische Offiziere generell Zweifel am Sinn eines Kampfes bei dem Dorf angemeldet. Als dann die alliierte Offensive schon in den ersten Tagen katastrophal scheiterte, beschloss General Haig unbeirrt voranzudrängen, statt seine Taktik zu überdenken und anzupassen – das sollte die Briten teuer zu stehen kommen. Allerdings legitimierten die Erfolge des Septembers die Offensive auch ein Stück weit.

Ungeachtet der Tatsache, dass Haig ein talentierter und ideenreicher General war, zeigte die Flandernschlacht, dass sein Ruf auf sturer Entschlossenheit statt Finesse beruhte. Sie prägte auch die Wahrnehmung des ganzen Kriegs als sinnloser Kampf zwischen verzweifelten, im Schlamm versinkenden Armeen.

ZITTERND WIE EIN BLATT

GRANATSCHOCK (1915–1918)

IM KONTEXT

SCHWERPUNKT
Die psychische Gesundheit der Truppe

FRÜHER
1861–1865 Im Amerikanischen Bürgerkrieg prägen Ärzte den Begriff »Soldatenherz« zur Beschreibung von Symptomen wie Zittern.

1880er-Jahre Dem französischen Nervenarzt Jean-Martin Charcot zufolge kann durch ein Trauma verursachte Hysterie bei Frauen ebenso wie bei Männern auftreten, insbesondere bei Soldaten.

SPÄTER
1939–1945 Im Zweiten Weltkrieg entwickeln britische und amerikanische Ärzte Diagnosen wie »Kampfmüdigkeit« und »Stressreaktion«.

1980 Posttraumatische Belastungsstörung (PTBS) wird zum Oberbegriff für die Folgen traumatischer Erfahrungen, nicht nur auf dem Schlachtfeld.

Der Begriff *shell shock* tauchte in Großbritannien zum ersten Mal 1915 in der Februarausgabe von *The Lancet* auf, einer medizinischen Fachzeitschrift. Dort berichtete Dr. Charles Myers über einen Patienten, der nach langem Fronteinsatz einen Zusammenbruch erlitten hatte. Während einer Kampfpause war er plötzlich erblindet und klagte über unkontrollierbares Zittern und weitere eigenartige Symptome. Seine Kameraden bezeichneten das als *shell shock,* Granatschock.

» Kein Mensch auf der Welt kann das für immer ertragen. «

Unbekannter Soldat

Das Krankheitsbild umfasste auch Lähmungen, Halluzinationen, Albträume und Gedächtnisverlust. Die Ärzte vermuteten dahinter eine Gehirnerschütterung. Andererseits erinnerte die Störung an Fälle von Hysterie und Neurasthenie oder überreizten Nerven, wie sie auch in der Zivilbevölkerung vorkamen, bisweilen verbunden mit unkontrollierbaren körperlichen Ticks und Bewegungen.

Ein wichtiger Schritt zum Verständnis des Problems gelang Myers' ehemaligem Lehrer Dr. W. H. R. Rivers. Als er 1918 im Craiglockhart War Hospital bei Edinburgh diente, veröffentlichte er einen Artikel in *The Lancet*. Seiner Meinung nach resultierten die Symptome aus dem Versuch, die Erinnerung an ein überwältigendes Trauma zu verdrängen. Zur Genesung ließ er seine Patienten über ihre traumatischen Erinnerungen sprechen, um ihnen Erleichterung zu verschaffen. Während wenige Glückliche davon profitierten, gab es Hunderttausende, die bleibende Schäden davontrugen. ■

Siehe auch: Die Schlacht an der Somme 172–179 ▪ Die Pflege der Verwundeten 218–221 ▪ Die Dritte Flandernschlacht 230–235 ▪ Vom Krieg gezeichnet 310–311

DIE HÖLLE BRICHT LOS

DIE SCHLACHT VON CAMBRAI (20. NOVEMBER – 7. DEZEMBER 1917)

IM KONTEXT

SCHWERPUNKT
Panzerkrieg

FRÜHER
1914 In Großbritannien fordert der britische Offizier Ernest Swinton in einem Strategiepapier den Einsatz eines Fahrzeugs »nach dem Raupenprinzip«, mit Stahlplatten gepanzert. Oberbefehlshaber Sir John French lehnt ab.

1915 In der Londoner Admiralität werden Pläne für »kettengetriebene Zerstörer oder Landkreuzer« diskutiert.

SPÄTER
Mai 1918 J. F. C. Fuller entwickelt »Plan 1919«, eine von Panzern geführte Großoffensive, die aber vor Kriegsende nicht mehr zur Durchführung gelangt.

1926 Fuller veröffentlicht *The Foundations of the Science of War*. Auf dieser Grundlage wird in Deutschland später der Blitzkrieg entwickelt.

Auf britischer Seite forderte Colonel J. F. C. Fuller einen breiteren Einsatz von Panzern, die seiner Meinung nach auf geeignetem Boden die Kriegsführung verändern konnten. Er drängte auf einen Angriff in den nordfranzösischen Kreidefelsen, etwa in der Nähe von Cambrai, einem Nachschubzentrum für die Deutschen an der Siegfriedstellung.

Innovative Taktik

Generalmajor Henry Hugh Tudor suchte nach Möglichkeiten, um Infanterieangriffe mit größerer Präzision und vor allem überraschend durchzuführen. Bislang hatten die Kanoniere ihre Ziele durch Probeschüsse ermittelt, wodurch das Überraschungsmoment entfiel. Tudor nutzte Verbesserungen in der Kartografie, um ein System zu entwickeln, das es möglich machte, vom ersten Schuss an sicher zu treffen.

Auch mit vorrückendem Sperrfeuer, das u. a. dazu diente, den Stacheldraht vor den feindlichen Linien aufzubrechen, machten die Angreifer auf sich aufmerksam. Wenn dagegen Panzer diese Barrieren beiseiteräumten, konnten sie gleichzeitig die nachfolgende Infanterie vor Maschinengewehrfeuer schützen.

Britische Panzer führen in der Schlacht von Cambrai einen Überraschungsangriff aus, werden aber bald von technischen Problemen gestoppt.

Diese beiden Ansätze kombinierte General Julian Byng in Cambrai. Die deutschen Truppen wurden fast hinweggefegt, aber der erste Schock war schnell überwunden. Außerdem begann die britische Armee an Schwung zu verlieren, als ihre Panzer ausfielen und die Infanterie ungeschützt blieb. Es folgte der Abnutzungskrieg. ■

Siehe auch: Panzerkrieg 150–151 ■ Die Schlacht an der Somme 172–179 ■ Der Grabenkrieg im Wandel 254–257 ■ Die Schlacht bei Amiens 274–277

KÄMPFEN UND FLIEGEN

TAKTISCHE LUFTANGRIFFE

IM KONTEXT

SCHWERPUNKT
Luftkrieg

FRÜHER
1794 In der Schlacht bei Fleurus nutzten die Franzosen einen Fesselballon, um österreichische Truppenbewegungen auszuspähen.

1909 Die US-Fernmeldetruppe erwirbt eine Wright Model A; sie ist das erste Militärflugzeug der Welt.

1911 Die italienischen Streitkräfte führen im Italienisch-Türkischen Krieg die ersten Aufklärungsflüge und Bombardements aus der Luft durch.

SPÄTER
1918 Aus dem British Royal Flying Corps (RFC) wird die Royal Air Force (RAF), die erste von der Armee unabhängige Luftstreitkraft.

1919 Ein Bomber vom Typ Vickers Vimy überquert erstmals nonstop den Atlantik von Kanada nach Irland.

Kein anderer Bereich der Kriegsführung veränderte sich so schnell wie der Luftkampf. Auf jeden Fortschritt auf der einen Seite folgte fast unmittelbar eine Antwort des Gegners.

Die militärische Überlegenheit wechselte vor allem durch die Einführung eines fortschrittlicheren Flugzeugs oder Waffensystems von einer Seite zur anderen. Im Sommer 1915 waren die deutschen Piloten im Vorteil, die sogenannte Fokker-Plage; im Frühjahr 1917 sollten sie erneut die Oberhand gewinnen, als die neuesten Jagdflugzeuge vom Typ Albatros D.III den alliierten Fliegern keine Chance ließen, sodass britische Piloten die schlimmste Phase dieses Zeitraums als »blutigen April« bezeichneten.

Ein deutscher Pilot in seinem Jagdflugzeug Fokker E.III Eindecker. Diese einsitzigen Maschinen gaben der Fokker-Plage ihren Namen, der Luftüberlegenheit der Deutschen 1915.

Die deutsche Kontrolle über den Luftraum an der Westfront sollte indessen nicht von Dauer sein. Die Alliierten stellten eine Reihe hervorragender Jagdflugzeuge in Dienst, darunter die französische SPAD S.XIII (erster Einsatz im Mai 1917) und die britische Sopwith Camel (Juni 1917), beide sehr wendig. Außerdem wurden zwei robuste britische Jagdflugzeuge mit tödlichen Waffen ausgestattet: die Royal Aircraft Factory SE5a und die zweisitzige Bristol F.2.

Eine neue Taktik

Ein weiterer Wandel vollzog sich im Bereich der Taktik. Während zunächst der Einzelkampf dominiert hatte, bei dem das geschickteste und kühnste Fliegerass den Sieg davontrug, begann man nun, auch in der Luft in größeren Verbänden zu kämpfen. Dabei arbeiteten Staffeln mit sechs oder mehr Flugzeugen zusammen und nutzten die zahlenmäßige Stärke, um den Feind zu überwältigen.

Siehe auch: Krieg in der Luft 116–119 ▪ Beginn der deutschen Bombenangriffe 136–137 ▪ Die deutschen Bombenangriffe gehen weiter 222–223 ▪ Der Grabenkrieg im Wandel 254–257

» Die Verteidigung und Initiativen für Angriffe finden inzwischen vorwiegend in der Luft statt. «

Billy Mitchell
Offizier der US Army, November 1918

In der zweiten Hälfte des Jahres 1917 erhielten die Alliierten Unterstützung durch das US Army Air Corps. Wenn auch nicht offiziell, so hatten amerikanische Piloten die alliierten Kräfte doch bereits seit 1914 freiwillig unterstützt, entweder unabhängig oder im Dienst der französischen Luftstreitkräfte in der berühmten Escadrille La Fayette. Berühmtheit erlangte mit Captain Eddie Rickenbacker ein Mitglied der 94. Aero Squadron: Innerhalb von nur vier Monaten gelang ihm im Alleinflug der Abschuss von 26 feindlichen Maschinen.

Neue Flugzeugtypen

Die Aufklärung blieb eine Kernkompetenz der militärischen Luftfahrt, daneben gewannen weitere Aufgaben an Bedeutung. Für die enge Unterstützung von Bodenoperationen wurden Maschinen wie die britische Sopwith Camel angepasst und neue Modelle wie die deutsche Junkers J.I. entwickelt. Sie waren besser gepanzert und mit Maschinengewehren und leichten Bomben ausgestattet, um Ziele am Boden direkt angreifen zu können. Allerdings waren die Piloten bei diesen niedrig fliegenden Maschinen sehr gefährdet und die Verluste hoch.

Schwere Bomber hingegen, wie die deutsche Gotha G.IV und Zeppelin-Staaken R.VI., waren für Bombardements weit hinter den feindlichen Linien konzipiert. Sie galten als die Zukunft der militärischen Luftfahrt; keine der großen Nationen sollte später darauf verzichten wollen. ▪

Alliierte Flieger warten auf einem französischen Flugplatz auf den Startbefehl. Trotz der Waffen an Bord war der Einsatz in diesen kleinen Maschinen für die Piloten sehr gefährlich.

Eugene Bullard

Geboren 1895 in Columbus, Georgia (USA), gelangte Eugene Bullard schon als Kind als blinder Passagier auf einem Frachtschiff nach Schottland. Dort trat er als Boxer und im Varieté auf, bevor er 1914 nach Paris kam.

Bei Kriegsausbruch schloss sich Bullard der Fremdenlegion an; 1916 bei Verdun verwundet, wurde er mit dem Croix de Guerre ausgezeichnet. 1917 meldete er sich freiwillig zu einer französischen Fliegerstaffel. Bullard war der erste Schwarze Kampfpilot. In 20 Einsätzen schoss er zwei feindliche Flugzeuge ab. Im Einsatz hatte er ein Äffchen bei sich, und das Motto auf seiner Maschine war: »Alles Blut ist rot«.

Wohl aufgrund seiner Hautfarbe verweigerte ihm das US Army Air Corps die Aufnahme. Nach dem Krieg übernahm Bullard einen Nachtklub in Paris, und im Zweiten Weltkrieg arbeitete er für den französischen Geheimdienst.

Nach einer Verwundung 1940 konnte er in die USA entkommen. In Frankreich hochgeehrt, war Bullard bei seinem Tod 1961 in seiner Heimat so gut wie vergessen.

FRIEDEN, LAND UND BROT

DIE OKTOBERREVOLUTION (NOVEMBER 1917)

IM KONTEXT

SCHWERPUNKT
Revolution und Gegenrevolution

FRÜHER

1897 Nach seiner Verhaftung 1894 wegen Verschwörung wird Lenin zu drei Jahren Verbannung in Sibirien verurteilt.

1903 Die Sozialdemokratische Arbeiterpartei Russlands spaltet sich in Bolschewiki und Menschewiki.

1905 Die Russische Revolution 1905 beginnt. Zar Nikolaus II. wird zu demokratischen Reformen gezwungen.

SPÄTER

1922 Joseph Stalin wird Generalsekretär der Kommunistischen Partei.

1929 Stalin verweist Trotzki des Landes, der sich für mehr Demokratie in der Kommunistischen Partei einsetzt.

1991 Die Sowjetunion zerfällt und wird aufgelöst.

Russlands Februarrevolution hatte große Veränderungen erreicht. Sie hatte Jahrhunderte der Zarenherrschaft beendet und nahm sich des ökonomischen Ungleichgewichts an. Grundsätzlich hatte Alexander Kerenskis Provisorische Regierung die russische Gesellschaft verändert, doch es herrschten Not, Chaos und ein Gefühl der Unsicherheit. Da Lebensmittel weiter knapp waren, machten die von den Revolutionären erstrittenen höheren Löhne keinen Unterschied. Die neuen Arbeiter- und Soldatenräte (Sowjets) gaben dem Volk auf dem Papier zwar mehr Macht, doch das Land versank immer mehr im Chaos.

» Das durch die Arbeit des Arbeiters geschaffene Kapital unterdrückt den Arbeiter … «

Wladimir Iljitsch Lenin

Die von den Bolschewiki geforderten Veränderungen, wie die Abschaffung von Privateigentum und Russlands sofortiger Kriegsaustritt, waren durchaus extrem, doch die moderaten Reformen nach dem Februar hatten die Probleme des Landes nicht gelöst. Daher wurde das Programm der Bolschewiki für Veränderungen immer beliebter. Ihr Anführer Wladimir Iljitsch Lenin verkündete, es sei eine von entschlossenen Aktivisten angeführte »Arbeiterrevolution« notwendig.

Eine Gegenrevolution

Im Juli 1917 ernannte Kerenski General Lawr Kornilow zum Oberbefehlshaber der russischen Armee und Nachfolger Alexei Brussilows. Armeen fußen auf Disziplin und strikten Hierarchien, und Kornilow war überzeugt, diese Prinzipien sollten auch die Gesellschaft als Ganzes prägen.

Aus Angst, der von den Bolschewiki dominierte Petrograder Sowjet könne seine Regierung gefährden, stimmte Kerenski im August 1917 zögernd Kornilows Plan zu, die Stadt gewaltsam zurückzugewinnen. Das reichte dem General, um die Bolschewiki

Siehe auch: Krise in Russland 24 ▪ Die Schlacht bei Tannenberg 78–81 ▪ Russlands Rückzug 138–139 ▪ Die Brussilow-Offensive 166–169 ▪ Die Februarrevolution 192–193 ▪ Die Kerenski-Offensive 224–225 ▪ Der deutsche Sieg in Osteuropa 258–259

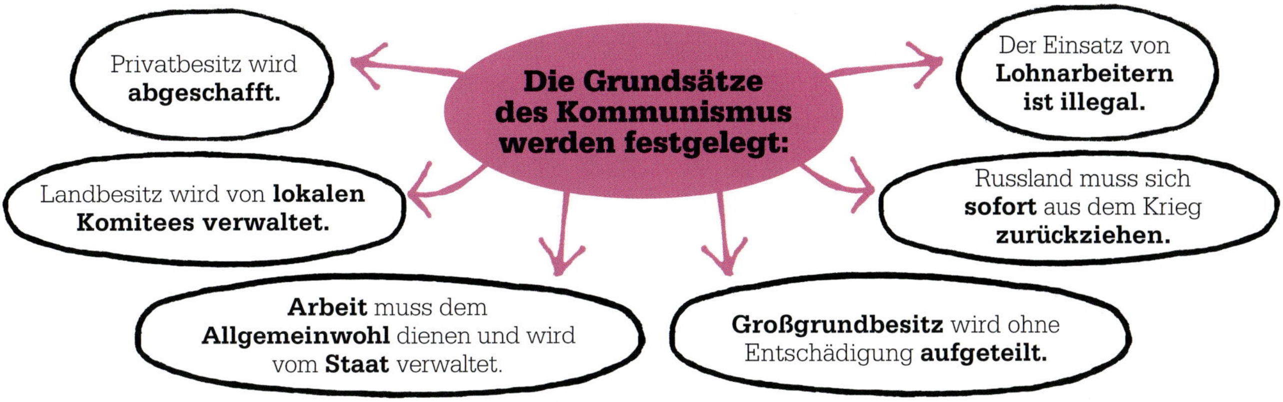

in ihrer Hochburg Petrograd anzugreifen; er hoffte aber, gleichzeitig auch Kerenski entmachten zu können. Die Sympathie der Soldaten (und der Eisenbahnarbeiter, die sie transportierten) für die Bolschewiki stoppte den Vormarsch der Armee. Kornilows gescheiterte Konterrevolution sorgte nur dafür, dass das Ansehen der Bolschewiki weiter wuchs.

Sieg der Bolschewiki

Am 8. November (26. Oktober im russischen Kalender) überfielen Lenins bolschewistische Truppen Petrograds Winterpalast, wo die Provisorische Regierung sich verschanzte. Von der nahen Newa aus gab der Kreuzer *Aurora* einen Signalschuss ab, woraufhin die Revolutionäre den Palast erstürmten und die Anwesenden festnahmen. Kerenski selbst war zu diesem Zeitpunkt bereits ins Exil geflohen.

Die Gegenreaktion

Die beiden Revolutionen 1917 hatten die Zarenherrschaft beendet, die Royalisten vertrieben und liberale Kräfte verdrängt. Nun gingen die Bolschewiki gegen frühere Verbündete vor, die Menschewiki und andere linke Gruppen. Erst grenzten sie sie in der Regierung aus, dann schlossen sie sie ganz aus.

Die Bolschewiki erfuhren bei der Machtübernahme zwar wenig Gegenwehr, mussten sich aber bald in einem erbitterten Bürgerkrieg (1917–1923) behaupten. Druck kam von links wie rechts. In Georgien erhoben sich die Menschewiki gegen die Rote Armee, andernorts schloss sich eine Koalition aus Anhängern Kerenskis, Monarchisten und Nationalisten zur Weißen Armee zusammen. ▪

Dieses Foto der Erstürmung des Winterpalasts durch die Bolschewiki entstand 1920 im Rahmen des 3. Jahrestags der Besetzung.

Sowjetische Propaganda

Der Sturm des Winterpalasts sollte als heroischer Moment in die sowjetische Geschichte eingehen, ebenso wie der Beschuss durch die *Aurora*. Dabei lief der Sturm in Wahrheit recht unspektakulär ab: Es gab keine nennenswerte Gegenwehr, die Revolutionäre, geführt von Wladimir Antonow-Owsejenko, konnten den Palast ungestört betreten und eine Gruppe von Ministern festnehmen, die gerade tagten. Die *Aurora* feuerte nur eine Platzpatrone als Signal zum Sturm auf den Palast.

Das berühmteste Foto des Ereignisses entstand nachweislich im Rahmen der Feierlichkeiten zu einem Jahrestag der Erstürmung, wurde vom Regime aber jahrelang als Original ausgegeben. Es stellt die Besetzung des Winterpalasts als spontanen Volksaufstand und die Erhebung gegen den Palast als Symbol der sozialen Ungleichheit und zaristischen Macht dar. Propaganda sollte zu einem wichtigen Instrument der Staatsmacht der Sowjetunion werden.

UNSER BÜNDNIS, MIT BLUT BESIEGELT

SEEKRIEG IM MITTELMEER

IM KONTEXT

SCHWERPUNKT
U-Boot-Krieg

FRÜHER
1901 Die HMS *Holland 1,* das erste U-Boot der Royal Navy, läuft in Barrow-in-Furness (Großbritannien) vom Stapel.

1906 Die Kaiserliche Marine stellt mit der U 1 das erste deutsche U-Boot in Dienst. Es wird später als Trainingsschiff verwendet.

1914 Mit dem britischen Kreuzer HMS *Pathfinder* versenkt das deutsche U-Boot U-21 erstmals ein Schiff mit einem schraubengetriebenen Torpedo.

SPÄTER
1918 Artikel XXII des Waffenstillstandsabkommens unterstellt 176 deutsche U-Boote der britischen Marine.

1935 Karl Dönitz, ehemals U-Boot-Kommandant im Mittelmeer, befehligt die U-Boot-Flotte der Nazis.

Im Mittelmeer kam es während des Kriegs nicht zu größeren Seegefechten; aber die deutschen U-Boote waren dort im Einsatz und versenkten von 1915 bis 1918 etwa 3,6 Millionen Bruttoregistertonnen (BRT). Die Zermürbungsangriffe begannen im Mai 1915, als die U-21 im Alleingang die britischen Schlachtschiffe HMS *Triumph* und HMS *Majestic* torpedierte, die die Kämpfe vor Gallipoli unterstützten. Die Dardanellen waren zu gut verteidigt, um dort weitere U-Boot-Aktivitäten zu entfalten, aber das Mittelmeer im weiteren Sinne war offen. Auf der Ost-West-Route verlief die Schifffahrt zwischen Großbritannien und seinen Kolonien im Osten, die Nord-Süd-Route verband Frankreich und Italien mit ihren nordafrikanischen Kolonien.

»Es war nicht leicht für uns, Handelsschiffe zu versenken, wir hätten es vorgezogen, gegen Kriegsschiffe zu kämpfen.«

Franz Becker
U-Boot-Kommandant

Eine tödliche Wasserstraße

Die deutsche Admiralität stationierte vier große U-Boote in den österreichischen Adriahäfen Cattaro (heute Kotor, Montenegro) und Pola (Pula, Kroatien). Ab Oktober 1915 richteten sie dort großen Schaden an und versenkten allein in diesem Monat 18 Schiffe (63 848 BRT). Unter dem Kommando von Waldemar Kophamel versenkte die U-Boot-Flotte im Mittelmeer im November 44 Schiffe (152 882 BRT).

Im Winter 1915/16 griffen die U-Boote alliierte Truppentransporte auf dem Weg nach Thessaloniki an. In der zweiten Hälfte 1916 summierten sich die Verluste der Alliierten auf 155 Schiffe (321 542 BRT) von Juli bis September, weitere 129 (427 999 BRT) von Oktober bis Dezember.

Die Alliierten fanden keine schlüssige Antwort. Eine Sperrung der Meerenge von Otranto am Eingang der Adria erwies sich gegen die U-Boote als wirkungslos. Eine Reihe alliierter Konferenzen entwickelte Vorschläge, die aber allesamt

Siehe auch: Wettrüsten auf See 32–33 ▪ Der Seekrieg beginnt 88–93 ▪ Die Versenkung der *Lusitania* 106–207 ▪ Die U-Boote greifen an 200–205

Der japanische Zerstörer *Sendan* im Hafen von Marseille. Die *Sendan,* ursprünglich als HMS *Minstrel* vom Stapel gelaufen, wurde von Großbritannien 1917–1919 an Japan verliehen.

nicht geeignet waren, die Verluste zu reduzieren, insbesondere nach Ausrufung des uneingeschränkten U-Boot-Kriegs durch die Deutschen am 1. Februar 1917. Im April erreichte er seinen Höhepunkt. Die 14 deutschen U-Boote im Mittelmeer versenkten in diesem Monat 254 911 BRT, weitere 23 037 BRT gingen auf das Konto österreichischer U-Boote.

Erfolge auf beiden Seiten

Im April 1917 bekamen die Alliierten Verstärkung durch acht japanische Zerstörer, die in Malta stationiert waren. Bei einer weiteren Konferenz auf Korfu kam man überein, die alliierte Kommandostruktur neu zu ordnen und ein Konvoi-System einzurichten. Im Mai führte die britische Marine erfolgreich einen Konvoi von Malta nach Alexandria (Ägypten). Bis Oktober gab es Konvois von britischen Gewässern nach Port Said, am Nordende des Suezkanals; außerdem waren vier weitere japanische Zerstörer eingetroffen.

Doch die Deutschen waren nicht untätig – noch im Mai 1918 versenkten sie 112 693 BRT. In einem letzten Angriff am 9. November versenkte UB-50 das britische Schlachtschiff HMS *Britannia* – ausgerechnet vor Trafalgar, wo Admiral Lord Nelson 1805 einen Triumph gefeiert hatte. ▪

Anatomie eines U-Boots

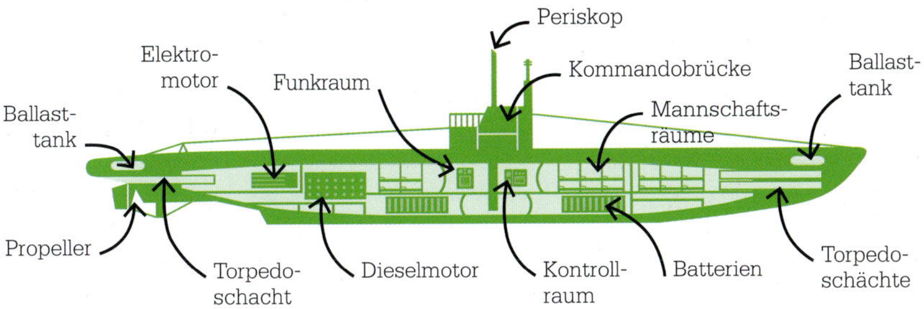

Die U-Boot-Asse

Die Pioniere einer neuen Form der Kriegsführung, wie Lothar von Arnauld de la Perière, Walther Forstmann und Otto Hersing, zerstörten mehr feindliche Schiffe als jemals ein U-Boot-Kapitän zuvor oder danach. Der in Deutschland geborene Arnauld, der französische Wurzlen hatte, wurde zum erfolgreichsten U-Boot-Ass aller Zeiten: Von Januar 1916 bis Oktober 1918 versenkte er 195 Schiffe. In seinem tödlichsten Einsatz, vom 26. Juli bis zum 20. August 1916 vor der süditalienischen Küste, versenkte sein U-35 nicht weniger als 54 Schiffe. Arnauld wurde im Zweiten Weltkrieg zurück in den aktiven Dienst berufen und starb bei einem Flugzeugabsturz 1941 in geheimer Mission in der Nähe von Paris.

Forstmann, Kommandant von U-39, versenkte 149 Schiffe, anfangs in der Nordsee, die meisten aber im Mittelmeer. Hersings U-21 begnügte sich mit 36 versenkten Schiffen, darunter der britische Aufklärungskreuzer *Pathfinder* und die Schlachtschiffe *Triumph* und *Majestic*.

U-Boot-Kommandant Lothar von Arnauld de la Perière (Zweiter von links) mit Offizieren auf dem Deck seines U-Boots.

DEN FEIND AN DER KEHLE … PACKEN

OSTAFRIKA (AUGUST 1914–NOVEMBER 1918)

IM KONTEXT

SCHWERPUNKT
Guerilla-Taktik

FRÜHER

1885 Reichskanzler Otto von Bismarck lässt einen Kaiserlichen Schutzbrief für die Gründung einer Kolonie an der Küste des heutigen Tansania ausstellen.

1890 Großbritannien erlangt Kontrolle über die Insel Sansibar, das Handelszentrum Deutsch-Ostafrikas.

1904 Paul von Lettow-Vorbeck ist in Deutsch-Südwestafrika stationiert und lernt bei der Niederschlagung der Aufstände der Herero Guerilla-Taktiken kennen.

SPÄTER

1919 Der Versailler Vertrag teilt Deutsch-Ostafrika zwischen Großbritannien, Belgien und Portugal auf.

1922 Die neue britische Kolonialverwaltung schafft die Sklaverei in Tanganjika ab.

Paul von Lettow-Vorbeck, Kommandeur der Schutztruppe für Deutsch-Ostafrika, erkannte schnell, dass er mit seinen 3000 Soldaten und 11 000 Askari eine alliierte Invasion mit traditionellen Mitteln nicht würde aufhalten können. Umringt von britischen, belgischen und portugiesischen Kolonien und dem Indischen Ozean unter britischer Kontrolle, sah er die asymmetrische Kriegsführung als einzige Möglichkeit, eine Niederlage abzuwenden und alliierte Truppen vom europäischen Kontinent abzuziehen.

» Es musste alles an alles gesetzt werden. «

Paul von Lettow-Vorbeck

Mithilfe von Hinterhalten, Sabotage und plötzlichen Überfällen machte er seine deutlich kleinere Truppenstärke wett. Eine Woche nach Kriegsbeginn fiel die Schutztruppe erstmals in Britisch-Ostafrika ein, um den Betrieb der Uganda-Bahn zu stören. Die Überfälle über die Grenze setzten sich bis Anfang 1916 fort.

Erfolgreiches Ausweichen

Als der südafrikanische General Jan Smuts 1916 das Kommando der British East Africa Expeditionary Force übernahm, gingen die Alliierten in die Offensive. Am Ende des Jahres hatten sie Daressalam, Moshi, Mwanza, Iringa und andere deutsche Kolonialstädte besetzt.

Im November 1917 verlegte von Lettow-Vorbeck seine Truppen nach Portugiesisch-Ostafrika. Dort konnten sie ihren Verfolgern acht Monate lang entgehen, bevor sie nach Nordrhodesien marschierten. Als von Lettow-Vorbeck von der deutschen Kapitulation erfuhr, ergab er sich am 25. November 1918, zwei Wochen nach dem Waffenstillstand. ■

Siehe auch: Der Aufstieg Deutschlands 20–23 ▪ Europas Kolonien und Reiche 28–29 ▪ Der Krieg in Afrika 86–87 ▪ Ein dauerhafter Frieden? 312–317

DIE SOLDATEN DES LETZTEN KREUZZUGS

JERUSALEM FÄLLT (NOVEMBER–DEZEMBER 1917)

IM KONTEXT

SCHWERPUNKT
Die Palästinafront

FRÜHER
1915 Nach Durchquerung der Wüste von Sinai stoßen osmanische Truppen Richtung Suezkanal vor, werden aber von britischen Truppen abgewehrt.

1916 Britische Truppen siegen in der Schlacht von Romani und festigen ihre Stellung auf der Halbinsel Sinai.

SPÄTER
1918 Die neu gegründete Zionist Commission for Palestine plädiert für eine jüdische Besiedlung des früheren osmanischen Gebiets.

1920 Bei der Konferenz von Sanremo erhält Großbritannien das Mandat des Völkerbunds für Palästina (jenseits des Jordans).

1921 Bei Unruhen in Jaffa kommt es zu Ausschreitungen zwischen Arabern und Juden. Über 100 Menschen sterben.

Die Invasion Palästinas durch die Egyptian Expeditionary Force (EEF) begann im Januar 1917. Die EEF bestand vorwiegend aus ANZAC- und anderen britischen Überseetruppen. Sie traf im März und April in Gaza auf heftige Gegenwehr, wo die türkisch-deutschen Truppen die Briten erfolgreich abwehrten. In der Folge wurde der britische Oberbefehlshaber Sir Archibald Murray durch Sir Edmund Allenby ersetzt. Unter neuer Führung stieß die EEF weiter nach Palästina vor, besiegte die türkische Armee Ende Oktober in Be'er Scheva und nahm schließlich Anfang November Gaza ein. Dies bereitete den Boden für den Vorstoß auf Jerusalem.

Nur wenige Tage vor der Einnahme Gazas verkündete der britische Außenminister Balfour, seine Regierung sei für eine »Heimstätte« für Juden in Palästina, die »die bürgerlichen und religiösen Rechte bestehender nicht-jüdischer Gemeinschaften […] (nicht) infrage stellen« sollte. Allenby erkannte den Zündstoff der Situation und hoffte, beim Angriff auf Jerusalem Unruhen und die Zerstörung heiliger Stätten vermeiden zu können.

Am 11. Dezember, nach der Übergabe Jerusalems, betritt General Edmund Allenby die Stadt aus Respekt vor ihrer religiösen Bedeutung zu Fuß.

Ende November hatten die Briten Jaffa eingenommen und ihre Stellungen südlich von Jerusalem gefestigt. Trotz Gegenwehr der Osmanen umschloss die EEF die Stadt fast völlig. Der osmanische Gouverneur übergab die Stadt am 9. Dezember, ohne dass innerhalb der Stadtmauern ein Schuss gefallen war. ■

Siehe auch: Kriegseintritt des Osmanischen Reichs 84–85 ▪ Die Arabische Revolte 170–171 ▪ Die Schlacht bei Megiddo 286–287 ▪ Leipziger Prozesse 318–319

SIEG UND NIEDERLA

1918

GE

8. JAN. 1918

US-Präsident Woodrow Wilson stellt seine **14 Punkte** für das Selbstbestimmungsrecht der Völker und den Weltfrieden vor.

25. JAN. 1918

In **Berlin** demonstrieren **400 000 Menschen gegen Lebensmittelknappheit** und für ein Ende des Kriegs.

3. MÄRZ 1918

Angesichts der deutschen Militärmacht **unterzeichnet die Bolschewiki-Regierung** den **Friedensvertrag von Brest-Litowsk.**

21. MÄRZ 1918

Beginn der deutschen Großoffensive **»Unternehmen Michael«** an der Westfront. Am ersten Tag **stoßen deutsche Kräfte fast 16 km vor.**

23. MÄRZ 1918

Ein **deutsches Fernkampfgeschütz beschießt** erstmals **Paris.** Seine **Reichweite liegt bei 130 km.**

29. MÄRZ 1918

Im Rahmen eines **Protests gegen die Wehrpflicht** wird das *Military Service Registry Office* in **Quebec** (Kanada) niedergebrannt, **alle Akten werden zerstört.**

15. JUNI 1918

Österreich beginnt eine Offensive **über die Piave.** Sie wird **von italienischen Truppen** gemeinsam mit Briten und Franzosen **zurückgeschlagen.**

26. JUNI 1918

Nach 25 Tagen erbitterter Abwehr der deutschen Frühjahrsoffensive **besetzen alliierte Kräfte den Wald von Belleau. US Marines spielen** dabei **eine wichtige Rolle.**

Die Welt war 1918 kriegsmüde. An der Heimatfront wirkte sich die Lebensmittelknappheit auf den Alltag aus. In Großbritannien wurde erstmals die Rationierung eingeführt, Deutschland und Österreich-Ungarn brachte die alliierte Seeblockade Hunger. Hunderttausende streikten und protestierten gegen die Entbehrungen und für ein Ende des Kriegs. In Österreich verbreitete sich dazu die Grippe, in Irland und Kanada lehnte man die Wehrpflicht ab.

Zu Jahresbeginn wusste die Oberste Heeresleitung (OHL) unter Paul von Hindenburg und Erich Ludendorff, dass trotz der offensichtlichen Schwäche der alliierten Kräfte ihre eigene militärische Lage alles andere als sicher war. Noch waren erst wenige amerikanische Truppen in Europa angekommen, weitere würden aber die deutschen Truppen aufwiegen, die man nach dem Zusammenbruch Russlands Ende 1917 von der Ostfront abzog. Die OHL plante, die Alliierten mit einer massierten Frühjahrsoffensive an der Westfront schnellstmöglich zu schlagen. Das am 21. März begonnene »Unternehmen Michael« verlief zunächst erfolgreich. Am Ende des ersten Tages hatten sich die britischen Kräfte bereits weit zurückgezogen. Verstärkt durch französische Truppen unter General Ferdinand Foch konnten die Alliierten die Linie schließlich halten.

Da sie die Briten mit der Michaelsoffensive nicht überwinden konnten, holten die Deutschen am 9. April weiter nördlich in Flandern an der Lys zum nächsten Schlag aus. Am 27. Mai folgte eine weitere Offensive gegen die Franzosen, die Dritte Schlacht an der Aisne. Die Deutschen erreichten zwar die Marne, aber dies war der letzte Vorstoß einer erschöpften Armee.

Stärkere Feuerkraft

Anfang Juni 1918 standen die Deutschen nur 56 km vor Paris. Damit lag die Stadt in Reichweite der neuen deutschen »Paris-Geschütze«, die mit ihren großen Granaten etwa 250 Menschen töteten. Auch auf dem Schlachtfeld brachten beide Seiten immer stärkere Artillerie zum Einsatz, um den Gegner aus immer tieferen und besser entwickelten Grabensystemen zu vertreiben. Panzer spielten eine immer wichtigere Rolle, ebenso Schlachtflugzeuge, die Bomben abwarfen und Truppen mit MGs angriffen.

Eine andere wirksame Taktik war das Infiltrieren feindlicher

13. JULI 1918
Die **britischen Kriegsdichter** Siegfried Sassoon und Wilfred Owen kehren nach Genesung **an die Front in Frankreich** zurück. Owen wird am 4. November getötet.

8.–12. AUG. 1918
In der **Schlacht bei Amiens** greifen rund 600 alliierte Panzer an. **General Ludendorff** bezeichnet die Niederlage als **»schwarzen Tag des deutschen Heeres«.**

12.–15. SEPT. 1918
Die **1. US-Armee drängt die Deutschen** vom Frontbogen bei Saint-Mihiel **zurück.**

19.–25. SEPT. 1918
Die neu verstärkte *Egyptian Expeditionary Force* **schlägt** in Palästina **zwei osmanische Armeen** in der **Schlacht bei Megiddo.**

26. OKT. 1918
General Ludendorff wird als De-facto-Chef des Generalstabs **entlassen. General Wilhelm Groener** wird sein **Nachfolger.**

3. NOV. 1918
Tausende **deutsche Matrosen meutern** in der Marinebasis **Kiel gegen die Regierung,** besetzen am folgenden Tag die Stadt und setzen Arbeiter- und Soldatenräte ein.

9. NOV. 1918
Kaiser Wilhelm II. muss abdanken und flieht in die neutralen Niederlande. In Berlin wird die **Republik** ausgerufen.

11. NOV. 1918
Mit der Unterzeichnung des **Waffenstillstands** in Marschall Fochs Eisenbahnwagen im Wald von Compiègne **enden die Kampfhandlungen** zwischen Deutschland und den Alliierten.

Linien durch kleine Gruppen von Elitesoldaten, die mit den neuesten Maschinenpistolen ausgerüstet waren. Die deutschen Sturmtruppen perfektionierten diese Einsätze.

Gegenschläge

Die militärische Unterstützung durch die USA und eine bessere Führung der Verbündeten wendeten an der Westfront das Blatt zugunsten der Alliierten. Die frisch eingetroffenen US Marines mit dem Spitznamen *Devil Dogs* konnten im Juni im Wald von Belleau den deutschen Vormarsch stoppen.

Der alliierte Gegenschlag begann ernsthaft mit dem britischen Sieg in der Schlacht von Amiens am 8. August, der der deutschen Moral arg zusetzte. Die Hälfte der 30 000 Mann, die die Deutschen an diesem Tag verloren, ergab sich. Gut koordinierte alliierte Angriffe drängten die Deutschen weiter zurück, während immer neue Wellen amerikanischer Soldaten die Alliierten verstärkten. Im September griffen die Alliierten die Siegfriedstellung an, eine Linie gut ausgebauter Defensivstellungen, die sich von der belgischen Küste bis nach Verdun in Frankreich erstreckte.

Zusammenbruch der Mittelmächte

Die Hilfe, die die türkischen, bulgarischen und österreichischen Armeen immer nötiger brauchten, nahm ab, da sich Deutschlands Lage verschlechterte und es seine Truppen nach Frankreich und Belgien verlegte. An der Palästinafront erneuerten die Briten mit Verstärkung aus Indien im September 1918 ihre Offensive gegen türkische Kräfte und siegten in der Schlacht von Megiddo.

Österreich-Ungarn wurde von slawischem Nationalismus zerrissen, seine Einwohner hungerten. Mit alliierter Unterstützung schlug eine neu aufgestellte italienische Armee im Oktober österreich-ungarische Kräfte und öffnete so die Südflanke der Mittelmächte.

Auch Deutschland war bald am Ende. Viele Matrosen meuterten, die Revolution verbreitete sich im Land. Die Regierung und die OHL brachen zusammen.

Der am frühen Morgen des 11. November unterzeichnete Waffenstillstand trat am selben Tag um 11 Uhr in Kraft. Der Krieg war vorbei, doch die Schuldfrage, die Grenzverläufe und die Reparationen waren erst noch zu klären. ■

AUFRUF ZUM MASSEN-STREIK!

DIE HEIMATFRONT 1918

IM KONTEXT

SCHWERPUNKT
Die Heimatfront

FRÜHER
1915 Die amerikanische Commission for Reflief in Belgium weitet ihre Nahrungsmittelhilfen auf weitere 2 Mio. Menschen in Nordfrankreich aus.

1916 In Teilen des Osmanischen Reichs herrscht eine Hungersnot.

1917 Tausende Deutsche sterben im »Steckrübenwinter« an Unterernährung.

SPÄTER
1919 Nach Unterzeichnung des Versailler Vertrags kann Deutschland wieder Lebensmittel importieren.

1919–1923 Die Lebensmittelhilfen für Europa durch den European Children's Fund der privaten American Relief Administration (ARAECF) gehen weiter.

Ende 1917 zeichneten sich sowohl bei den Alliierten wie bei den Mittelmächten entsetzliche Verluste ab. Auf allen Ländern lasteten die finanziellen Kosten des Konflikts schwer; es gab kaum noch frische Kämpfer für die Front. Die Stimmung bei Regierungen und Soldaten war auf ihrem Tiefpunkt angelangt. An der Heimatfront, wo es an Lebensmitteln und Treibstoff fehlte, betrachteten die Menschen die militärischen Niederlagen als nationale Demütigung in einem sinnlosen Konflikt.

In Italien verteilten ab Dezember 1917 Einheiten des amerikanischen Roten Kreuzes Lebensmittel an die Zivilbevölkerung. Sie rich-

Siehe auch: Der Osteraufstand 160–161 ▪ Gesellschaft unter Druck 184–187 ▪ Deutsche Revolution 288–289 ▪ Vom Krieg gezeichnet 310–311

Das besetzte **Belgien** leidet **seit Kriegsbeginn** unter **Lebensmittelknappheit.**

In den **USA** wird die **Commission for Relief in Belgium** (CRB) gegründet; die Leitung übernimmt der Unternehmer **Herbert Hoover.**

Jeden Monat werden im Schnitt **90 000 t** Lebensmittel aus den USA **mit gecharterten Frachtern** nach Rotterdam verschifft.

Mehr als 70 000 **belgische und französische Zivilisten** erhalten Diplomatenstatus, um in den **Kriegsgebieten** Lebensmittel zu verteilen.

Bis August 1919 **verteilt die CRB 5,2 Mio. t** Lebensmittel an **9,5 Mio. Zivilisten** an der Heimatfront in Belgien und Nordfrankreich.

teten Küchen ein, die täglich etwa 30 000 Rationen ausgaben.

Proteste in Europa

Großbritannien ging es trotz der ersten Lebensmittelrationierungen im Januar 1918 besser als den meisten anderen Ländern. Geschäfte und Gaststätten schlossen früh, um Heizkosten und Strom zu sparen. Die Kirchen verlegten Gottesdienste auf den Nachmittag, und der überarbeitete Defence of the Realm Act (DORA) verbot den Verbrauch von Strom und Gas für Theater und andere Vergnügungsstätten von 22.30 bis 13.00 Uhr. Es gab Proteste, aber sie fielen schwach aus.

Die Mittelmächte litten stärker und früher unter Nahrungsmittelknappheit. 1918 erreichte die Lage einen kritischen Punkt. Nach Halbierung der Mehlrationen am 14. Januar traten in Wien Arbeiter in den Streik. Sie verlangten mehr Lebensmittel, bessere Arbeitsbedingungen und ein Endes des Kriegs. Mehr als 40 000 beteiligten sich an insgesamt 15 Demonstrationen, am nächsten Tag griffen die Streiks auf Niederösterreich und Budapest über, etwa 250 000 Arbeiter nahmen daran teil.

Die Deutschen schlossen sich bald an. Am 25. Januar gingen in Berlin 400 000 Menschen auf die Straße. Sie protestierten gegen »

Rationierungen

1918 litten alle Kriegsparteien in Europa unter Lebensmittelknappheit. In Großbritannien kam es erstmals zu Rationierungen – im Januar für Zucker, später auch für Fleisch, Mehl und Butter. Lebensmittelkarten gaben Auskunft darüber, welche Mengen jedem Einzelnen zustanden. In Paris wurde ab Januar das Brot rationiert; besonders streng waren die Rationierungen in Italien.

Deutschland, wo Getreide schon seit 1915 rationiert war, erntete nur noch halb so viel wie vor dem Krieg, damit wurde auch Viehfutter knapp. Das Gewicht der Tiere sank, die Versorgung mit Milch und Fleisch verschlechterte sich. Ab Juli 1918 erreichten die Fleischrationen nur noch 12 % der Vorkriegswerte, aber dank einer besseren Ernte war die tägliche Kalorienaufnahme seit dem vorangegangenen Sommer von 1000 auf 1400 Kalorien täglich gestiegen. In Deutschland konnten sich reichere Menschen besser ernähren als Industriearbeiter, denn schätzungsweise ein Drittel aller Lebensmittel wurde illegal auf dem Schwarzmarkt gehandelt.

Schlange stehen für Zucker in Keighley (Großbritannien) 1917. Damals wurde in vielen Ländern die Lebensmittelkarte eingeführt.

die Lebensmittelknappheit und forderten das Ende des Kriegs. Die Streiks griffen auf Großstädte im ganzen Land über, es kam zu Zusammenstößen mit den Ordnungskräften, Verletzten und Toten.

Militärdienst-Misere

Lebensmittelknappheit und Hunger befeuerten die sozialen Unruhen, die anhaltenden Forderungen nach mehr Soldaten für die Front schürten in der Bevölkerung die Wut. Dies waren Schlüsselfaktoren, die Ende 1917 zur Russischen Revolution – und zum Rückzug dieses Landes aus dem Krieg – führten.

Nach dem Erfolg der deutschen Frühjahrsoffensive 1918 an der Westfront waren die Alliierten gezwungen, ihre Reihen wieder aufzufüllen. In Großbritannien verabschiedete Premierminister David Lloyd George die Military Service Bill, die alle Männer unter 50 zum Kriegsdienst heranzog, auch in Irland. Er bestellte dort Sir John French zum neuen Lord Lieutenant, um es umzusetzen. Die irische Parliamentary Party – ehemals Großbritannien und dem Krieg gegenüber positiv eingestellt – war empört. Die Klagen über das tyrannische britische Militärregime waren jetzt nicht mehr nur separatistische Rhetorik. Sinn Féin verfasste eine Erklärung gegen die Einberufung, die von Hunderttausenden unterzeichnet wurde, die republikanische Frauenbewegung Cumann na mBan rief zu einem Protesttag auf. Es gab Pläne für einen Aufstand.

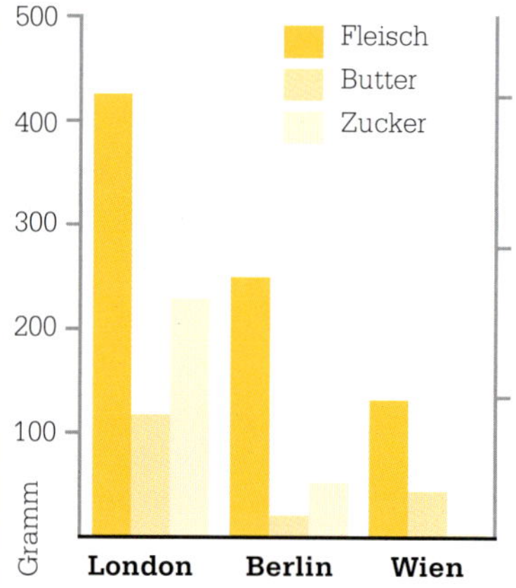

Die Rationierungen variierten je nach Land. Hier sieht man die Zuteilungen von Fleisch, Butter und Zucker in drei europäischen Hauptstädten 1918.

Am 23. April 1918 war die Gefahr abgewendet – nicht durch einen Aufstand, sondern durch einen Generalstreik. In allen Unternehmen wurde die Arbeit eingestellt, und mit Ausnahme eines kleinen Teils von Ulster war das Land wie gelähmt. Die Briten machten einen Rückzieher. Die Unruhen gingen jedoch weiter. Aus Angst vor republikanischen Umtrieben waren öffentliche Veranstaltungen untersagt. Unter dem Vorwurf, mit den Deutschen einen Putsch zu planen, wurden militante Führungsfiguren verhaftet. Die Briten erschienen als grausame, unsympathische Herrenmenschen – eine Wahrnehmung, die zum Erdrutschsieg der radikalen Partei Sinn Féin bei den Parlamentswahlen im Dezember 1918 und schließlich zur Erklärung der irischen Unabhängigkeit führte.

Unruhen in Kanada

Wie Irland machte auch Kanada keine guten Erfahrungen mit der Wehrpflicht, die die französisch- und englischsprachige Bevölkerung des Landes entzweite. Premierminister Robert Borden, ein großer Befürworter des Kriegs, hatte in seiner Neujahrsansprache 1916 den Alliierten eine Truppe von 500 000 Mann versprochen. Da es an Freiwilligen mangelte, wurde am 29. August 1917 die Wehrpflicht

Eine Telefonistin am Klappenschrank zeigt dieses Plakat von 1918. Mehr als 220 Amerikanerinnen waren in Europa im Fernmeldedienst tätig.

Die Hello Girls

Am 8. November 1917 sandte der amerikanische General John Pershing seinen Vorgesetzten ein Telegramm mit der Bitte »um Organisation und Entsendung von weiblichen Telefonisten nach Frankreich, die gleichermaßen gut Französisch und Englisch sprechen«. Pershing wollte die Kommunikation an der Westfront verbessern und in Ermangelung von qualifizierten Männern in den Fernsprechzentralen Frauen einsetzen. Sie sollten als Übersetzerinnen zwischen französisch- und englischsprachigen Offizieren fungieren. Die sogenannten Hello Girls (sie meldeten sich stets mit »Hello«) waren zwar Zivilistinnen, legten aber einen Fahneneid ab und trugen Uniform. Sie trafen ab Mai 1918 in Europa ein und dienten in Frankreich und Südengland, wo sie dafür sorgten, dass die Fernsprechvermittlungen rund um die Uhr dienstbereit waren.

Bei Kriegsende wurde den Frauen eine ehrenvolle Entlassung verweigert. Erst 1977 wurden sie schließlich als Kriegsveteranen anerkannt.

» Die Verabschiedung der Conscription Bill ... muss als Kriegserklärung an das irische Volk betrachtet werden. «

Éamon de Valera
Sinn Féin

eingeführt. So konnte die Regierung bei Bedarf Männer im Alter von 20 bis 45 Jahren einberufen, was bis Kriegsende ein Potenzial von 404 385 Soldaten ergab.

Unter den Frankokanadiern in Quebec beantragten 93 Prozent die Befreiung vom Militärdienst. Als am 28. März 1918 Bundesbeamte in Quebec City einen Mann festnahmen, weil er seinen Freistellungsbescheid nicht vorgelegt hatte, wurden sie von einer wütenden Menschenmenge angegriffen. Am nächsten Tag – Karfreitag – ging das Registrierungsbüro für den Militärdienst in Flammen auf. Am Samstag wurden die Truppen um fast 2000 Mann verstärkt. Die Randalierer stürmten die Geschäfte, um Waffen zu kaufen, und bewarfen die Soldaten mit Schneebällen. Am Abend des 1. April flogen Ziegelsteine und Eis gegen die fast 2500 Mann starke Truppe, auf beiden Seiten wurde geschossen. Vier Zivilisten starben bei den Ausschreitungen, bevor die Ordnung wiederhergestellt war.

Hunger und Grippe

Im Frühsommer 1918 brach bei den Mittelmächten die Lebensmittelversorgung zusammen. In Österreich-Ungarn war die wöchentliche Kartoffelration auf 500 g pro Person geschrumpft, hinzu kamen schlechte Nachrichten von der Front: Am Piave in Norditalien waren 69 000 bis 118 000 Verwundete, Getötete oder Vermisste zu beklagen. Daraufhin protestierten Zehntausende hungernder Bürger in den Straßen von Wien.

Die erste Welle der Spanischen Grippe verlief in allen Ländern katastrophal, da Unterernährung und Überbelegung in den Lazaretten die Opferzahlen in die Höhe trieben. Österreich-Ungarn zählte am Ende des Sommers 18 500 Tote. In vielen Städten kam das tägliche Leben zum Erliegen, weil der Mangel an Personal zur Einstellung des Verkehrs und zur Schließung öffentlicher Gebäude führte.

Unterstützung aus den USA

In den Vereinigten Staaten mobilisierte die US Food Administration (USFA) die Bürger an der Heimatfront. Mit der Ermahnung, an die hungernden Waisen in Europa zu denken, wurden Kinder dazu angehalten, ihren Teller leer zu essen, Hausfrauen wurden aufgefordert, nichts zu verschwenden und weniger Fleisch und Weizen zu verbrauchen. Freiwillige stellten für die Soldaten an der Front Pakete mit Zigaretten, Sicherheitsnadeln, Seife und warmen Socken zusammen.

In den Nordstaaten ersetzten zunehmend Schwarze Amerikaner aus dem Süden die Männer, die in den Krieg gezogen waren. Erstmals wurden Frauen erwerbstätig, viele von ihnen in Fabriken. Bis zum Sommer 1918 hatten Frauen, die in der Nahrungsmittelproduktion tätig waren, wie die Women's Land Army, es geschafft, die Arbeitsbedingungen zu verbessern, etwa durch Verträge und garantierte Löhne. Auf dieser Grundlage gelang es schließlich auch, die sexistischen Einwände gegen das Frauenwahlrecht auszuräumen, das 1919 in Kraft treten sollte.

Im Herbst 1918 kam es in allen beteiligten Ländern zu Unruhen, die Bürger waren nicht mehr bereit, den finanziellen und menschlichen Tribut weiter zu bezahlen, den der Krieg ihnen abverlangte. In Deutschland stand eine Revolution bevor. ■

Drei Französinnen bei der Feldarbeit zeigt dieses amerikanische Plakat von 1918. Die USFA versuchte damit, den Weizenkonsum zu reduzieren.

KRATER UND GRANAT-LÖCHER

DER GRABENKRIEG IM WANDEL

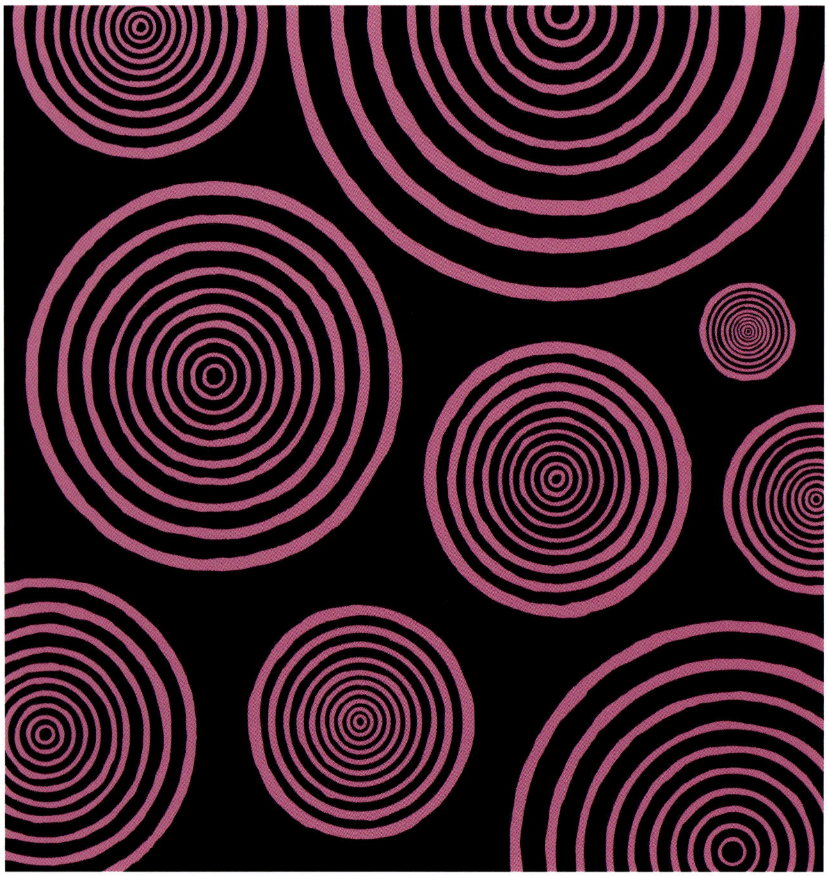

IM KONTEXT

SCHWERPUNKT
Grabenkrieg

FRÜHER
1905 Bei der Schlacht von Mukden, im Russisch-Japanischen Krieg, zwingt schwerer Beschuss die Soldaten im offenen Feld dazu, Gräben anzulegen.

September 1914 Alliierte und Deutsche legen ein tiefes Grabensystem an, das zeitweise von Belgien bis zur Schweiz reicht.

SPÄTER
1936–1939 Im Spanischen Bürgerkrieg legen sowohl Nationalisten wie Republikaner Feldbefestigungen mit Gräben an.

1950–1953 Im Koreakrieg gehören Grabenkämpfe zum Alltag, insbesondere in der letzten Phase des Stillstands.

Die Grabensysteme an der Westfront wurden ständig weiterentwickelt. Im Laufe des Kriegs wurden sie sowohl tiefer als auch haltbarer. Insbesondere traf das für die deutsche Seite zu, die dort von 1915 bis Anfang 1918 in der Defensive war. Man suchte die Unterbringung der Truppen an der Front durch die Anlage unterirdischer Unterstände zu verbessern. Ausgestattet mit Wasch- und Schlafgelegenheiten, dienten sie als artilleriesichere Kaserne, und von dort konnten die Schützengräben bei Bedarf schnell besetzt werden.

Die deutsche Armee leistete auch Pionierarbeit bei der Entwicklung von Verteidigungsanla-

Siehe auch: Der Stellungskrieg beginnt 74–77 ▪ Artillerie 228–229 ▪ Die Nivelle-Offensive 208–211 ▪ Die Frühjahrsoffensive 260–267 ▪ Die Schlacht bei Amiens 274–277

Ein deutsches tief gestaffeltes Grabensystem

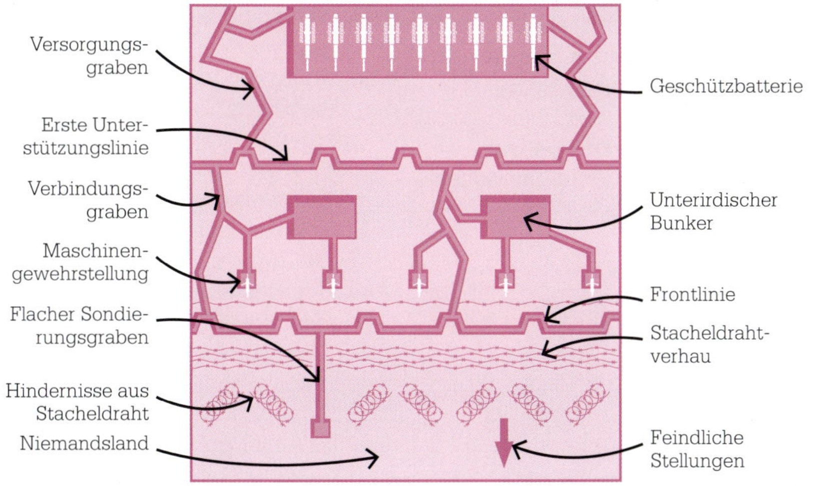

gen aus Stahlbeton, insbesondere Bunker. Die kleinen blockartigen Gebäude mit Schießscharten waren praktisch unzerstörbar, außer bei direkten Treffern durch schwere Artillerie. Die deutschen Truppen platzierten ihre schweren MG08-Maschinengewehre im Inneren der Bunker so, dass sich die Schussfelder überschnitten. Auf diese Weise konnten ungeschützte Infanterievorstöße aufgehalten werden.

Befestigte Linien

Zu den Verteidigungsanlagen gehörte auch Stacheldraht. In den Jahren 1914 und 1915 wurde er in der Regel zwischen Pfosten gespannt; ab 1917 rollten jedoch beide Seiten an der Westfront riesige Stacheldrahtrollen von immer größerer Tiefe aus. Die deutsche Siegfriedstellung war bis zu 30 m tief mit Widerhaken-Sperrdraht gesichert und damit für Infanterie nahezu undurchdringlich.

Um diese starke Defensive aufzubrechen, setzte man im Jahr 1916 und größtenteils auch noch 1917 auf Artillerie. Die französische Armee verfügte über viele schwere Geschütze und Haubitzen, die weitaus effektiver waren als die meisten Waffen kleineren Kalibers. Auf britischer Seite verliefen Herstellung und Einsatz großkalibriger Artillerie langsamer.

Springendes Sperrfeuer

Ein langes, schweres Artilleriesperrfeuer erwies sich als äußerst wirksam, um die gegnerische Frontlinie zu zerschlagen, die dann von der angreifenden Infanterie besetzt werden konnte. Die Taktik des springenden Sperrfeuers wurde immer häufiger angewandt. Dabei legte die Artillerie einen schützenden Vorhang aus explodierenden Granaten direkt vor die vorrückende Infanterie und hinderte so den Gegner daran, seine vorderen Positionen zu verteidigen.

Der Nachteil war, dass die Artillerie ebenso wie Munitionstransporte auf dem aufgerissenen Boden nicht vorrücken konnte. Das machte die Infanterie verwundbar, sobald ››

Willy Rohr

Auf den 1877 geborenen Willy Rohr wartete nach dem Besuch der berühmten Preußischen Hauptkadettenanstalt in Lichterfelde bei Berlin eine militärische Karriere. Er wurde 1896 in ein Infanterieregiment einberufen und stieg kurz vor Kriegsausbruch 1914 zum Chef einer Kompanie im preußischen Garde-Schützen-Bataillon auf.

Nach Kämpfen gegen die Franzosen an der Aisne und in der Champagne wurde Rohr 1915 in die Vogesen im Elsass versetzt. Während der Kämpfe um den Hartmannswillerkopf entwickelte er die Idee, Angriffe durch unabhängige kleine Sturmtruppen auszuüben. In den Jahren 1915 und 1916 bildete Rohr deutsche Einheiten für den Nahkampf aus, besondere Bedeutung kam dabei Granaten und Flammenwerfern zu.

Kronprinz Wilhelm und General Erich Ludendorff wurden auf Rohr aufmerksam und ermutigten ihn, seine Ideen in der Armee zu verbreiten. Er führte ein eigenes Sturmbataillon in zahlreichen Operationen, bevor er 1921 die Armee verließ. Rohr arbeitete dann bis zu seinem Tod 1930 in einer Bank.

sie über die Reichweite der eigenen Geschütze hinaus vorgedrungen war. Deshalb kamen die alliierten Offensiven der Jahre 1916/17 schon nach wenigen Kilometern zum Stillstand.

Kein Durchbruch in Sicht

Wie sollte man aus der Sackgasse des Stellungskriegs herauskommen? Die britischen Truppen versuchten es mit dem Bau von Schächten und Stollen, die sich unter dem Niemandsland bis unter die feindliche Frontlinie erstreckten. Dort brachte man dann große Mengen Sprengstoff zur Explosion. Diese Methode wurde an der Somme eingesetzt und auch in der Schlacht bei Messines 1917, aber der Durchbruch war nur von begrenzter Reichweite.

Deutschland setzte in der zweiten Flandernschlacht 1915 erstmals Giftgas ein. Es war jedoch nicht schlachtentscheidend, da der Einsatz von Gasmasken die potenziell tödlichen Folgen reduzierte.

Mit der Einführung des Panzers durch die Briten 1916 stieg die Hoffnung auf einen Durchbruch der Alliierten. Zuerst versetzten diese gepanzerten Ungetüme die deutschen Truppen an der Front in Angst und Schrecken, doch schon bald wurden neue Taktiken und Waffen, wie die ersten Panzerabwehrkanonen, eingeführt. Auch die mechanische Unzuverlässigkeit der Panzer begrenzte ihren Erfolg auf dem Schlachtfeld.

> »Einer nach dem anderen fing Feuer, und innerhalb von Sekunden waren sie eine rot glühende Masse Metall.«
>
> **Major Edward Spears**
> über einen gescheiterten britischen Panzerangriff, 1917

Nicht nur Verteidigung

Während der großen Schlachten bei Verdun und an der Somme hatte die deutsche Armee alliierte Vorstöße in ihre Frontlinie sofort und entschlossen abgewehrt. Doch diese erfolgreiche Taktik forderte sehr viele Opfer. Im Laufe des Jahres 1917 stellten die Deutschen ihr System auf eine »Verteidigung in der Tiefe« um. Eine mehrere Hundert Meter tiefe Frontzone ersetzte nun das alte lineare Verteidigungssystem mit seinen zwei bis drei durchgehenden Grabenlinien. Aus einer Reihe von ineinandergreifenden befestigten Stellungen konnten ankommende Angreifer mit verheerender Feuerkraft überzogen werden. Die Siegfriedstellung, Anfang 1917 errichtet, nutzte die neuesten Entwicklungen in der deutschen Verteidigungstaktik.

Neben diesen Anstrengungen in der Defensive suchten die Deutschen nach Wegen, aus dem Grabenkrieg auszubrechen. Während sich die Alliierten auf die Feuerkraft konzentrierten, entwickelten die Deutschen neue Taktiken. Sie erprobten ihre Ideen in den Schlachten der letzten drei Monate des Jahres 1917, bevor sie im März 1918 die Frühjahrsoffensive gegen die Alliierten starteten.

Berechnete Ziele

Ein Schlüsselelement des neuen taktischen Ansatzes war das »berechnete Feuer«. Zuvor hatte der Schütze einer Artillerieein-

Angriffe aus der Luft

Ab 1916 wurden an der Westfront Ziele am Boden mit Flugzeugen angegriffen. Zunächst waren es meist Standardmodelle, die die neue Aufgabe übernahmen, feindliche Truppen und Fahrzeuge mit Maschinengewehren und Bomben zu attackieren. Diese aus Holz und Segeltuch gefertigten Maschinen konnten jedoch nicht einmal feindlichem Beschuss aus Handfeuerwaffen widerstehen, sodass spezielle Flugzeuge mit Stahlverkleidung um den Motor und die Kabine entwickelt wurden. Dazu gehörten etwa die Ganzmetallflugzeuge von Junkers und die Sopwith Salamander.

Das vielleicht gelungenste Beispiel war die deutsche Halberstadt CL.II, ein zweisitziger Begleitjäger. Das Maschinengewehr des Schützen war auf einem breiten und erhöhten Geschützring montiert, der es ihm ermöglichte, nach unten auf Ziele am Boden zu feuern. Das Flugzeug war außerdem mit einer Halterung für zehn Stabgranaten und kleine Mörserbomben ausgestattet.

Aus einer Halberstadt CL.II werden Bomben abgeworfen. Flugzeuge dieses Typs waren vor Cambrai und in der Frühjahrsoffensive im Einsatz.

Britische Soldaten warten in einem Erkundungsgraben auf ihren Befehl. Solche einfachen, flachen Gräben erstreckten sich ins Niemandsland in Richtung der feindlichen Linien.

heit zunächst Granaten auf das anvisierte Ziel abgefeuert, um die genaue Entfernung zu ermitteln, was dem Feind Position und Ziele der Geschütze verriet. Wenn die Kanoniere hingegen die Position ihres Ziels allein anhand einer genauen Kartendarstellung berechneten, blieben die Geschütze unsichtbar und das Überraschungsmoment erhalten.

Das berechnete Feuer wurde von beiden Seiten unabhängig voneinander entwickelt, aber es war die deutsche Armee, die es in der Frühjahrsoffensive 1918 so effektiv einsetzen sollte. Zu den weiteren Fortschritten, die gegen Ende des Jahres 1917 eingeführt wurden, gehörten Rauchgranaten, die den Vormarsch der Infanterie verdecken sollten, und spezielle Zünder, die Granaten beim Aufprall auf jegliches Objekt sofort zur Explosion brachten. So ließ sich Stacheldraht leichter durchtrennen.

Sturmtruppen greifen ein

Lange Zeit basierte die Taktik auf linearen Angriffswellen. Dabei fiel die Infanterie leicht gut platzierten Maschinengewehren zum Opfer. Während der Kämpfe um Verdun 1916 erprobte die französische Armee einen neuen Ansatz: Man infiltrierte die gegnerischen Stellungen durch kleine Gruppen, die ihre Ziele schnell anpassen konnten.

Diese Idee wurde von den Deutschen aufgegriffen und beim Gegenangriff auf Cambrai im November 1917 umgesetzt. In einer entscheidenden strategischen Veränderung, entwickelt von Hauptmann Willy Rohr, wurden kleine, gut ausgebildete Einheiten mit leichten Maschinengewehren, Flammenwerfern, Granaten, automatischen Pistolen und (1918) der neuen Maschinenpistole bewaffnet. Sie verwendeten auch leichte Artilleriegeschütze, die über das zerstörte Schlachtfeld geschleppt werden konnten. Diese Sturmtruppen, auf Kompanie- und später auf Bataillonsebene organisiert, wurden zur deutschen Elite auf dem Schlachtfeld. Den Alliierten gelang es nicht, sich die geschickten Infiltrationstaktiken der deutschen Truppen anzueignen, aber sie entwickelten ihre eigenen Grabenkriegsstrategien, die schließlich erfolgreich waren.

> »Ein britischer Stoßtrupp rückte von links gegen unseren Graben vor. Wir konnten sie gerade noch aufhalten …«
>
> **Leutnant Kostlin**
> 122. Infanterieregiment, deutsche Armee, über die Schlacht an der Somme

Mit vereinten Kräften

Im Lauf des Jahres 1918 entwickelten die Alliierten eine Taktik, die sämtliche militärischen Mittel intelligent und koordiniert einsetzte, die den Befehlshabern der Streitkräfte zur Verfügung standen.

Die Infanterie arbeitete eng mit den Panzern zusammen, die zwar insgesamt nur von begrenztem Nutzen waren, aber die gegnerischen Verteidigungslinien gut durchbrechen konnten. Die Bodentruppen ihrerseits wurden von der Artillerie durch springendes Sperrfeuer unterstützt, während zahlreiche Flugzeuge die exponierteren feindlichen Stellungen aus der Luft mit Maschinengewehren und Bomben angriffen. Im Zusammenspiel erwiesen sich diese unterschiedlichen Elemente als so effektiv, dass die deutsche Armee eingestehen musste, auf dem Schlachtfeld unterlegen sein. ■

JETZT DARF MAN KEINE EINZIGE STUNDE VERLIEREN

DER DEUTSCHE SIEG IN OSTEUROPA (MÄRZ 1918)

IM KONTEXT

SCHWERPUNKT
Die russische Niederlage

FRÜHER
1915 Die russische Armee zieht sich aus Polen und Teilen des Baltikums zurück. Die Deutschen rücken nach.

1917 Die Revolution in Russland schürt bei den Alliierten wie bei den Mittelmächten die Angst vor dem Sozialismus.

SPÄTER
1918–1920 Alliierte Truppen kämpfen mit der Weißen Armee in Russland gegen die Sowjetische Rote Armee.

1945 Ende des Zweiten Weltkriegs besetzen russische Truppen weite Teile Osteuropas; sie werden in die Sowjetunion eingegliedert.

1991 Nach dem Zerfall der Sowjetunion gleichen die Grenzen Russlands wieder weitgehend den Regelungen im Vertrag von Brest-Litowsk.

Am 2. Dezember 1917, nach Inkrafttreten eines Waffenstillstands zwischen Russland und den Mittelmächten, erreichte ein Zug aus Petrograd den Bahnhof von Brest-Litowsk (Belarus). Ihm entstiegen die Verhandlungsführer der Bolschewiki, angeführt von Adolf Joffe und Lew Kamenew, Leo Trotzkis Schwager. Aufseiten der Mittelmächte verhandelten General Max Hoffmann und Richard von Kühlmann für Deutschland, Graf Ottokar Czernin für Österreich-Ungarn sowie Talât Pascha für das Osmanische Reich.

Friedensverhandlungen

Wenige Tage nach Beginn der Verhandlungen vereinbarte auch Rumänien, der zweite Gegner Deutschlands an der Ostfront, einen Waffenstillstand mit den Mittelmächten. Damit waren die Kämpfe an der Ostfront zum Stillstand gekommen, und die Verhandlungen in Brest-Litowsk erstreckten sich nicht allein auf Waffenstillstandsbedingungen, sondern darüber hinaus auf einen dauerhaften Friedensvertrag. Dabei hatte Russland schlechte Karten.

Deutsche Offiziere begrüßen Lew Kamenew (Mitte) und die Delegation der Bolschewiki im Bahnhof von Brest-Litowsk, wo im Winter 1917/18 Friedensverhandlungen stattfanden.

Siehe auch: Krise in Russland 24 ▪ Die Schlacht bei Tannenberg 78–81 ▪ Russlands Rückzug 138–139 ▪ Die Brussilow-Offensive 166–169 ▪ Die Februarrevolution 192–193 ▪ Die Kerenski-Offensive 224–225 ▪ Die Oktoberrevolution 240–241

» Das ganze Rußland ist weiter nichts als ein großer Haufen Maden – alles fault, alles wimmelt ordnungslos durcheinander. «

General Max Hoffmann
17. Februar 1918

Lenin entsandte Trotzki selbst an den Verhandlungstisch. Das einzige Druckmittel, das die Bolschewiki noch hatten, war die Verbreitung der sozialistischen Revolution in den europäischen Ländern.

Insbesondere die deutschen Unterhändler ließen sich davon aber nicht beirren. Sie forderten die baltischen Provinzen, Polen und die Ukraine. Trotzki entgegnete, er hoffe auf Selbstbestimmung in den abzutretenden Gebieten. Am 18. Januar 1918 legte man ihm eine Karte vor, die enorme territoriale Verluste auswies. Trotzki kehrte nach Moskau zurück, um sich mit Lenin und dem Zentralkomitee zu beraten. Die Bolschewiki zögerten so lange, bis der Waffenstillstand ausgelaufen war und Russland Mitte Februar wieder im Krieg mit Deutschland stand.

Russland besiegt

Am 20. Februar eroberte die deutsche Armee Minsk (Belarus). Sie näherte sich Petrograd, als Lenin das Zentralkomitee der Kommunistischen Partei überredete, den Friedensvertrag ohne weitere Bedingungen zu akzeptieren. Russland verlor dabei ein Drittel seiner Bevölkerung, die Hälfte seiner Industriegebiete, ein Drittel seiner landwirtschaftlichen Nutzfläche sowie den größten Teil seiner Kohlegruben. Russland unterzeichnete den Vertrag von Brest-Litowsk am 3. März.

Nach weniger als fünf Monaten an der Macht hatte die bolschewistische Regierung den Krieg beendet und damit das Versprechen erfüllt, das sie den Bauern und Arbeitern gegeben hatte, denen sie ihre Macht verdankte. Großbritannien, Frankreich, Italien und die USA weigerten sich, mit dem neuen Regime zu verhandeln.

So stärkte der Vertrag von Brest-Litowsk das Deutsche Reich, nicht zuletzt durch die enormen territorialen Zugeständnisse seitens der Bolschewiki, die ursprünglich Deutschland durch eine sozialistische Revolution destabilisieren wollten. Die Deutschen konnten nun der Westfront ihre ungeteilte Aufmerksamkeit schenken. ▪

Prinz Leopold von Bayern (links) unterzeichnet den Vertrag von Brest-Litowsk, der den Bolschewiki enorme Konzessionen abverlangte, sodass Lenin manchen als Verräter galt.

Soldaten der Roten Armee salutieren, während ihre Fahne in Taschkent (Usbekistan) gehisst wird, 1917.

Russischer Bürgerkrieg

Im Dezember 1917 näherten sich die Kämpfe an der Ostfront ihrem Ende, aber eine andere Auseinandersetzung hatte gerade erst begonnen, und sie sollte noch wesentlich verlustreicher sein: Bis zu 10 Mio. Menschen, vorwiegend Zivilisten, starben zwischen 1917 und 1923, als die bolschewistische Rote Armee und die Weiße Bewegung in Russland um die Vorherrschaft kämpften.

Nicht weniger als 13 ausländische Mächte, darunter Großbritannien und die USA, unterstützten die Weißen, dennoch war am Ende die Rote Armee siegreich. Sie befand sich im Zentrum des Landes, während ihre Gegner von der Peripherie aus eindrangen. Am Ende der Kämpfe kontrollierte die Rote Armee ein Gebiet, das sich teilweise mit dem alten Zarenreich deckte.

Während des gesamten Konflikts wurden nur wenige Gefangene gemacht; stattdessen waren standrechtliche Hinrichtungen die Regel. Die Krieg führenden Armeen hinterließen eine Spur verbrannter Erde und totaler Zerstörung.

EINE UNFASSBARE MASSE KANONEN

DIE FRÜHJAHRSOFFENSIVE (21. MÄRZ – 18. JULI 1918)

IM KONTEXT

SCHWERPUNKT
Deutsche Offensive an der Westfront

FRÜHER
Februar 1917 Die Deutschen ziehen sich auf die Siegfriedstellung zurück.

Juni 1917 Die ersten 14000 Mann des amerikanischen Expeditionskorps landen in Frankreich.

Februar 1918 In Vorwegnahme des Vertrags von Brest-Litowsk verlegt Ludendorff mehr als 40 Divisionen aus dem Osten an die Westfront.

SPÄTER
August 1918 Die Alliierten starten die Schlacht bei Amiens und die erfolgreiche Hunderttageoffensive.

Oktober 1918 Nach zwei Monaten der Rückzüge tritt Ludendorff in Ungnade gefallen zurück und muss Deutschland heimlich verlassen.

Das **deutsche Heer** erwartet **frische Kräfte aus dem Osten.**

↓

Ludendorff ergreift seine vermutlich **letzte Chance** auf eine **deutsche Offensive.**

↓

Infiltrationstaktik sorgt für **Anfangserfolge.**

↓

Aber Deutschland geht der Atem aus.

In den letzten Wochen des Jahres 1917 wuchs der Druck auf General Erich Ludendorff, den Planer des deutschen Oberkommandos. Seine Soldaten waren nach drei Jahren Krieg vollkommen erschöpft. Das galt zwar auch für die Truppen der Alliierten, aber diese konnten zumindest auf Unterstützung durch die USA hoffen. Die Mannschaftsstärke des amerikanische Expeditionskorps AEF war zunächst gemächlich, zuletzt aber immer schneller gewachsen. Der Zusammenbruch des Russischen Reichs im Osten machte scheinbar deutsche Truppen für die Westfront frei, aber auch diese Soldaten waren von den Kämpfen ausgelaugt. Der Krieg auf See war für das Deutsche Reich zunächst gut gelaufen, und die deutschen U-Boote waren immer noch erfolgreich, würden aber vermutlich nicht ausreichen, um den Krieg zu entscheiden.

Der britische Oberbefehlshaber Douglas Haig war nicht viel optimistischer als Ludendorff. Gerade als er eine neue Offensive vorbereiten wollte, wurden fünf seiner Divisionen nach Italien verlegt, und er musste seine Frontlinie Richtung Süden verlängern, um die Franzosen zu unterstützen. Das kehrte seine vorteilhafte Position ins Gegenteil um. Auf der längeren Front waren seine Truppen so weit gestreckt, dass sie nur noch defensiv agieren konnten, und auch das nur mit Mühe und Not.

Ludendorff kam zu dem Schluss, dass dies seine vielleicht letzte Chance war, den Krieg zu gewinnen. Die Briten hatten an der Spitze der alliierten Streitmacht gestanden und waren nun auf breiter Front zahlenmäßig unterlegen. Ihre Veteranen waren erschöpft und die Rekruten unerfahren. Dies war der ideale Moment für einen Angriff. Die Deutschen mussten einen vernichtenden Schlag führen, bevor die Amerikaner in voller

» Wir sahen die Deutschen über den Kamm schwärmen und sich über uns ergießen wie ein endloser Strom. «

Frederick Noakes
britischer Soldat bei den Third Coldstream Guards über den deutschen Sturm am 26. März 1918

Siehe auch: Die Erste Schlacht an der Marne 64–69 ▪ Die deutsche Kriegsmaschine 182–183 ▪ Die Schlacht im Wald von Belleau 268–269 ▪ Die zweite Schlacht an der Marne 270–273 ▪ Die Schlacht bei Amiens 274–277 ▪ Durchbruch an der Siegfriedstellung 290–293

Stärke in Europa landeten. Es hing also viel von dem ab, was Ludendorff die »Kaiserschlacht« nannte und was die Historiker nüchtern als deutsche Frühjahrsoffensive bezeichnen.

Durchbruch

Ludendorff gab selber zu, keine ausgefeilte Strategie zu haben. Seine Truppen sollten eine Bresche in die britischen Linien schlagen, und er würde dann improvisieren. Damit dieser erste Durchbruch auch Erfolg hatte, befahl er mehrere simultane Angriffe unter dem Namen »Unternehmen Michael«. Die Offensive begann am 21. März. General Otto von Below stieß mit der 17. Armee auf Bapaume vor (»Michael I«), während General Georg von der Marwitz mit seiner 2. Armee von Cambrai aus nach Südwesten vorrückte (»Michael II«). Gleichzeitig stieß General Oskar von Hutier mit der 18. Armee westwärts auf Saint-Quentain vor (»Michael III«).

Ludendorff hielt ein paar Optionen in Reserve: Der »Mars-Angriff« sollte »Michael« bei Bedarf bei Arras unterstützen, »Georg« sollte zum Fluss Lys vorstoßen. In der Region gab es mehrere Eisenbahnknoten, und sie bot Zugang zu den Kanalhäfen.

Ein K.-o.-Schlag?

Der um 4 Uhr beginnende Artilleriebeschuss mit rund 6600 Kanonen und mehr als 3500 Mörsern übertraf sogar noch das Inferno von Verdun im Februar 1916. In den ersten fünf Stunden wurden mehr als 3,5 Millionen Granaten abgefeuert. Zwischen diesen Salven fielen Wellen von Giftgasgranaten, bevor die deutsche Infanterie um 9.40 Uhr auf einer 110 km langen Front zwischen Arras im Norden und La Fère im Süden vorrückte. 326 Kampfflugzeuge flogen Aufklärung, leisteten Deckungsfeuer und bekämpften britische Flugzeuge.

Die britische 5. Armee unter General Hubert Gough trug die Hauptlast dieses Angriffs. Sie war mit fast so vielen Fliegern wie die gesamte feindliche Streitmacht und mehr als 100 Panzern gut ausgestattet. Dass es keine deutschen Panzer gab, war möglicherweise ein Anzeichen für die versagende deutsche Industrie, die erheblich unter der alliierten Seeblockade litt. Zudem war die Offensive, »

Das Unternehmen Michael beginnt am 21. März mit massivem Artilleriefeuer und einem zweigleisigen Infanterieangriff der deutschen 2., 17. und 18. Armee. Die anfänglichen Geländegewinne sind groß, aber der Angriff stoppt östlich von Amiens. Am 7. April beginnt der Georgette-Angriff im Raum Ypern. Am 6. Juni gelangt die Blücher-Yorck-Offensive mit der 1. und 7. Armee in die Nähe von Paris.

Legende

- Belgier
- Briten
- Franzosen
- Deutsche
- Deutsche Angriffe
- Deutsche Frontlinie, 21. März
- Deutsche Frontlinie, 6. Juni

abgesehen vom Artilleriefeuer, hauptsächlich ein Infanterieangriff. Das war wohl auch so beabsichtigt, denn viele der Einheiten waren in Infiltrationstaktiken ausgebildete Sturmtruppen. Sie waren hochmobil und setzten ihre Maschinengewehre, Mörser, Flammenwerfer und Handgranaten ausgesprochen effizient ein.

Goughs Soldaten hatten mittlerweile viel Erfahrung mit der harten Realität des Artilleriebeschusses. Sie wussten, was es hieß, aus dem Graben und ins Maschinengewehrfeuer zu stürmen, und hatten den Schock des Bombardements aus der Luft und die Angriffe mit Giftgas erlebt. Aber die Nahkampftaktik der Sturmtruppen, die in die Gräben sprangen und Mann gegen Mann kämpften, enthüllten ein ganz neues und Furcht einflößendes Gesicht des Kriegs.

Die britischen Linien gaben unter dem Ansturm nach, brachen aber nicht vollständig zusammen. Obwohl sie am ersten Tag 17 000 Gefallene oder Verwundete verloren, kämpften Goughs Truppen einen mutigen Rückzugskampf. Es blieb aber nichtsdestotrotz ein Rückzug. In den ersten drei Tagen öffnete der Angriff eine 80 km breite Bresche in der britischen Front und zwang die 5. Armee 64 km weit zurück bis hinter die Somme. Bis zum 26. März waren die Deutschen 32 km vorgedrungen und zwangen Haig und die verbleibenden britischen Truppen, nach Amiens zurückzufallen. Gleichzeitig bot ein Durchbruch bei Bapaume den Deutschen die Möglichkeit, einen Keil zwischen Briten und ihre französischen Alliierten im Süden zu treiben.

Wechsel an der Spitze

Am 26. März kamen ranghohe französische und britische Politiker und Offiziere in Doullens zusammen. Der französische Staatspräsident Raymond Poincaré und Premierminister Georges Clemenceau waren ebenfalls anwesend. Alfred Milner vom britischen Kriegskabinett vertrat Premierminister David Lloyd George. Unter den militärischen Befehlshabern befanden sich auch die französischen Generäle Philippe Pétain und Ferdinand Foch, während Douglas Haig die britische Delegation anführte. Die Konferenz kam überein, dass Foch den Oberbefehl über die gesamten alliierten Streitkräfte übernahm. Haig zweifelte bekanntermaßen an Fochs Eignung, und die Ernennung war sehr wahrscheinlich ein Affront Lloyd Georges, der an Haigs Fähigkeiten zweifelte. Der britische Befehlshaber musste die Entscheidung aber schlucken. Es war ihm wichtiger, dass die Konferenz auch beschlossen hatte, französische Verstärkung für die Briten bei Amiens zu entsenden.

Ziel Amiens

Ermutigt durch den Erfolg seiner Truppen, setzte Ludendorff ihnen neue Einsatzziele, und so erhielt die bislang nur angedachte Einnahme von Amiens Priorität. Die am 26. März erstmals eingesetzten britischen Whippet-Panzer überraschten die Deutschen bei Colincamps, 35 km nordwestlich von Amiens, aber ihre Wirkung blieb räumlich eng begrenzt.

Weiter im Süden gab die britische Front bei Bray-sur-Somme

Um den Stillstand des Grabenkriegs zu durchbrechen, wurden Soldaten an Handgranaten, Gewehren und Pistolen ausgebildet, um auf Feindgebiet einzusickern und Panik zu erzeugen.

Das Paris-Geschütz

Ende März standen die Deutschen immer noch 120 km von Paris entfernt, aber ihr Paris-Geschütz, auch »Kaiser-Wilhelm-Rohr« genannt, hatte eine Reichweite von 130 km. Das 232 t schwere Geschütz feuerte aus einem 21 m langen Rohr 106-kg-Granaten, deren Flugbahn eine Scheitelhöhe von 42 km erreichen konnte. Auf diese Distanz beeinflusst die Erdrotation die Flugbahn und musste bei der Zielberechnung mit einkalkuliert werden. Aber auch dann war die Treffgenauigkeit gering, doch das spielte angesichts der psychologischen Wirkung keine große Rolle. Das Geschütz war so weit vom Ziel entfernt, dass die Pariser den Abschuss auf keinen Fall hören konnten und von der aus blauem Himmel fallenden Granate völlig überrascht wurden.

Zwischen März und August 1918 feuerten die Paris-Geschütze von einem Hügel bei Crépy, 120 km südöstlich von Paris, 320 Granaten auf die Stadt und töteten 250 Menschen.

nach, während französische Divisionen um Roye sich zurückziehen mussten. Die Deutschen nahmen die Stadt schnell ein. Sie erreichten über Nacht Albert und standen am nächsten Tag vor Rosières-en-Santerre, nur 30 km östlich von ihrem Ziel Amiens entfernt.

Das Unternehmen Michael hatte große Geländegewinne gebracht, aber die Deutschen hatten Amiens noch lange nicht eingenommen und verloren nun an Schwung. Da die Alliierten sich gut eingegraben hatten, änderten die Deutschen ihre Ziele erneut. Am 28. März befahl Ludendorff den Mars-Angriff. Die 17. Armee stieß beiderseits des Flusses Scarpe bei Arras vor, um die dort stehenden Briten zu überwinden, die weiter südlich stehenden Alliierten vom Nachschub abzuschneiden und damit den Druck von den Hauptangriffen des Unternehmens Michael zu nehmen.

Der Angriff war zwar gewaltig, aber letztlich erfolglos. Der Eröffnungsbeschuss konnte die britische Artillerie nicht ausschalten, die daraufhin die deutsche Infanterie massiv aufhielt. Die Offensive brach am ersten Tag in sich zusammen und stellte alle Errungenschaften des Unternehmens Michael infrage.

Als seine Truppen am 5. April bei Villers-Bretonneux zurückgeschlagen wurden, musste Ludendorff sich eingestehen, dass das Unternehmen gescheitert war. Er hatte beinahe den wichtigen Eisenbahnknoten wenige Kilometer vor Amiens eingenommen, aber der Widerstand der britischen 3. und 5. Armee, im letzten Augenblick unterstützt durch die Infanteristen der australischen 15. Brigade, stoppte den deutschen Angriff.

» Wir erreichten den Stacheldraht, unser Ziel … Der Drahtverhau war komplett zerstört. Da war auch kein Graben mehr, nur ein Krater neben dem anderen. «

Gefreiter Paul Kretschmer
Deutsches 28. Pionier-Bataillon

Neubewertung

Selbst jetzt hatte Ludendorff noch Optionen, auch wenn keine den ursprünglich geplanten vernichtenden Schlag gegen die Alliierten versprach. Es war ein Indiz für seine schwindenden Kräfte, dass er den ursprünglich als Unternehmen Georg geplanten Angriff nun in reduzierter Form als »Georgette« durchführen wollte. Ihm stand immer noch eine beachtliche Streitmacht der 35 Divisionen seiner 4. und 6. Armee mit rund 612 000 Mann zur Verfügung, allesamt erfahrene Soldaten, die sich in den Anfangstagen des Unternehmens Michael so erfolgreich gezeigt hatten.

Am frühen Morgen des 7. April stießen Ludendorffs Truppen nach schwerem Artilleriefeuer Richtung Westen über das Tal der Lys vor. Am nördlichen Rand ihrer Angriffslinie lagen die Überreste Yperns. Wie frühere Angriffe in diesem Raum sollte auch dieser die Briten aus der Stadt vertreiben und sie an die Kanalküste zurückdrängen, um die Franzosen zu isolieren.

Ein britischer Rückzug an die Küste war durchaus denkbar. Michael mochte gescheitert sein, »

Deutsche Sturmpanzerwagen A7V während des Unternehmens Michael. Das relativ ebene Terrain der Region machte erstmals Panzergefechte möglich.

aber der Feind schwächelte. Douglas Haig konnte seinen Truppen am 11. April wenig Mut spenden: Sie kämpften nach seinen Worten buchstäblich »mit dem Rücken zur Wand«. Im Norden der britischen Linien warteten die belgischen Verbündeten, die versuchten, ihr bereits erobertes Land zu verteidigen, im Süden standen zwei ausgelaugte und desinteressierte portugiesische Divisionen.

Der Georgette-Angriff schlug eine Bresche in die Linien der Alliierten, scheiterte aber letztlich genau wie Michael. Auch hier wussten die Briten keine Antwort auf die deutschen Sturmtruppen, und auch hier konnten die Angreifer keinen Gewinn daraus ziehen.

Der letzte deutsche Angriff erfolgte im Süden gegen die Portugiesen, deren Widerstand schnell zusammenbrach. Als die unmittelbar im Norden stehende britische 40. Division sich zurückzog, brach der ganze Frontabschnitt zusammen. Weiter im Norden aber hielten die verbliebenen Briten und Belgier stand. Als der deutsche Angriff die Lys erreichte, ging ihm die Luft aus. Nachdem sie die britische Frontlinie durchbrochen hatten, standen die deutschen Soldaten den ihnen nominell unterlegenen Reserveeinheiten gegenüber. Diese aber erwiesen sich den erschöpften Angreifern mehr als gewachsen.

Bei Kampfhandlungen am 24.–27. April bei Villers-Bretonneux kam es zum ersten Mal in der Militärgeschichte zu einem Panzergefecht, bei dem 13 deutsche Sturmpanzerwagen A7V auf drei britische Mark IV und eine Gruppe leichterer Whippets trafen. Kampfentscheidend war allerdings der Kampf Mann gegen Mann der Infanteristen. Australische und französisch-marokkanische Truppen überstanden einen Angriff mit Senfgas, bevor sie in dreitägigem erbitterten Kampf die deutsche 2. Armee zurückschlugen.

Erneute deutsche Vorstöße

Ein Monat verging, bevor Ludendorff seine Offensive wieder aufnehmen konnte. Das Primärziel

Die Infanteristen des portugiesischen Expeditionskorps erlitten beim deutschen Georgette-Angriff schwere Verluste.

Portugiesische Truppen

Viele britische und französische Soldaten verachteten ihre portugiesischen Verbündeten, die als faul, unmotiviert und sogar feige galten. Das war zum Teil der üblichen Herablassung der Nordeuropäer gegenüber ihren südlichen Nachbarn geschuldet und wurde durch den offenen Rassismus gegenüber den Schwarzen Soldaten aus den portugiesischen Kolonien noch verstärkt.

Tatsächlich war Portugal nur ungern in den Ersten Weltkrieg eingetreten. Das 1914 noch neutrale Land hatte unter den deutschen U-Boot-Angriffen auf seine Handelsrouten gelitten und stand mit den Deutschen an der Grenze zwischen Angola und Deutsch-Südwestafrika im Konflikt. Letzten Endes war es aber Deutschland, das Portugal 1916 den Krieg erklärte.

Die schlecht bezahlten, schlecht versorgten und – in späteren Phasen – oft führungslosen portugiesischen Soldaten sahen nur wenig Anlass, ihr Leben zu riskieren.

des Blücher- und Yorck-Angriffs (27. Mai–6. Juni) war die französische 6. Armee unter General Denis Auguste Duchêne. Unterstützt von einem Teil des britischen IX. Korps, standen die Franzosen entlang des Höhenzugs Chemin des Dames zwischen den Flusstälern von Aisne und Ailette. Um diesen Höhenzug, der zwischen den Deutschen und Paris lag, waren schon zwei Schlachten geschlagen worden, auch wenn Ludendorff seinen Hauptvorstoß auf ebenerem Gelände weiter nördlich plante.

Ludendorff ordnete einen Angriff mit 20 Divisionen der 1. und 7. Armee an. Da es in diesem Abschnitt in den letzten Monaten ruhig geblieben war, wurden die Franzosen und Briten von der Attacke überrascht.

Duchênes strategischer Fehler

Für Duchêne, der in der Zweiten Schlacht an der Aisne im Vorjahr geholfen hatte, den Höhenrücken von den Deutschen zurückzuerobern, war der Chemin des Dames ein hart erkämpfter Preis, und er war bereit, ihn bis zum letzten Mann zu verteidigen. Er stellte Franzosen und Briten entgegen Pétains Befehl, in der Tiefe zu verteidigen, in einer einzigen gemeinsamen Verteidigungslinie auf. Dadurch forderte der plötzliche deutsche Beschuss, gefolgt von einem ebenso tödlichen Gasangriff, am 27. Mai einen hohen Blutzoll. Über die nächsten wenigen Tage hinweg verloren die Franzosen 98 000 Mann, die Briten 29 000. Die Deutschen hatten ähnlich hohe Verluste, gewannen aber an Boden und standen 55 km näher an Paris. Duchêne wurde seines Kommandos enthoben, und Ludendorff versuchte, Kapital aus seinem Sieg zu schlagen.

» Wir standen also endlich dem Feind gegenüber! Zum ersten Mal in der Geschichte traf Panzer auf Panzer! «

Frank Mitchell
Britischer Panzerkommandant

Die deutsche Operation Gneisenau (8.–11. Juni) war anfangs erfolgreich, aber der französische General Charles Mangin erwies sich als deutlich fähiger als sein Vorgänger Duchêne. Die Deutschen überstreckten ihre Kräfte, und die Franzosen konnten einen erfolgreichen Gegenangriff starten.

Ein letzter Versuch

Ludendorff unternahm einen letzten Zug, indem er versuchte, die Alliierten nach Süden zu ziehen und ihre Front mit einem zweigleisigen Angriff aufzureißen, mit dem er die Stadt Reims einkesseln und einnehmen wollte.

Der deutsche Befehlshaber war optimistisch: Die Alliierten hatten nach wie vor seinen Sturmtruppen nichts entgegenzusetzen, die er erneut im Unternehmen Marneschutz-Reims einsetzen wollte. Seine Truppen aber waren erschöpft, stark reduziert und demoralisiert. Dazu kam wachsender Unmut über magere Rationen aufgrund der alliierten Seeblockade. So erschöpft sie auch waren, konnten die Alliierten zumindest ausreichend essen und trinken. Zudem trafen mittlerweile die Amerikaner in großer Stärke ein. ■

Der Angriff auf Zeebrügge und Ostende

Ungeachtet der alliierten Seeblockade erreichten Ende 1917 weiterhin Handelsschiffe Deutschland, und die U-Boote versenkten nach wie vor alliierte Schiffe. Anfang 1918 beschloss die Royal Navy einen Angriff auf Zeebrügge, das über einen Kanal mit dem 12 km landeinwärts liegenden Brügge mit seiner großen U-Boot-Basis verbunden war.

Der Kreuzer HMS *Vindictive* sollte sich hinter einem Rauchvorhang annähern und an der Hafenmole ankern, sodass Landungstruppen an Land gehen und die Molenbatterien zerstören konnten. Drei alte Kreuzer sollten in den Ausgängen des Seekanals versenkt werden. Der Angriff begann in der Nacht des 23. April, musste aber abgebrochen werden, als ein Windstoß den Rauchvorhang wegblies und die Angreifer enthüllte. Bei der gescheiterten Aktion kamen 200 Mann ums Leben, 365 wurden verwundet.

Die Blockadeschiffe wurden an der falschen Stelle versenkt, und die Deutschen konnten sie nach wenigen Tagen räumen.

WOLLT IHR EWIG LEBEN?

DIE SCHLACHT IM WALD VON BELLEAU (1.–26. JUNI 1918)

IM KONTEXT

SCHWERPUNKT
Alliierte Zusammenarbeit

FRÜHER
April 1917 Die USA erklären Deutschland den Krieg. Dort erwartet man offenbar nicht, dass sie sich an der alliierten Offensive beteiligen, und beschleunigt weder Rekrutierung noch Ausbildung.

Oktober 1917 Erste amerikanische Divisionen kämpfen bei Nancy an der Westfront.

März 1918 Nach dem Frieden von Brest-Litowsk mit Russland kann Deutschland viele Truppen an die Westfront verlegen.

SPÄTER
Juli 1918 Die neue Offensive von General Erich Ludendorff führt zur Zweiten Schlacht an der Marne.

September 1918 John J. Pershing beginnt die erste Operation unter Führung der USA am Bogen von Saint-Mihiel.

Nach dem Rückzug Russlands im März 1918 konnten die Deutschen 33 Divisionen von der Ostfront an die Westfront verlegen. Dank dieser Verstärkung war es möglich, eine Frühjahrsoffensive zu beginnen – die Operation Michael, mit Vorstößen nach Westen und Nordwesten Richtung Paris, Amiens und zu den Kanalhäfen.

Am 27. Mai standen die Deutschen erstmals amerikanischen Truppen gegenüber: Teile der 1. Division der US Army kämpften an der Seite der Franzosen in Cantigny, 32 km südöstlich von Amiens.

» Wir brauchen Unterstützung, aber sie hierher zu holen grenzt an Selbstmord, da wir von Maschinengewehrfeuer überzogen werden. «

Clifton B. Cates
Oberleutnant, US Marine Corps

Der französische Oberkommandeur Philippe Pétain bat die USA um weitere Unterstützung, und General John J. Pershing, Kommandeur der American Expeditionary Forces (AEF), entsandte die 2. und 3. Division. Weiter südlich, bei Château-Thierry an der Marne, verstärkte die 3. Division französische Kolonialtruppen aus dem Senegal. Am 31. Mai gelang es ihnen, den deutschen Vorstoß zu stoppen.

Die Marines gehen voran

Die Deutschen nahmen den Weg durch den Wald von Belleau. Dort wehrten die 2. US-Division und eine Brigade der Marines zusammen mit ihren französischen Kollegen einen deutschen Großangriff ab. Als die französischen Truppen bereits den Rückzug antraten, hielten die Amerikaner stand und schlugen den deutschen Vorstoß am 4. Juni zurück.

Schmerzliche Defizite

Nachdem den Deutschen der Durchbruch verwehrt geblieben war, verlor ihr Vorstoß an Schwung, und die französischen und amerikanischen Truppen begannen einen Gegenangriff. Am 6. Juni griffen die US-Marines und die

Siehe auch: Die USA und der Erste Weltkrieg 134–135 ▪ Kriegseintritt der USA 194–195 ▪ Die USA stimmen sich auf Krieg ein 196–197 ▪ Die Schlacht von Saint-Mihiel 278–279 ▪ Die Maas-Argonnen-Offensive 280–283

Schützen der 23. US-Infanterie im Wald von Belleau. Das 37-mm-Infanteriegeschütz konnte bis zu 35 Schuss pro Minute abgeben.

britische 3. Infanteriebrigade im Wald von Belleau an. Die begrenzte Erfahrung der Marineinfanteristen machte sich jedoch bald bemerkbar: Sie verfügten nicht über die ausgefeilten Taktiken, die britische und französische Infanteriesoldaten im Laufe des Konflikts erlernt hatten, ihre Artillerie und Infanterie waren nicht aufeinander abgestimmt. Als die US-Infanterie in Wellen vorrückte, füllten sich die Felder bald mit Toten und Verwundeten: Die Marines zählten am ersten Tag mehr als 1000 Verluste. Sie gaben jedoch nicht auf, und im Nahkampf gelang es ihnen oft, die deutschen Verteidigungslinien im Wald von Belleau zu durchbrechen.

Die »Teufelshunde«

Die Schlacht zog sich über 20 Tage, bis die amerikanischen Truppen am 26. Juni den Wald von Belleau einnahmen. Dieser Sieg markiert einen Wendepunkt im Kriegsgeschehen. Den Deutschen war der Kampfgeist ihres neuen Gegners nicht verborgen geblieben, insbesondere der US Marines, die sich den Spitznamen »Teufelshunde« erwarben. Vor allem ihrem Einsatz ist es zu verdanken, dass der deutsche Vormarsch gestoppt wurde. Da im Juli mehr als eine Million US-Soldaten in Frankreich waren und jeden Monat Hunderttausende hinzukamen, gab es für die Deutschen keine realistische Chance mehr, den Krieg zu gewinnen. ▪

James Harbord

Der 1866 in Bloomington (Illinois) geborene James Harbord galt als einer der einflussreichsten amerikanischen Offiziere des frühen 20. Jahrhunderts. Das ist umso bemerkenswerter, als die Militärakademie West Point ihn abgewiesen hatte. Nach kurzer Tätigkeit als Lehrer trat er 1889 in die US Army ein und diente sich dann durch die Ränge nach oben.

Harbord diente 1917 als Stabschef der AEF und schickte eine große Zahl von US-Soldaten an die Westfront. Im Frühjahr 1918 übernahm er das Kommando über die 4. Brigade der Marines, die sowohl bei Château-Thierry als auch im Wald von Belleau erfolgreich kämpfte. Nach diesem Erfolg wurde er mit der Organisation des Nachschubs und der Truppenbewegungen der AEF betraut, was als das größte Unternehmen galt, das je von einem einzelnen Menschen durchgeführt wurde. Für seine effiziente Organisation erhielt Harbord viel Lob und die Distinguished Service Medal. Er verließ die Armee 1922, um eine zivile Laufbahn zu beginnen. Harbord starb 1947.

DAS STARKE UND MUTIGE HERZ FREIER MÄNNER SCHLÄGT IN EURER BRUST

DIE ZWEITE SCHLACHT AN DER MARNE (15.–18. JULI 1918)

IM KONTEXT

SCHWERPUNKT
Strategische Fehlschläge

FRÜHER
September 1914 Nach der schnellen Abkehr vom Schlieffenplan, der einen raschen Sieg herbeiführen sollte, erleiden die Deutschen in der Ersten Schlacht an der Marne eine Niederlage.

März–April 1918 Die deutsche Frühjahrsoffensive, anfangs als brillante Strategie gepriesen, kann die Pattsituation an der Westfront nicht aufbrechen.

SPÄTER
August–November 1918 Die Hunderttageoffensive der Alliierten beendet den Krieg.

1941/42 Trotz vieler taktischer Siege führt Hitlers Entscheidung, den Krieg an drei Fronten zu führen, für die Nazis letztlich in die Katastrophe.

Die letzte deutsche Offensive an der Westfront, die Zweite Schlacht an der Marne, hätte sich in die Folge der deutschen Siege 1918 einreihen können. Stattdessen endete sie dank exzellenter französischer Führung, frischer amerikanischer Truppen und strategischer Blindheit bei Erich Ludendorff, dem Chefstrategen des deutschen Oberkommandos, in einer Niederlage.

Eine Reihe von Offensiven

Mit Ludendorffs Frühjahrsoffensive sollte der Sieg in greifbare Nähe rücken, aber jede der vier Operationen scheiterte. Alle dienten dem Ziel, durch einen Angriff in Flan-

Siehe auch: Die Erste Schlacht an der Marne 64–69 ▪ Der Gallipoli-Feldzug 122–129 ▪ Die Frühjahrsoffensive 260–267 ▪ Die Schlacht im Wald von Belleau 268–269

Der bevorstehende **Kriegseintritt der USA** zwingt die Deutschen zu **einem neuen Vorstoß,** um einen schnellen Sieg zu erringen.

↓

Ludendorff durchbricht den **Soissons-Bogen** und gibt vor, auf Paris zu ziehen, um die **Alliierten** aus Flandern wegzulocken.

↓

Foch durchkreuzt Ludendorffs Strategie. Durch kühne Gegenoffensiven ändert er das Gleichgewicht der Kräfte.

dern, die Operation Hagen, Großbritannien zu besiegen und einen Friedensvertrag abzuschließen, bevor massenhaft amerikanische Soldaten in Europa eintrafen.

Die beiden ersten Operationen 1918 – Michael und Georgette – richteten sich direkt gegen die britischen Truppen. Frankreich hatte nördlich der Somme große Reserven zusammengezogen, um die Briten zu unterstützen. Die dritte deutsche Operation richtete sich daher gegen den französischen Sektor, um diese Reserven abzulenken und gleichzeitig die eigenen Kräfte heimlich aufzustocken. Es gelang den Deutschen, Soissons einzunehmen und Paris zu bedrohen, aber die französischen Reserven blieben nördlich der Somme.

Der Frontbogen

Ludendorff hatte nun einen riesigen Frontbogen zu versorgen und gegen französische Truppen und die stetig zunehmenden US-Streitkräfte zu verteidigen. Die einzige Eisenbahnlinie funktionierte nicht, sodass seine Soldaten dort bald ohne Nahrung und Munition dastehen würden. Nur die Südseite des Bogens lag an der Marne, die beiden anderen Flanken waren ungeschützt.

Es gab immer weniger Verstärkung für die deutschen Reihen, wo die Unzufriedenheit zunahm; außerdem setzte ihnen die Grippeepidemie zu, und täglich trafen neue US-Truppen ein. So blieb Ludendorff keine andere Wahl, als eine fünfte Operation (die vierte war gescheitert) an der Marne zu beginnen. Der Angriff musste stark genug sein, um die französischen Reserven abzulenken.

Foch greift ein

Die deutschen Geländegewinne an der Front erstreckten sich 40 km südlich von Soissons, bis Château-Thierry am Südufer der Marne. Der Bogen war ein wenig breiter als tief. Er umfasste offenes, teilweise bewaldetes landwirtschaftlich genutztes Gebiet mit kleinen »

Ferdinand Foch

Die Karriere des 1851 in Tarbes (Frankreich) geborenen Ferdinand Foch verlief zunächst in konventionellen Bahnen, zwischen Feldkommandos und Militärakademien. Er verstand es nicht nur zu kämpfen, er galt auch als Stratege, der neue Ideen auf das Schlachtfeld brachte. 1917 wurde er Chef des französischen Generalstabs. Foch verfügte ebenso über diplomatische Fähigkeiten – im Oberkommando der Alliierten, zwischen unterschiedlichen Persönlichkeiten aus vier Nationen von unschätzbarem Wert.

Ende März 1918, als die Frühjahrsoffensive den Deutschen den Sieg zu bringen drohte, wurde Foch zum Oberbefehlshaber der Alliierten ernannt. Nach seinem Erfolg in der Zweiten Schlacht an der Marne stieg er zum Marschall von Frankreich auf und wurde mit der Planung einer großen Offensive betraut, die letztlich den Alliierten den Durchbruch brachte. Innerhalb von nur sechs Monaten schaffte Foch die Wende, und ihm wird allgemein die Entwicklung der Strategie zugeschrieben, die zum Sieg der Alliierten führte. Er starb 1929 und wurde im Invalidendom bestattet.

Dörfern, das den Alliierten sehr vertraut war, weil sie erst kurz zuvor von dort verdrängt worden waren.

Anfang Juli begann der Oberste Befehlshaber der Alliierten, Ferdinand Foch, mit der Ausarbeitung eines Plans. Der Eisenbahn- und Straßenknotenpunkt Soissons war von Westen aus leicht zu erreichen, ebenso wie die Hauptstraße nach Château-Thierry, nur 13 km hinter der Front. Ein Durchbruch in der Nähe von Soissons bot gute Aussichten, die deutschen Divisionen in ihrem Frontbogen einzukesseln und zu vernichten.

Foch hatte Schwierigkeiten, den französischen Oberkommandeur Philippe Pétain und John J. Pershing, der die American Expeditionary Forces (AEF) führte, von seinem Plan zu überzeugen, aber der Zufall kam ihm zu Hilfe. Bei einem Angriff auf die deutschen Gräben waren einige Gefangene gemacht worden, die man verhört hatte. Man wusste nun, dass die Deutschen einen Angriff vorbereiteten, der den Codenamen »Marneschutz-Reims« trug, er wurde aber auch »Friedenssturm« genannt, da die Planung davon ausging, dass es sich um den letzten Angriff des Kriegs handeln würde. Die französisch-amerikanischen Streitkräfte waren gewarnt.

Offiziere der 62. Division der britischen Armee beraten mit ihren französischen und italienischen Kollegen in der Schlacht von Tardenois, der alliierten Gegenoffensive an der Marne.

Ludendorffs Strategie

Mit dem Friedenssturm verfolgten die Deutschen drei Ziele: Zunächst wollte man Reims in die Zange nehmen. Dann würde die Offensive einen Angriff auf Paris vortäuschen, um die französischen Reserven zu zwingen, die Somme zu überqueren und um die Hauptstadt zu kämpfen. Andere Divisionen sollten in der Champagne durchbrechen, Châlons-sur-Marne, Épernay und den Argonner Wald überrennen und Verdun einrahmen. Das sollte alle verfügbaren alliierten Kräfte anziehen und die britische Front im Norden verwundbar machen. Ludendorff plante, alle 52 Divisionen, die er in Reserve hatte, für den Friedenssturm einzusetzen.

Der deutsche Angriff sollte am 15. Juli um 12.10 Uhr beginnen, aber bereits um 11.30 Uhr begannen französische Batterien, die Kolonnen der Angreifer mit Granatfeuer zu überziehen. Das folgende dreistündige deutsche Bombardement, das auch Giftgas enthielt, zerschlug die erste französische Linie. Die anrückenden Angreifer waren nicht überrascht, dort auf keinen Widerstand zu stoßen – doch dann mussten sie feststellen, dass die Franzosen ihre Stellungen planvoll geräumt hatten und sich 5 km entfernt sammelten. So gelang es ihnen, den deutschen Angriff von Nordosten in Richtung Champagne entlang einer 32 km langen Front noch am selben Tag zurückzuschlagen.

Gescheiterte Pläne

Der Ausbruch aus dem Frontbogen wurde im Nahkampf geführt. Sturmtruppen überquerten die Marne auf Booten, Flößen und Behelfsbrücken und errichteten einen Brückenkopf am Südufer. Heftige Kämpfe entbrannten, wobei die 3. US-Division fast eingekreist wurde, aber sie hielt stand.

Währenddessen hatte Foch die besorgten Pariser beruhigt und veranlasst, dass die französischen Reserven nördlich der Somme blieben. Trotz der Vergrößerung des Frontbogens um 32 km brach das deutsche Oberkommando die Offensive bereits nach zwei Tagen

Unterstützung aus Siam

Eine der »assoziierten Nationen« aufseiten der alliierten Mächte schickte 1918 ebenfalls ein Expeditionskorps an die französische Front, dessen Abteilungen jedoch erst nach Ende der Kämpfe an der Marne eintrafen. Das Königreich Siam (Thailand), das den uneingeschränkten U-Boot-Krieg ablehnte, hatte Deutschland 1917 den Krieg erklärt. Für König Vajiravudh war das keine leere Geste: Er wollte, dass die siamesische Flagge auf den Schlachtfeldern des Ersten Weltkriegs weht und seine kleine Armee sich in einem modernen Kampf bewährt.

Am 30. Juli 1918 trafen mehr als 1200 siamesische Offiziere und Soldaten in Marseille ein, die jedoch nicht für den Kampf an der Front bestimmt waren. Ab Oktober war ein Autokorps in Châlons-sur-Marne mit dem Transport von Männern und Material beschäftigt. Es unterstützte auch die Versorgung der AEF während der Meuse-Argonnen-Offensive. Später beteiligten sich die Siamesen an der Besetzung des Rheinlands.

ab. Sie war ein verlustreicher Fehlschlag. Ludendorff begann, Männer und schwere Artillerie aus dem Frontbogen nach Norden zu verlegen, um den britischen Streitkräften in Flandern den Todesstoß zu versetzen. Bald musste auch dieser Plan aufgegeben werden.

Alliierter Gegenschlag

In den Tagen vor Beginn der deutschen Offensive, während Ludendorff seine Männer nach Norden verlegte, setzte Foch an der Marne seinen eigenen Plan in die Tat um. An der Front westlich von Soissons schien alles ruhig zu sein. Nach Einbruch der Dunkelheit regte sich jedoch Betriebsamkeit, was die zahlreichen US-Soldaten, die in den Sektor verlegt wurden, verwirrte, denn nicht einmal die Offiziere wussten, was vor sich ging.

Foch plante, beide Flanken des Frontbogens anzugreifen, den Hauptangriff führte die 10. Armee unter General Charles Mangin südlich von Soissons, um die Straßen- und Eisenbahnverbindung zu unterbrechen. Mangins Speerspitze bestand aus der 1. und 2. US-Division, die erfahrensten der 26

> In diesen drei Tagen wurde über die Geschichte der Welt entschieden.

amerikanischen Divisionen, die sich in Frankreich befanden. Angeführt wurde die Speerspitze jedoch von der 1. marokkanischen Division, die zum Teil aus senegalesischen Truppen bestand. Zu den alliierten Streitkräften, die sich entlang der Süd- und Ostseite des Bogens formierten, gehörten zwei große französische Armeen, die 42. Division der USA sowie italienische und britische Divisionen.

Am 17. Juli wurde der Friedenssturm gestoppt, am frühen Morgen des nächsten Tages begann die alliierte Speerspitze, die deutschen Stellungen zu stürmen. Es gab kein vorbereitendes Bombardement, nur ein springendes Sperrfeuer. Hunderte französische Panzer rückten vor, gefolgt von Massen alliierter Flugzeuge, die Bomben auf die deutschen Verteidiger regnen ließen. Foch hatte die deutsche Strategie geschickt umgedreht: Während er seine eigenen Reserven nördlich der Somme zurückhielt, wurden sieben deutsche Divisionen der Operation Hagen herangezogen, um seinen Angriff zu stoppen.

Der Anfang vom Ende

In diesem Abschnitt der Westfront gab es nur rudimentäre Feldbefestigungen, sodass die Alliierten überall kämpften, wo ein Maschinengewehr aufgestellt werden konnte, in Wäldern und Feldern, vor Bauernhöfen und Dörfern. Die Verluste waren auf beiden Seiten hoch – mehr als 300 000 Männer wurden getötet, verwundet oder gefangen genommen. Doch die Alliierten waren nicht aufzuhalten. Innerhalb von 48 Stunden hatte die Speerspitze die Straße und die Eisenbahnlinie erreicht, ihre Hauptziele. Innerhalb einer Woche war fast die Hälfte des Frontbogens geräumt.

Am 6. August verlief die Front fast wieder dort, wo die Deutschen den Ausbruch begonnen hatten. Zwei Tage später folgte der britische Durchbruch bei Amiens – der erste der Hunderttageoffensive, die den Krieg im November beendete. Dank Fochs Gegenoffensive konnte die Operation Hagen nicht durchgeführt werden. ■

Französische 75-mm-Feldgeschütze werden vor der Zweiten Schlacht an der Marne im Juli 1918 auf deutsche Stellungen ausgerichtet.

AM WENDE-PUNKT DES KRIEGES

DIE SCHLACHT BEI AMIENS (AUGUST 1918)

IM KONTEXT

SCHWERPUNKT
Vormarsch der Alliierten

FRÜHER
März 1918 General Erich Ludendorff befiehlt die deutsche Frühjahrsoffensive.

April 1918 Die Spanische Grippe wütet in der kriegsmüden deutschen Armee.

Juli 1918 Nach der Niederlage in der 2. Schlacht an der Marne verwirft Ludendorff Pläne einer weiteren Marne-Offensive.

SPÄTER
September 1918 Ludendorff ordnet den Rückzug hinter die Siegfriedlinie an.

October 1918 Reichskanzler Max von Baden schreibt US-Präsident Wilson, Deutschland akzeptiere die 14 Punkte.

November 1918 Kaiser Wilhelm II. dankt ab.

Seit mit dem Unternehmen Michael das erste Stadium der deutschen Frühjahrsoffensive Anfang April 1918 zum Erliegen gekommen war, hatte sich die Situation um Amiens kaum verändert. Die Briten waren eingegraben: Feldmarschall Douglas Haig plante, von Amiens aus eine Offensive zu starten, die von General Henry Rawlinsons 4. Armee angeführt wurde. Unter größter Geheimhaltung hatte er dafür Truppen zusammengezogen.

Rawlinsons 4. Armee war nicht nur zahlenmäßig stark, sondern verfügte neben 1900 britischen und französischen Flugzeugen auch über 2000 Gewehre, 342 Panzer

Siehe auch: Die Schlacht an der Somme 172–179 ▪ Die Schlacht von Cambrai 237 ▪ Die Frühjahrsoffensive 260–267 ▪ Die zweite Schlacht an der Marne 270–273

Mark IV und Mark V und 72 leichte Whippets (Panzer Mark A). Die zehn deutschen Divisionen der 2. Armee unter General Georg von der Marwitz lagerten östlich der Stadt, waren aber dezimiert, und ihre Moral war geschwächt. Im Anbetracht des Siegs französischer und amerikanischer Kräfte über die Truppen von General Erich Ludendorff in der zweiten Schlacht an der Marne erschien ihre Position noch prekärer.

Der Nebel des Kriegs

Alles deutete darauf hin, dass die Deutschen nichts von Haigs Plänen wussten, wie der britische Kommandeur in seinem Tagebuch in der Nacht zum 7. August schrieb. Dennoch muss von der Marwitz geahnt haben, dass es nur eine Frage der Zeit war, bis die Alliierten wieder in die Offensive gingen.

Am 8. August lief die Zeit für von der Marwitz ab. Eine plötzliche Feuerwalze um 4.20 Uhr morgens, dicht gefolgt von vorrückenden Soldaten, war alles, was die Deutschen als Warnung erhielten. Nicht dass von der Markwitz' Truppen sie hätten sehen können. Statt des üblichen Morgendunsts herrschte dichter Nebel, die Sicht betrug nur wenige Meter. Dies war auch ein Problem für die Angreifer. Sie konnten ihre Kameraden kaum sehen und die Panzer vor ihnen nur hören.

Zum Glück für die Alliierten versuchten die Deutschen sich hektisch zu organisieren, sodass sie nur sporadisch von Maschinengewehrfeuer empfangen wurden. Auch ließ der dichte Nebel kein genaues Zielen zu. Das meiste Feuer bekamen die Panzer ab, die die Stacheldrähte niederwalzten. Die ihnen folgenden britischen Soldaten und Truppen aus dem Empire liefen über eine 15–20 cm dicke Matte aus verworrenem und platt gewalztem Stacheldraht.

Die Franzosen warteten rund eine Stunde, bevor sie ihren Vorstoß begannen. Ohne Panzer benötigten sie ein längeres Bombardement, um die Deutschen Stellungen zu schwächen und den sie schützenden Stacheldraht zu durchtrennen. Sie hatten ihren britischen Verbündeten aber den ››

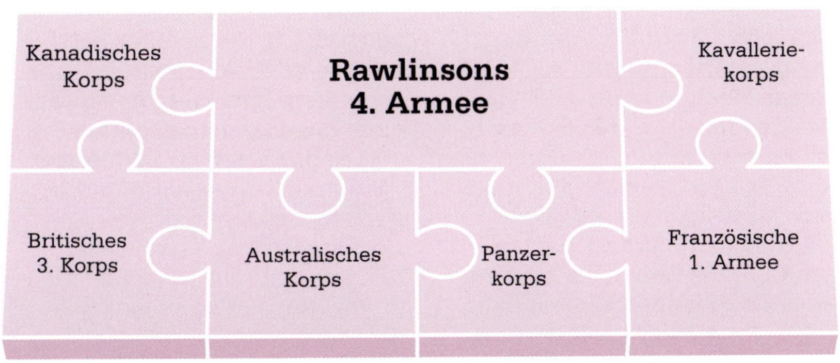

Douglas Haigs Plan zur Truppenverstärkung verdoppelte die Divisionen der britischen 4. Armee von sieben auf 14. Dazu gehörten britische, australische und kanadische Truppen. Die französische 1. Armee unter Befehl von General Marie-Eugène Debeney unterstützte diesen Verband.

John Monash und das australische Korps

John Monash wurde 1865 als Sohn jüdischer Eltern in Melbourne geboren und arbeitete bis zum Ausbruch des Kriegs als Ingenieur, war aber als Student 1884 auch der Reserve der australischen Armee beigetreten. Er stieg schnell auf und erhielt 1912 den Befehl über die 13. Infanteriebrigade, die bis zum Krieg eine Reserveeinheit blieb.

Monash nahm an der Schlacht von Gallipoli teil und diente am Suezkanal, bevor er mit seinen Männern an die Westfront verlegt und zum Generalmajor befördert wurde. Er tat sich während der deutschen Frühjahrsoffensive 1918 besonders hervor. Im Juni wurde er zum Generalleutnant befördert und erhielt das Kommando über das australische Korps, fünf Divisionen mit über 100 000 Soldaten. Der Sieg in Amiens war der erste in einer Reihe von Erfolgen des australischen Korps in der Hunderttageoffensive.

1918 wurde Monash noch in Frankreich zum Ritter geschlagen. Nach seinem Tod 1931 erhielt er ein Staatsbegräbnis.

Vorteil des Überraschungsangriffs nicht nehmen wollen.

An einigen Stellen reagierten die Deutschen schneller. Manche alliierten Einheiten hatten Probleme durchzubrechen. Um 7.30 Uhr gelang es den Briten aber, die erste Verteidigungslinie im Zentrum der Deutschen zu durchbrechen und eine Bresche zu schlagen, durch die Kavallerie und Whippet-Panzer die Stellungen der Etappe einnehmen konnten, die in einiger Entfernung zur Front lagen (»Wir sind einfach gerade durchgefahren«, erinnerte sich Ralph Conney vom Panzerkorps später). Dahinter folgten weitere Infanteriekräfte. Am Himmel kreuzten die Flieger der RAF und bombardierten die gegnerische Artillerie und Maschinengewehrnester. Solch geballte Feuerkraft von Artillerie, Panzern, Fliegern und Infanterie war noch nie zum Einsatz gekommen und bot nun einen Ausblick in die Zukunft des Bodenkriegs.

Die **Blockade der Alliierten** legt die **deutsche Wirtschaft** lahm und sorgt für allgemeine **Not.**

Dank **neuer Soldaten und Ausrüstung** aus den **USA erstarken** die **Bemühungen** der **Alliierten wieder.**

Die **Spanische Grippe** fordert in der **unterernährten deutschen Bevölkerung überdurchschnittlich viele Opfer.**

Deutschland ist **erschöpft.**

Die Bedingungen für den Vormarsch der Alliierten sind ideal.

Schuldzuweisungen

Die Infanterie der Alliierten war auf heftige Gegenwehr eingestellt, rannte aber oftmals offene Türen ein. In vielen Berichten äußerten die Veteranen der Schlacht ihr Erstaunen, so viele Soldaten zu sehen, die mit erhobenen Armen aus den Gräben kamen und sich ergaben.

General Ludendorff übernahm keinerlei Verantwortung für den Zustand der Armee, die er seit Ende März so stark angetrieben hatte. Stattdessen beschuldige er die Truppen. In seinen Memoiren erklärte er die erste vieler Massenkapitulationen mit der revolutionären Sozialdemokratie, die die deutsche Monarchie am Ende des Kriegs stürzen sollte. Er behauptete, sozialdemokratische Hetzer hätten die Disziplin der Armee unterwandert, und Massen von Deserteuren hätten tapfer vorrückende Kameraden verspottet und ihnen vorgeworfen, den Krieg nur zu verlängern.

Es wäre aber verwunderlich gewesen, wenn die Ernüchterung,

Der Medium Mark A Whippet des britischen Ingenieurs William Tritton wurde vom Motor eines Doppeldeckerbusses angetrieben.

Whippet-Panzer

Ursprünglich zur Unterstützung der Infanterie gedacht, rollten die Panzer Medium Mark A (Whippets genannt) vor den Soldaten her, beschossen die gegnerische Front und walzten Stacheldraht nieder. Da sie diese Aufgabe erfolgreich erledigten, dachte man über die Einsatzmöglichkeiten noch schnellerer Panzerfahrzeuge nach, die dann durch die Lücken vorrücken sollten, die schwerere Panzer in die feindlichen Linien gerissen hatten.

Die Bezeichnung »Whippet« (Windhund) war eher Wunschdenken, hatte er doch eine Höchstgeschwindigkeit von behäbigen 13 km/h. Damit war er aber doppelt so schnell wie die schwereren Panzer Mark II oder Mark IV und bedeutete damit einen großen Fortschritt für die damals noch junge Disziplin des Panzerkriegs.

die die deutsche Bevölkerung nach den Jahren der Not und Entbehrung ergriffen hatte, ihren Weg nicht auch zu den deutschen Truppen an der Front gefunden hätte. Die Frontsoldaten sollten ihr Leben opfern und extreme Entbehrungen für ein Land hinnehmen, das sie noch nicht einmal ordentlich verpflegte. Es ist zweifelhaft, dass bei der Schlacht bei Amiens eine rebellische Stimmung unter den deutschen Soldaten vorherrschte. Ludendorff lieferte für seine Behauptungen keine Belege und berief sich nur auf Aussagen gleichgesinnter Freunde.

Ende der Schlacht

Rund 12000 deutsche Soldaten gerieten allein am ersten Tag der Schlacht in Gefangenschaft. Ihren Gegnern erschienen sie mutlos, heruntergekommen, schwermütig und in vielen Fällen abgemagert, vor allem im Vergleich zu den kräftigen, zähen Soldaten, die ihnen 1916 an der Somme begegnet waren: »die zusammengekratzten Reste«, wie sie ein Soldat beschrieb. Als der australische Lieutenant Edgar Rule in einen Gaben stürzte, fand er dort zu seiner Bestürzung nur eine Gruppe verängstigter Jungen, die kaum älter als 14 oder 15 Jahre sein konnten: »Nach einem Tritt rannten sie mit hocherhobenen Händen zu unseren Linien zurück.«

> »Der 8. August ist der schwarze Tag des Heeres in der Geschichte dieses Krieges.«
>
> **General Erich Ludendorff**

Dass die deutsche Armee keine entschiedene Gegenwehr zeigte, war unzweifelhaft kampfentscheidend. An jenem ersten Tag konnte die 4. Armee 13 km weit vorstoßen.

Neuankömmlinge

Die britische 4. Armee traf auf einige Schwierigkeiten. Wie zu Beginn des Unternehmens Michael seitens der Deutschen zog die Geschwindigkeit des Vormarschs die alliierten Kräfte auseinander, was zu Kommunikationsproblemen zwischen Vor- und Nachhut führte. Die deutschen Truppen, die dem Sturm des ersten Tages standgehalten hatten, hatten Zeit gehabt, sich neu zu formieren, und es fehlte das Überraschungsmoment. Die Kämpfe des nächsten Tages waren erbittert, und die Alliierten konnten nur 5 km vorstoßen. Dies stellte die Armee vor weitere Probleme, denn nun gelangte sie auf das umgepflügte Gelände der Sommeschlacht aus dem Vorjahr. Genau zum gleichen Zeitpunkt trafen auf deutscher Seite acht Divisionen Verstärkung ein, die insgesamt rund 100000 Soldaten umfassten.

Gefangene deutsche Soldaten marschieren auf einer Straße in der Nähe von Amiens. Die große Anzahl an Gefangenen wurde für die Alliierten zu einer logistischen Herausforderung.

Sie waren aber nicht das einzige Problem, vor dem die alliierten Angreifer standen. Wie in der Schlacht von Cambrai entwickelten sich die Mark IV- und die Whippet-Panzer vom Segen zum Fluch. Sie mussten ständig gewartet werden und fielen teils komplett aus.

Haig erkannte, dass es Zeit für den Rückzug war. Seine Offensive hatte sich nach aussichtsreichem Start festgefahren, genau wie die Ludendorffs fünf Monate zuvor. Nur hatte der britische General die Wahl. Die Zeit war auf seiner Seite: Seine Truppenstärke wuchs, während die des Feinds schwand. Und ihm blieben diverse Angriffsmöglichkeiten an anderen Orten. ■

DIE GRÖSSTE ARMEE UNTER AMERIKANISCHER FLAGGE

DIE SCHLACHT VON SAINT-MIHIEL (12.–16. SEPTEMBER 1918)

IM KONTEXT

SCHWERPUNKT
Amerikanische Truppen

FRÜHER

April 1918 General Pershing will eine große US-Armee vor dem Einsatz entsprechend ausbilden und aufstellen.

Mai 1918 Die US-Truppen kämpfen an der Westfront an der Seite der Franzosen.

August 1918 Mit Aufstellung der First Army erfüllt sich Pershings Forderung nach einer unabhängigen amerikanischen Streitkraft.

SPÄTER

September 1918 Innerhalb von nur zehn Tagen überwinden US-Truppen und Ausrüstung eine Distanz von 97 km, um an der Maas-Argonnen-Offensive teilzunehmen.

November 1918 Bei Waffenstillstand stehen die US-Truppen kurz vor der Einnahme von Sedan, nahe der französisch-belgischen Grenze.

Im Sommer 1918 trafen in Frankreich jeden Monat etwa 300 000 amerikanische Rekruten ein. Sie wurden in Trainingslagern ausgebildet oder dienten in der kämpfenden Truppe unter französischem und britischem Kommando. Mitte September standen mehr als 1,5 Millionen US-Soldaten bereit, um als Teil der neuen US First Army an der Westfront zu kämpfen. Ihr Befehlshaber, General John Pershing, vereinbarte mit dem Oberbefehlshaber der alliierten Streitkräfte, Ferdinand Foch, dass die amerikanischen Truppen bei Saint-Mihiel angreifen sollten, wo die Deutschen seit 1914 einen Frontbogen zwischen Verdun und Nancy hielten. Nach ihrem Rückzug auf die Siegfriedstellung war der Bogen nur noch schwach verteidigt und ein relativ leichtes Ziel.

Die Schlacht beginnt

Am 12. September 1918 begann unter Pershing die erste Offensive einer unabhängigen amerikanischen Einheit in diesem Krieg. Er griff mit mehr als 500 000 Infanteristen an, unterstützt von alliierter Artillerie sowie 267 Panzern, vor allem Amerikanern unter Lieutenant Colonel George Patton. Unterstützung aus der Luft kam vom US

Truppenparade auf der Fifth Avenue in New York im September 1917, vor der Abreise nach Frankreich. Die Zahl der Rekruten stieg 1918 sprunghaft.

Siehe auch: Die deutsche Kriegsmaschine 182–183 ▪ Kriegseintritt der USA 194–195 ▪ Die Schlacht im Wald von Belleau 268–269 ▪ Die Maas-Argonnen-Offensive 280–283

In der Offensive von Saint-Mihiel eroberten die US First Army und vier französische Divisionen unter amerikanischem Kommando Positionen zurück, die fast vier Jahre in deutscher Hand gewesen waren.

Legende

- Französische Division
- US-Division
- US-Korps
- Allierte Frontlinie, 12. September
- Allierte Frontlinie, 16. September

Army Air Service, mit 1400 Flugzeugen unter dem Befehl von Colonel Billy Mitchell. Der deutsche Befehlshaber Erich Ludendorff hatte dieser Offensive nicht genug entgegenzusetzen. Als er erkannte, dass US-Soldaten in großer Zahl anrückten, befahl er den Rückzug.

Wenig Gegenwehr

Die Schlacht begann mit einem vierstündigen Artilleriebombardement, dann folgte hinter springendem Sperrfeuer der Vorstoß von Infanterie und Panzern. Die amerikanischen Truppen durchquerten Stacheldrahtverhaue unter schwerem Maschinengewehrfeuer und mussten dabei Mörserbomben ausweichen, die als Sprengfallen ausgelegt waren. Manche deutsche Soldaten nahmen den Kampf auf, doch viele kapitulierten schnell.

Am Ende des ersten Tages war der amerikanische Vormarsch dem Zeitplan um einen Tag voraus. Am folgenden Tag trafen die vordersten Einheiten der US First Army mit von Westen her vorrückenden alliierten Truppen zusammen. Am 16. September war der Frontbogen unter amerikanischer Kontrolle, und die Schlacht wurde beendet. Bis zu 16 000 deutsche Soldaten wurden gefangen genommen, mindestens 7500 weitere getötet oder verwundet. Die amerikanischen Verluste beliefen sich auf etwa 7000 – gerechnet hatte man mit 50 000.

Logistische Probleme

In der Begeisterung über den ersten Sieg der USA wurden die logistischen Probleme übersehen. Dazu gehörten Verkehrsbehinderungen hinter den Linien und mangelnde Versorgung mit Lebensmitteln und Wasser in einigen Truppenteilen. Dennoch war die Offensive von Saint-Mihiel ein Triumph für Pershing und die USA. ▪

» … die Vereinigten Staaten traten physisch in den Krieg ein, so gottgleich, so großartig, so makellos … «

Vera Brittain
Britische Krankenschwester, *Testament of Youth,* 1933

John J. Pershing

Der 1860 in Laclede (Missouri) geborene John Pershing schloss 1886 die Militärakademie in West Point ab. Er kämpfte in Kuba gegen die Spanier, diente auf den Philippinen und führte eine Strafexpedition gegen den mexikanischen Revolutionär Pancho Villa. Vor dem Eintritt der USA in den Ersten Weltkrieg wurde Pershing zum Generalmajor befördert.

Er hielt auf strenge militärische Disziplin, verfügte über administrative Fähigkeiten und konnte Pläne in die Tat umsetzen. Als Präsident Wilson ihn zum Befehlshaber der amerikanischen Truppen in Europa ernannte, war Pershing überzeugt, dass der Sieg über die Deutschen nur durch große zahlenmäßige Überlegenheit zu erreichen war. Deshalb beabsichtigte er, in den USA mindestens 1 Mio. Mann zu rekrutieren. Seine Rekruten wollte er jedoch nicht in die bestehenden alliierten Streitkräfte eingliedern, wo ihnen schwere Verluste drohten. Er bestand darauf, eine unabhängige amerikanische Einheit zu formieren, und so entstand die First US Army.

Pershing starb 1948.

MORD EN GROS

DIE MAAS-ARGONNEN-OFFENSIVE (26. SEPTEMBER – 11. NOVEMBER 1918)

IM KONTEXT

SCHWERPUNKT
US-Soldaten im Kampf

FRÜHER
1775–1783 Im Unabhängigkeitskrieg gegen Großbritannien können die Amerikaner einige Siege erringen, sind dabei aber auf Unterstützung durch die französische Armee und Marine angewiesen.

Mai–September 1918 Die AEF stellen in der Zweiten Marne-Schlacht im Wald von Belleau, in Château-Thierry und im Bogen von Saint-Mihiel ihre Fähigkeiten unter Beweis.

SPÄTER
1937 Einweihung eines Denkmals in Montfaucon, das an die Verluste der US-Truppen erinnert.

1944 Im Zweiten Weltkrieg befreit General Patton mit der US Third Army Montfaucon wiederum von den Deutschen.

Die Maas-Argonnen-Offensive war die größte Operation der American Expeditionary Forces (AEF) im Ersten Weltkrieg. Mehr als eine Million US-Soldaten waren daran beteiligt. Dass so viele Frankreich in der Zeit des uneingeschränkten U-Boot-Kriegs überhaupt erreichen konnten, grenzte an ein Wunder. Die Operation war die verlustreichste Militäraktion in der Geschichte der USA, was vor allem auf die Unerfahrenheit der Truppen zurückzuführen war. Dennoch gelang es den AEF, die Siegfriedstellung zu durchbrechen und ihr strategisches Ziel zu erreichen – die Einnahme der Stadt Sedan an der Maas.

Siehe auch: Die Schlacht um Verdun 152–159 ▪ Kriegseintritt der USA 194–195 ▪ Die Schlacht im Wald von Belleau 268–269 ▪ Die zweite Schlacht an der Marne 270–273 ▪ Die Schlacht bei Amiens 274–277 ▪ Die Schlacht von Saint-Mihiel 278–279

Etwa 15 000 Offiziere und Mannschaften der 92. Infanterie dienten in den AEF an der Westfront; viele zeichneten sich im Kampf aus.

Buffalo Soldiers

Die afroamerikanischen Truppen der 92. Division, die auf der linken Flanke der Maas-Argonnen-Offensive kämpften, trugen zur US-Uniform blaue französische Helme und nutzten französische Waffen. Auf den Helmen dieser Truppe prangte eigentlich ein Bison, sie waren die »Buffalo Soldiers«. Obwohl sie unter amerikanischem Kommando kämpften, war es ihnen aufgrund der rassistischen Politik der US-Armee nicht gestattet, mit weißen amerikanischen Soldaten zusammenzuarbeiten – mit der Begründung, diese könnten sie schikanieren oder sich weigern, an ihrer Seite zu kämpfen. Solche Vorurteile waren in der US-Armee verbreitet.

Eine weitere afroamerikanische Einheit, die an der Westfront eingesetzt wurde, die 93. Infanterie, kämpfte unter französischem Kommando.

Wenn sich die Gelegenheit bot, zeichneten sich Männer aus beiden Divisionen im Kampf aus: 75 erhielten später das Distinguished Service Cross, 527 wurde von Frankreich das Croix de Guerre verliehen.

Nach dem britischen Durchbruch bei Amiens am 3. September 1918 beschlossen die alliierten Oberbefehlshaber eine letzte koordinierte Offensive von der Kanalküste im Norden bis zur Maas im Süden. Sie zielte darauf ab, die deutsche Armee vernichtend zu schlagen.

Bewährungsprobe

Für den Befehlshaber der AEF, General John Pershing, war dies eine Gelegenheit, die Fähigkeiten seiner Soldaten unter amerikanischer Führung zu beweisen, wenn sie nicht nur die alliierten Linien verstärkten, wo immer neue Divisionen benötigt wurden. Die AEF sollten als Einheit in einem eigenen 48 km langen Frontabschnitt zwischen dem Argonner Wald im Westen und der Maas eingesetzt werden.

Der Frontabschnitt war zwar klein, aber von entscheidender Bedeutung. Das Ziel der AEF war Sedan, nur 56 km nördlich der Frontlinie. Durch Sedan führte eine vierspurige Eisenbahnlinie, die dem Bogen der Westfront folgte. Sie war die Lebensader der deutschen Armee und transportierte Nachschub und Verstärkung. An keinem anderen Punkt der Westfront war die Eisenbahn so nah am Kampfgeschehen. Würde sie zerstört, wäre die deutsche Armee gezwungen, sich bis zum Rhein zurückzuziehen.

Das Gelände zwischen dem Ausgangspunkt der AEF und Sedan war jedoch stark zerklüftet. Wie das Ardennenmassiv jenseits der Maas war der Kamm des Argonner Waldes von Schluchten und Gräben durchzogen. Die Landschaft zwischen Wald und Fluss war relativ offen, aber mit kleinen Hügeln übersät. Das Gelände war zu Beginn des Kriegs hart umkämpft und nun stark befestigt, mit Tausenden von Maschinengewehrnestern, Artilleriestellungen und Bunkern, alle durch Stacheldraht geschützt. Die drei deutschen Verteidigungslinien vor der Siegfriedstellung waren hier nicht klar voneinander abgegrenzt.

Die AEF mussten eine Reihe starker Frontalangriffe führen. Man hoffte, damit die deutschen Linien zu verschieben und Möglichkeiten für Flankenangriffe zu schaffen. Es würde ein blutiges Werk sein, und als der Termin für den Beginn »

Truppen der AEF bereiten sich auf die Operation im Argonner Wald vor. In dem Labyrinth aus Schluchten, dichter Vegetation und deutschen Gräben war das Vorankommen schwierig.

der gemeinsamen alliierten Offensive am 26. September feststand, war Pershing immer noch dabei, seine Veteranen von der erfolgreichen Kampagne bei Saint-Mihiel zurückzuholen.

Die erste Phase

In der Nacht des 25. September nahmen die drei Korps der US First Army ihre Stellungen ein. Allerdings hatten nur fünf der neun Divisionen Gefechtserfahrung, nur drei waren mit ihrer eigenen Artillerie im Einsatz gewesen. Nichtsdestotrotz eröffneten französische Truppen spät in der Nacht den Beschuss mit Hunderten von Phosgen- und Senfgasgranaten. Damit wurden die deutschen Verteidiger an der Front überrascht und Tausende von ihnen getötet oder kampfunfähig. Es folgte ein zweistündiges Bombardement der Amerikaner mit 2700 Geschützen, und um 5.30 Uhr rückte im Schutz dichten Nebels hinter springendem Sperrfeuer die US-Infanterie vor.

Mühelos nahm sie die erste Linie der überraschten Deutschen. Mit Ausnahme des linken Flügels, der nur 1,6 km in den Wald vordrang, rückten die amerikanischen Divisionen an diesem Tag fast 16 km vor. Am 27. September stürmten sie die Ruinen des Dorfes Montfaucon – eines ihrer Hauptziele – und machten 23 000 Gefangene. Dann verstärkte sich der deutsche Widerstand, und der Vormarsch der US-Truppen kam zum Stillstand.

> »Der Boden bebte unter den den Explosionen. Es war die höchste Macht der Artillerie, absolute Verwüstung.«
>
> **Unbekannter Augenzeuge**
> über das Sperrfeuer am 1. November

Am 29., drei Tage nach Beginn seiner Offensive, befahl Pershing der First Army, in die Defensive zu gehen. Der Vorstoß ins Gewirr der feindlichen Schützengräben konnte durch die Artillerie nicht mehr unterstützt werden, die durch fehlende Straßen behindert wurde. Darüber hinaus hatten Stauungen in der Nachhut die Lieferung von Munition, Zelten und Mänteln verzögert, die bei der nasskalten Witterung lebenswichtig waren. Außerdem waren sieben deutsche Divisionen mit Verstärkung in den Frontabschnitt geeilt. Die Kämpfe entlang der Front waren schwer und andauernd, die Verluste stiegen, und eine ganze Division (die 35.) hatte so viele Verluste erlitten, dass sie ersetzt werden musste.

Der französische Kommandant Ferdinand Foch war enttäuscht, sein britischer Amtskollege Douglas Haig zeigte offene Missbilligung. Ihre eigenen Einheiten waren auf dem Vormarsch, und das deutsche Oberkommando drängte seine Regierung, den Alliierten ein Friedensangebot zu machen.

Die zweite Phase

Indessen hatte Pershing mit Hochdruck an der Reorganisation gearbeitet. Ingenieure setzten trotz Regen und deutschem Beschuss Straßen instand, damit Männer und Munition an die Front und Verwundete in Feldlazarette gebracht werden konnten.

Ein Soldat lässt an der Westfront Brieftauben frei. Ihr Orientierungssinn und ihre Schnelligkeit machten sie unersetzlich.

Kriegstauben

Der Erste Weltkrieg dürfte der letzte große Konflikt gewesen sein, in dem Brieftauben noch in breitem Umfang eingesetzt wurden. Seit Tausenden von Jahren nutzten Krieger die bemerkenswerte Fähigkeit der Brieftaube, ihren Schlag aus vielen Kilometern Entfernung wiederzufinden, selbst wenn er sich mit einer Armee im Feld befand.

Als der US-Offizier Charles Whittlesey in einer Notlage eine wichtige Nachricht an sein Hauptquartier schicken musste, vertraute er sie der Brieftaube Cher Ami an, die durch Kugelhagel flog und dabei den größten Teil eines Beins verlor, bevor sie am 40 km entfernten Ziel ankam.

Die Franzosen verliehen diesem heldenhaften Vogel das Croix de Guerre mit Eichenlaubkranz. Als er per Schiff in die USA gebracht wurde, gab General Pershing persönlich ihm das Geleit. Auch nachdem Cher Ami 1919 seinen Verletzungen erlegen war, blieb er der Öffentlichkeit erhalten – als Präparat in der Smithsonian Institution in Washington (DC).

Amerikanische Infanteriesoldaten beginnen, die deutschen Linien durch den Argonner Wald anzugreifen – in einer Skizze des französischen Künstlers Lucien Jonas. Das dichte Waldgebiet forderte die Soldaten mehr heraus als ein Großteil der Westfront.

Am 4. Oktober ging die US First Army erneut zum Angriff über. Es galt, den deutschen Artilleriebeschuss aus dem Argonner Wald und von den Höhen jenseits der Maas endlich zu stoppen.

An dem Vorstoß, der in der deutschen Linie im Argonner Wald eine Flanke öffnen sollte, war das »Verlorene Bataillon« beteiligt, 554 Männer, die einige Tage zuvor weit in den Wald vorgedrungen waren, sodass sie abgeschnitten und eingekreist wurden. Vier Tage kauerten sie unter deutschem Artillerie- und Maschinengewehrfeuer in einer Schlucht. Ihre Toten lagen unbestattet, und ihre Verwundeten wurden nicht versorgt. Sie hatten keine Nahrung, keine Munition und kaum Wasser. Die Männer wurden sogar irrtümlich von der eigenen Seite beschossen, und ihr Kommandeur, Leutnant Charles Whittlesey, schickte seine letzte Brieftaube mit einer Nachricht durch das deutsche Feuer: »Unsere Artillerie wirft ein Sperrfeuer direkt auf uns. Um Himmels willen, hört auf!«

Der Flankenangriff zwang die Deutschen, die Belagerung abzubrechen, und am 7. Oktober konnten Whittlesey und 193 andere ihren Zufluchtsort verlassen. Weitere 202 wurden auf Tragen abtransportiert, die restlichen 159 waren tot.

Am 9. Oktober zogen die deutschen Verbände nach Norden ab. Auf der anderen Seite der Maas waren Pershings Divisionen ebenfalls erfolgreich, räumten die Höhen von einem Großteil der Artillerie und nahmen 3000 Gefangene. In der Mitte hatten seine Divisionen die Siegfriedstellung an mehreren Stellen durchbrochen. Mitte Oktober erlahmte die Dynamik der Amerikaner jedoch. Die Kämpfe an einer 78 km langen Front hatten beide Seiten stark gefordert.

Die Endphase

In der Nacht zum 29. Oktober standen die AEF östlich der Maas erneut dem Feind gegenüber. Die Kommandostruktur war neu organisiert, Straßen instand gesetzt worden, und hinter den Linien gab es Depots, Werkstätten und Feldlazarette. Frische Truppen mit Wintermänteln waren jetzt in Stellung.

Nach einem hervorragend koordinierten zweitägigen Artilleriefeuer begannen die Amerikaner am Morgen des 1. November ihren letzten Angriff. Noch vor Sonnenuntergang lag die Siegfriedstellung weit hinter ihnen. Freies Gebiet erstreckte sich bis nach Sedan. Am 7. November standen die US-Soldaten auf den Hügeln, die die Stellung überragten. Es bestand keine Notwendigkeit mehr, die Bahnlinie zu zerstören. Die gemeinsame alliierte Offensive war erfolgreich gewesen und Deutschland, in dem sich eine Revolution anbahnte, militärisch besiegt.

Am 11. November wurde der Waffenstillstand geschlossen. Pershing hatte seine Ziele erreicht und seinen Frontabschnitt geräumt, doch der Preis dafür war schrecklich hoch. In den 47 Tagen ununterbrochener Kämpfe hatten die AEF etwa 117 000 Verluste zu beklagen, darunter mehr als 26 000 Gefallene. ■

WIR MÜSSEN ITALIEN RETTEN

DAS KRIEGSENDE IN ITALIEN (ENDE 1918)

IM KONTEXT

SCHWERPUNKT
Österreichs Niederlage

FRÜHER
Mai 1915 Italien erklärt Österreich-Ungarn den Krieg, in der Hoffnung auf Landgewinn.

1917 Zwölfte und letzte Isonzoschlacht zwischen Italien und Österreich-Ungarn.

Anfang 1918 Als die Moral in der österreichisch-ungarischen Armee zusammenbricht, greifen nationalistische ehemalige Soldaten (»Grüne Kader«) sie von innen an.

SPÄTER
1919/20 Die Verträge von Saint-Germain-en-Laye und Trianon legen die neuen Grenzen Österreichs und Ungarns fest und machen sie zu kleinen Binnenstaaten.

1924 Im Vertrag von Rom stimmt das Königreich der Serben, Kroaten und Slowenen der Annektierung Fiumes durch Italien zu.

Die verheerende Niederlage bei Caporetto (Zwölfte Isonzoschlacht) im Herbst 1917 stürzte Italien in Selbstzweifel und Angst. Auch Österreich-Ungarn erlitt starke Verluste, als Kriegsmüdigkeit und Wirtschaftsprobleme sich bemerkbar machten. Deutsche Verstärkung hatte ihnen einen Vorteil verschafft, der aber mit der französischen und britischen Verstärkung für die Italiener schwand. Doch weder die Deutschen noch die Alliierten konnten weitere Truppen entbehren, noch fühlten sich die Italiener oder die österreichisch-ungarischen Truppen stark genug, weiterzukämpfen. So blieb es an dieser Front ruhig.

Vorbereitung zum Gefecht

Im Laufe von 1918 trösteten sich die italienischen Soldaten aber damit, dass ihre Armee bei Caporetto zwar gedemütigt, aber nicht vernichtet worden war. Ihre entschlossene Verteidigung entlang der Piave sowie die Erste Schlacht am Monte Grappa hatten ihnen neuen Mut gegeben. Auch hatte

Trotz der verheerenden **Niederlage bei Caporetto** ziehen die italienischen Soldaten Kraft aus ihrer **Verteidigung der Piave.**

Die **österreichisch-ungarische Armee** ist durch den **Sieg bei Caporetto** ermutigt, aber **erschöpft und schlecht versorgt.**

↓

Die italienischen Truppen können im Juni eine gewagte Offensive Österreich-Ungarns stoppen.

↓

Italien gewinnt danach die **Schlacht von Vittorio Veneto** und wird damit **eine der Siegermächte** des Kriegs.

Siehe auch: Die Lage in Europa 18–19 ▪ Österreich-Ungarns Versagen 82 ▪ Kriegseintritt Italiens 120–121 ▪ Die Brussilow-Offensive 166–169 ▪ Die letzten Isonzoschlachten 212–213 ▪ Ein dauerhafter Frieden? 312–317 ▪ Aufstieg des Faschismus 322–323

Gabriele d'Annunzio (links) und Pilot Natale Palli bereiten sich 1918 auf ihren Propagandaflug über Wien vor.

Gabriele d'Annunzio und der Flug über Wien

Viele Autoren folgten dem Ruf des Ersten Weltkriegs. Während die meisten entsetzt über die Tragödien des Konflikts schrieben, stürzte sich der italienische Dichter Gabriele d'Annunzio begeistert in den Krieg, diente in der Freischärlergruppe *Arditi* (»die Kühnen«) und als Kampfpilot.

In dem Land, in dem der Dichter Filippo Tommaso Marinetti 1909 sein *Futuristisches Manifest* veröffentlicht hatte, schien D'Annunzios Kriegslust kaum außergewöhnlich. Das Manifest rief Italien dazu auf, sich in einem Rausch von Mechanisierung, kultureller Verjüngung, Geschwindigkeit und destruktiver Gewalt zu erneuern.

Im August 1918 führte d'Annunzio eine Fliegerschwadron auf einem 1000-km-Rundflug nach Wien an. Über der österreichischen Hauptstadt angelangt, warfen die Flugzeuge 50 000 Flugblätter auf grün-weiß-rotem Papier ab, die die Bevölkerung von Wien dazu aufforderten, den Sieg der Alliierten anzuerkennen.

der Zusammenbruch Russlands den Mittelmächten nicht den erwarteten Schub verliehen, und an der Westfront geriet Ludendorffs Frühjahrsoffensive ins Stocken.

Dreifache Offensive

Im Juni startete Österreich-Ungarn eine Sommeroffensive und begann mit einem dreigeteilten Angriff auf Norditalien. Es versuchte, von Norden durch die Alpen in die Lombardei vorzurücken und zudem die Region Venetien von Norden über Trient und von Osten durch die Piave-Ebene zu umfassen.

Die Verteidiger schlugen den Angriff über die Alpen zurück, und auch die 2. Schlacht an der Piave (15.–23. Juni) endete für die Angreifer katastrophal. Der italienische Generalstabschef Armando Diaz dachte strategisch flexibler als sein Vorgänger General Luigi Cadorna und hatte ein gutes Verhältnis zu seinen hohen Offizieren. Da er Informationen über den bevorstehenden Angriff hatte, ließ er die Artillerie den massiven Frontalangriff der Österreicher beschießen. Aus Angst, die Italiener könnten gegen sie vorrücken, flohen viele, bevor die eigentliche Schlacht begann. Die österreichisch-ungarische Armee erlitt eine schwere Niederlage. Ab diesem Zeitpunkt verschlechterte sich die Lage für die Mittelmächte zusehends.

Vittorio Veneto

Mit Entspannung an der Westfront konnten immer mehr Soldaten nach Italien verlegt werden. Am 24. Oktober (dem Jahrestag der Zwölften Izsonzoschlacht) stießen die Italiener mit Unterstützung durch Briten, Franzosen und US-Truppen über die Ebene Richtung Vittorio Veneto vor. Fünf Tage später besiegten die Alliierten die österreichischen Truppen und nahmen die Stadt ein.

Die Kämpfe hielten an, doch am 31. Oktober übergab Kaiser Karl I. von Österreich seine Marine mit allen Basen an den neu gegründeten Staat der Slowenen, Kroaten und Serben. Währenddessen rückten die Alliierten weiter nach Osten vor und nahmen am 3. November Triest ein. Am nächsten Tag trat der Waffenstillstand von Villa Giusti in Kraft. ■

Mit Maschinengewehren bewaffnete italienische Soldaten halten in der Schlacht von Vittorio Veneto auf einem Felsvorsprung im Massiv des Monte Grappa die Stellung.

EIN GLÄNZENDER SIEG IM OSTEN

DIE SCHLACHT BEI MEGIDDO (19.–25. SEPTEMBER 1918)

IM KONTEXT

SCHWERPUNKT
Macht im Nahen Osten

FRÜHER
1917 Die Egyptian Expeditionary Force (EEF) und Truppen des britischen Empires besiegen in Gaza und Be'er Scheva osmanische Streitkräfte und nehmen dann Jerusalem ein.

März 1918 Nach einer deutschen Großoffensive an der Westfront zieht Großbritannien 60 000 Soldaten aus der EEF ab, wodurch der Palästina-Feldzug monatelang zum Stillstand kommt.

SPÄTER
Oktober 1918 Waffenstillstand von Mudros zwischen Großbritannien und dem Osmanischen Reich.

1923 Mustafa Kemal, Kommandeur der osmanischen 7. Armee vor Megiddo, wird erster Präsident der Türkischen Republik.

Im Spätsommer 1918 stockte der britische General Edmund Allenby seine Egyptian Expeditionary Force (EEF) auf. Verstärkung kam aus Australien, Neuseeland, Indien, Südafrika und den Westindischen Inseln, es gab aber auch französische, armenische, jüdische und arabische Einheiten.

In der Zwischenzeit formierten die osmanischen Truppen und ihre deutschen Verbündeten im Norden Palästinas ihre Kräfte neu. Außerdem ernannten sie neue Befehlshaber, darunter den deutschen General Otto Liman von Sanders und den türkischen General Mustafa Kemal.

» Einen so umfassenden Sieg [gab es] selten in der gesamten Geschichte des Kriegs. «

Generalmajor Edward Chaytor
Neuseeländischer Offizier und EEF-Kommandeur, Megiddo

Beide hatten sich bereits im Gallipoli-Feldzug (1915/16) ausgezeichnet.

Brillante Strategie

Allenby und der australische General Henry Chauvel entwarfen eine brillante Strategie, um die türkischen Kräfte zurückzudrängen, deren Verteidigungslinie sich vom Mittelmeer bis zum Jordan zog. Dabei stützten sie sich auf mobile Taktiken, die sich im Burenkrieg (1899–1902) bewährt hatten. Ihr Plan umfasste Vorstöße der Infanterie mit Unterstützung durch Artillerie, Kavallerie und gepanzerte Fahrzeuge, gezielte Luftangriffe sowie Täuschungsmanöver, die dem Gegner vorgaukeln sollten, der Hauptangriff käme aus dem Osten.

Die ins Jordantal entsandten Truppen sollten bei Tageslicht vorrücken, dann im Schutz der Dunkelheit zu ihren Stellungen zurückkehren und am nächsten Tag bei Tageslicht erneut vorrücken, um den Anschein zu erwecken, die EEF würde Kräfte für einen Angriff im Osten sammeln.

Sie ergänzten die Täuschung, indem sie falsche Lager errichteten, Staubwolken aufwirbelten, um Truppenbewegungen zu simulieren, und

Siehe auch: Kriegseintritt des Osmanischen Reichs 84–85 ▪ Der Krieg in Mesopotamien 131 ▪ Die Arabische Revolte 170–171 ▪ Jerusalem fällt 245 ▪ Leipziger Prozesse 318–319

Im Schlamm an der Westfront war ein gepanzerter Rolls-Royce nicht von großem Nutzen, in Palästina dagegen bewährte er sich.

Scheinangriffe auf türkische Stellungen in Transjordanien inszenierten. Der britische Soldat und Diplomat T. E. Lawrence trug seinen Teil dazu bei, indem er bei transjordanischen Stämmen in großem Umfang Schafe und Gerste aufkaufte, angeblich zur Versorgung von Truppen und Kavalleriepferden, die sich in dem Gebiet sammelten. Im Westen, wo der Hauptangriff tatsächlich geplant war, brachte Allenby verdeckt Truppen und Ausrüstung in Stellung.

Schneller Durchbruch

Die einwöchige Schlacht begann bei Tagesanbruch am 19. September mit einem massiven Artilleriebeschuss auf türkische Stellungen in der Ebene von Scharon im Westen, gefolgt von einem springenden Sperrfeuer zur Unterstützung der Infanterie, die die verschanzten osmanischen Truppen schnell überwältigte. Die britische Kavallerie stürmte durch eine Lücke in den osmanischen Linien und nahm schnell Megiddo, Nazareth und Dschenin ein. Andere EEF-Einheiten stellten sich den türkischen Truppen unter dem Kommando von General Mustafa Kemal bei Nablus entgegen und stießen jenseits des Jordans auf Amman vor.

Der britische Angriff zerschlug zwei osmanische Armeen, brachte Tausende von Gefangenen und drängte die Reste der türkisch-deutschen Streitkräfte nach Syrien zurück.

Zwar fand nur ein kleiner Teil der Kämpfe in Megiddo statt, doch wählte Allenby diesen Namen in Anlehnung an das antike Megiddo, wo im 15. Jahrhundert v. Chr. ein ägyptisches Heer die Kanaaniter vernichtend geschlagen hatte. ▪

Waffenstillstand

Weniger als einen Monat nach seiner vernichtenden Niederlage bei Megiddo bat das Osmanische Reich um Frieden. Das britische Kriegsschiff HMS *Agamemnon* lag vor Mudros auf der griechischen Insel Lemnos vor Anker und diente als Schauplatz für Friedensgespräche zwischen Admiral Arthur Calthorpe und Rauf Bey. Die britische Regierung hatte beschlossen, dass andere Verbündete von dem Treffen ausgeschlossen werden sollten, um schnell und zu den für das Vereinigte Königreich günstigsten Bedingungen verhandeln zu können.

Nach dreitägigen Gesprächen wurde der Waffenstillstand von Mudros am 30. Oktober unterzeichnet. Das Abkommen beendete nicht nur die Kämpfe, es sicherte die freie Durchfahrt alliierter Kriegsschiffe durch die Dardanellen und den Bosporus, die vollständige Demobilisierung der osmanischen Armee und den Abzug der im Nahen Osten verbliebenen Truppen sowie die Rückführung aller Kriegsgefangenen. Damit war der Erste Weltkrieg zumindest im Nahen Osten zu Ende.

Kavallerie der EEF begleitet deutsche und osmanische Soldaten, die kurz vor der Schlacht von Megiddo gefangen genommen wurden.

DAS ALTE UND MORSCHE, DIE MONARCHIE IST ZUSAMMENGEBROCHEN

DEUTSCHE REVOLUTION (1918/19)

IM KONTEXT

SCHWERPUNKT
Die deutsche Heimatfront

FRÜHER
August 1914 Zu Kriegsbeginn verhängt Großbritannien eine Seeblockade gegen Deutschland.

November 1916 Der Rübenwinter beginnt, in dem Hunger zum Alltag wird.

Oktober 1917 Die Russische Revolution beflügelt die deutsche politische Linke.

Januar 1918 Bis zu 400 000 Arbeiter streiken in Berlin.

SPÄTER
1924–1929 In den goldenen Jahren erlebt die Weimarer Republik eine blühende Kultur- und Künstlerszene.

1929 Der Börsenkrach an der Wall Street hat verheerende Folgen für die deutsche Wirtschaft. Es folgen Arbeitslosigkeit und erneute politische Instabilität.

Entbehrungen waren im Herbst 1918 in Deutschland nichts Neues. Die Lebensmittelrationierung galt seit Beginn des Kriegs und war immer strenger geworden. Die Einberufung der Bergleute hatte für Kohleknappheit gesorgt, was die Industrie lähmte und sich in vielen Bereichen auswirkte, von der Straßenbeleuchtung bis zum öffentlichen Transport.

Bis auf die Reichsten spürten alle die Auswirkungen: Familien der Mittelschicht stürzten in die Armut ab, und die bereits Armen litten extreme Not. Hunger und damit Unterernährung und Krankheiten waren verbreitet. Der allgemeinen Not gegenüber stand eine kleine Elite, der diese Entbehrungen erspart blieben. Abgeschirmt vom allgemeinen Elend feierte sie teils ausschweifende Feste.

Reform oder Revolution?

Radikale Stimmen trafen in Deutschland auf offene Ohren. Die Russische Revolution hatte im Jahr zuvor gezeigt, was ein entschlossenes Volk erreichen konnte, auch wenn ihr Signal unterschiedlich interpretiert wurde. Moderaten Reformern, wie dem Sozialdemokraten Friedrich Ebert, lieferte sie

Siehe auch: Der Aufstieg Deutschlands 20–23 ▪ Der Seekrieg beginnt 88–93 ▪ Gesellschaft unter Druck 184–187 ▪ Die Februarrevolution 192–193 ▪ Die Oktoberrevolution 240–421 ▪ Die zweite Schlacht an der Marne 270–273 ▪ Die Schlacht bei Amiens 274–277

» … die Revolution ist im Begriff, siegreich zu sein; wir können sie nicht niederschlagen, vielleicht aber ersticken. «

Maximilian von Baden
Anfang 1919

ein Vorbild für die Abdankung Kaiser Wilhelms II. und die Suche nach einer Verhandlungslösung für den Krieg. Aber Teile der Linken wollten das gesamte kapitalistische System zugunsten einer von Arbeiterräten geleiteten Demokratie stürzen.

Ab dem 3. Oktober 1918 war Deutschland für einige Wochen eine konstitutionelle Monarchie. Der Kaiser ernannte Max von Baden zum Reichskanzler, der mit dem Reichstag zusammenarbeitete. Die Lage verschlechterte sich aber weiter. Am 27. Oktober, als die deutsche Marineführung den Flottenbefehl zu einer Entscheidungsschlacht gegen die Royal Navy genehmigte, verweigerten Seeleute vor der wichtigsten Marinebasis Wilhelmshaven den Dienst. Die Revolte wurde niedergeschlagen, aber der Matrosenaufstand in Kiel am 3. November war schwerer zu unterdrücken. Matrosen und Arbeiter stellten Forderungen, wie etwa bessere Arbeitsbedingungen und die Freilassung politischer Gefangener. Ihre Hauptforderung aber war »Frieden und Brot«, ein Ruf, den Demonstranten in ganz Deutschland aufgriffen, während das Land im Chaos versank.

Zwei Republiken

Am 9. November dankte Wilhelm II. ab und floh außer Landes. Der Sozialdemokrat Philipp Scheidemann rief die Deutsche Republik aus. Er wollte damit dem Spartakusbund und Karl Liebknecht zuvorkommen, der aber dessen ungeachtet nur Stunden später einen revolutionären Arbeiterstaat, »die freie sozialistische Republik Deutschland«, ausrief.

Es folgten turbulente Wochen, in denen Politiker verschiedene Vorstellungen für ein Nachkriegsdeutschland diskutierten. Kurz vor den Wahlen im Januar wurde der Spartakusaufstand niedergeschlagen und die Anführer Rosa Luxemburg und Karl Liebknecht von der Garde-Kavallerie-Schützen-Division ermordet. Bis zur Nationalversammlung in Weimar im Februar 1919 und der Verabschiedung der Verfassung der Republik kam es weiterhin zu Ausschreitungen. ▪

Ein Matrose trägt im November 1918 in Berlin eine rote Fahne zur Feier der ausgerufenen freien sozialistischen Republik Deutschland.

Abdankung im November

Das Ende der Regentschaft Wilhelms II. verdeutlichte noch einmal, dass das Reich, über das er geherrscht hatte, tatsächlich ein Staatenbund war. In seiner Abdankung, nach der er in die Niederlande ins Exil floh, gab er zwei Titel ab, den des Deutschen Kaisers und den des Königs von Preußen.

Wilhelms Niedergang stellte auch die Autorität einer Reihe weiterer Herrscher, einer disparaten Gruppe von insgesamt 19 Königen und Fürsten, infrage. Egal, wohin die Reise für das neue Deutschland ging – klar war, dass es in ihm keinen Platz für diese antiquierten Herrschaftsansprüche gab. Aber nur wenige dieser Herrscher räumten ihren Platz freiwillig. König Ludwig III. von Bayern etwa weigerte sich abzudanken. Stattdessen entband er einfach seine Beamten und Truppen von ihrem Treueeid und beendete damit de facto mehrere Jahrhunderte der Herrschaft seiner Familie über Bayern.

SIE STÜRMTEN DIE FESTE DES TODES

DURCHBRUCH AN DER SIEGFRIED-STELLUNG (SEPTEMBER–OKTOBER 1918)

IM KONTEXT

SCHWERPUNKT
Durchbrüche

FRÜHER
1. Juli 1916 Die Alliierten versuchen zu Beginn der Ersten Schlacht an der Somme, die deutschen Linien zu durchbrechen, haben aber keine ausreichende Feuerkraft.

24. Oktober – 19. November 1917 Die Mittelmächte brechen in der Zwölften Isonzoschlacht die italienische Linie auf.

8.–11. August 1918 Britische, australische, kanadische und französische Truppen durchbrechen in der Schlacht von Amiens die deutsche Linie.

SPÄTER
Mai–Juni 1940 Deutsche Truppen nutzen die Blitzkrieg-Taktik, um in Belgien, den Niederlanden, Luxemburg und Frankreich einzufallen.

Im Winter 1916/17 hatten die deutschen Befehlshaber erkannt, dass die Alliierten in einem Angriffskrieg nicht zu besiegen waren. Sie zogen sich auf eine defensive Strategie zurück und verschanzten sich in der neu errichteten Siegfriedstellung. Der namengebende mythische Drachentöter galt als nahezu unverwundbar. Diese Verteidigungslinie zog sich über 145 km von Arras bis nach Laffaux in Nordfrankreich.

Fochs Angriffsstrategie

Nach ihrem Erfolg in der Schlacht von Amiens im August 1918 verloren die Alliierten keine Zeit mit Neuaufstellungen, sondern ver-

Siehe auch: Die deutsche Kriegsmaschine 182–183 ▪ Die zweite Schlacht an der Marne 270–273 ▪ Die Schlacht bei Amiens 274–277 ▪ Die Maas-Argonnen-Offensive 280–283 ▪ Revolution in Deutschland 288–289 ▪ Der Waffenstillstand 294–299

suchten, den Schwung ihres Vormarsches nach Osten auszunutzen. In den drei Tagen nach dem 21. August besiegten die alliierten Truppen die Deutschen in der Schlacht von Albert, am 2. September gelang der Durchbruch zwischen Drocourt und Quéant, am nördlichsten Abschnitt der Siegfriedstellung. Und das war nur der Beginn einer Offensive, die Ende September ihren Höhepunkt erreichen sollte.

Marschall Ferdinand Foch, der Oberbefehlshaber der Alliierten, setzte auf einzelne wiederholte Offensiven entlang verschiedener Frontabschnitte. Damit wich er bewusst von der Strategie des Jahres 1917 ab, als sich die Angriffe auf demselben Terrain festgefahren hatten. Außerdem wollte man die deutschen Befehlshaber im Ungewissen darüber lassen, wo der nächste Schlag erfolgen würde, und sie sollten keine Zeit haben, um sich von einem Schlag zu erholen.

Foch und der britische Feldmarschall Sir Douglas Haig waren entschlossen, aggressiv voranzugehen und den Krieg bis Ende 1918 erfolgreich zu Ende zu führen.

» Ein perfekter moderner Schlachtplan gleicht am ehesten der Partitur einer Komposition für Orchester. «

Lieutenant General Sir John Monash

Vereint schlagen

Foch begann seine Serie von Offensiven am 26. September mit einem gemeinsamen Angriff der französischen Armee und der American Expeditionary Forces (AEF) in der Region Maas-Argonnen. Am 27. September griffen die britische 1. und 3. Armee den nördlichen Abschnitt der Siegfriedstellung am Canal du Nord an. Ihr Ziel war Cambrai, das deutsche Kommunikations- und Nachschubzentrum.

Der von einer kanadischen Vorhut geführte Angriff überraschte die Deutschen. Nach der Sicherung der Hauptstellung am Canal du Nord eroberte das kanadische Korps, unterstützt von britischen Einheiten, den Wald von Bourlon. Am 28. September verlagerte sich das Angriffsziel nach Norden, und es kam zum lang erwarteten Ausbruch der belgischen, französischen und britischen Truppen aus Ypern.

In der Zwischenzeit begann die britische 4. Armee am 29. September mit Unterstützung amerikanischer und australischer Truppen den Angriff auf den stärksten Teil der Siegfriedstellung, den Kanal von Saint-Quentin.

General Sir Henry Rawlinson, Befehlshaber der 4. Armee, wollte das kampferprobte australische Korps an der Spitze des Angriffs sehen. Der australische Befehlshaber, Generalleutnant Sir John Monash, war jedoch der Meinung, dass seine Truppen in den »

Henry Rawlinson

Geboren 1864 in Dorset (England), besuchte Henry Rawlinson nach dem College in Eton die Militärakademie in Sandhurst. Im Dienst der British Army ging er 1884 nach Indien. Er diente in Burma und im Sudan, sowie im Zweiten Burenkrieg in Südafrika. Nach seiner Rückkehr nach Großbritannien 1903 wurde er mit der Leitung des Army Staff College in Camberley (Surrey) beauftragt, wo er entscheidend dazu beitrug, die Ausbildung der britischen Armee zu professionalisieren.

Bei Kriegsausbruch befehligte Rawlinson die 4. Division der British Expeditionary Force (BEF). Im Juli 1916 führte er in der Ersten Schlacht an der Somme die 4. Armee. Der erste Tag war ein Fehlschlag, für den Rawlinson mitverantwortlich war, aber im weiteren Verlauf der Offensive konnte er sich rehabilitieren.

Berühmt wurde er durch sein Kommando über die 4. Armee in der Schlacht bei Amiens und den Durchbruch an der Siegfriedstellung. 1920 wurde er mit der Führung der indischen Armee betraut. Er starb in Delhi 1925.

vorangegangenen Wochen sehr beansprucht worden waren, und äußerte Bedenken. So passte Rawlinson seine Strategie an, und das zweite US-Korps übernahm die Führung des Angriffs. Der Plan sah vor, dass die Amerikaner die Siegfriedstellung durchbrechen sollten und die australischen Divisionen den Durchbruch ausnutzen würden, um sie zu »überspringen«.

Unerfahrene Amerikaner

Die beiden Divisionen des zweiten US-Korps (27. und 30. Division) waren etwa doppelt so stark wie die Divisionen der britischen Armee und voller einsatzfreudiger Soldaten. Man erwartete viel von ihnen, aber sie waren unerfahren, insbesondere in Fragen der Organisation. Deshalb wurde dem Korps eine Gruppe von 200 erfahrenen australischen Offizieren und Unteroffizieren zugeteilt, aber im Kampfgetümmel sollte sich diese Maßnahme nicht bewähren.

Der Canal de Saint-Quentin mit seinen steil abfallenden Ufern war ein gewaltiges Hindernis und bildete einen wesentlichen Bestandteil der deutschen Verteidigungsanlagen an diesem Abschnitt der Siegfriedstellung. Der Kanal führte jedoch durch einen etwa 5,5 km langen Tunnel unter dem Dorf Bellicourt hindurch. Auf diesem flachen, offenen Gelände sollte der Hauptangriff der Alliierten stattfinden, mit der amerikanischen 27. Division auf der linken Seite (im Norden) und der 30. Division auf der rechten Seite (im Süden). Die Deutschen waren sich der Verwundbarkeit dieses Abschnitts durchaus bewusst und hatten ihn tiefer abgesichert und eine Vorpostenlinie angelegt. Nach den Plänen der Alliierten musste diese Vorpostenlinie vor Beginn der Schlacht am 29. September in alliierter Hand sein.

> »Wir rutschten die Böschung hinunter und durchquerten das kalte Wasser.«
>
> **Corporal George Parker**
> Sherwood Foresters, über den Angrif am Canal de Saint-Quentin

Die australischen Truppen konnten die Vorpostenlinie gegenüber der 30. Division planmäßig einnehmen, die 27. Division schaffte es an ihrem Abschnitt nicht. Das hatte zur Folge, dass sie nicht durch das springende Sperrfeuer geschützt war, als der Hauptvorstoß begann. Überlegungen, das Sperrfeuer zu modifizieren, wurden verworfen, um die Soldaten nicht durch Eigenfeuer zu gefährden.

Der Plan wird geändert

Rawlinson änderte den Schlachtplan. Das britische IX. Korps sollte nun direkt südlich des US-Vorstoßes und über den breiten Einschnitt des Canal de Saint-Quentin hinweg angreifen. Monash meinte, ein solcher Angriff sei zum Scheitern verurteilt, aber der Kommandeur des IX. Korps, Generalleutnant Sir Walter Braithwaite, hatte Rawlinson von der Durchführbarkeit überzeugt. So wurde der Angriff unter Führung der 46. Division befohlen.

Die Schlacht begann mit einem hurrikanartigen Bombardement: Mehr als 1000 Feldgeschütze und

Siegreiche Soldaten der 46. Division nehmen nach der Überquerung des Kanals das Lob von Brigadier-General Campbell entgegen.

Den Kanal überqueren

Den größten Sieg beim Angriff auf den Canal de Saint-Quentin errang die britische 46. Division. Nachdem die deutschen Truppen durch Artilleriefeuer in ihre Unterstände zurückgedrängt worden waren, konnte die Infanterie die Böschung bewältigen. Mithilfe von schwimmenden Stegen und Flößen aus Benzinkanistern oder Korkplatten sowie 3000 Schwimmwesten, die von Dampfern aus dem Ärmelkanal stammen, überquerten sie das Wasser. Mithilfe von Leitern überwanden sie die Backsteinmauer auf der anderen Seite und überwältigten die überraschten deutschen Verteidiger.

Die Soldaten kämpften sich dann durch vier Dörfer und über die Schützengräben auf die andere Seite der Siegfriedstellung vor, rückten 5 km vor und nahmen 4200 Gefangene und erbeuteten 70 Geschütze, wobei sie selbst nur 800 Verluste zu beklagen hatten. General Monash lobte die Kühnheit des Angriffs und bezeichnete ihn als »beeindruckenden Erfolg«, der dem Vormarsch der Alliierten enorm geholfen habe.

Die Siegfriedstellung (oder Hindenburglinie) war eine deutsche Verteidigungsstellung an der Westfront. Im Jahr 1917 mehrfach angegriffen, wurde sie im folgenden Jahr endgültig zerstört.

knapp 600 schwere Geschütze und Haubitzen feuerten innerhalb von 24 Stunden fast eine Million Granaten. Es war der größte britische Artilleriebeschuss des Kriegs. Etwa 150 britische Panzer wurden zur Unterstützung des amerikanischen Vormarsches eingesetzt. Doch das Terrain einfach zu besetzten, wie geplant, war auf der linken Seite der Alliierten nicht so einfach. Die 27. US-Division blieb in der Vorpostenlinie stecken und verfehlte ihre Ziele völlig; das 107. Infanterieregiment erlitt die höchsten Verluste aller US-Regimenter an einem einzigen Tag während des Kriegs. Die unterstützenden australischen Truppen gerieten in die verwirrten amerikanischen Reihen, die immer noch um die Vorpostenlinie kämpften. Die Gewinne waren minimal.

Der Durchbruch

Auf der rechten Seite schlug sich die amerikanische 30. Division wesentlich besser, obwohl sie auf ihrer linken Flanke unter Dauerbeschuss geriet, weil die 27. nicht vorankam. Mit direkter Unterstützung australischer Truppen durchbrach die 30. Division die Siegfriedstellung, eroberte das wichtige Dorf Bellicourt und vereinigte sich auf der rechten Seite mit den britischen Truppen, die es gewagt hatten, den Canal de Saint-Quentin zu überqueren.

Britische und australische Kommandeure kritisierten die Leistung der Amerikaner, mussten später aber einsehen, dass die Truppen unter schwierigen Bedingungen gekämpft hatten. Die Siegfriedstellung war durchbrochen worden, und in den folgenden Tagen stießen die Alliierten weiter vor und eroberten das Dorf Beaurevoir. Die Beaurevoir-Linie – der letzte Abschnitt der Siegfriedstellung – fiel am 6. Oktober, sodass vor den alliierten Streitkräften nur noch freies Gebiet lag.

An anderen Stellen der Front verlief der Vormarsch der Alliierten im Großen und Ganzen nach Plan.

Mehr als 5000 deutsche Soldaten wurden in der Schlacht am Canal de Saint-Quentin gefangen genommen und in ein Sammellager gebracht.

Nach dem Erfolg am Canal du Nord stießen die alliierten Streitkräfte weiter Richtung Cambrai vor. Am 8. Oktober, in einem kombinierten Angriff mit Artillerie, Panzern, Infanterie und Flugzeugen, wurden die drei deutschen Verteidigungslinien ohne große Schwierigkeiten durchbrochen.

Frieden in Sicht

Nach dem Zusammenbruch der deutschen Streitkräfte an der Siegfriedstellung musste das deutsche Oberkommando einsehen, dass die Armee besiegt war, und in Friedensverhandlungen eintreten.

Im Lauf des Oktobers, während die Verhandlungen fortgesetzt wurden, zog sich die deutsche Armee Richtung Heimat zurück und versuchte, in Nachhutgefechten den Vormarsch der Alliierten zu verlangsamen. Einige deutsche Einheiten leisteten bis zur Unterzeichnung des Waffenstillstands am 11. November erbitterten Widerstand, andere begannen, sich zu ergeben. Der Krieg neigte sich nun definitiv dem Ende zu. ■

KEIN JUBEL, KEIN GESANG

DER WAFFENSTILLSTAND (11. NOVEMBER 1918)

IM KONTEXT

SCHWERPUNKT
Einstellung der Kämpfe

FRÜHER
8. Januar 1918 Woodrow Wilson stellt im US-Kongress seine »14 Punkte« für eine Friedensordnung in Europa vor.

29. September 1918 Waffenstillstand zwischen Bulgarien und den Alliierten.

30. Oktober 1918 Mit dem Waffenstillstand von Mudros endet der Krieg für das Osmanische Reich.

3. November 1918 Österreich-Ungarn und die Alliierten unterzeichnen bei Padua (Italien) den Waffenstillstand von Villa Giusti.

SPÄTER
Februar 1919 In Weimar tagt erstmals die verfassunggebende Nationalversammlung.

Juni 1919 Unterzeichnung des Versailler Vertrags.

Seit Sommer 1918 hatte Deutschland keinen militärischen Erfolg mehr. Nach alliierten Siegen in der Zweiten Schlacht an der Marne und bei Amiens geriet die deutsche Armee täglich stärker in Bedrängnis. Nach den ersten Erfolgen der alliierten Mehrfachoffensive vom 26. September gab das deutsche Oberkommando den Krieg verloren. Am 29. September gestand Erich Ludendorff Kaiser Wilhelm II., dass er nicht sicher sei, die Frontlinie auch nur einige Stunden länger halten zu können. Der Kaiser müsse um einen Waffenstillstand bitten.

Anfang Oktober wies der Kaiser seinen neuen Kanzler, Prinz Maximilian von Baden, an, sich bei US-Präsident Woodrow Wilson nach den Aussichten für ein Friedensabkommen zu erkundigen. Deutschland, so Maximilian, sei offen für die Idee eines Abkommens auf der Grundlage der »14 Punkte« des Präsidenten, die dieser im Januar 1918 formuliert hatte. Wilson betonte in seiner Antwort, dass Deutschland nicht nur die eroberten Gebiete zurückgeben, sondern ebenso ein Bekenntnis zur Demokratie ablegen müsse. Dazu gehöre auch die Absetzung Kaiser Wilhelms, dessen Kriegstreiberei die Welt in die gegenwärtige Misere gebracht habe. Wilsons harte Reaktion war nicht zuletzt durch den Untergang des Postschiffs RMS *Leinster* am 10. Oktober zu erklären, der viele Menschenleben gekostet hatte.

Weitere Überlegungen

Zunächst sah das deutsche Oberkommando keine andere Möglichkeit, als Wilsons Forderungen zu akzeptieren, so demütigend sie auch sein mochten. Doch nachdem

Erich Ludendorff (links) bestimmte ab 1916 die deutsche Militärstrategie. Kurz vor Kriegsende wurde er vom Kaiser (rechts) zum Rücktritt gedrängt.

Matthias Erzberger

Der 1875 in Buttenhausen (Ortsteil von Münsingen, Baden-Württemberg) geborene Matthias Erzberger begann seine Laufbahn als Lehrer. Nebenher studierte er Jura und Volkswirtschaft. Er trat der katholischen Zentrumspartei bei und wurde 1903 in den Reichstag gewählt.

Erzberger unterstützte zunächst den Krieg, doch im Laufe der Zeit kamen ihm ernste Zweifel. Der Völkermord an den Armeniern, verübt vom Osmanischen Reich, einem Verbündeten Deutschlands, hatte ihn desillusioniert.Er war einer der wenigen deutschen Politiker, die ihn öffentlich verurteilten. 1917 stellte er den Sinn eines Konflikts infrage, der in ein blutiges Patt geraten war. Im Oktober 1918 wurde Erzberger in die Regierung berufen; einen Monat später wurde er an die Spitze der Friedensdelegation nach Frankreich entsandt. Von Juli bis Oktober 1919 deutscher Vizekanzler, wurde er am 26. August 1921 ermordet.

Siehe auch: Die Kriegserklärung 42–43 ▪ Die deutsche Invasion Belgiens 50–51 ▪ Der Seekrieg beginnt 88–93 ▪ Der Völkermord an den Armeniern 132–133 ▪ Kriegseintritt der USA 194–195 ▪ Ein dauerhafter Frieden? 312–317

die unmittelbare Krise abgewendet war, kehrte allmählich der Kriegsgeist zurück.

Obwohl es ein Schock war, dass die Alliierten die Siegfriedstellung durchbrochen hatten, zahlten sie weiterhin einen hohen Preis für ihre Erfolge. Deutschland war besiegt, aber noch nicht vernichtet. Generalfeldmarschall Paul von Hindenburg befürwortete einen Waffenstillstand – er sei für seine Streitkräfte absolut notwendig, räumte er ein –, aber nur, um Zeit zu gewinnen, Kräfte zu sammeln und sich neu zu formieren. Bis 1919, so argumentierte er, würden seine Soldaten wieder fit sein, um zu kämpfen – und zu siegen. Er war nicht davon überzeugt, dass Deutschland Wilhelm II. opfern sollte.

Der Kaiser und Ludendorff

Ludendorff stimmte mit Hindenburg überein. In der Defensive rechnete er sich für die deutschen Truppen bessere Chancen aus. Seine Streitkräfte seien nur deshalb besiegt worden, weil der Krieg auf fremdem Boden ausgetragen worden sei, so seine Argumentation. Wenn seine Männer gekämpft hätten, um ihre Heimat und ihre Familien zu schützen, hätte keine Macht der Welt hoffen können, sich gegen sie durchzusetzen. Die ganze Nation hätte zusammengestanden, um für jeden Zentimeter heiligen deutschen Bodens zu kämpfen.

Am 17. Oktober forderte Ludendorff den Kanzler auf, die Friedensverhandlungen abzubrechen. Der Krieg könne noch gewonnen werden, wenn der Kaiser nur die Nerven behalten würde. Doch Wilhelm hörte nicht mehr zu: Es war klar, dass der Stress der letzten Monate seiner Gesundheit zugesetzt hatte und er in seinem Urteil nicht mehr sicher war. Am 26. Oktober trat Ludendorff zurück. Sein Nachfolger, General Wilhelm Groener, war realistischer als Ludendorff oder Hindenburg. Trotz seiner Loyalität zweifelte er nicht daran, dass der Kaiser für den so dringend benötigten Frieden geopfert werden musste. Die Herausforderungen, vor denen Deutschland nun stand, gingen weit über den Krieg hinaus. Das Land selbst versank im Chaos, mit Massenstreiks und Unruhen.

Der Realität ins Auge sehen

Die Alliierten waren viel zu vorsichtig, um einer Einigung zuzustimmen, die ihrem Feind die Möglichkeit geben würde, »

Der Eisenbahnwaggon von Compiègne

Der Waggon, in dem der Waffenstillstand von Compiègne unterzeichnet wurde, war 1914 als gewöhnlicher Speisewagen gebaut worden. Im Oktober 1918 wurde er von der französischen Regierung beschlagnahmt und zum mobilen Hauptquartier von Ferdinand Foch umgebaut. Die Tatsache, dass die Friedensverhandlungen in Frankreich und nicht auf neutralem Boden stattfanden, unterstrich, dass die Alliierten hier die Regeln diktierten.

Die deutschen Unterhändler protestierten gegen die harten Bedingungen, und die Demütigung wirkte noch viele Jahre nach. Im Juni 1940 zwang Adolf Hitler nach seinem Sieg über Frankreich die Franzosen, einen zweiten Waffenstillstand zu unterzeichnen – am selben Ort, in demselben Eisenbahnwagen. Er wurde anschließend nach Deutschland gebracht und als Kriegstrophäe ausgestellt.

Die alliierten Unterhändler mit Ferdinand Foch (Zweiter von rechts) nach Unterzeichnung des Vertrags in Compiègne .

erneut einen Krieg zu führen. Wenn es irgendeinen Zweifel daran gegeben hatte, dass die Absetzung des Kaisers eine strikte Bedingung für eine Einigung war, so wurde er in den folgenden Mitteilungen ausgeräumt. Am 6. November fand sich der Kanzler in das Unvermeidliche und entsandte seinen kürzlich ernannten Minister Matthias Erzberger in den Wald von Compiègne (Frankreich). Dort stand auf einem Abstellgleis, abgeschirmt von Presse und Öffentlichkeit, ein Privatzug des Oberbefehlshabers der Alliierten, Marschall Ferdinand Foch, bereit, um die Verhandlungspartner zu empfangen.

Rücktritte in Deutschland

In Berlin spitzte sich indessen die politische Krise zu. Am 9. November dankte Kaiser Wilhelm II. ab. Am selben Tag trat Maximilian von Baden als Kanzler zurück und machte den Weg frei für Friedrich Ebert, den Vorsitzenden der Sozialdemokratischen Partei (SPD). Er hatte den Krieg insofern mitgetragen, als er die SPD aufgefordert hatte, sich mit Kritik zurückzuhalten und den Kaiser im nationalen Interesse zu unterstützen. Obwohl Maximilian Wilhelms Abdankung für notwendig hielt, glaubte er, die Monarchie als Institution retten zu können. Bei der Militärelite galten solche Ansichten als gefährlicher Radikalismus, doch Maximilian hatte erkannt, dass ein Wandel notwendig war. Die Ernennung eines eher rechtsgerichteten Kanzlers hätte die politische Linke in Deutschland provoziert und bei den Alliierten für Unruhe gesorgt.

Die Gespräche in Compiègne waren im Gange, aber es gab kaum noch etwas zu verhandeln. Die Alliierten überreichten den besiegten Deutschen eine Liste von Bedingungen, die es zu erfüllen galt.

Waffenstillstand

Foch hatte die Delegation Erzbergers begrüßt und blieb vor Ort, aber aus den Verhandlungen hielt er sich weitgehend heraus. Erst als eine Einigung erzielt worden war, kehrte der Marschall am Montag, 11. November, um 5.00 Uhr mitteleuropäischer Zeit (MEZ) zurück, um seine Unterschrift zu leisten.

Die Vereinbarung umfasste 34 Punkte. Sie forderte die vollständige

Abzuliefferndes deutsches Kriegsmaterial

5000 Kanonen (2500 schwere, 2500 Feldkanonen)

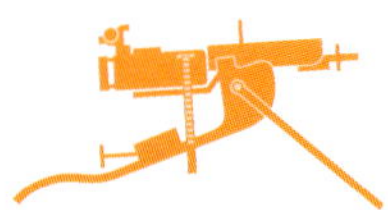

25 000 Maschinengewehre

3000 Minenwerfer

1700 Flugzeuge

5000 Lokomotiven und **150 000** Waggons

5000 Lastkraftwagen

Die Krupp-Gussstahlfabrik im Ruhrgebiet war während des Kriegs von zentraler Bedeutung für die deutsche Rüstungsproduktion. Später wurden dort Waffen eingeschmolzen.

Einstellung der Feindseligkeiten von beiden Seiten. Deutschland musste sich verpflichten, seine Truppen aus allen eroberten Gebieten abzuziehen und diese Gebiete zurückzugeben. Außerdem hatte es alliierte Streitkräfte an seiner Westgrenze zu akzeptieren und zu unterhalten, die Frankreich und Belgien schützen sollten.

Im Osten musste sich Deutschland aus Rumänien zurückziehen und die Vorkriegsgrenzen mit dem Osmanischen Reich und Österreich-Ungarn respektieren. Der Vertrag von Brest-Litowsk zwischen Sowjetrussland und den Mittelmächten sollte rückgängig gemacht werden, und Deutschland sollte die Autonomie Russlands respektieren. Dennoch unterstützten die Alliierten stillschweigend die von Deutschland geförderte westrussische Freiwilligenarmee, die sie als wertvolle Opposition zu den Kommunisten im Russischen Bürgerkrieg ansahen. Zusätzlich zu den erbeuteten Sachwerten sollten die Deutschen riesige Mengen an Waffen, Munition und Ausrüstung abliefern und garantieren, dass die zu evakuierenden Gebiete nicht weiter zerstört würden. Alle Minenfelder sollten identifiziert werden. Die meisten modernen Kriegsschiffe und alle U-Boote sollten übergeben werden. Alle alliierten Kriegsgefangenen sollten freigelassen werden, während deutsche Gefangene in Haft blieben. Die Blockade über Deutschland sollte bis zur Unterzeichnung eines endgültigen Friedensvertrags aufrechterhalten werden.

Tödliche Verzögerung

Der Waffenstillstand trat um 11.00 Uhr MEZ in Kraft. In den sechs Stunden dazwischen ging der Krieg an der Front weiter. Während viele Kommandeure ihre Männer zurückzogen, als sich die Neuigkeiten allmählich verbreiteten, waren einige entschlossen, bis zum bitteren Ende zu kämpfen. Die alliierten Offiziere wurden von ihren Vorgesetzten unter Druck gesetzt, kampfbereit zu bleiben, um den Deutschen keinen Zweifel an ihrer Entschlossenheit zu lassen. Man geht davon aus, dass in diesem sechsstündigen Schattenkrieg fast 3000 Menschen ihr Leben verloren. Das letzte offizielle Todesopfer war der 23-jährige Gefreite Henry Gunther aus Baltimore, Maryland (USA), der ein deutsches Maschinengewehrnest angriff. Die Besatzung erschoss ihn um 10.59 Uhr.

Es darf gefeiert werden

Ab 11 Uhr am 11. November setzte Entspannung ein – wenn auch nur allmählich. Noch war die Ungewissheit groß, und die meisten Soldaten waren körperlich wie psychisch erschöpft. Französische Dorfbewohner in der Kriegszone feierten jedoch ausgelassen. In den Städten der Alliierten bildeten sich Menschenmengen auf den Straßen, als sich die Nachricht verbreitete. In Paris wurde um 11.00 Uhr MEZ ein Friedensschuss vom Fort Mont-Valérien abgefeuert; der britische Premierminister David Lloyd George hielt um 10.20 Uhr GMT eine Ansprache, und die Amerikaner wachten mit der Nachricht vom Waffenstillstand auf. Mit dem Fortschreiten des Tages und der Verbreitung der Information vom Kriegsende machte sich ungezügelte Fröhlichkeit breit. ■

»… wir waren umringt von einer wogenden Menschenmenge, die sich in einem Freudentaumel befand.«

Major Thomas Westmacott
Hauptquartier, 24. Division

ES IST EINFACH, TOT ZU SEIN

KRIEGSLITERATUR

IM KONTEXT

SCHWERPUNKT
Über den Krieg schreiben

FRÜHER
1854 Mit dem Gedicht »The Charge of the Light Brigade« feiert Alfred Tennyson den Heldenmut einer Kavalleriebrigade im Krimkrieg.

1865 Walt Whitman publiziert den Gedichtband *Drum-Taps,* in dem er seine Erfahrungen bei der Pflege verwundeter Soldaten während des Amerikanischen Bürgerkriegs verarbeitet.

SPÄTER
1922 Die Erzählung *The Waste Land* von T. S. Eliot spiegelt die zerrüttete Welt der Nachkriegszeit wider.

2018 Zum 100. Jahrestag des Waffenstillstands wird in London eine Chorfassung von Mary Bordens »Sonnets to a Soldier« aufgeführt.

Zwischen 1914 und 1918 entstand eine beispiellose Flut von Versen, in denen Soldaten auf beiden Seiten ihre Erfahrungen zum Ausdruck brachten. Dichter hatten schon immer über den Krieg geschrieben, aber meist nicht als Zeitzeugen an der Front. Im Ersten Weltkrieg jedoch dienten viele Schriftsteller in den Schützengräben. Man nannte sie »Kriegsdichter« und ihre Werke »Kriegslyrik«.

Dieser Krieg war anders als alle vorhergehenden, und das spiegelte sich auch in der Literatur. Zu Beginn thematisierten die Dichter den verbreiteten Patriotismus, die Begeisterung für den Kampf und

Siehe auch: Öffentliche Meinung 44–45 ▪ Der Stellungskrieg beginnt 74–77 ▪ Die Schlacht um Verdun 152–159 ▪ Ersatz für die Gefallenen 198–199 ▪ Die Pflege der Verwundeten 218–221 ▪ Die Dritte Flandernschlacht 230–235 ▪ Granatschock 236 ▪ Gedenken an den Krieg 324–327

» Glockengeläut für jene, die sterben wie das Vieh? – Nur die ungeheuerliche Wut der Kanonen. Nur der ratternden Gewehre schnelles Rasseln … «

Wilfred Owen
»Anthem for Doomed Youth«, 1917

einen heldenhaften Tod. Doch die Brutalität des Kriegs – das maschinelle Töten, die Erfahrung, verängstigt in rattenverseuchten Schützengräben zu kauern und mit anzusehen, wie Kameraden abgeschlachtet werden – zerstörte alle Illusionen. Die Dichter thematisierten diese Realität mit kraftvollen und ergreifenden Bildern. Auf diese Weise beeinflussten sie die Wahrnehmung des Kriegs, ebenso wie zahlreiche Romane und Erinnerungen von Soldaten, die später veröffentlicht wurden.

Desillusionierung

In den ersten Jahren des Kriegs vertraten britische Dichter wie Rupert Brooke und Julian Grenfell die heroische Sichtweise. Brooke meldete sich im August 1914 zur Armee und starb im folgenden Jahr an einer Blutvergiftung. In Gedichten wie »The Soldier« idealisierte er den Krieg und die Opferbereitschaft. Den Kampf und den heldenhaften Tod romantisierten auch der kanadische Armeechirurg John McCrae und der junge amerikanische Dichter Alan Seeger, der 1914 der französischen Fremdenlegion beitrat und 1916 fiel.

Bis 1916 hatten sich auch einige jüngere britische Stimmen Gehör verschafft, die meisten waren Offiziersanwärter, einige einfache Soldaten. In diesen Kreis gehörten Wilfred Owen, Isaac Rosenberg, Charles Sorley und Edward Thomas, die allesamt »

Die sinnlose Zerstörung von Menschen und Material, wie hier in Ypern, veranlasste viele, ihrer Verzweiflung in Gedichten und anderen literarischen Werken Ausdruck zu verleihen.

Siegfried Loraine Sassoon

Der 1886 bei Tunbridge Wells in Kent (Großbriannien) geborene Siegfried Sassoon studierte in Cambridge, bevor er sich im August 1914 freiwillig zur Sussex Yeomanry meldete. Im folgenden Jahr wurde er zu den Royal Welsh Fusiliers eingezogen. Als mutiger und oft rücksichtsloser Offizier erhielt er den Spitznamen »Mad Jack« und wurde mit dem Military Cross ausgezeichnet.

Im Jahr 1917 wurde Sassoon verwundet. Inzwischen vom Krieg desillusioniert, gab er den Orden zurück und weigerte sich, wieder an die Front zu gehen. Sein Freund und Dichterkollege Robert Graves sorgte dafür, dass bei Sassoon ein Granatschock diagnostiziert wurde, was ihn vor dem Kriegsgericht bewahrte. Im Craiglockhart War Hospital in Schottland lernte er Wilfred Owen kennen, später kehrte er in den aktiven Dienst zurück. Nach dem Krieg schrieb Sassoon Gedichte und *Memoirs of an Infantry Officer* (1930). Er starb 1967.

fielen, sowie Siegfried Sassoon, Edmund Blunden und David Jones. Schockiert von dem Gemetzel auf den Schlachtfeldern, schilderten sie die Schrecken des Kriegs so wahrheitsgetreu wie möglich. Sorley starb 1915 in der Schlacht bei Loos; unter den Papieren in seinem Seesack befand sich ein mit Bleistift gekritzeltes Sonett mit dem Titel »When You See Millions of the Mouthless Dead« – mit seiner verstörenden Beschreibung eines gebrochenen Körpers eines der einflussreichsten Kriegsgedichte.

Die Dichter setzten sich mit Erfahrungen aller Art auseinander – Rosenberg beschreibt einen Soldaten, der versucht, sich von Läusen zu befreien, Sassoon schildert Männer, die mit Ausrüstung beladen über einen Graben in die Schlacht ziehen, Owen einen Kameraden, der bei einem Gasangriff stirbt. Die amerikanische Dichterin Mary Borden beschreibt den Schlamm mit all seinen Schrecken. Borden leitete eine Krankenpflegestation für französische Soldaten; ihre Gedichte wurden erst 2015 erstmals veröffentlicht. Sie schildert Erschöpfung und Hoffnungslosigkeit bei der Behandlung der schrecklichen Verwundungen, ebenso wie die britische Schriftstellerin Vera Brittain. Sassoons Angriffe auf die militärische Führung in Gedichten wie »The General« wurden immer wütender und satirischer, während Owen in »Dulce et Decorum Est« die Vorstellung ablehnte, es sei ruhmreich, für sein Land zu sterben. Damit kritisierte er gleichzeitig den Hurrapatriotismus von Daheimgebliebenen wie Jesse Pope, der populäre Gedichte schrieb, in denen er den militärischen Kampf verherrlichte und die Männer ermutigte, sich zum Kriegsdienst zu melden.

Themen der Kriegslyrik

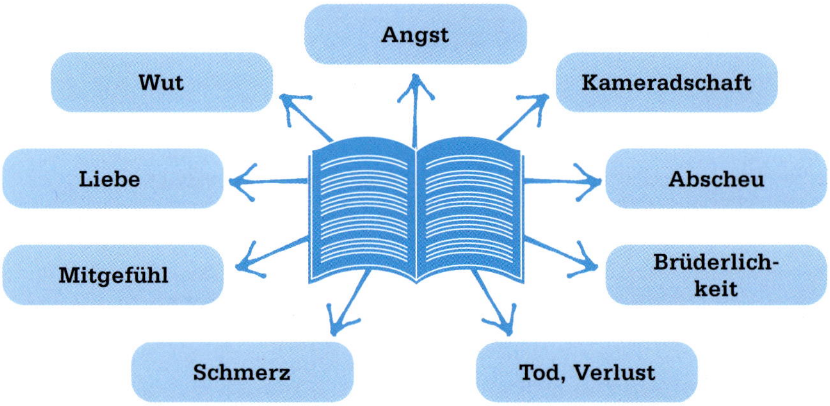

In Frankreich begrüßten viele den Krieg, was sich etwa in den Werken von Charles Péguy widerspiegelt; er fiel im September 1914, am Vorabend der ersten Schlacht an der Marne. Guillaume Apollinaire, der in der Armee diente und 1916 verwundet wurde, verfasste mehrere Gedichte über den Wahnsinn des Kriegs; sie wurden 1918 in *Calligrammes. Poèmes de la paix et de la guerre 1913–1916* publiziert.

Deutschland und Italien

Wie ihre britischen und französischen Kollegen begrüßten auch die deutschen Dichter den Krieg zunächst. Ernst Stadler gehörte zu jenen, die sich vom Krieg reinigende Wirkung erhofften; doch schon zwei Monate nach seiner Ankunft in Flandern schrieb er über die Gewalt und den sinnlosen Tod, den er gesehen hatte. Er starb im Oktober 1914. Der Sozialist Ernst Toller bekannte, dass er sich darauf freute, seinen Beitrag zu leisten, aber 1917 bekehrte er sich zum Pazifismus. August Stramm, der 1915 in Russland getötet wurde, schrieb impressionistische Gedichte über das Chaos, das er um sich herum wahrnahm. Auch Giuseppe

Gerrit Engelke

Der 1890 in Hannover geborene Gerrit Engelke erlernte den Beruf des Anstreichers. Mit etwa 20 begann er, Gedichte zu schreiben; sein Thema waren dabei Maschinen und die Industrie. Seine ersten Arbeiten wurden 1912 veröffentlicht. Bei Kriegsbeginn lebte Engelke in Dänemark, kehrte aber nach Deutschland zurück, um eine militärische Ausbildung zu beginnen. Ab Februar 1915 diente Engelke an der Westfront und wurde mit dem Eisernen Kreuz ausgezeichnet. 1917 wurde er erstmals verwundet. Nach der Rückkehr an die Front erlitt er eine zweite Verwundung und geriet im Oktober 1918 in Gefangenschaft. Zwei Tage später starb er in einem britischen Feldlazarett bei Cambrai. Seine Kriegsgedichte wie »An den Tod« spiegeln seine Verzweiflung über den Krieg und die sinnlose Vergeudung von Menschenleben wider.

Das Schwarze 369. Infanterieregiment vor seinem Einsatz an der Westfront bei einer Parade in New York City. Rassismus ist ein zentrales Thema in der Schwarzen Kriegslyrik.

Ungaretti, der in den Schützengräben Norditaliens diente, hatte sich mit Begeisterung gemeldet; aber aus seinen Gedichten spricht das Entsetzen über das, was er erlebt hatte.

Die Stimme der Schwarzen

Mehr als vier Millionen nichtweiße Soldaten dienten in den europäischen Armeen, in der US Army gab es viele Schwarze. Sie brachten eine eigene Dichtung hervor, die erst in jüngster Zeit Würdigung gefunden hat. Für die Schwarzen amerikanischen Soldaten verband sich der Schrecken des Kriegs mit dem Rassismus. Der Dichter Joseph Seamon Cotter Sr. hielt die Erfahrungen derer, die er in den Tod gehen sah, in seinem Gedicht »Sonnet to Negro Soldiers« fest. Es macht deutlich, dass der Feind für die Schwarzen Soldaten nicht Deutschland war, sondern der Rassismus, den der Krieg nicht besiegen konnte. Im Jahr 1919 konstatierte der jamaikanisch-amerikanische Dichter Claude McKay in »If We Must Die«, dass die Schwarzen Amerikaner sich nach ihrer Rückkehr in die Heimat neuen Kämpfen zu stellen hatten – gegen das weiße Amerika.

Erzählende Literatur

In dem 1916 erschienenen Roman *Le feu* schildert der französische Schriftsteller Henri Barbusse schonungslos seine Kriegserfahrungen. Erich Maria Remarques ergreifender Roman *Im Westen nichts Neues* von 1929 ist einer der einflussreichsten Kriegsromane überhaupt. Er zeichnet ungeschönt die Schicksale eines Zuges junger deutscher Soldaten nach und erreichte innerhalb von 18 Monaten eine Auflage von 2,5 Millionen. Zu den deutschen Antikriegsschriftstellern gehörten ebenso Gerrit Engelke und Ludwig Renn. In Frankreich verarbeiteten Romanciers wie Gabriel Chevallier und Jean Giono ihre Erfahrungen an der Westfront.

Manche Schriftsteller thematisierten die Art und Weise, wie der Krieg die Soldaten veränderte. Einer der ersten britischen Kriegsromane war Rebecca Wests *Return of the Soldier* (veröffentlicht 1918), der von einem Offizier handelt, der unter Granatschock leidet. In Ernest Hemingways Kurzgeschichte »Soldier's Home« kann der Protagonist nicht mit seiner Familie über das Erlebte sprechen. Hemingway wurde 1918 während seines Diensts als Krankenwagenfahrer in Italien verletzt, und sein Roman *A Farewell to Arms* fand in der die amerikanischen Öffentlichkeit starke Resonanz.

In den 1920er-Jahren erschien eine Reihe von Erinnerungen, darunter Edmund Blundens *Undertones of War* und Robert Graves' *Goodbye to All That*. Vera Brittains Autobiografie *Testament of Youth*, 1933 erschienen, beschreibt ihre Erlebnisse als Krankenschwester in Frankreich, den Verlust ihres Bruders und des Verlobten. Auch britische Dramatiker setzten sich mit dem Thema auseinander. 1925 wurde das Stück *The Prisoners of War* uraufgeführt, in dem Joseph Randall Ackerley seine Erlebnisse als Kriegsgefangener und die unerwiderte Liebe zu einem anderen Offizier thematisiert.

Die Kriegslyrik ebenso wie die ab den 1920er-Jahren erschienene Antikriegsliteratur hatte großen Einfluss auf pazifistische Strömungen, die zwischen den Weltkriegen entstanden. ■

» … Ihre blinden Augen sehen weder deine Tränen fließen.

Noch Ehre. Es ist einfach, tot zu sein. «

Charles Sorley
»When You See Millions of the Mouthless Dead«

DER KRIEG, KRIEGE ZU

1919–1923 UND DANACH

UM ALLE BEENDEN?

22. DEZ. 1918

In Berlin **fordern über 10 000 Veteranen** höhere Renten und größere Anerkennung für die **2,7 Millionen Kriegsversehrten.**

18. JAN. 1919

Beginn der **Pariser Friedenskonferenz.** Sie soll durch internationale Vermittlung **weitere Kriege verhindern.**

23. MÄRZ 1919

In Italien **stellt Benito Mussolini die »Schwarzhemden« auf** als paramilitärischen Flügel der Partei »Italienische Kampfverbände«. 1921 wird die Partei **in »Nationale Faschistische Partei« umbenannt.**

10. SEPT. 1919

Der **Staatsvertrag von Saint-Germain-en-Laye bestätigt die Unabhängigkeit** der Tschechoslowakei, Polens, Ungarns und des Königreichs der Serben, Kroaten und Slowenen (zukünftiges Jugoslawien).

10. JAN. 1920

Gründung des **Völkerbunds.** Zwei Monate später stimmt der **US-Senat gegen den Beitritt** der USA.

17. JAN. 1920

Georges Clemenceau, Führer Frankreichs während des Kriegs, verliert die französischen Präsidentschaftswahlen, **tritt als Ministerpräsident zurück** und gibt alle politischen Aktivitäten auf.

23. JAN. 1920

Die neutralen Niederlande **lehnen Forderungen der Alliierten ab, Kaiser Wilhelm II. auszuliefern,** um ihn wegen Kriegsverbrechen anzuklagen. Im folgenden Jahr werden **kleinere Verfahren** in Leipzig geführt.

27./28. MÄRZ 1920

Die geschlagenen **Kräfte der russischen »Weißen«** unter Anton Denikin werden über den Schwarzmeerhafen Noworossijsk evakuiert. Die **Truppen der Bolschewiki töten** Tausende Zurückgelassene.

Der Erste Weltkrieg war ein einschneidendes Ereignis in der Geschichte. Erstmals bekämpften sich Massenheere mit Waffen, die die technischen Fortschritte der industriellen Revolution widerspiegelten. Immer leistungsstärkere Artillerie und hoch entwickelte Maschinen trugen zu den hohen Opferzahlen bei. Genaue Zahlen für die Verluste der einzelnen Länder sind zwar schwer zu ermitteln, doch kann man von über neun Millionen Gefallenen ausgehen. Viele Millionen mehr wurden verwundet oder versehrt – ihre körperlichen oder psychischen Verletzungen blieben ein bitteres Erbe des Konflikts.

Dazu kamen zahlreiche zivile Tote, die vor allem Krankheiten und Hunger zum Opfer gefallen waren. Eine weitere ungünstige Wendung war das Auftreten der Spanischen Grippe, zu deren Ausbruch der Krieg beitrug und an der 1918/19 auf der ganzen Welt bis zu 50 Millionen Menschen starben.

Friedensbedingungen

Infolge der unermesslichen Kriegskosten an Menschenleben und Ressourcen bürdeten die siegreichen Alliierten den geschlagenen Mittelmächten harte Bedingungen auf. Die Pariser Friedenskonferenz sah die deutsche Politik als Ursache des Kriegs an; Artikel 231 des Versailler Vertrags bezeichnete Deutschland als »verantwortlich«. Angesichts der militärischen Übermacht und der noch andauernden Wirtschaftsblockade unterzeichnete die deutsche Delegation am 28. Juni 1919 widerstrebend den Vertrag.

Frankreich erhielt Elsass-Lothringen zurück, die Deutschland 1871 annektiert hatte; der neue Staat Polen bekam durch Preußen hindurch einen »Korridor« zur Ostsee; die deutschen Streitkräfte wurden erheblich verkleinert. Diese Bedingungen ließen in Deutschland in der Folge eine ablehnende Haltung aufkommen. Die 1921 in Leipzig geführten Prozesse wegen angeblicher Kriegsverbrechen wurden durch verweigerte Auslieferungen behindert, verstärkten aber die Verbitterung gegenüber den Alliierten.

Eine positivere Folge des Versailler Vertrags war 1920 die Gründung des Völkerbunds. Diese erste staatenübergreifende Organisation überhaupt sollte den Weltfrieden wahren, die Rüstung beschränken und internationale Dispute beilegen. Allerdings verfügte der Völkerbund nicht über bewaffnete Kräfte und wurde

10. AUG. 1920

Mit dem **Vertrag von Sèvres** wird das Osmanische Reich aufgelöst und die **Türkei gezwungen, Gebiete und Wirtschaftsrechte** an Großbritannien, Italien, Griechenland und Armenien **abzutreten.**

18. MÄRZ 1921

Mit einem in Riga (Lettland) unterzeichneten **Friedensvertrag beenden Polen** und die **Sowjetunion** den **Polnisch-Sowjetischen Krieg.**

15. MAI 1921

Feldmarschall **Douglas Haig ist Mitbegründer der British Legion,** die vier britische **Veteranenorganisationen** zusammenführt.

29. JULI 1921

Adolf Hitler wird **Vorsitzender** und **alleiniger Führer** der rechtsextremen **Nationalsozialistischen Deutschen Arbeiterpartei (NSDAP).**

24.–29. AUG. 1921

Die **USA unterzeichnen separate Friedensverträge** mit Deutschland und Österreich und **beenden damit offiziell ihre Rolle im Krieg.**

9. SEP. 1922

Türkische Kräfte besetzen Smyrna (Izmir) und beenden die jahrhundertealte **griechische Präsenz in Kleinasien.**

28. OKT. 1922

Mit den nach Rom marschierten **faschistischen Schwarzhemden übernimmt** Mussolini **die Macht.** Drei Tage später wird **er zum Ministerpräsidenten ernannt.**

8./9. NOV. 1923

Der **Hitler-Putsch** in München scheitert. Hitler wird zur **Festungshaft in Landsberg** verurteilt.

durch die Weigerung der USA zum Beitritt geschwächt. Weiter unterminiert wurde der Völkerbund in den 1930er-Jahren durch den Austritt von Japan, Deutschland und Italien.

Im Anschluss an die Pariser Konferenz wurden weitere Verträge geschlossen. Aus der aufgelösten Doppelmonarchie Österreich-Ungarn entstanden die neuen Staaten Tschechoslowakei, Polen sowie unter serbischer Führung das Königreich der Serben, Kroaten und Slowenen (später Jugoslawien). Ungarn verlor Territorien an die drei neuen Staaten und wurde wie Österreich auch ein eigener Staat.

Eine neue UdSSR, eine neue Türkei

In Russland folgte auf Weltkrieg und frühere Revolutionen der Bürgerkrieg zwischen den kommunistischen »Roten« und antikommunistischen »Weißen«. Die Weiße Armee erhielt zwar einige militärische Unterstützung von den Westalliierten, war aber zu zersplittert, um die stärker konzentrierten Kräfte der Roten Armee unter Leo Trotzki und Wladimir Lenin überwinden zu können. Im Dezember 1922 wurde Russland zur Union der Sozialistischen Sowjetrepubliken (UdSSR).

Das weite Osmanische Reich zerbrach. Aus dem türkischen Kernland in Anatolien entstand die neue Republik Türkei, die arabischen Reichsteile wurden in Völkerbundmandate unter der Kontrolle von Großbritannien und Frankreich aufgeteilt. Die Türkei lehnte die Bedingungen des Friedensvertrags ab und ging militärisch besonders gegen Griechenland vor. 1922 begann sie, von Griechen bewohnte Gebiete zu erobern. Dazu gehörte auch Smyrna (Izmir). Die Türken vertrieben über eine Million christlicher Griechen aus diesen Gebieten, Griechenland vertrieb seinerseits an die 400 000 Moslems.

Aufstieg des Faschismus

Aus der Asche des Ersten Weltkriegs entstand die rechtsextreme Doktrin des Faschismus: Unter Benito Mussolini gelangte die faschistische Partei 1922 in Italien an die Macht.

In den folgenden Jahren verbreitete sich der Faschismus in Europa mit Adolf Hitler in Deutschland und Francisco Franco in Spanien. Wie Mussolini sahen sie Krieg als wichtiges politisches Werkzeug zum Erreichen ihrer Ziele an – eine Denkweise, die den Weg für den nächsten Weltkrieg ebnen sollte. ■

OFFENBAR EINE SEUCHE

DIE SPANISCHE GRIPPE (1918/19)

IM KONTEXT

SCHWERPUNKT
Infektionskrankheiten

FRÜHER
1892 Der deutsche Mediziner Richard Pfeiffer entdeckt ein Bakterium, das er irrtümlich für die Ursache der Influenza hält.

1899 Von Indien geht eine weltweite Cholera-Pandemie aus, die den Krieg lang anhält.

1917 Durch Läuse übertragenes Schützengrabenfieber ist für über ein Fünftel aller Kranken in den Feldlazaretten verantwortlich.

SPÄTER
1945 Die US-Armee fördert die Entwicklung eines Grippe-Impfstoffs an der University of Michigan.

1976 Ein US-Soldat stirbt an Schweinegrippe, was ein großes Impfprogramm auslöst.

2020 Die WHO erklärt die weltweite Bedrohung durch Covid-19 für beendet.

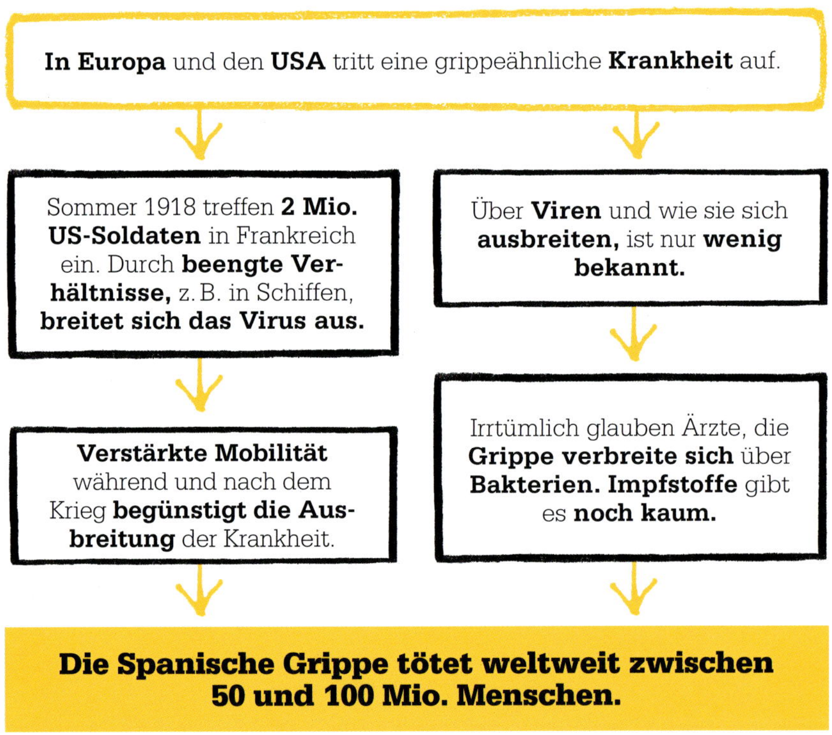

Im Frühjahr 1918 stellten Ärzte in einem US-Militärlager in Kansas und einem Feldlazarett der Alliierten in Nordfrankreich erste schwere Grippefälle fest. Kurz darauf kam es zu ersten Todesfällen. Die Krankheit breitete sich in Militärlagern mit bis zu 55000 Soldaten schnell aus. US-Truppen, die den Atlantik in überfüllten Schiffen überquerten, und Verwundete, die von der Front in Lazarette kamen, brachten das Virus mit. Keiner wusste, ob die Grippe aus den USA oder Europa stammte, aber sie breitete sich von der Westfront

Siehe auch: Gesellschaft unter Druck 184–187 ▪ Die Pflege der Verwundeten 218–221 ▪ Die Heimatfront 1918 250–253 ▪ Vom Krieg gezeichnet 310–311

» Keine andere Krankheit, kein Krieg, kein Hunger, keine Naturkatastrophe kommt dieser Pandemie gleich. «

Albert Marrin
Amerikanischer Historiker (*1936)

nach Deutschland und Polen aus. Während die Presse der Kriegsnationen die Pandemie verharmloste, gab es aus dem neutralen Spanien Berichte, König Alfons XIII. sei an der rätselhaften Krankheit erkrankt. Ab diesem Zeitpunkt wurde sie zu Unrecht überall die »Spanische Grippe« genannt.

Die tödliche Welle

Über den Sommer schien der Ausbruch zurückzugehen, nur um im Frühherbst auf beiden Seiten des Atlantiks umso tödlicher zurückzukehren. Eine der bis heute nicht völlig geklärten Besonderheiten der neuen Virusvariante war, dass sie vor allem gesunde Menschen zwischen 20 und 40 Jahren befiel. Die Lungen der Opfer füllten sich teilweise innerhalb von Stunden nach der Infektion mit Flüssigkeit, woraufhin sie förmlich ertranken.

In Städten wie London in Großbritannien und Philadelphia in den USA kam es zu Tausenden Fällen. Zu dieser Zeit war so gut wie nichts über Viren bekannt, und die Ärzte hielten Bakterien für die Krankheitsursache. Bald wurde klar, dass enger Kontakt zwischen Menschen die Ausbreitung der Krankheit begünstigte und sie vermutlich durch Tröpfchen übertragen wurde. Viele Menschen begannen, Stoffmasken über Mund und Nase zu tragen, und einige Regionen führten Abstandsregeln ein. Aber ohne ein funktionsfähiges Gesundheitswesen gab es kaum koordinierte Maßnahmen, um die Kranken unter Quarantäne zu stellen. Ebenso wenig gab es Impfungen, um die Menschen zu schützen.

Die dritte Welle

Am 11. November 1918 strömten die Menschen weltweit auf die Straßen, um den Waffenstillstand und das Kriegsende zu feiern. Damit gaben sie dem Virus eine erneute Chance, sich auszubreiten. Die dritte Welle in diesem Winter war zwar weniger tödlich, verbreitete sich aber weiter, da einige Hunderttausende Soldaten aus Europa heimkehrten. Die Grippe erreichte inzwischen Australien und die Pazifikinseln. In Indien starben 5 Prozent der Bevölkerung, rund 16,7 Millionen Menschen.

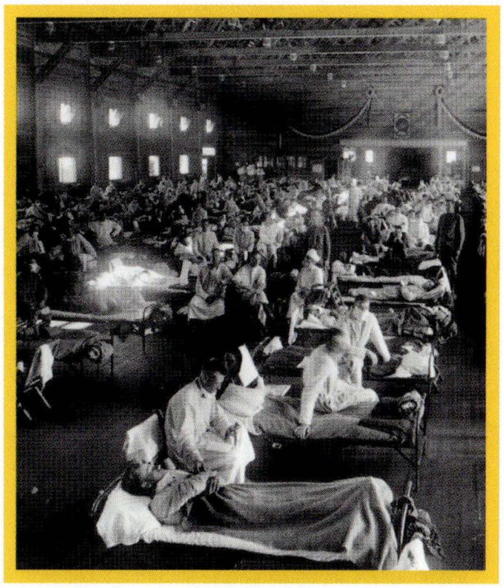

Eine Krankenstation im US-Armeelager Fort Riley, Kansas, ist aufgrund der Spanischen Grippe mit Patienten überlaufen. Hier traten im Frühjahr 1918 die ersten Krankheitsfälle auf.

Im Laufe des Jahres 1919 verschwand die Spanische Grippe, heute als Influenza-Virus H1N1 und als Verwandte der Schweinegrippe bekannt, und mutierte zu weniger tödlichen Varianten. In nur zwei Jahren hatte sie 50–100 Millionen Menschen getötet und ein Drittel der Weltbevölkerung infiziert. ■

Infektionskrankheiten

Obwohl die Spanische Grippe die bei Weitem tödlichste Pandemie während des Ersten Weltkriegs war, litten die Soldaten wie die Zivilbevölkerung damals unter diversen Infektionskrankheiten.

Überfüllte Militärlager und Schützengräben boten Krankheiten dank schlechter Hygiene, Mangelernährung und Mangel an sauberem Wasser ideale Bedingungen. Die Zivilbevölkerung war durch Hunger geschwächt und anfällig für häufige Krankheiten wie Masern, Windpocken und Mumps, aber auch für schwerere Erkrankungen wie Tuberkulose, Hirnhaut- und Lungenentzündung. 50 Prozent der Menschen, die an einer bakteriellen Pneumonie erkrankten, starben.

In den Schützengräben halfen Impfungen gegen Typhus und Tetanus, dennoch tötete durch Läuse übertragener Typhus an der Ostfront zwischen 2 und 3 Mio. Menschen. Läuse waren auch für die Übertragung des Wolhynischen Fiebers, auch Schützengrabenfieber genannt, verantwortlich.

ÜBERLEBENDE AUF EINEM BERG VON LEICHEN

VOM KRIEG GEZEICHNET

IM KONTEXT

SCHWERPUNKT
Folgen für die Gesellschaft

FRÜHER

1870/71 Im Deutsch-Französischen Krieg sterben 80–90 % der schwer Verwundeten an ihren Verletzungen, sodass nur wenige Kriegsversehrte unterstützt werden müssen.

1914 In Deutschland werden für die erwarteten Kriegsversehrten Drehorgeln hergestellt, mit denen sie um Almosen betteln sollen.

SPÄTER

1919–1930er-Jahre Weltweit entfallen auf kriegsbedingte Renten 8–18 % der Staatsausgaben.

1921 Douglas Haig ist Mitbegründer der British Legion, die Veteranen unterstützt.

1930er-Jahre Der Geburtenrückgang durch den Ersten Weltkrieg verringert die Zahl der Soldaten, die für den Zweiten Weltkrieg verfügbar sind.

In den Monaten nach dem Waffenstillstand vom 11. November 1918 hoffte die Welt auf friedliche Normalität. Mit der Beendigung des Konflikts, in dem elf Millionen Soldaten gefallen waren, musste jedoch die Kriegsmaschine abgebaut werden.

Vorrang hatte die Demobilisierung, denn die Soldaten erwarteten eine rasche Rückkehr aus den verwüsteten Frontgebieten in ihre Heimatländer. Die Rückführung in die Heimat war ein großes logistisches Unterfangen. Um die alliierten Soldaten kümmerten sich die einzelnen Staaten, die zerrütteten Regierungen der Mittelmächte leisteten jedoch nur wenig Unterstützung. Ihre Männer machten sich oft selbst auf den Weg nach Hause, allein eine Million deutsche Soldaten erreichten die Heimat zu Fuß.

Die Soldaten reisten aus den überfüllten Schützengräben und Lagern in ebenfalls überfüllten Transporten und brachten eine

Winkende US-Soldaten auf dem Deck eines Truppenschiffs bei der Ankunft in Hoboken (USA). Sie kehren von ihrem Einsatz in Frankreich zurück.

Siehe auch: Die Heimatfront 1918 250–253 ▪ Die Spanische Grippe 308–309 ▪ Die Nachkriegszeit 320–321 ▪ Aufstieg des Faschismus 322–323 ▪ Gedenken an den Krieg 324–327

dritte Welle der Spanischen Grippe mit nach Hause. Bis zum Sommer des Jahres 1919 hatte die Pandemie weltweit mindestens 50 Millionen Menschenleben gefordert.

Im Zuge der Unruhen nach der Revolution flohen viele Menschen aus Russland. Die neu gezogenen europäischen Grenzen führten zu Vertreibungen, wenn Nationalität, Religion oder ethnische Zugehörigkeit nicht mit den neuen staatlichen Vorgaben übereinstimmte. In den zwei Jahren nach dem Waffenstillstand wurden fast zehn Millionen Menschen deportiert oder vertrieben, noch mehr flohen aus eigenem Antrieb.

Gesellschaftlicher Wandel

Millionen Männer kehrten aus dem Krieg in Gesellschaften zurück, die nicht genug zu essen hatten und um ihre Toten trauerten. Aufgrund der drastisch gesunkenen Geburtenrate in den Krieg führenden Nationen gab es dort überproportional viele Jugendliche, ältere Menschen und Frauen. Außerdem gab es eine große Anzahl von Witwen und Waisen. In Großbritannien heiratete mehr als die Hälfte der hinterbliebenen Frauen nicht wieder. In allen Krieg führenden Nationen waren die jungen Frauen nun den Junggesellen zahlenmäßig weit überlegen, was ihre Heiratsaussichten schmälerte.

> »Wochenlang hatten wir überhaupt kein Geld. Wir hofften auf eine anständige Mahlzeit, aber es gab nichts für uns.«
>
> **Edgar Woolley**
> Britischer Soldat, über seine Rückkehr nach Großbritannien, Januar 1919

Ein britischer Soldat mit Frau und Kindern vor der behelfsmäßigen Unterkunft, die er nach seiner Rückkehr von der Front erhielt.

Die Rationierung blieb in Großbritannien bis 1921 bestehen, und die kriegsbedingte Störung der Lebensmittelversorgung hielt weltweit an. Die deutsche Bevölkerung, die im Herbst 1918 mehr zivile Todesopfer zu beklagen hatte als jede andere Krieg führende Nation, litt unter schwerer Unterernährung.

Bis Ende 1919 hatten die Männer ihre Arbeit wieder aufgenommen oder neue gefunden, wo sie konnten. Die Frauen kehrten – mitunter widerstrebend – ins Haus zurück. Die Menschen sehnten sich nach der Normalität eines traditionellen Familienlebens, und einige fanden sie auch. Für die meisten jedoch waren die alten Zukunftspläne durch den Krieg zerstört worden, und es war unklar, welchen Weg sie in der Nachkriegsgesellschaft nehmen würden. ▪

Kriegsversehrte

Weltweit erlitten im Krieg etwa 8 Mio. Menschen bleibende Schäden. Manche waren entstellt oder erblindet, andere hatten Lungenschäden durch Giftgas; viele waren amputiert. Ein Viertel hatte einen Granatschock erlitten. Die Wiedereingliederung in die Gesellschaft hing von der Art der Behinderung, dem Land, der staatlichen Unterstützung, der familiären Situation ab.

Im Dezember 1918 marschierten mehr als 10 000 deutsche Veteranen zum Berliner Kriegsministerium, um höhere Renten und mehr Anerkennung für die 2,7 Mio. versehrten Soldaten zu fordern. Das deutsche Rehabilitationswesen entwickelte sich danach zum fortschrittlichsten der Welt, Kirche und Staat sorgten für Behandlung und Umschulung der Veteranen.

In Großbritannien gewährte die Regierung Renten, die sich nach dem Grad der Behinderung richteten, aber meist nicht ausreichend waren. Es gab keine Umschulungen, die Pflege oblag den Familien oder Wohlfahrtsverbänden.

Soldaten mit Beinprothesen im Londoner Roehampton House Hospital, das sich auf die Versorgung Amputierter spezialisiert hatte.

WIR SIND ALS FREUNDE GEKOMMEN

EIN DAUERHAFTER FRIEDEN? (1919)

IM KONTEXT

SCHWERPUNKT
Friedensverhandlungen

FRÜHER
April–Mai 1915 Im niederländischen Den Haag findet der Internationale Frauenfriedenskongress statt. Er führt zur Gründung der Internationalen Frauenliga für Frieden und Freiheit mit der US-Aktivistin Jane Addams als Präsidentin.

März 1918 Das neue Sowjetrussland und die Mittelmächte verhandeln einen separaten Friedensvertrag.

Oktober 1918 Deutschland bittet um einen Frieden auf Basis von Wilsons 14 Punkten.

SPÄTER
November 1920 Der Völkerbund tritt in Genf in der Schweiz zu einer ersten Tagung zusammen.

1933 Deutschland tritt aus dem Völkerbund aus, dem es 1926 beigetreten war.

Für US-Präsident Woodrow Wilson war der Krieg kein Konflikt nationaler Interessen, sondern von Idealen. Er misstraute den Kriegszielen der Alliierten wie der Mittelmächte und sah die USA als moralische Instanz. Am 30. Mai 1919 sprach er sich in einer Rede auf dem US-Friedhof in Suresnes bei Paris dafür aus, eine neue Ordnung zu begrüßen, »in der die einzigen Fragen sein sollten: ›Ist es richtig?‹, ›Ist es gerecht?‹, ›Ist es im Interesse der Menschheit?‹«

Europäische Politiker verlangten Rechenschaft für die riesigen menschlichen und materiellen Verluste, die ihre Länder im Krieg erlitten hatten. Wilson weitete den Blick hingegen auf Demokratie, Selbstbestimmung und freien Handel. Für ihn war das Kernstück die Gründung einer Weltorganisation, die den Frieden durch kollektive Sicherheit wahren sollte und in der Recht, Diplomatie, Handel und öffentliche Meinung Aggressoren abschrecken sollten.

Viele Europäer lobten Wilsons Vision, andere sahen darin eine Verletzung der nationalen Souveränität, so auch die Kritik der Konservativen in den USA. Der potenzielle Zwiespalt zwischen Krieg und nationalem Interesse war nicht zu leugnen. Sollte die Weltöffentlichkeit einen von Angst, Stolz oder Ehrgeiz getriebenen Aggressor nicht abschrecken können, blieb es schwer zu bestimmen, wer ihn stoppen sollte.

> »Gott gab uns Zehn Gebote, und wir haben sie gebrochen. Wilson gab uns 14 Punkte – wir werden sehen.«
>
> **Georges Clemenceau**

Ein Frieden der Sieger

Im Januar 1919 reiste Präsident Wilson persönlich nach Paris, um in Versailles mit den führenden Alliierten zu verhandeln. Repräsentanten Russlands und der besiegten Staaten waren nicht anwesend,

Georges Clemenceau

Georges Clemenceau wurde 1841 in der Vendée im Westen Frankreichs geboren, studierte Medizin und war Politiker, Staatsmann und Journalist. Nach Deutschlands Sieg im Deutsch-Französischen Krieg (1870/71) wurde er in die Abgeordnetenkammer gewählt, wo er gegen die Abtretung Elsass-Lothringens stimmte. Er wandte der Politik kurz den Rücken zu und erwarb sich als kritischer Journalist den Spitznamen *le tigre* (der Tiger). Er setzte sich z. B. vehement für den 1894 zu Unrecht wegen Landesverrats verurteilten jüdischen Offizier Alfred Dreyfus ein. Von 1906 bis 1909 vertrat Clemenceau als Premierminister die Entente cordiale mit Großbritannien. Im November 1917 wurde er erneut gewählt, als Frankreich von Jahren des Kriegs erschöpft und entmutigt war, und trieb Nation und Armee zum Sieg an.

Trotz beeindruckender Leistungen für sein Land warfen ihm viele vor, Frankreich im Vertrag von Versailles übervorteilt zu haben. Nach dem vergeblichen Versuch, Staatspräsident zu werden, trat er 1920 als Premierminister zurück und starb 1929.

Siehe auch: Die USA und der Erste Weltkrieg 134–135 ▪ Kriegseintritt der USA 194–195 ▪ Die USA stimmen sich auf Krieg ein 196–197 ▪ Der deutsche Sieg in Osteuropa 258–259 ▪ Das Kriegsende in Italien 284–285 ▪ Durchbruch an der Siegfriedstellung 290–293

Vertreter der Alliierten, darunter Sir Douglas Haig (aufrecht sitzend), treffen sich in Versailles, um die Bedingungen des Vertrags auszuhandeln.

und die meisten Entscheidungen wurden von den »Großen Vier« ausgehandelt: Woodrow Wilson und den Regierungschefs David Lloyd George (Großbritannien), Georges Clemenceau (Frankreich) und Vittorio Orlando (Italien).

Die »Großen Vier« verhandelten einen Frieden der Sieger, in dem sie ihre Interessen durchsetzten. Zwangsläufig konzentrierte er sich auf die Entmachtung Deutschlands. In geheimen Sitzungen versuchte Wilson, die anderen von seinen 14 Punkten zu überzeugen. Er stützte sich nicht nur auf Fakten – er hatte 1917 einen Arbeitskreis aus amerikanischen Diplomaten, Anwälten und Historikern dafür eingerichtet –, sondern auf internationale Unterstützung. Er konnte die Bedeutung der USA für Europa glaubwürdig belegen, wie etwa mit ihrem Beitrag am militärischen Sieg. Wilson war entschlossen, die Schaffung eines Völkerbunds in den abschließenden Vertrag mit aufzunehmen, seine lange gehegte Idee einer gemeinschaftlichen Organisation zur Förderung des Friedens und Verhinderung des Kriegs.

Bei den Europäern, die ihre nationalen Interessen entschlossen verteidigten, trafen Wilsons Ideen auf strikte Ablehnung. Clemenceau verlangte eine Aufteilung Deutschlands und eine Übergabe der Gebiete westlich des Rheins an Frankreich. Er hatte damit keinen Erfolg, konnte aber die Rückgabe Elsass-Lothringens, die Entmilitarisierung des Rheinlands und eine begrenzte Sollstärke der deutschen Streitkräfte durchsetzen. Wilson stimmte den von Briten und Franzosen verlangten Reparationszahlungen im Prinzip zu, die das Potenzial hatten, enorm zu werden.

Eine Reihe von Verträgen

1919 und 1920 unterzeichneten die Mittelmächte eine Reihe von Verträgen, die den Ersten Weltkrieg »

Wegen des verheerenden **Verlusts an Leben und Eigentum** sind die Siegermächte entschlossen, **Deutschland und seine Verbündeten zu strafen.**

US-Präsident Woodrow Wilson plädiert für einen **»Frieden ohne Sieg«** und für eine **Reform** der **alten Machtpolitik.**

Als Gegenleistung für ihre Zustimmung zum **Völkerbund** fordern **Europas Regierungschefs** von Wilson **Kompromisse.**

Wilson ist überzeugt, die Festschreibung des **Völkerbunds** im **Friedensvertrag** helfe, zukünftige Kriege zu verhindern und den **Frieden zu sichern.**

Nach den Friedensgesprächen gelingt es dem fragilen Völkerbund nicht, einen zweiten Weltkrieg zu verhindern.

formal beendeten. Zentrales Dokument war der am 28. Juni im Spiegelsaal beschlossene Friedensvertrag von Versailles mit Deutschland. Er beinhaltete den »Kriegsschuldartikel« (Artikel 231), der Deutschland alle Schuld zuwies und es für »alle Verluste und Schäden«, die die alliierten Staaten und ihre Bürger erlitten, verantwortlich machte.

Neu gezogene Grenzen

Am 10. September erkannte Österreich im Vertrag von Saint-Germain die Unabhängigkeit der Tschechoslowakei, Polens, Ungarns und des Königreichs der Serben, Kroaten und Slowenen (später Jugoslawien) sowie die Auflösung seiner Kriegsmarine an. Mit dem Vertrag von Neuilly-sur-Seine trat Bulgarien am 27. November Land an Jugoslawien und Griechenland ab. Ungarn gab im Vertrag von Trianon vom 4. Juni über die Hälfte an Land und Bevölkerung ab, und der Vertrag von Sèvres beendete das Osmanische Reich und zwang die Türkei, Land und Handelsrechte an Frankreich, Großbritannien, Italien, Griechenland und Armenien abzutreten.

Alle Verträge enthielten die Satzungen des Völkerbunds, und einige der 14 Punkte wurden umgesetzt: Belgien wurde wiederhergestellt, Polen erhielt die Anerkennung seiner Unabhängigkeit, frühere Völker Österreich-Ungarns erlangten Selbstbestimmung, und die US-Truppen zogen sich aus Russland zurück.

Ausgang mit Mängeln

Wilson hatte viel erreicht, aber der Vertrag war verwirrend und hatte schwere Fehler. Deutschland hatte keine Mitsprache bei den Bedingungen, und Artikel 231 bürdete dem Land kaum zu leistende Reparationszahlungen auf. Die Festlegung neuer Grenzen in Osteuropa sorgte für neue Spannungen, und die Selbstbestimmung erwies sich oft als unerreichbares Ideal.

Europäische Grenzen vor und nach dem Krieg

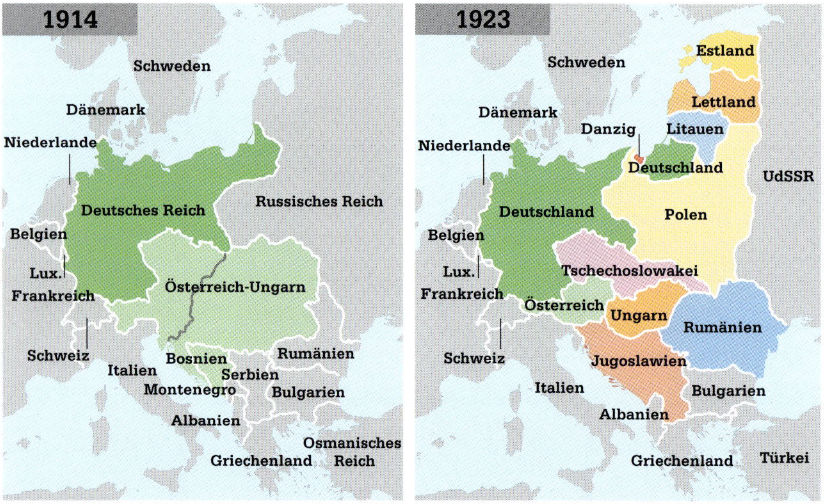

Vor dem Krieg wurden Mittel- und Osteuropa von drei Kaiserreichen dominiert. Nach dem Krieg war Österreich-Ungarn aufgelöst, Deutschland hatte sein Reich verloren, und Russland – bald die Sowjetunion – trat viele Gebiete ab.

Das Ende Österreich-Ungarns sorgte in Ost- und Mitteleuropa wirtschaftlich und politisch für Chaos und schuf ein Machtvakuum zwischen Deutschland und Russland. Stark deutsch geprägte Gebiete, wie das Sudetenland, an die neuen slawischen Nationen abzutreten entsprach weder dem Prinzip der Selbstbestimmung, noch schuf es Frieden. Zudem hatte die Oktoberrevolution Russland von Großbritannien und Frankreich entfremdet, was gemeinsame Bemühungen zur Beruhigung Osteuropas unwahrscheinlich machte.

Auch die Neuverteilung der Kolonien der Besiegten nach dem Krieg fiel der Machtpolitik zum Opfer. Wilson schwebte ein Mandatssystem vor, das Kolonien unter vorübergehender Vormundschaft fortschrittlicher Nationen auf die Unabhängigkeit vorbereitete. Tatsächlich aber verleibten sich die Siegermächte die Territorien einfach ein. Trotz Wilsons Plänen fanden die Bevölkerungen der Kolonien, wie etwa Französisch-Indochina, in Versailles kein Gehör.

Japan war 1914 aufseiten der Alliierten in den Krieg eingestiegen und hatte schnell deutsche Pachtgebiete in der chinesischen Provinz Shandong vereinnahmt. Mit Unterstützung der Briten und Franzosen wurde der Transfer im Versailler Vertrag bestätigt. China, das sich 1917 den Alliierten angeschlossen hatte, um genau dies zu verhindern, zog sich darauf von der Konferenz zurück und war die einzige Teilnehmernation, die den Vertrag nicht unterzeichnete.

Weg zum Frieden

Wilson war klar, dass viele seiner Prinzipien durch die Verhandlungen in Paris kompromittiert wurden, war aber überzeugt, dass der Völkerbund Fehler und Unge-

Vittorio Orlando

Der 1860 in Sizilien geborene Vittorio Orlando war einer der führenden Rechtsgelehrten Italiens und ein Vertreter liberaler Reformen. Er wurde 1897 als Abgeordneter ins Parlament gewählt und war zwischen 1903 und 1909 Unterrichts- und Justizminister. Ab Juni 1916 war er Innenminister und wurde nach der Niederlage bei Caporetto im Oktober 1917 Ministerpräsident.

Da Italien im Krieg über 2 Mio. Opfer beklagte, stand Orlando ein Platz im Rat der Vier zu, er blieb aber eher eine Randfigur. Er sprach kein Englisch, seine Delegation war zerstritten, und er war häufig zu Regierungsgeschäften in Rom. Er verließ die Pariser Friedenskonferenz, nachdem der umstrittene Adriahafen Fiume (Rijeka) nicht Italien zugesprochen wurde. Orlando war stolz darauf, den Vertrag nicht zu unterzeichnen, musste aber im Juni 1919 zurücktreten, da er Italiens Gebietsansprüche nicht hatte durchsetzen können. Bis zum Aufstieg Mussolinis blieb er Teil der Regierung.

Nach dem Zweiten Weltkrieg wurde Orlando Senator, was er bis zu seinem Tod 1952 blieb.

rechtigkeiten berichtigen würde, ohne dass Nationen Frieden durch Gewalt verteidigen müssten. Er glaubte, dass die Weltöffentlichkeit für kollektive Sicherheit sorgen würde. Dies kam in Artikel 10 der Satzung des Völkerbunds zum Ausdruck, war Teil aller Verträge und verpflichtete die Mitglieder, die territoriale Unversehrtheit und politische Unabhängigkeit aller Mitglieder gegen externe Aggressoren zu schützen. Die Frage blieb, wie dieses Ziel zu erreichen sei. Die europäischen Staatsoberhäupter hielten es ohne bindende Verpflichtungen für idealistisch, akzeptierten Wilsons Formulierung aber in der Hoffnung, die traditionell abgeschotteten USA enger an das Nachkriegseuropa zu binden.

Opposition im Senat

Nachdem die erschöpften europäischen Staaten Wilsons Traum vom Frieden unterzeichnet hatten, traf er zu Hause auf Opposition. Senator Henry Cabot Lodge, ein langjähriger republikanischer Gegner des demokratischen Präsidenten, brachte 14 Vorbehalte gegen den Völkerbund vor, vor allem gegen Artikel 10. Lodge spekulierte dabei nicht nur auf die Gunst der US-Wähler, sondern hatte aufrichtige Bedenken, wie die USA ihre Souveränität im Völkerbund wahren könnten. Während Wilson jegliche Bedingungen der USA für den Beitritt vehement ablehnte, beharrte Lodge darauf, Artikel 10 würde das Selbstbestimmungsrecht der USA untergraben, da er sie zu einem Krieg verpflichten konnte, den eine internationale Organisation erklärte. Dem Senator war bewusst, dass den USA besonders an der Sicherheit Großbritanniens gelegen war. Er wollte dem Bund aber nur beitreten, wenn die USA nicht ohne Zustimmung des US-Kongresses zur Verteidigung anderen Nationen verpflichtet werden konnten.

» Dieses Zeitalter … lehnt die Normen nationaler Selbstsucht ab, die einst den Ratschluss der Nationen regiert haben, und verlangt, dass sie einer neuen Ordnung der Dinge Platz machen. «

Woodrow Wilson

Wilson scheitert

Präsident Wilson bestand darauf, Artikel 10 sei moralisch, aber nicht rechtlich bindend und akzeptierte keine Änderungen. Um die US-Öffentlichkeit für seine Ideen zu gewinnen, startete er eine Vortragsreise, die er abrupt beenden musste, als er im Oktober 1919 einen Schlaganfall erlitt. Die Fronten waren aber bereits verhärtet. Im November stimmte der US-Senat zunächst gegen die Ratifizierung des Versailler Vertrags, dann gegen eine Ratifizierung unter Vorbehalt. Obwohl die meisten Senatoren für eine US-Beteiligung waren, scheiterte die Ratifizierung im letzten Wahlgang im März 1920. Zur erforderlichen Zwei-Drittel-Mehrheit fehlten sieben Stimmen. 1921 schlossen die USA einen separaten Friedensvertrag mit Deutschland und Österreich und beendeten offiziell ihre Rolle im Krieg. ■

SKANDALÖSES VERSAGEN DER JUSTIZ

LEIPZIGER PROZESSE (1921)

IM KONTEXT

SCHWERPUNKT
Kriegsverbrechen

FRÜHER
April 1915 Das Osmanische Reich begeht Völkermord an den Armeniern.

Mai 1915 Ein U-Boot versenkt die RMS *Lusitania,* wobei 1200 Menschen sterben, die meisten Zivilisten.

Juni 1916 Nach dem Osteraufstand in Dublin werden 1800 irische Republikaner in Wales interniert.

SPÄTER
20. November 1945 In Nürnberg werden NS-Kriegsverbrechen verhandelt.

August 1949 Die Genfer Konventionen werden angepasst.

2002 Der Internationale Strafgerichtshof zur Verfolgung von Kriegsverbrechen nimmt seine Tätigkeit in Den Haag, Niederlande, auf.

Den Verfassern des Versailler Vertrags war wichtig, Deutschlands Schuld hervorzuheben. Es hatte den Krieg nicht nur verloren, es war im Unrecht. Der Vertrag sah einen speziellen Gerichtshof vor, der Kaiser Wilhelm II. »wegen schwerer Verletzung des internationalen Sittengesetzes und der Heiligkeit der Verträge« anklagte. Zudem musste Deutschland das Recht der Alliierten anerkennen, alle anzuklagen, denen Verstöße »gegen die Gesetze und Gebräuche des Kriegs« vorgeworfen wurden. Auch Bulgarien und das Osmanische Reich sollten ihre Kriegsverbrecher ausliefern.

Auslieferung abgelehnt

Die Bemühungen, Deutschlands politische Führung für ihre Kriegsverbrechen zur Rechenschaft zu ziehen, erfuhren im Januar 1920 einen herben Rückschlag, als die neutralen Niederlande, die dem Kaiser Asyl gewährt hatten, seine Auslieferung ablehnten. Unbeirrt fuhren die Alliierten zunächst fort, der Regierung der Weimarer Republik Listen von mutmaßlichen Kriegs-

Die **Alliierten verlangen** die **Auslieferung von Kriegsverbrechern** zur **Anklage.**

→

Das besiegte **deutsche Kaiserreich** hat **keine Wahl** und **muss zustimmen.**

↓

Die **gescheiterte Auslieferung** des Kaisers untergräbt **alliierte Pläne,** die deutsche Führung anzuklagen.

←

Die Alliierten übergeben eine **Auslieferungsliste mit 900 Namen,** aber **Deutschland spielt auf Zeit.**

↓

Deutschland handelt eine dramatische Reduzierung der Anklagen aus.

Siehe auch: Die Invasion Belgiens 50–51 ▪ Die Versenkung der *Lusitania* 106–107 ▪ Konzentrations- und Internierungslager 108–109 ▪ Der Völkermord an den Armeniern 132–133 ▪ Die U-Boote greifen an 200–205

» … das höchste deutsche Gericht macht ein paar einfache Soldaten und niederrangige Offiziere zu Sündenböcken für die Armee und die Nation. «

The New York Times
3. Juni 1921

verbrechern vorzulegen, unter ihnen führende Staatsmänner, Generäle und Admiräle des Kaiserreichs.

Bald wurde klar, dass es schwer sein würde, die deutsche Führung vor alliierte Richter zu bringen, wenn der Kaiser einem Verfahren entging. Man konzentrierte sich daher auf Offiziere niederen Rangs, denen Akte »gegen die Gesetze und Gebräuche des Kriegs« vorgeworfen wurden, wie etwa U-Boot-Kommandanten, die Passagier- oder Lazarettschiffe versenkt hatten, oder Armeeoffiziere, die Zivilisten getötet oder Kriegsgefangene misshandelt hatten.

Ein Großteil der Deutschen lehnte die Forderungen der Alliierten nach Auslieferung von Kriegsverbrechern und Zahlung von Reparationen ab, und die Weimarer Republik weigerte sich, ihnen nachzukommen. Bulgarien und das Osmanische Reich schlossen sich an. Alle drei Länder schlugen vor, Kriegsverbrecher vor eigene Gerichte zu stellen. Die Alliierten stimmten schließlich zu, und man verhandelte über die Anklagen. Nur elf Angeklagte kamen je vor Gericht. Einige der schwersten deutschen Kriegsverbrechen, wie die Invasion Belgiens 1914, bei der 6500 Zivilisten getötet worden waren, wurden nie vor Gericht verhandelt.

Eine beschämende Farce

Die Prozesse, die 1921 in Leipzig stattfanden, waren umstritten. Von der deutschen Bevölkerung als ein Akt der »Siegerjustiz« abgelehnt, waren die Verhandlungen in den Augen alliierter Beobachter eine Farce. Nur vier Angeklagte wurden verurteilt, keine der Haftstrafen betrug mehr als vier Jahre.

Dennoch wirkten die Prozesse nach. Da die deutschen Richter zwei U-Boot-Kapitäne verurteilten, wiesen sie das Argument zurück, sie hätten nur »Befehle befolgt«, und schufen so einen Präzedenzfall. Das Scheitern der Leipziger Prozesse beeinflusste zudem den Umgang der Alliierten mit den Kriegsverbrechen des Zweiten Weltkriegs. ■

Eine Gruppe britischer Zeugen, die in deutscher Kriegsgefangenschaft waren, verlässt 1921 nach einer Anhörung das Gerichtsgebäude in Leipzig.

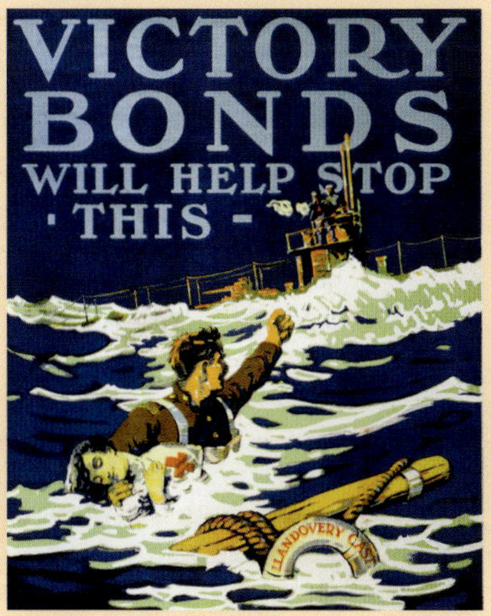

Dieses Propagandaposter nutze die Versenkung der HMHS *Llandovery Castle,* um für den Verkauf von Kriegsanleihen zu werben.

HMHS *Llandovery Castle*

Am 27. Juni 1918 fuhr das Lazarettschiff HMHS *Llandovery Castle* vor der Südküste Irlands, als es von einem Torpedo des deutschen U-Boots SM U-86 unter Kommando von Helmut Brümmer-Patzig getroffen wurde und sank. Schon der Beschuss eines Lazarettschiffs war ein Verbrechen, aber Patzig ließ zudem das Feuer auf Schiffbrüchige im Wasser und auf Rettungsboote eröffnen. 234 Menschen wurden getötet, darunter Ärzte, Krankenschwestern, Sanitäter, Soldaten und Seeleute. Es gab nur 24 Überlebende.

Am Kriegsende floh Patzig ins unabhängige Danzig, nur seine beiden Wachoffiziere John Dithmer und Ludwig Boldt wurden 1921 angeklagt. Sie brachten vor, nur Befehlen gehorcht zu haben. Beide wurden für schuldig befunden, ihre Urteile aber später aufgehoben.

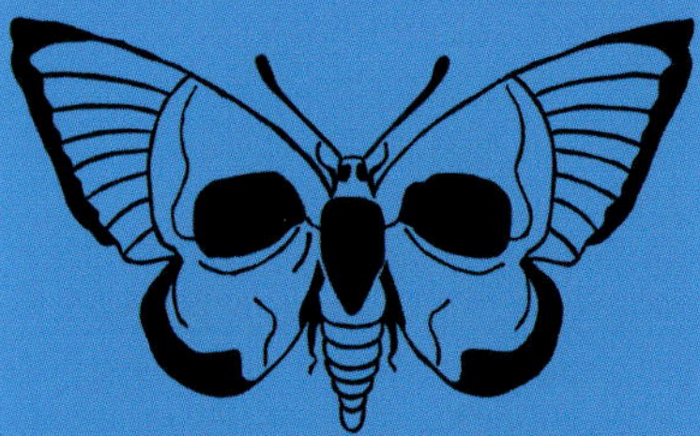

NUR DIE TOTEN HABEN DAS ENDE DES KRIEGES GESEHEN

DIE NACHKRIEGSZEIT (1921–1923)

IM KONTEXT

SCHWERPUNKT
Kriege und Revolutionen

FRÜHER
Februar 1899 Das Februarmanifest schränkt die Autonomie Finnlands im Russischen Reich stark ein.

März 1918 Britische Truppen treffen in Murmansk ein. Ihnen folgen französische und amerikanische Soldaten.

Januar 1919 Ausgelöst durch den Wahlsieg der Sinn Féin im Dezember beginnt der Irische Unabhängigkeitskrieg.

SPÄTER
Januar 1924 Die erste vollständige Sowjetische Verfassung tritt in Kraft.

März 1924 Mit Absetzung König Georgs II. von Griechenland entsteht die Republik Griechenland.

April 1949 Der Irische Freistaat wird offiziell zur Republik Irland.

Der Weltkrieg legte einige bestehende lokale Konflikte vorübergehend auf Eis und schuf gleichzeitig neue.

Irlands Unabhängigkeitskampf flammte wieder auf. Als die britische Regierung 1921 einem »Freistaat« Irland unter Ausschluss der sechs nördlichsten Grafschaften zustimmte, führte das zum Bürgerkrieg. Befürworter des anglo-irischen Vertrags, die den Verlust Nordirlands hinnahmen, kämpften erbittert gegen Republikaner, die ihn ablehnten. 1923 siegten die Vertragsbefürworter.

Die Third Tipperary Brigade überfiel im Januar 1919 einen Sprengstoffkonvoi im irischen Dorf Soloheadbeg. Der Vorfall gilt allgemein als Beginn des Irischen Unabhängigkeitskriegs.

Auch in Russland wütete ein Bürgerkrieg. Die Alliierten hatten gehofft, gemeinsam mit Sowjetrussland die deutsche Osterweiterung zu stoppen, und Truppen entsandt, um Murmansk und Archangelsk zu schützen. Doch kurz nach ihrer Ankunft unterzeichnete die sowjetische Regierung 1918 den Friedensvertrag von Brest-Litowsk mit den Mittelmächten. Die Westmächte unterstützen darauf die antikommunistische Weiße Bewegung, was ihr aber nicht zum Sieg verhalf.

Nach der Revolution

Die Revolution in Russland hatte starke Auswirkungen auf Länder, die früher Teil des Zarenreichs gewesen waren. Mit sowjetischer Unterstützung waren Arbeiterbewegungen in Finnland, Lettland, Litauen und Estland entstanden, aber auch in Belarus, der Ukraine, Moldawien und dem Kaukasus. Daneben kamen konservativere und liberalere Unabhängigkeitsbewegungen auf. In diesen Ländern kam es zu kriegerischen Auseinandersetzungen der Bolschewiken gegen die in ihren Augen reaktionären Kräfte. Aus einigen gingen Sowjetrepubliken hervor, aus anderen wurden unabhängige Staaten.

Siehe auch: Die Lage in Europa 18–19 ▪ Der Balkan 25 ▪ Der Niedergang des Osmanischen Reichs 26–27 ▪ Kriegseintritt des Osmanischen Reichs 84–85 ▪ Der Osteraufstand 160–161 ▪ Griechenland und die Salonikifront 226–227

Junge Rotarmisten marschieren nach der Rekrutierung für den Polnisch-Sowjetischen Krieg durch Moskau. Der Krieg folgte auf den Einmarsch Polens in der Ukraine im November 1918.

» Der Bolschewismus ist eine speziell russische Krankheit. Er wird in Ländern, die nicht völlig russisch sind, niemals tiefe Wurzeln treiben. «

Józef Piłsudski
Polnischer Staatschef (1918–1922)

Im April 1919 zog Russland gegen die jüngst gegründete Zweite Polnische Republik in den Krieg, die gerade in der Ukraine einmarschiert war und fast Kiew eingenommen hatte. Mit dem Sieg bereits vor Augen wurde Russlands Offensive dann aber bei Warschau zurückgeschlagen. Der Friedensvertrag von Riga (1921) teilte Belarus und die Ukraine zwischen Polen und Russland auf. Der Russische Bürgerkrieg endete erst im Juni 1923.

Griechisch-Türkischer Krieg

In ihrem Bestreben, zu Beginn des Kriegs Verbündete zu gewinnen, waren die Alliierten oft widersprüchliche Verpflichtungen eingegangen. So war Ostthrakien an der Grenze zwischen Griechenland und der Türkei anscheinend beiden Ländern versprochen. Am 15. Mai 1919 besetzten griechische Truppen mit Zustimmung der Alliierten die westtürkische Stadt Smyrna. Ein Großteil der Bevölkerung war griechisch (so wie ein Großteil in Westthrakien und Mazedonien türkisch war) und begrüßte die Intervention. Die Türken fühlten sich verraten, und mit ihrer Großen Offensive begann im August 1922 der Griechisch-Türkische Krieg. Nach dem Sieg in der Schlacht von Dumlupınar (26.–30. August) eroberten sie Smyrna zurück und gewannen den Krieg.

Es wurde ein Bevölkerungsaustausch vereinbart, eine Zwangsumsiedlung, in deren Folge 400 000 Muslime aus Griechenland und 1,2 Millionen griechisch-orthodoxe Christen aus türkischem Gebiet ausgewiesen wurden. ▪

Aufstieg des ägyptischen Nationalismus

Zumindest in den Augen der Briten war Saad Zaghlul bei der Pariser Friedenskonferenz unerwünscht. Er hatte eine Bewegung angeführt, die die Unabhängigkeit Ägyptens und des Sudans vom Osmanischen Reich forderte. Den Briten widerstrebte dies. Da sie den Suezkanal verwalteten, wogen ihre Interessen in Ägypten für sie schwerer als die Wünsche des ägyptischen Volks. Der für den Welthandel wichtige Kanal hatte für die Briten aufgrund ihrer Besitzungen in Indien eine ganz zentrale Bedeutung.

Großbritannien verbannte Saad Zaghlul ins Exil nach Malta, was die Lage in Ägypten weiter eskalieren ließ. Der zuerst nur unter Intellektuellen und Studenten ausgebrochene Protest weitete sich auf Arbeiter und Bauern aus. Die gewaltsame Reaktion des britischen Militärs schürte nur noch mehr Wut. Schließlich gewährten die Briten Ägypten eingeschränkte Autonomie, was die Revolutionäre als Teilsieg verbuchten.

DER STAAT IST ABSOLUT

AUFSTIEG DES FASCHISMUS (1921–1923)

IM KONTEXT

SCHWERPUNKT
Extremer Nationalismus

FRÜHER
1909 Der italienische Schriftsteller Filippo Tommaso Marinetti publiziert sein *Futuristisches Manifest,* das die Entstehung des Faschismus beeinflussen sollte.

1914 Benito Mussolini gründet die Fasci d'azione rivoluzionaria und propagiert den Eintritt Italiens in den Krieg.

SPÄTER
1929–1939 Die weltweite Massenarbeitslosigkeit während der Depression trägt zur Stärkung des Faschismus bei.

1933 In Deutschland wird Adolf Hitler zum Reichskanzler ernannt. Er schafft die Grundlagen für eine faschistische Diktatur.

1936–1939 Bürgerkrieg in Spanien. General Francisco Franco installiert nach seinem Sieg ein autoritäres Regime.

Nach dem Ersten Weltkrieg wandten sich Millionen von Menschen dem Faschismus zu, einer aufkommenden politischen Ideologie, die Ordnung versprach – allerdings auf Kosten von Minderheiten und anderen politischen Ansichten. Der Faschismus hat seinen Namen von den *fasces,* einem um ein Beil gebundenes Rutenbündel, das im alten Rom Symbol der Autorität war. Die Bewegung fand überall auf der Welt Anhänger, am einflussreichsten war sie jedoch in Europa, wo sie Ende des 19. Jahrhunderts entstanden war. Viele kritisierten das industrialisierte, individualistische und zunehmend demokratische Europa als dekadent. Im Chaos der Nachkriegszeit, als der Kommunismus an Einfluss gewann, begannen die Faschisten, ihre Ideen deutlicher zu formulieren.

» Der Faschismus ist nicht auf normalem Weg an die Macht gekommen. Es war der Marsch auf Rom *armata manu,* ein wirklich revolutionärer Akt. «

Benito Mussolini
in einer Rede, 1924

Italienischer Faschismus

Insbesondere in Italien fiel der Faschismus auf fruchtbaren Boden. Die wichtigste faschistische Partei, die Fasci italiani di combattimento, wurde im März 1919 gegründet und 1921 in Nationale Faschistische Partei umbenannt. Angeführt wurde sie von Benito Mussolini, der Veteranen um sich scharte – Männer, die später das Rückgrat seiner Miliz, der Schwarzhemden, bilden sollten.

Eine weitere prominente Figur der Bewegung war Gabriele d'Annunzio, ein Schriftsteller, der durch seinen Propagandaflug über Wien im August 1918 berühmt wurde. Als er befürchtete, dass die Siegermächte das umstrittene Gebiet von Fiume trotz eines großen italienischen Bevölkerungsanteils nicht Italien zuschlagen wollten, marschierte er im September 1919 in die Stadt ein und machte

Siehe auch: Öffentliche Meinung 44–45 ▪ Der Grabenkrieg im Wandel 254–257 ▪ Das Kriegsende in Italien 284–285 ▪ Revolution in Deutschland 288–289 ▪ Der Waffenstillstand 294–299 ▪ Vom Krieg gezeichnet 310–311 ▪ Ein dauerhafter Frieden? 312–317 ▪ Die Nachkriegszeit 320–321

Populismus bestärkt extrem **nationalistische Ansichten;** Gründung **paramilitärischer Gruppen.**

Patriarchalische Strukturen werden begünstigt, **Gewalt als positive Kraft** verherrlicht.

Minderheiten werden für Probleme verantwortlich gemacht. In Europa geht das oft mit **Antisemitismus** einher.

Verschwörungstheoretiker konstruieren Ausreden für die Unzulänglichkeiten ihrer **Regierung.**

Aus extremem Nationalismus kann ein »starker Mann« hervorgehen, der die Macht an sich reißt.

sich selbst zum *duce* (»Führer«). Er kapitulierte erst nach einem Angriff des italienischen Militärs und fünftägigen Kämpfen.

Inspiriert von d'Annunzios Aktion, befahl Mussolini im Oktober 1922 seinen Schwarzhemden, auf Rom zu marschieren und strategische Punkte zu besetzen. König Viktor Emanuel III. fürchtete den Zusammenbruch der öffentlichen Ordnung und ernannte Mussolini zum Ministerpräsidenten.

Faschismus in Deutschland

Mussolinis Ideen fanden viele Nachahmer, insbesondere in Deutschland, wo nach der Niederlage im Ersten Weltkrieg der Versailler Vertrag als übermäßig hart empfunden wurde. Hunderttausende von Veteranen, die die Kameradschaft an der Front wieder aufleben lassen wollten, schlossen sich Freikorps an, unabhängigen Milizen, die gegen kommunistische Gruppen kämpften. Ihre Mitglieder sympathisierten oft mit faschistischen Ideen, wie sie von Adolf Hitler, dem Führer der Nationalsozialisten, einer damals noch kleinen Partei mit Sitz in Bayern, verbreitet wurden.

1923 versuchte Hitler, eine durch Hyperinflation verursachte Krise auszunutzen, um mit einem Putsch an die Macht zu kommen. Der Hitler-Putsch, unterstützt von dem Militärführer Erich Ludendorff, scheiterte schnell, und Hitler wurde inhaftiert. Dennoch hatten sich die Nazis damit öffentliche Aufmerksamkeit verschafft. Es waren schließlich die ökonomischen Verwerfungen der Weltwirtschaftskrise, die den Nationalsozialisten und anderen faschistischen Gruppen den Weg zur Macht bahnten. ▪

Adolf Hitler

Adolf Hitler, Begründer der zerstörerischsten faschistischen Diktatur, wurde 1889 in Braunau am Inn (Österreich) geboren.

Als der Erste Weltkrieg ausbrach, lebte Hitler in München. Er meldete sich freiwillig zur bayerischen Armee, wo er in der Infanterie diente und Gefreiter wurde. Er nahm an mehreren Schlachten teil, darunter Ypern, Somme und Passchendaele, wurde mehrfach verwundet und erhielt 1914 das Eiserne Kreuz zweiter Klasse und 1918 das Eiserne Kreuz erster Klasse. Hitler erholte sich gerade von einem Gasangriff, als er von der Niederlage Deutschlands erfuhr. Der Waffenstillstand und der anschließende Versailler Vertrag weckten in ihm einen Rachedurst, den er nie loswurde.

Nach dem Krieg blieb Hitler beim Militär und observierte für den Geheimdienst nationalistische Gruppen. Nach seiner Entlassung 1920 schloss er sich einer dieser Gruppen an, der Deutschen Arbeiterpartei, aus der sich später die NSDAP entwickelte, deren Führung er übernahm.

AUF FLANDERNS FELDERN BLÜHT DER MOHN

GEDENKEN AN DEN KRIEG

IM KONTEXT

SCHWERPUNKT
Gedenken

FRÜHER
1836 In Paris wird der von Napoleon nach dem Sieg bei Austerlitz 1805 beauftragte Triumphbogen enthüllt.

1843 Die Nelsonsäule in London erinnert an den Sieg Admiral Nelsons in der Schlacht von Trafalgar 1805.

SPÄTER
1946 Die Überreste des französischen Dorfs Oradour-sur-Glane, Schauplatz eines SS-Massakers, sind heute eine Gedenkstätte.

1982 In Washington, D. C., wird das Vietnam Veterans Memorial eingeweiht.

1988 In Choeung Ek in Kambodscha lagern Totenschädel im Gedenken an die Opfer der Roten Khmer in einem Stupa.

Wildblumen keimen schnell in Böden, die von Granaten aufgerissen sind, und in Belgien und Nordfrankreich erblühte auf der von Kratern zerfressenen Landschaft ein leuchtend roter Teppich aus Mohn.

Diese Mohnblüten inspirierten John MacCrae, einen kanadischen Militärarzt, der die Zweite Flandernschlacht miterlebt hatte, zum berühmtesten Gedicht des Ersten Weltkriegs. Am 3. Mai 1915, dem Tag, nachdem sein Freund Alexis Helmer fiel, schrieb McCrae *In Flanders Fields.* Das Gedicht spielt auch auf die narkotisierende Wirkung des Schlafmohns an. Das in der Londoner Satirezeitung *Punch*

Siehe auch: Öffentliche Meinung 44–45 ▪ Ersatz für die Gefallenen 198–199 ▪ Die Heimatfront 1918 250–253 ▪ Der Waffenstillstand 294–299 ▪ Ein dauerhafter Frieden? 312–317

Roter Klatschmohn blüht rund um den Dodengang (Totengang) im belgischen Diksmuide. Das erhaltene Stück Schützengraben aus dem Ersten Weltkrieg ist heute Kriegsgedenkstätte.

veröffentlichte Gedicht sprach den Menschen aus dem Herzen und wurde kopiert, nachgedruckt und ging von Hand zu Hand.

Mohnblüten als Symbol

Als McCrae Anfang 1918 an Lungenentzündung starb, war Mohn bereits zum Symbol des Blutvergießens an der Westfront geworden. Nach dem Krieg machte ihn die Französin Anna Guérin zum Symbol der Erinnerung. Von McCraes Gedicht inspiriert, überzeugte sie die Mitglieder einer amerikanisch-französischen Hilfsorganisation für Kriegswaisen, die Mohnblüte als Wahrzeichen zu nutzen. Sie hielt »Poppy Days« (Mohn-Tage) ab, bei denen mit dem Verkauf von Papierblüten Geld gesammelt wurde. 1921 reiste Guérin nach Kanada und Großbritannien und warb für einen »Poppy Day« aller Alliierten.

Die neu gegründete Veteranenvereinigung British Legion griff die Idee auf und erklärte den 3. Jahrestag des Waffenstillstands (11. November 1921) zum »Poppy-Day«, der auch in Australien, Neuseeland und Kanada begangen wurde. So wurde Mohn in Großbritannien und dem Commonwealth zum Symbol der Kriegserinnerung.

Ehrung und Erinnerung

Zum Ende des Kriegs und in den Folgejahren wurde die Erinnerungskultur ein wichtiges Thema. Statt ihren Sieg zu feiern, suchten die Menschen der Siegernationen nach geeigneten Wegen, die Gefallenen und Kriegsversehrten angemessen zu ehren und Orte zu schaffen, an denen Angehörige um ihre Gefallenen trauern konnten. Früher waren Denkmäler für Generäle und Admiräle oder Mitglieder wohlhabender Familien errichtet worden. Der »einfachen Soldaten« wurde auf Friedhöfen oder Gedenktafeln bis dahin nicht gedacht. In der Folge des Ersten Weltkriegs wurden hingegen Erinnerungsstätten geschaffen, an denen die Namen der Gefallenen aufgelistet waren, und zwar in alphabetischer Reihenfolge und nicht nach militärischem Rang. »

» Ist es treulos gegen dich – Peter –, wenn ich nur noch den Wahnsinn jetzt sehn kann im Kriege? «

Käthe Kollwitz
Deutsche Künstlerin,
Tagebucheintrag
vom 11. Oktober 1916

Trauer einer Mutter

Am 22. Oktober 1914, nur wenige Wochen nach Kriegsausbruch, fiel Peter, der Sohn der deutschen Bildhauerin Käthe Kollwitz, in Belgien. Nur 18 Jahre alt, hatte er sich freiwillig zur Armee gemeldet. Über ihren Mann Karl und sich sagte die verzweifelte Mutter einem Freund, es gäbe in ihrem Leben eine Wunde, die nie heile und dies auch nicht solle. Die Sozialistin und Pazifistin wollte ein angemessenes Denkmal schaffen und hatte schließlich die Idee zur Skulptur *Trauerndes Elternpaar,* das am Grab des Sohnes kniet. Es trägt ihre Züge und die ihres Mannes Karl. Nach dem Krieg begann sie die Arbeit, und das Werk wurde 1932 auf dem Soldatenfriedhof Roggeveld in Belgien aufgestellt. Im Zweiten Weltkrieg verlor Kollwitz auch einen Enkel.

Seit 1993 steht eine vergrößerte Replik von Käthe Kollwitz' *Mutter mit totem Sohn* in der Neuen Wache in Berlin, Deutschlands Gedenkstätte für die Opfer von Krieg und Gewaltherrschaft.

Käthe Kollwitz' *Mutter mit totem Sohn* steht in der Tradition der Pietá, die die Jungfrau Maria mit dem toten Jesus zeigen.

Die Erinnerungskultur musste sich mit einem ganz neuen Maß an Leid und mit Patriotismus auseinandersetzen. Anfangs errichtete man im Londoner East End Straßenaltäre zu Ehren der Männer, die sich zum Wehrdienst verpflichtet hatten. Nach dem deutschen Sieg bei Tannenberg wurde im Berliner Tiergarten eine große Holzstatue Paul von Hindenburgs errichtet. Mit dem Verkauf von Nägeln, die Passanten in sie einhämmern konnten, wurde Geld für den Krieg gesammelt. Doch bald kippte die Stimmung, und in Privathäusern entstanden kleine Erinnerungsecken für die Gefallenen. In Berlin nahm die Zahl derer, die Nägel für die Hindenburgstatue kaufen wollten, drastisch ab, und in ganz Deutschland breitete sich Kriegsmüdigkeit aus.

Öffentliches Gedenken

Als der Friedensvertrag von Versailles den Krieg im Juni 1919 beendete, überlegten die Alliierten, wie man den Anlass begehen könnte. Der französische Premierminister Georges Clemenceau ließ am 14. Juli in Paris eine Siegesparade abhalten, der britische Premierminister David Lloyd George plante für den 19. Juli eine ähnliche Parade in London. In ihrem Mittelpunkt stand ein vom britischen Architekten Edwin Lutyens entworfenes *Kenotaph* (altgr. für »leeres Grabmal«) aus Holz, Mörtel und Segeltuch. Seine schlichte Würde sprach die Menschen an, und Tausende legten Kränze davor nieder. Auf Wunsch der Öffentlichkeit ließ die Regierung ihn schließlich als permanentes Denkmal aus Stein errichten.

Im November 1919 jährte sich der Waffenstillstand zum ersten Mal. In Washington, D. C., erinnerte US-Präsident Woodrow Wilson daran, wie seine Nation materielle und moralische »Unterstützung an unsere Verbündeten in Europa« geliefert hatte. Und in Großbritannien führte König George V. die Tradition ein, sich am Waffenstillstandstag um 11 Uhr mit zwei Schweigeminuten an die Verstorbenen zu erinnern.

» Viele trugen Blumengebinde, und es gab kaum jemanden, der nicht ein kleines Andenken bei sich trug, um es am Kenotaph niederzulegen. «

Anonymer Beobachter
London, November 1920

In Deutschland wurden Mahnmale an den Krieg in Anbetracht der Niederlage oft erst später errichtet und waren zurückhaltender als in den Ländern der Alliierten.

Der unbekannte Soldat

Was vielen Familien die Trauer erschwerte, war das Fehlen eines Leichnams, da viele gefallenen Soldaten nie gefunden oder identifiziert werden konnten. Daher wurden am Tag des Waffenstillstands 1920 in London und Paris Grabmale des unbekannten Soldaten errichtet. Die Idee entstand 1916 in Großbritannien, nachdem der Militärgeistliche Reverend David Railton in Frankreich ein Grab mit der Aufschrift »Ein unbekannter britischer Soldat« gefunden hatte. Er hatte die Idee, all jene, deren sterbliche Überreste nie gefunden wurden, durch die Beisetzung eines unbekannten Soldaten in Westminster Abbey in London zu ehren. Über den Dekan der Abbey kam das Anliegen zum Premierminister und zum König.

Zur Feier des Friedensvertrags von Versailles marschieren am 14. Juli 1919 Mitglieder der Alliierten Streitmächte in Paris durch den Arc de Triomphe und die Champs-Elysées hinunter.

Am 7. November 1920 exhumierten die Briten in Belgien und Frankreich mehrere Gefallene. In der Kapelle Saint-Pol-sur-Ternoise in Nordfrankreich wählte ein britischer Offizier einen der Särge aus, der per Kriegsschiff nach Dover und dann per Zug nach London gebracht wurde. Am 11. November wurde er auf einer Geschützlafette nach Westminster Abbey gebracht und beigesetzt. In der folgenden Woche defilierten 1,25 Millionen Menschen am Grab vorbei. In Frankreich entstand ein ähnliches Grab unter dem Triumphbogen. Am 21. November 1921 wurde ein unidentifizierter amerikanischer Soldat auf dem Arlington National Cemetery in Virginia beigesetzt. In Deutschland erinnert erst seit 1931 ein Grabmal in Berlin an die Gefallenen des Ersten Weltkriegs.

Gräber und Mahnmale

Natürlich wurden Millionen gefallener Soldaten identifiziert und beerdigt, die meisten britische Soldaten in fremder Erde, da die britische Regierung entschied, sie nicht in die Heimat zu überführen. Artikel 225 des Versailler Vertrags legte fest, dass die Regierungen der Alliierten und Deutschlands die Gräber der auf ihrem Gebiet beerdigten Heeres- und Marinesoldaten ohne Ansehen der Nationalität achten und pflegen sollten. Die meisten Länder schufen zu diesem Zweck besondere Organisationen. In Frankreich gab es bereits den 1887 gegründeten Le Souvenir Français. In Großbritannien wurde der Veteran Fabian Ware Gründer der Imperial heute Commonwealth War Graves Commission. Der Volksbund Deutsche Kriegsgräberfürsorge wurde 1919 als e. V. gegründet, und 1923 autorisierte US-Präsident Warren Harding die American Battle Monuments Commission.

Die weißen Grabsteine auf dem Tyne Cot Cemetery bei Ypern sind schon aufgrund ihrer großen Zahl ein bewegendes Mahnmal: Hier liegen fast 12 000 Commonwealth-Soldaten.

Mahnmale entstanden, wie das Menin Gate des britischen Architekten Reginald Blomfield in Ypern und das Thiepval-Denkmal für die vermissten Soldaten der Schlacht an der Somme. Die Kanadier schufen das Canadian National Vimy Memorial, die Franzosen die Tranchée des Baïonnettes bei Verdun. In Italien erinnert der Sacrario Militare di Redipuglia an die Gefallenen des Ersten Weltkriegs, in Gallipoli das Helles Memorial an die gefallenen Soldaten des Commonwealth.

Mahnende Kunst

Auch Dörfer, Städte, Kirchen, Vereine und Betriebe errichteten Mahnmale, wie den *Schwebenden Engel* im Dom von Güstrow. Der deutsche Bildhauer Ernst Barlach schuf dessen Gesicht nach dem Abbild einer guten Freundin, der Künstlerin Käthe Kollwitz. Vom NS-Regime als »entartete Kunst« geächtet, wurde er 1937 entfernt und später eingeschmolzen. Ein Nachguss hängt heute in einer Kölner Kirche, ein weiterer seit 1953 wieder in Güstrow. ■

Welle des Spiritismus

In ihrer Verzweiflung und Trauer wandten sich einige Familien dem Spiritismus zu, um in Kontakt mit den Toten zu treten. Mit Séancen, denen ein Medium beiwohnte, das angeblich mit der Geisterwelt in Kontakt stand, war der Spiritismus in den USA, Großbritannien und Frankreich seit Mitte des 19. Jh. beliebt.

Ein begeisterter Anhänger war der britische Physiker Oliver Lodge, der elektromagnetische Strahlung erforschte. Als sein Sohn Raymond 1915 fiel, suchten er und seine Familie Hilfe beim britischen Medium Gladys Leonard, die behauptete, mit Raymond Kontakt zu haben. Lodge beschrieb seine Erfahrungen 1916 in seinem Buch *Raymond oder Leben und Tod.* Sein Freund, der berühmte Sherlock-Holmes-Schöpfer Sir Arthur Conan Doyle, war ein weiterer Anhänger des Spiritismus, der einen Sohn im Krieg verlor.

Nach dem Krieg nahm die Popularität des Spiritismus auch dadurch ab, dass der amerikanische Illusionist Harry Houdini dessen Methoden aufdeckte.

» Bänder kleiner Kreuze, jedes berührt das nächste quer über den Friedhof, inmitten einer Wildnis aus einjährigen Blumen … Für den Moment, so scheint es, bedarf es keines anderen Denkmals. «

Edwin Lutyens
Britischer Architekt,
Brief an seine Frau, Juli 1917

REGISTER

Fett gedruckte Seitenzahlen beziehen sich auf einen Haupteintrag zu einem Thema.

A

B

C

D

E

F

N

O

P

Q

R

S

T

ZITATNACHWEIS

Wenn nicht anders angegeben, wurden die Zitate frei übersetzt.

12: zit. n. Max Hastings, *Catastrophe,* London: William Collins 2013 **13:** zit. n. *The War to End All Wars 1914-18,* London: Reader's Digest, 1998 **18:** Winston Churchill, *The World Crisis: 1911-1914.* Band 1, London: Thornton Butterworth 1923, **unten:** Thronrede vom 25. Juni 1888, in: *Wilhelm II.: Kaiserreden. Reden und Erlasse,* hrsg. von Anton Oskar Klaussmann, Leipzig 1902, S. 11 **20:** Bernhard von Bülow, Reichstagsrede vom 6. Dezember 1897. In: *Fürst Bülows Reden nebst urkundlichen Beiträgen zu seiner Politik. Mit Erlaubnis des Reichskanzlers gesammelt und herausgegeben von Johannes Penzler.* I. Band 1897–1903, Berlin: Verlag von Georg Reimer 1907, S. 8 **22:** Friedrich Meinecke: *Die deutsche Katastrophe. Betrachtungen und Erinnerungen,* Wiesbaden: Brockhaus 1946, S. 25 **24:** Georgi Apollonowitsch Gapon, zit. n. https://de.alphahistory.com/Russische-Revolution/blutiger-Sonntag-1905/ **25:***The Times,* London 1912 **unten:** Peter I. von Jugoslawien zugeschrieben, zit. n. Hans Roger Madol, *Ferdinand of Bulgaria: The Dream of Byzantium,* London: Hurst & Blackett 1933 **26:** Zar Nikolaus I. zum britischen diplomatischen Vertreter Sir George Hamilton Seymour, Januar 1853, zit. n. Dimitris Livanios, »The ›sick man‹ paradox: history, rhetoric and the ›European character‹ of Turkey«, in: *Journal of Southern Europe and the Balkans,* 8:3, 2006, S. 299–311 **28:** Gespräch Bismarcks mit Eugen Wolf vom 5.12.1888, in: *Bismarck, Die gesammelten Werke.* Friedrichsruher Ausgabe, Bd. 8: Gespräche, hrsg. von Willy Andreas, Berlin 1926, S. 646 **30:** Otto von Bismarck, Kissinger Diktat, 5.6.1877, zit. n. *Die Auswärtige Politik des Deutschen Reiches 1871–1914,* hrsg. v. Institut für Auswärtige Politik in Hamburg, Bd. 1, Berlin 1928, S. 58 f. **31:** zit. n. George F. Kennan, *Die schicksalhafte Allianz. Frankreich und Russland am Vorabend des Ersten Weltkriegs.* Köln 1990 **32:** Titel des Schlussliedes aus dem Bühnenstück *Alfred,* Texte von James Thomson und David Mallet, 1740 **36:** paraphrasiert nach Alfred von Schlieffen, *Cannae,* Berlin: Mittler 1925 **38:** Richard B. Haldane, *Before the War,* 1920 **39:** Bernhard von Bülow, Reichstagsrede vom 11. Dezember 1899. In: *Stenographische Berichte über die Verhandlungen des Reichstags, X. Legislaturperiode.* I. Session. 1898/1900, 4. Band, Berlin: Verlag der Norddeutschen Buchdruckerei und Verlags-Anstalt 1900 **40:** Borijove Jevtic, serbischer Mitverschwörer über Franz Ferdinand's Ermordung **41:** Kaiser Wilhelm II, Kommentar zum Bericht von Heinrich von Tschirschky und Bögendorff **42:** Reichskanzler Theobald von Bethmann-Hollweg in einem Gespräch mit britischen Botschafter William Edward Goschen, 4.8.1914 **44:** Jessie Pope, *The Daily Mail,* 1915 **50:** *The Bryce Report,* 1915 **52:** Jean Dauphin, Besitzer eines Museums in Latour, das sich dem Ersten Weltkrieg widmet, zit. n. https://www.reuters.com/article/us-wwi-century-france-idCAKBN0GJ0QD20140819/ **53:** Joseph Joffre, zit. n. www.spiegel.de/politik/daheim-wenn-das-laubfaellt-a-3dab3746-0002-0001-0000-000046173318 **55:** zit. n. Michael E. Haskew, *De Gaulle: Lessons in Leadership from the Defiant General,* St Martin's Press **56:** Sir Edward Grey, 4.8.1014, zit. n. https://www.faz.net/aktuell/politik/der-erste-weltkrieg/gedenken-an-ersten-weltkrieg-grossbritannien-loescht-die-lichter-13081869.html **58:** zit. n. Max Arthur, *Lest We Forget: forgotten voices from 1914–1945,* Ebury Press 2012 **60:** John F. Lucy, *There's a Devil in the Drum,* 1938 **62:** zit. n. http://www.diewegedesgrossenkrieges.de/erkunden/die-bewegungen-der-zivilbevoelkerung/massenflucht-14/die-flucht-der-belgier-und-franzosen.html **63:** zit. n. John Keegan, *The First World War,* New York: Alfred A. Knopf 1999 **64:** Sir John French zit. n. Hew Strachan, *Der Erste Weltkrieg. Eine neue illustrierte Geschichte,* München 2009, S. 83 **68:** zit. n. Hermann von Kuhl, *Der Marnefeldzug 1914,* Berlin 1921, S. 182 **70:** Arno Dosch in *World's war events, recorded by statesmen, commanders, historians and by men who fought or saw the great campaigns,* New York: P. F. Collier & son 1919 **71:** zit. n. John Keegan, *The First World War,* New York: Alfred Knopf 1999 **74:** *The Wipers Times,* geheime Zeitung der britischen Truppen, **76:** Wilfred Owen, Brief an Susan Owen, 19.1.1917 **81:** zit. n. Martin Gilbert, Rosetta Books, *The First World War,* 2014 **82:** Jason C. Engle zit. n. Rolf Rungen, *Brennende Südfront: ein österreichischer Kriegsroman,* Berlin: Paul Aretz Verlag 1993 **83:** Granville Fortescue, zit. n. *Source Records of the Great War, Vol. III,* hrsg. von Charles F. Horne, National Alumni 1923 **84:** Sultan Mehmed, *Proklamation des Hl. Krieges, Fatwa für bosnische Muslime,* übersetzt von Hugo Freysinger, zit. n. https://wk1.staatsarchiv.at/diplomatie-zwischen-krieg-und-frieden/fatwa-fuer-bosnische-muslime-1914/index.html#/?a=../../index.html#artefactgroup134 **unten:** zit. n. Hew Strachan, *Der Erste Weltkrieg. Eine neue illustrierte Geschichte,* München 2009, S. 127 **86:** Askari zu ihrem deutschen Kommandeur, zit. n. Marine-Oberingenieur Bockmann, *Berichte über Deutsch-Ostafrika,* Bundesarchiv-Militärarchiv, RM 8/368, Freiburg **88:** Aus der »Naval Ode« auf einem australischen Marinedenkmal **90:** zit. n. Nicolas Wolz: *»Und wir verrosten im Hafen«: Deutschland, Großbritannien und der Krieg zur See 1914 – 1918,* München: DTV 2013, S. 71 **91:** Aus einem Brief der in *Liverpool Echo* veröffentlicht wurde, 2.10.1914 **94:** Inoue Kaoru, zit. n. Hew Strachan, *Der Erste Weltkrieg. Eine neue illustrierte Geschichte,* München 2009, S. 99 **96:** Aus einem Plakat zum Ersten Weltrkrieg **106:** Julius Mayer, *Opinion of Court, United States District Court,* Southern District of New York **107:** zit. n. https://www.iwm.org.uk/history/voices-of-the-first-world-war-the-submarine-war **108:** Louis Egerton Filmore, »The Seven Ages of A Kriegsgefangener«, *Ruhleben Camp Magazine* **110:** Wilfred Owen in dem Gedicht » Dulce et decorum est« **112:** Duff Cooper, *Haig – Ein Mann und eine Epoche,* übersetzt von F. v. Bothmer, Berlin: Verlag Otto Schlegel **113:** zit. n. Brian MacArthur (Hrsg.), *For King and Country: Voices from the First World War,* London: Little, Brown 2008 **114:** zit. n. Modris Eksteins, *Rites of Spring: The Great War and the Modern Age,* Houghton Mifflin Harcourt 2000 **119:** zit. n. https://www.iwm.org.uk/history/voices-of-the-first-world-war-war-in-the-air **120:** Kaiser Franz Joseph im Schreiben »An meine Völker!«, 23. Mai 1915 **122:** Charles Bean, Bericht aus Gallipli, zit. n. https://anzacportal.dva.gov.au/wars-and-missions/ww1/where-australians-served/gallipoli/landing-anzac-cove/beans-first-report **124:** Winston Churchill, *The World Crisis, 1911–1918,* London: Thornton Butterworth **125:** Ian Hamilton, *Gallipoli Diary,* Band 1, London: Edward Arnold 1920 129: zit. n. *Die wichtigsten Ereignisse seit Ausbruch des Krieges. Januar 1915 bis Juni 1916,* Berlin: AEG 130: **131:** Ragip Nurettin Ege, *By the Light of a Candle: The Diaries of a Reserve Officer in the Ottoman Army - First World War Diaries and Other Records of the Period of 1915-1919,* Piscataway: Gorgias Press 2010 **131:** Lieutenant General Sir Frederick Maude, Baghdad Proclamation, 18.3.1917 **132:** Theodore Roosevelt in einem Brief an Cleveland Hoadley Dodge, 11.5.1918 **133:** zit. n. *United States Official Documents on the Armenian Genocide,* 1993-95. Band I, Watertown: Mass **134:** Woodrow Wilson, Rede » Message on Neutrality« am 19.8.1914, **136:** Korvettenkapitän Viktor Schütze, *Report on bombing Hull March 5/6 1916* **137:** zit. n. https://www.iwm.org.uk/history/voices-of-the-first-world-war-zeppelins-over-britain **140:** Josip Jeras, zit. n. Misha Glenny, *The Balkans,* Harmondsworth 1999 **144:** Max Hoffmann zugeschrieben **unten:** Second Lieutenant George Grossmith in einem Brief an seine Verlobte, 27.9.1915, zit. n. https://www.nam.ac.uk/explore/1915-early-trench-battles **150:** Bert Chaney, zit. n. Michael Moynihan (Hrsg.), *People at War 1914-1918,* 1973; Liddell Hart, *The Tanks,* Band 1, Cassell: 1959 **152, 155:** Erich von Falkenhayn, Weihnachtsmemorandum, zit. n. https://ghdi.ghi-dc.org/sub_document.cfm?document_id=812&language=german **157:** zit. n. Paul Jankowski, *Verdun: The Longest Battle of the Great War,* Oxford: OUP 2014 **160:** W.B. Yeats, Gedicht » Easter 1916« **unten:** zit. n. Seán Enright, *Easter Rising 1916: The Trials,* 2014, Sallins Co. Kildare, Merrion Press **162:** Wilhelm II., Skagerrak-Rede am 5.6.1916 in Wilhelmshaven, zit. n. Michael Obst, *Die politischen Reden Kaiser Wilhelms II.,* Paderborn: Ferdinand Schöningh 2011, S. 381–383 **163:** zit. n. Paul G. Halpern, *A Naval History of World War I,* UCL Press 1994 **165:** Wilhelm II., Skagerrak-Rede am 5.6.1916 in Wilhelmshaven, zit. n. Michael Obst, *Die politischen Reden Kaiser Wilhelms II.,* Paderborn: Ferdinand Schöningh 2011, S. 381–383 **166:** Alexei Brussilow zit. n. Jamie H. Cockfield, *Russia's Iron General: The Life of Aleksei A. Brusilov, 1853-1926,* LEXINGTON BOOKS 2019 **167:** zit. n. C.R.M.F. Cruttwell, *A History of the Great War: 1914-1918,* London: Granada 1982 **169:** B. H. Liddell Hart, *The Real War: 1914-1918,* Boston: Little Brown and Co. **170:** Aus der Proklamation der Religionsgelehrten von Mekka im März 1917 **unten:** zit. n. https://www.washingtonpost.com/books/2022/03/09/why-seven-pillars-wisdom-is-worth-reading-today/ **174:** Sir Douglas Haig, letzter Bericht vom 21.3.1919, zit. n. https://www.firstworldwar.com/source/haiglastdespatch.htm **178:** Winston Churchill, *The World Crisis, 1916-18,* Band 1, London: Thornton Butterworth 1923 **180:** Königin Marie von Rumänien in ihren Memoiren, zit. n. Charles F. Horne (Hrsg:), *Source Records of the Great War,* Band 5, National Alumni 1923 **181:** zit. n. Martin Gilbert, *The First World War,* New York: Henry Holt and Company 1994 **182:** Martin Kitchen, *The Silent Dictatorship: The Politics of the German High Command under Hindenburg and Ludendorff, 1916-1918,* Routledge 2019 **unten:** *Gesetz über den vaterländischen Hilfsdienst,* Reichsgesetzblatt, Jhg. 1916, Nr. 276 **184:** Von einem Plakat: »Bauern – tut euere Pflicht! Die Städte hungern« **187:** zit. n. https://www.iwm.org.uk/history/voices-of-the-first-world-war-life-on-the-home-front **192:** Michail Pokrowski, zit. n. http://www.gwpda.org/memoir/FrAmbRus/pal3-09.htm **193:** John Reed, *Zehn Tage, die die Welt erschütterten,* übersetzt von Willi Schulz, Wien-Berlin: Verlag für Literatur und Politik 1927 **194:** Woodrow Wilson zit. n. Casimir Hermann Baer (Hrsg.). *Der Völkerkrieg. Eine Chronik der Ereignisse seit dem 1. Juli 1914.* Band 22. Stuttgart: Hoffmann 1918. S. 142 **196:** Plakat zur Rekrutierung von Soldaten während des 1. Weltkriegs, entworfen von James Montgomery Flag, New York 1917 **198:** Thomas Langton Church in einer Rede, abgedruckt in der Zeitung *The Globe and Mail,* 12.6.1917 **200, 202:** Theobald von Bethmann-Hollweg in einer Rede vom 31. Januar 1917, zit. n. *Bethmann-Hollwegs Kriegsreden,* hrsg. von Dr. Friedrich Thimme, Stuttgart und Berlin: Deutsche Verlags-Anstalt 1919, **204:** zit. n. https://www.westernfrontassociation.com/world-war-i-articles/the-u-boat-wars-1916-1945-the-presidential-address-delivered-by-the-honorary-president-john-terraine/ **206:** Alexander E. Ross, zit. n. https://vimyridge.valourcanada.ca/the-road-to-vimy-ridge/remember/myth-and-truth/ **unten:** zit. n. https://www.thestar.com/news/gta/soldier-s-letters-from-battle-of-vimy-ridge-front-lines-found-in-north-york-basement/article_b5f4d0a3-df09-5b8c-b51f-23db3eb2b82b.html? **208:** Slogan bei einer Meuterei der französischen Armee **211:** zit. n. *Poilu: The World War I Notebooks of Corporal Louis Barthas, Barrelmaker, 1914–1918* Yale University Press 2015 **212:** Konrad Krafft von Dellmensingen, zit. n. Gaetano V. Cavallaro, *Futility Ending in Disaster: Diplomatic, Military, Aviation and Social Events in the First World War on the Austro-Italian Front,* Band 2, Xlibris Corporation 2009 **214:** Robert Grieve, zit. n. https://www.awm.gov.au/visit/exhibitions/anzac-voices/messines **215:** zit. n. https://www.amusingplanet.com/2018/10/the-mines-of-messines-ridge.html **216:** zit. n. http://www.stahlgewitter.com/17_06_07.htm **218:** Edith Cavell, zit. n. Helen Judson, *Edith Cavell,* The Macmillan company 1941 **219:** zit. n. https://e-anca.org/History/Topics-in-ANC-History/Contributions-of-the-US-Army-Nurse-Corps-in-WWI **221:** zit. n. Leo Van Bergen, *Before My Helpless Sight: Suffering, Dying and Military Medicine on the Western Front, 1914–1918,* Ashgate Publishing 2009 **222:** Plakat, das an die britischen Verluste durch den deutschen Luftangriff vom 13.6.1917 erinnert **223:** zit. n. https://greatwarlondon.wordpress.com/2013/07/07/a-flock-of-gothas-7-july-1917/ **224:** Aussage des französischen Militärs über Russland, zit. n. Jamie H. Cockfield, *With Snow on Their Boots: The Tragic Odyssey of the Russian Expeditionary Force in France During World War I,* Palgrave Macmillan 1998 **unten:** Erich Ludendorff, *Meine Kriegserinnerungen 1914–1918,* E. S. Mittler 1921 **226:** Georges Clemenceau, zit. n. Alan Palmer, *The Gardeners of Salonika: The Macedonian Campaign 1915-1918,* Faber and Faber 2009 **227:** zit. n. https://warfarehistorynetwork.com/article/gardening-in-salonika-world-war-i-in-the-balkans/ **228:** Donald Price, zit. n. https://www.iwm.org.uk/history/voices-of-the-first-world-war-shell-shock **229:** zit. n. https://www.iwm.org.uk/history/how-german-officer-stefan-westmann-experienced-the-battle-of-the-somme **230:** Thomas Phillips, zit. n. https://www.iwm.org.uk/history/voices-of-the-first-world-war-passchendaele **232:** zit. n. Anthony Fletcher, *Life, Death and Growing Up on the Western Front,* New Haven, London: Yale University Press 2013 **236:** Alfred Griffin, zit. n. https://www.iwm.org.uk/history/voices-of-the-first-world-war-shell-shock **unten:** zit. n. E. E. Southard, *Shell-shock and other neuropsychiatry problems,* Boston: W. M. Leonard 1919, **237:** Captain Groves, zit. n. Alexander Turner, *Cambrai 1917: The birth of armoured warfare,* Osprey Publishing 2007 **239:** zit. n. Jones, *Johnny R. William »Billy« Mitchell's Air Power,* Honolulu: University Press of the Pacific 2004 **240:** Slogan der russischen Revolutionäre **unten:** Wladimir Iljitsch Lenin, *Drei Quellen und drei Bestandteile des Marxismus,* in: Zeitschrift *Prosweschtschenije,* Nr. 3, 1913 **242:** Sir Henry Jackson, zit. n. Paul G. Halpern, *A naval history of World War I,* 1937 **unten:** zit. n. https://www.iwm.org.uk/history/voices-of-the-first-world-war-the-submarine-war **244:** Generalmajor Paul von Lettow-Vorbeck, *Meine Erinnerungen aus Ostafrika,* Leipzig: Koehler 1920 **245:** Vivian Gilbert, *The Romance of the Last Crusade: With Allenby to Jerusalem,* Appleton and Company 1923 **250:** Slogan, zit. n. Ernst Meyer (Hrsg.), *Spartakus im Kriege. Die illegalen Flugblätter des Spartakusbundes im Kriege,* Berlin 1927 **253:** zit. n. https://www.rebelnews.ie/2018/06/07/radical-history-the-conscription-crisis-of-1918/ **254** **»**Pozieres: The New Fighting«, in: *The Anzac Bulletin,* Nr. 22, London, 28.8.1916 **256:** zit. n. John Terraine, *White Heat,* London: Sidgwick & Jackson 1982 **257:** zit. n. Guy Chapman (Hrsg.), *Vain Glory,* London: Cassell 1937 **258:** Wladimir Lenin, zit. n. Leo Trotzki, *Mein Leben. Versuch einer Autobiographie,* aus dem Russischen übersetzt von Alexandra Ramm, Berlin: S. Fischer Verlag 1929 **259** *Die Aufzeichnungen des Generalmajors Max Hoffmann,* Berlin: Verlag für Kulturpolitik 1929 **260:** Walter Rappolt, zit. n. https://www.iwm.org.uk/history/voices-of-the-first-world-war-the-german-spring-offensive **265:** zit. n. Peter Hart, *The Great War,* London: Profile 2013 **267:** zit. n. Richard Holmes, *Tommy, The British Soldier on the Western Front 1914–1918,* London: Harper Collins 2004 **268:** Daniel J. Daly, zit. n. https://www.usmcu.edu/Research/Marine-Corps-History-Division/Information-for-Units/Medal-of-Honor-Recipients-By-Unit/Sergeant-Major-Daniel-J-Daly/ unten: zit. n. https://www.usmcpress.com/heritage/usmc_quotations.htm **270** Henri Gouraud, zit. n. https://www.firstworldwar.com/source/marne2_gouraud.htm **274** Kronprinz Rupprecht von Bayern, zit. n. https://www.newsletter.co.uk/news/german-armys-black-day-turned-expected-victory-into-certain-defeat-in-wwi-1008681 **277:** Erich Ludendorff: *Meine Kriegserinnerungen 1914–1918,* E. S. Mittler 1921 **278:** William L. »Billy« Mitchell, *Memoirs of World War I: from Start to Finish of Our Greatest War,* New York: Random House 1960 **280:** Victor Vigorito, zit. n. Edward G. Lengel (Hrsg.), *A Companion to the Meuse-Argonne Campaign,* Somerset: John Wiley & Sons 2014 **282:** zit. n. *A History of the Sixth Regiment Field Artillery First Division U.S. Army,* 1919 **284:** Francesco Nitti, zit. n. John Gooch, *The Italian Army and the First World War,* CUP 2014 **286:** Edwin Montagu, zit. n. John Connor, *Someone Else's War: Fighting for the British Empire in World War I,* I. B. Tauris & Company 2019 unten: zit. n. https://blog.nationalarchives.gov.uk/apocalypse-then-battle-megiddo-1918/ **288:** Philip Scheidemann, *Memoiren eines Sozialdemokraten,* Band 2, Dresden 1928, S. 311–312 **289:** Max von Baden: *Erinnerungen und Dokumente,* Hamburg 1927 **290:** Thomas Mosette Lee, zit. n. https://eu.starnewsonline.com/story/opinion/columns/your-voice/2018/11/11/sunday-insight-breaking-hindenburg-line-in-1918/8405437007/ **291:** zit. n. John Terraine, *White Heat,* London: Sidgwick & Jackson 1982 **292:** zit. n. Peter Hart, *The Great War,* London: Profile Books 2013 **294:** Clifford Lane, zit. n. https://www.iwm.org.uk/history/voices-of-the-first-world-war-armistice **299:** zit. n. Peter Hart, The Great War, 2013, London: Profile **300, 303:** Charles Sorley, »When You See Millions of the Mouthless Dead« **309:** Albert Marrin, *Very, Very, Very Dreadful: The Influenza Pandemic of 1918,* Random House Children's Books, 2018 **310:** Jay Winter, *Sites of Memory, Sites of Mourning: The Great War in European Cultural History,* CUP 1995 **311:** zit. n. https://iwm.org.uk/history/voices-of-the-first-world-war-homecoming **312:** Georges Clemenceau zugeschrieben **314:** zit. n. William Allen White, *Woodrow Wilson,* Boston: Houghton Mifflin 1929 **317:** Rede am Suresnes Cemetery am 30.5.1919, zit. n. *Selected Literary and Political Papers and Addresses of Woodrow Wilson,* New York: Grosset & Dunlap 1927 **318:** Korrespondent von *The London Times* in Leipzig, zit. n. John Yarnall, *Barbed Wire Disease: British & German Prisoners of War, 1914–19,* Stroud: Spellmount 2011 **320:** George Santayana in *Soliloquies in England and Later Soliloquies,* 1922 **321:** zit. n. https://prabook.com/web/jozef.pi_sudski/3738674 **322:** Benito Mussolini, zit. n. chrome-extension://efaidnbmnnnibpcajpcglclefindmkaj/https://sjsu.edu/faculty/wooda/2B-HUM/Readings/The-Doctrine-of-Fascism.pdf **324:** John McCrae, »In Flanders Fields« (Gedicht) **325:** Käthe Kollwitz: *Die Tagebücher 1908–1943,* hrsg. von Jutta Bohnke-Kollwitz, Berlin: Siedler 1989 **326:** zit. n. Richard van Emden, *The Quick and the Dead: Fallen Soldiers and Their Families in the Great War,* Bloomsbury 2011 **327:** zit. n. Jay Winter, *Sites of Memory, Sites of Mourning: The Great War in European Cultural History,* CUP 1995

DANK

Dorling Kindersley dankt Arshti Narang, Medha Ghosh, Shaarang Bhanot und Tanya Varkey P für die Designassistenz, Vanessa Hamilton für ergänzende Illustrationen, Mrinmoy Mazumdar für die DTP-Assistenz, Ciara Law, Gwion Wyn Jones und Jess Unwin für Lektoratsassistenz, Manpreet Kaur und Samrajkumar S. für die Assistenz bei der Bildrecherche, Suhita Dharamjit für die Covergestaltung, Kathryn für das Korrektorat und Helen Peters für die Registererstellung.

BILDNACHWEIS

Der Verlag dankt den hier Genannten für die freundliche Genehmigung zum Abdrucken ihrer Fotografien:

(Legende: o – oben, u – unten, m – Mitte; g – ganz; l – links, r – rechts)

19 Alamy Stock Photo: Shawshots (mlo); World History Archive (ur). **21 Alamy Stock Photo:** Historical Images Archive (mlo). **23 Alamy Stock Photo:** GL Archive (ul); Niday Picture Library (gor). **24 Alamy Stock Photo:** Chronicle (mru). **26 Alamy Stock Photo:** GRANGER - Historical Picture Archive (m). **27 Alamy Stock Photo:** Chronicle (ul, mro). **28 Alamy Stock Photo:** Chronicle (um). **29 Alamy Stock Photo:** Zuri Swimmer (mlo). **30 Alamy Stock Photo:** Archive PL (um). **32 Alamy Stock Photo:** The Granger Collection (ur). **33 Alamy Stock Photo:** Pictorial Press Ltd (gor). **www. britannica.com:** Norman Friedman (mo). **36 Alamy Stock Photo:** Chris Hellier (gor). **37 Alamy Stock Photo:** GRANGER - Historical Picture Archive (gor). **38 Alamy Stock Photo:** Süddeutsche Zeitung Photo / Scherl (u). **40 Alamy Stock Photo:** Niday Picture Library (um). **41 Alamy Stock Photo:** Süddeutsche Zeitung Photo / Scherl (mlo). **42 Alamy Stock Photo:** GRANGER - Historical Picture Archive (ur). **43 Alamy Stock Photo:** The Picture Art Collection (gor). **Dreamstime. com:** Pavel Eltsov (mlo). **44 Alamy Stock Photo:** De Luan (um). **45 Alamy Stock Photo:** Maurice Savage (mlo). **51 Alamy Stock Photo:** D and S Photography Archives (ul). **Getty Images:** Hulton Archive / Print Collector (gor). **53 Alamy Stock Photo:** Chronicle (mlo); Iconographic Archive (ur). **54 Alamy Stock Photo:** Interfoto / History (gor); Prisma by Dukas Presseagentur GmbH / Schultz Reinhard (ul). **55 Alamy Stock Photo:** Photo 12 (ul). **56 Alamy Stock Photo:** World History Archive (ur). **57 Alamy Stock Photo:** Glasshouse Images / JT Vintage (gor). **58 Getty Images:** Hulton Archive / Print Collector. **59 Alamy Stock Photo:** Shawshots (um). **Getty Images:** UniversalImagesGroup (gor). **61 Alamy Stock Photo:** Lebrecht Music & Arts (ur); World History Archive (mlo). **62 Alamy Stock Photo:** Chronicle (ul). **63 Alamy Stock Photo:** Hilary Morgan (gor). **67 Alamy Stock Photo:** Prisma by Dukas Presseagentur GmbH / Schultz Reinhard (mro); The Picture Art Collection (ul). **69 Alamy Stock Photo:** Pump Park Vintage Photography (ur); World History Archive (gol). **70 Getty Images:** Archive Photos / Paul Thompson / FPG / Stringer (ur). **71 Alamy Stock Photo:** Süddeutsche Zeitung Photo (mlo). **73 Alamy Stock Photo:** Mirrorpix / Trinity Mirror (ur). **Getty Images:** Universal Images Group / Universal History Archive (mlo). **75 akg-images:** Jean-Pierre Verney (ur). **Getty Images:** Popperfoto / Paul Popper (mlo). **77 Alamy Stock Photo:** Chronicle (gol). **79 Getty Images:** Hulton Archive / Galerie Bilderwelt (gor). **80 Alamy Stock Photo:** Interfoto / History (gor). **Getty Images:** Archive Photos / Paul Thompson / FPG / Stringer (ul). **81 Getty Images:** Hulton Archive / Print Collector (gor). **83 Alamy Stock Photo:** Hilary Morgan (mr). **85 Alamy Stock Photo:** De Luan (ur). **Bridgeman Images:** Picture Alliance / DPA (mlo). **87 Alamy Stock Photo:** GRANGER - Historical Picture Archive (mlo). **Getty Images:** Popperfoto (ur). **90 Alamy Stock Photo:** GL Archive. **91 Bridgeman Images:** Gert Maehler. **92 Alamy Stock Photo:** Chronicle (ul); Historical Images Archive (gol). **94 Alamy Stock Photo:** FLHC MDB6 (mr). **95 Alamy Stock Photo:** The Print Collector (mu). **97 Alamy Stock Photo:** agefotostock / Historical Views (mlo); Süddeutsche Zeitung Photo / Scherl (ur). **98 Shutterstock. com:** Everett Collection (ul). **99 Alamy Stock Photo:** akg-images. **104 Alamy Stock Photo:** Art Media / Heritage Images / The Print Collector (m). **105 Niall Ferguson:** (mo). **Shutterstock.com:** Urbanbuzz (ur). **106 Library of Congress, Washington, D. C.:** LC-DIG-ppmsca-55686/ Irishmen - avenge the Lusitania. Join an Irish regiment to-day/W.E.T.; John Shuley & Co., Dublin. Great Britain Ireland, 1915. [Dublin: Central Council for the Organisation of Recruiting in Ireland] Photograph. https://www.loc.gov/item/2003668198/ (um). **108 Alamy Stock Photo:** Chronicle (ur). **109 akg-images:** Heritage-Images / The Print Collector (ur). **112 Getty Images:** Hulton Archive / Stringer (gor). **113 Alamy Stock Photo:** GRANGER - Historical Picture Archive (ul). **114 Bridgeman Images:** NPL - DeA Picture Library (ul). **115 Alamy Stock Photo:** Chronicle (gol); De Luan (ur). **117 Getty Images:** Corbis Historical / Museum of Flight Foundation (gol). **118 Alamy Stock Photo:** The Print Collector (gor). **Getty Images:** Popperfoto (ul). **119 Alamy Stock Photo:** Lordprice Collection (gor); Science History Images / Photo Researchers (ul). **121 Alamy Stock Photo:** Chronicle (gor); D and S Photography Archives (um). **124 Alamy Stock Photo:** Science History Images / Photo Researchers (gor). **125 Alamy Stock Photo:** CBW (ur). **126 Alamy Stock Photo:** CPA Media Pte Ltd / Pictures From History (gol); GRANGER - Historical Picture Archive (um). **128 Alamy Stock Photo:** CBW (ur). **129 Alamy Stock Photo:** Lordprice Collection (gor). **130 Alamy Stock Photo:** Album (mru). **132 Alamy Stock Photo:** Dom Slike (mr). **133 Alamy Stock Photo:** Science History Images (mro). **135 Alamy Stock Photo:** IanDagnall Computing (mlo). **Library of Congress, Washington, D. C.:** LC-DIG-hec-02572 / Harris & Ewing, photographer (ur). **136 Alamy Stock Photo:** Science History Images / Photo Researchers (ur). **137 Wikipedia:** Korteenea (mo). **139 Alamy Stock Photo:** Yogi Black (gor); Chronicle (ul). **141 Alamy Stock Photo:** Gainew Gallery (mlo). **Shutterstock.com:** Everett Collection (ur). **142 akg-images:** (ur). **Alamy Stock Photo:** Chronicle (gol). **143 Alamy Stock Photo:** The Print Collector (gol). **145 Alamy Stock Photo:** World History Archive (ul). **From the collections of the Gurkha Museum, Winchester:** (gor). **151 Alamy Stock Photo:** Classic Image (ul); Everett Collection (mo). **154 Alamy Stock Photo:** Antiqua Print Gallery (gor); GRANGER - Histori-cal Picture Archive / Granger, NYC (ul). **156 Alamy Stock Photo:** Chronicle (gom). **157 Getty Images:** Hulton Archive. **158 Alamy Stock Photo:** Scherl / Süddeutsche Zeitung Photo (mro). **159 Getty Images:** Roger Viollet (ul). **161 Alamy Stock Photo:** Zuri Swimmer (gol). **163 Alamy Stock Photo:** IanDagnall Computing (gor). **164 Alamy Stock Photo:** akg-images (ul); M&N (gor). **165 Getty Images:** ullstein bild Dtl. **167 Alamy Stock Photo:** Fine Art Images / Heritage Images (gol). **169 Getty Images:** Hulton Archive / Print Collector (gol). **171 Alamy Stock Photo:** Fremantle (gol); IanDagnall Computing (ur). **175 Alamy Stock Photo:** Signal Photos (gor). **Getty Images:** Mirrorpix (ul). **176 Alamy Stock Photo:** CBW (ul). **Getty Images:** Photo 12 (gor). **178 Getty Images:** Universal History Archive (gom). **179 Alamy Stock Photo:** CBW (ul). **Getty Images:** Imperial War Museums (gol). **181 Alamy Stock Photo:** Scherl / Süddeutsche Zeitung Photo (ul); World History Archive (gor). **183 Alamy Stock Photo:** IanDagnall Computing (ur); Scherl / Süddeutsche Zeitung Photo (mlo). **185 Getty Images:** Corbis Historical / Hulton Deutsch (ur). **186 Getty Images:** Hulton Archive / Topical Press Agency (gor). **192 Alamy Stock Photo:** CBW (ul). **193 Alamy Stock Photo:** Album (mlo); IanDagnall Computing (gor). **195 Alamy Stock Photo:** stock imagery (ul). **Library of Congress, Washington, D. C.:** LC-DIG-acd-2a06155/Berryman, Clifford Kennedy, Artist. Hand carving up a map of the Southwestern United States. United States, 1917. March 4. Photograph. https://www.loc.gov/item/2016678747/ (mro). **197 Alamy Stock Photo:** Glasshouse Images / Circa Images (um); Science History Images / Photo Researchers (mlo). **198 Getty Images:** Daily Mirror / Mirrorpix (ur). **199 Getty Images:** Hulton Archive / Topical Press Agency / Stringer (ur). **202 Alamy Stock Photo:** Süddeutsche Zeitung Photo (ul). **203 Getty Images:** Popperfoto (mlo). **205 Alamy Stock Photo:** M&N (gol). **Getty Images:** Archive Photos / Interim Archives (ur). **207 Alamy Stock Photo:** Everett Collection Historical (ul). **Getty Images:** Universal Images Group Editorial / Universal History Archive (gol). **209 Getty Images:** Hulton Archive / General Photographic Agency (ur). **210 Getty Images:** Universal Images Group Editorial / Windmill Books (ul). **211 Alamy Stock Photo:** Archive Pics (ul). **213 Alamy Stock Photo:** Everett Collection Historical (mlo, ur). **215 Getty Images:** Hulton Archive / Print Collector. **217 Getty Images:** Hulton Archive / Galerie Bilderwelt. **219 Alamy Stock Photo:** INTERFOTO / Personalities (gor). **Getty Images:** Circa Images / GHI / Universal History Archive / Universal Images Group (gol). **220 Getty Images:** Imperial War Museums / Lt. Ernest Brooks (ul). **221 Getty Images:** Archive Photos / Hulton Archive / FPG / Staff. **222 Getty Images:** Corbis Historical (ur). **223 Alamy Stock Photo:** CBW (gom); Prisma by Dukas Presseagentur GmbH / TPX (ur). **225 Alamy Stock Photo:** Chronicle (ur). **Imperial War Museum:** German official photographer (Photographer) (mlo). **227 Alamy Stock Photo:** BMH Photographic (ur). **229 Alamy Stock Photo:** Classic Image (mro); De Luan (ul). **232 Alamy Stock Photo:** Photo12 Collection (ml). **233 Alamy Stock Photo:** Chronicle (ml); Mirrorpix / Trinity Mirror (mro). **235 Alamy Stock Photo:** Historical Images Archive (gol). **237 Alamy Stock Photo:** Historical Images Archive (mr). **238 Alamy Stock Photo:** Aviation History Collection (um). **239 Alamy Stock Photo:** Science History Images / Photo Researchers (ml). **Getty Images:** Hulton Archive / Culture Club (gor). **241 Alamy Stock Photo:** Fine Art Images / Heritage Images (ul). **243 Alamy Stock Photo:** Süddeutsche Zeitung Photo (ur). **Imperial War Museum:** (mlo). **245 Getty Images:** Hulton Archive / Heritage Images (mr). **251 Alamy Stock Photo:** KGPA Ltd (mru). **252 Getty Images:** David Pollack (ul). **253 Alamy Stock Photo:** Venimages (ur). **255 Alamy Stock Photo:** History and Art Collection (gor). **256 Alamy Stock Photo:** PF-(sdasm3) (mru). **257 Imperial War Museum:** Brooke, John Warwick (Lieutenant) (gor). **258 Getty Images:** Universal Images Group / Universal History Archive (ur). **259 Getty Images:** Gamma-Keystone / Keystone-France (mr); Universal Images Group / Universal History Archive (ul). **264 Alamy Stock Photo:** Science History Images / Photo Researchers (u). **265 Alamy Stock Photo:** Chronicle (gor). **266 Alamy Stock Photo:** PF-(wararchive) (mlo); Shotshop GmbH / Historic Collection (gor). **267 Alamy Stock Photo:** Chronicle (mrm). **269 Alamy Stock Photo:** Everett Collection Historical (mlo); FAY 2018 (ur). **271 Alamy Stock Photo:** World History Archive (gor). **272 Imperial War Museum:** Aitken, Thomas Keith (Second Lieutenant) (Photographer) (gom). **273 Getty Images:** FPG (u). **275 Alamy Stock Photo:** Pictorial Press Ltd (gor). **276 Alamy Stock Photo:** The Protected Art Archive (ul). **277 Alamy Stock Photo:** De Luan (gor). **278 Getty Images:** DE AGOSTINI PICTURE LIBRARY (ur). **279 Alamy Stock Photo:** Stocktrek Images, Inc. / Vernon Lewis Gallery (gor). **281 Getty Images:** Education Images (gol); Print Collector (ur). **282 Getty Images:** Apic. **283 Alamy Stock Photo:** Science History Images / Photo Researchers (gor). **285 Alamy Stock Photo:** Universal Images Group North America Llc / Marka / Jarach (ur). **Getty Images:** Roger Viollet (mlo). **287 Getty Images:** Universal Images Group (u). **Imperial War Museum:** (mlo). **289 Alamy Stock Photo:** dpa picture alliance (mro). **291 Alamy Stock Photo:** SOTK2011 (ul). **292 Getty Images:** Hulton Deutsch (ul). **293 Alamy Stock Photo:** Science History Images / Photo Researchers (ur). **296 Alamy Stock Photo:** INTERFOTO (ul). **Getty Images:** Corbis Historical / Historical (mr). **298 Getty Images:** Universal Images Group Editorial / Photo 12 (ul). **299 Getty Images:** Bettmann (gol). **301 Alamy Stock Photo:** GL Archive (ul). **Getty Images:** Bettmann (mro). **303 Getty Images:** Bettmann (gol). **309 Alamy Stock Photo:** GL Archive (gor). **310 Getty Images:** Archive Photos / Interim Archives (ur). **311 Getty Images:** Hulton Archive / Brooke / Stringer (gom); Universal Images Group / Arterra (ur). **314 Alamy Stock Photo:** Photo 12 (ul). **315 Alamy Stock Photo:** PA Images (mlo). **317 Alamy Stock Photo:** Historic Collection (gol). **319 Alamy Stock Photo:** Süddeutsche Zeitung Photo / Scherl (mr). **Getty Images:** Hulton Archive / Heritage Images (ml). **320 Alamy Stock Photo:** History and Art Collection (mu). **321 Alamy Stock Photo:** Süddeutsche Zeitung Photo (mlo). **323 Getty Images:** Popperfoto (ur). **325 Alamy Stock Photo:** Eden Breitz (ur); Dennis K. Johnson (gol). **326 Getty Images:** Universal Images Group / Photo 12 (ml). **327 Shutterstock. com:** Willequet Manuel (gom).

Noch mehr zum Thema Krieg

ISBN 978-3-8310-4874-8

ISBN 978-3-8310-3757-5

ISBN 978-3-8310-4024-7

ISBN 978-3-8310-3792-6

www.dk-verlag.de